예술과
함께하는
심리학

예술과
함께하는
심리학

인쇄 · 2021년 7월 15일
발행 · 2021년 7월 20일

지은이 · 김재은
펴낸이 · 한봉숙
펴낸곳 · 푸른사상사

주간 · 맹문재 | 편집 · 지순이 | 교정 · 김수란, 노현정 | 마케팅 · 한정규
등록 · 1999년 7월 8일 제2-2876호
주소 · 경기도 파주시 회동길 337-16(서패동 470-6)
대표전화 · 031) 955-9111(2) | 팩시밀리 · 031) 955-9114
이메일 · prun21c@hanmail.net
홈페이지 · http://www.prun21c.com

ISBN 979-11-308-1806-1   03180
값 28,000원

푸른사상 예술총서 27

예술을 알고
예술을 느끼고

예술과
함께하는
심리학

김재은 지음

푸른사상
PRUNSASANG

나는 대학원에서 교육심리학을 공부했다. 그리고 교수로서 학생들을 가르치면서 부전공으로 창의성과 예술심리학도 강의했다. 그 방면의 저서도 10여 권 냈다. 그러다 보니 이 방면의 참고서와 논문, 신문 기사, 전문 잡지, 방송, 인터넷을 뒤져서 읽고 내 생각을 보태어 틈틈이 메모해두었다가 이제 정리를 해서 제대로 된 원고로 출판을 하게 되었다.

그러나 이 책은 처음부터 기획해서 쓰인 책이 아니어서 순서도 없고, 체계도 없다. 모두가 독립적으로 쓴 것을 모았을 뿐이다. 나는 예술을 심리학적으로 공부하고 이해하려는 소비자, 구경꾼, 감상자일 뿐이어서 이 책은 예술 이론서도 아니고 창작을 위한 가이드북도 아니다.

정치와 경제 · 종교는 자칫하면 국가 간, 종족 간, 계층 간의 분쟁과 갈등, 전쟁을 불러일으키는 불씨가 될 염려가 많고, 그런 것 때문에 온 세계가 홍역을 치르고 있지 않은가? 그러나 예술은 그런 국가 간, 종족 간, 종교 간의 갈등 문제를 극복할 수 있는 유일한 수단이다. 예술은 본질상 국경이 없는 문화이기 때문에, 그런 경계를 넘어서 화해와 일치와 공감을 불러일으켜 평화를 이룩할 수 있다. 21세기의 글로벌한 여러 갈등의 해결에도 예술이 할 수 있는 역할이 막중하다는 것을 느낀다.

70년간 철천지 원수지간으로 으르렁거리면서 살아온 미국과 북한이 음악으로 화해하려는 시도를 한 적이 있다. 2008년 2월 26일, 김정일 치하 때 미국의 세계적 교향악단인 뉴욕 필하모닉 오케스트라를 지휘자 로린 마젤이 이끌고 평양의 동평양대극장에서 바그너의 〈로엔그린 서곡〉과 드보르자크의 교향곡 9번 〈신세계에서〉 등을 연주하였고, 북한 국가도 연주해주었다. 또 2018년 평창 동계올림픽 때 남북한의 대표적 악단이 서로 교환 연주도 했고, 응원단도 왔다 갔다 했지 않은가? 그래서 체제 간 화해 무드를 발전시켰다는 것을 세계에 널리 알린 셈인데, 그 후속적 정치상황이 여의치 않아서 교류가 막히고 있다. 그것은 예술 탓이 아니다.

이런 화해의 기능은 예술만이 할 수 있다. 중국과 미국이 수교 전에 핑퐁 외교로 물꼬를 텄지만, 스포츠는 전쟁으로까지 번진 사례가 있어서 예술과는 성격이 다르다.

창작하는 예술가들은 장르 사이에 교류를 많이 하는 편이다. 문학하는 사람들 중에는 음악이나 미술에 조예가 깊은 사람들이 상당히 많다. 그 이유는 서로 창작을 위한 영감의 원천이 되기 때문이기도 하지만, 자기 분야에서 얻지 못하는 또 다른 위안이 있기 때문이기도 하다. 그뿐 아니라 그들의 정신 구조 속에 서로 소통되는 심리 · 미학적 끈이 존재한다고 생각된다. 그것이 뭘까? 궁금해진다.

예술가들로 하여금 작품을 창작하게 만드는 원동력, 동기는 무엇일까? 명예, 돈, 정치적 야망, 예언자적 역할, 개인의 성격, 시대정신의 대변자, 개인사적인 갈등이나 문제, 병리적 장애, 자기 고백 내지 참회, 무의식적 충동의 표출, 방어기제의 발현, 뭐 이런 것들이 동력으로 작용할 수도 있을 것이다. 노벨상 수상이 목표인가? 다 허망한 것이다. 일본의 노벨 문학상 수상 작가인 가와바타 야스나리는 가스 자살을 했다.

다른 분야의 노벨상 수상자 중에도 자살한 사람, 정신병 환자, 마약 중독자, 폐인이 된 사람도 있다. 그런 무거운 상은 개인에게 영광인 동시에 독약이 된다.

예술가나 예술가의 작품이 사회에 미치는 영향, 예술 감상자가 경험하는 내적·외적 변화, 예술 소비자의 행태, 예술의 치유력 같은 문제에 대해서 이것저것 단편적으로 써두었던 원고들을 묶었다. 순서도 없고 체계도 없다. 문장도 들쑥날쑥하고 주제도 왔다 갔다 한다. 읽기에 불편할 수도 있겠으나 부담 없이 읽을 수는 있다. 이 책은 학술 논문이 아니기 때문에 독자들의 이해를 구하고 싶다. 여기에 실은 글 중에는 신문, 잡지, 인터넷 등을 참조한 것들도 있는데 일일이 출처를 밝히지 못한 것도 양해해주기 바란다.

궁극적으로 예술이 하는 일은 개인에게는 창조의 기쁨과 자기실현의 충만감을 가져다주어 힐링하게 하는 것이며, 사회적으로는 집단과 개인, 집단과 집단, 나아가 국가 간에 소통과 감동과 평화를 가져다주는 것이다. 그래서 예술의 의미를 더 깊이 새겨보고자 했다.

2021년 6월
책을 쓴 사람 김재은 적음

차례 |

예술과 함께하는 심리학

예술과 함께하는 심리학

3부 작가와 감상자 사이

4부 예술교육 이야기

1부

예술, 예술가적 생명

1장
예술, 예술가적 생명

1. 솔로몬 왕 이야기

뛰어난 창조적 작가

솔로몬 왕은 기원전 970~933년 사이 약 40년간 이스라엘을 통치한 제3대 왕이다. 왕권은 사울, 다윗, 그리고 솔로몬으로 이어졌다. 그의 아버지 다윗 왕이 장군 우리야의 아내 밧세바를 강제로 **빼앗고** 우리야를 죽였다. 솔로몬은 우리야의 아내였던 밧세바와 다윗 사이에서 태어난 둘째 아들이다. 그는 치열한 왕권 쟁탈전에서 승리하여 왕위 계승자가 되었다. 우리야는 히타이트족이었다. 히타이트족은 터키에 정착한 중동 지방의 인도-유럽계 종족이었다.

솔로몬은 이스라엘 역사상 가장 번영한 시대를 통치했던 왕이다. 이스라엘의 부와 지혜, 번영의 상징이고, 그의 지혜로 인해 명성은 더욱 높아졌다. 유명한 솔로몬의 재판 이야기가 지금도 전해지고 있지 않은가? 그는 재위할 때 성전과 궁전을 건설하고『아가』와『잠언』,『전도서』

와 같은 영감 넘치는 문학작품과『지혜의 서』를 써서 남겼다. 3,000년이 지난 지금까지도 그것들은 인류의 문화유산으로 전해진다.

솔로몬은 뛰어난 통치자요, 건축가요, 시인이요, 철학자였다. 그의 시편인『아가』와 지혜서인『잠언』과『전도서』는 인류의 유산이다. 솔로몬은 나중에 에티오피아에 원정을 가서 당시 통치자였던 시바의 여왕과 염문을 뿌렸고, 그들 사이에서 아들이 태어났다. 메네리크이다. 이 메네리크가 에티오피아인의 조상이라고 에티오피아 사람들은 믿고 있다. 1967년, 6일전쟁 이후 이스라엘 정부는 에티오피아에 살던 유대인들을 조국으로 불러들였다. 그중에는 솔로몬 왕과 시바 여왕 사이에서 태어난 후손들도 섞여 있었다는 이야기가 있다. 에티오피아는 모세가 야훼 하나님으로부터 내려받은 십계명이 든 성궤(聖櫃)를 자기네들이 간직하고 있다고 호언하면서 엄중히 지키고 있다.

솔로몬이 쓴『아가』의 시편에서 몇 구절 인용해보자.

> (여자)
> 나는 사론의 수선화
> 골짜기 나리꽃이랍니다
> (남자)
> 아가씨들 사이에 있는 나의 연인은
> 엉겅퀴 사이에 핀 나리꽃 같구나
> (여자)
> 젊은이들 사이에 있는 나의 연인은
> 숲속 나무들 사이의 사과나무 같답니다.
> 그이의 그늘에 앉는 것이 나의 간절한 소망
> 그이의 열매는 내 입에 달콤하답니다
> ―『아가』2장 1~3절(한국천주교주교회의 편 성경)

이것은 일종의 연애시지만 문학적 특징을 가지고 있다. 솔로몬과 그의 후궁 술람미 여인의 사랑을 노래한 것이라고 한다. 아름다운 서정시로서 심미적 상징이 가득하다. 내용 전부가 설화자(說話者)의 입에서 나온 것으로 대화가 아닌 독백 형식으로 되어 있다. 희귀한 낱말이 많다. 그래서 문학적인 가치가 높은 시편으로 인정되고 있다.

『전도서』(가톨릭에서는 코헬렛이라고 한다)의 첫머리에 솔로몬은 심각한 질문을 던지고 있다.

> 다윗의 아들 예루살렘의 임금 코헬렛(傳道者)의 말이다.
> "허무로다. 허무!, 코헬렛이 말한다. 허무로다 허무!,
> 모든 것이 허무로다"*

> 태양 아래에서 애쓰는 모든 노고가
> 사람에게 무슨 보람이 있으랴?
> 한 세대가 가고 또한 세대가 오지만
> 땅은 영원히 그대로다.
> 태양은 뜨고 지지만
> 떠올랐던 그곳으로 서둘러 간다
> (…)
> 온갖 말로 애써 말하지만
> 아무도 다 말하지 못한다
> 눈은 보아도 만족하지 못하고
> 귀는 들어도 가득 차지 못한다
> 있던 것은 다시 있을 것이고
> 이루어진 것은 다시 이루어질 것이니

---

* 신교 번역성서에는 "전도자가 가로되 헛되고 헛되니 모든 것이 헛되도다" 라고 되어 있다.

태양 아래 새로운 것이란 없다

—『전도서』1장 1~9절

이와 같이 솔로몬은 훌륭한 문학작품을 썼는데, 3,000년이 지난 오늘날에도 인용되니 놀라운 일이다. 호메로스의『일리아드』와『오디세이』는 BC 8세기경의 작품으로 알려져 있는데, 20세기에 와서도 미국의 시인, 비평가인 에즈라 파운드와 아일랜드의 시인, 소설가인 제임스 조이스에게 영향을 깊이 주었다고 한다. 마찬가지로 솔로몬의 시편이나『잠언』,『전도서』는 지금까지 많은 철학과 예술·문학에 영감의 원천이 되고 있다.

예술의 생명력은 예술가 자신이 결정하는 것이 아니다. 프랑스의 작가이자 영화감독인 장 콕토가 "예술가란 자기 작품에 관해서는, 마치 나무가 원예술(園藝術)에 관해서 토론하지 못하듯이, 말할 수 없는 것이다"라고 한 말을 새겨보면 이해가 간다. 작품이란 일단 세상에 나오면 자기 것이 아니다. 객관적 세계의 일부가 되고 공공재산이 된다.

작품의 생명력

나는 한번 이런 일을 겪은 적이 있다. 고향 출신의 문학하는 친구들 약 20명 정도가 모이는 데 끼어서 점심을 얻어 먹게 되었다. 점심을 먹고 차 마시는 시간인데 그중에는 작가도 있고 평론가도 있어서 여러 말이 오가다가 한 평론가가 한 친구 소설가의 작품을 까기 시작했다. "야, 그거 소설도 아니야. 나 같으면 그렇게 안 써." "뭐가 어떤데?" "모델이 누군지가 너무 뻔하잖아? 그건 인신공격이야." 이런 식으로 격의 없이 말이 오갔다. 웃으면서 넘어갔지만 작품을 "내 것이니까 누구도 손 못대." 할 수가 없는 노릇이다.

　예술작품이란, 누가 좋아하고 누가 감상하고 어떻게 평가하느냐에
따라서 생명력이 좌우된다. 앞에서 솔로몬 왕의 이야기를 했지만, 지금
도 그의 시편들을 읽고, 『잠언』과 『전도서』 내용을 인용하고, 소설로도
재탄생시키고 영화로도 만들고 있지 않은가? 그러나 지금까지 세계 각
지에 남아 있는 뛰어난 문화재급 건조물이나 예술작품들은 아름답고,
웅장하고, 또는 섬세하고 감동을 주지만, 연대를 거슬러 올라갈수록 작
가에 대한 기록은 찾아보기가 어렵다. 마치 선사시대의 동굴벽화와 같
이 작품으로만 남아 있다. 그 시대의 통치자나 귀족, 주교, 사제, 혹은
부호들의 이름만 남아 있는 경우가 대부분이다. 왜냐하면 그들이 그 예
술품의 발주자이고 후원자였기 때문이다. 그리고 그것으로 자신의 권
위를 돋보이게 하고 이름을 후세에까지 남기게 되기 때문이다.

　고대 바빌로니아, 페르시아, 아테네, 미케네, 이집트, 중국의 많은 건
조물들은 모두 당시의 제왕의 업적으로 기록되어 있을 뿐 설계자나 건
조 과정에 관한 기록은 거의 없다. 그러나 솔로몬이 예루살렘에다 지은
성전과 궁전은 그 건조 과정에 대한 기록이 남겨졌다. 이 점이 또한 솔
로몬의 위대한 점이다. 『구약성서』의 「열왕기상」 1장, 「역대기하」 1장,
「출애굽기」에 성전 건축 과정에 대한 비교적 상세한 기록이 남아 있다.
이것을 종합하면:

　①야훼 하나님은 다른 어떤 신보다 크시니 성전을 가장 크게 짓는다.
　②성전 건축은 크고 화려하게 한다.
　③기본 설계는 솔로몬이 한다.
　④크기는 길이 60큐빗, 넓이 20큐빗으로 한다(3천 년 전의 치수).
　⑤위치

⑥ 건축 개시일(날짜가 기록되어 있다).

⑦ 신하나 백성들 중에서 금, 은, 동, 철을 헌납할 사람을 지명한다.

⑧ 또 다른 신하에게는 홍색, 청색 실로 천(직물)을 짜서 바치게 한다.

⑨ 누구누구라고 하는 공장(工匠, 고급 기술자)과 아버지 다윗 왕 시대의 공장이 함께 협력한다.

⑩ 특정 신하를 불러서는 "당신은 레바논에서 백향목과 잣나무와 백단목(白檀木, 흰 박달나무)을 가져오라. 그때 당신의 종과 나의 종이 협력하도록 하라. 당신의 종에게는 밀 2만 석과 보리 2만 석과 포도주 2만 말과 기름 2만 말을 보수로 줄 것이다." 라고 지시한다.

더 자세하게 기록되어 있지만 이 정도로도 건축 계획에 대해서 얼마나 치밀하게 세웠는지를 알 수 있다.

로마의 지배하에 있던 이스라엘이 A.D. 66년과 132년 두 번에 걸쳐 일으킨 반란으로 성전은 파괴되고 민족은 사방으로 흩어졌다. 이것을 디아스포라(Diaspora, 민족 대이산)라고 한다. 그리고 2,000년 후인 1947년, 상실했던 땅을 다시 찾기 위해 팔레스타인과 전쟁을 벌여서 그 일부를 회복했으나 팔레스타인과의 영토 문제는 아직도 미해결이고 그 웅장했던 솔로몬의 성전도 벽체 하나만 남아 있다.

로마제국 시대의 정치가이고 철학자이고 시인이었던 세네카(B.C. 4~A.D. 65)는 따지고 보면 예수와 동시대 사람이다. 그가 한 유명한 말이 있지 않은가? "인생은 짧고 예술은 길다"라는. 이미 세상을 떠나고 없으니까 예술가를 연구하기는 어렵지만 그가 남긴 창작물인 작품을 우리는 좀 비판적이고 분석적으로 들여다볼 수 있다.

예술가가 당대에는 아무리 인기가 있었고 큰 인물로 인정을 받았다고 하더라도 남겨놓은 작품이 오랫동안 사람들의 사랑을 받을 만한 가치가 없다면 그 예술가의 이름은 전광판의 광고물처럼 한두 번 떴다가 쉬이 사라져버릴 것이다. 예술가의 가치는 그의 작품으로 말하는 것이고, 감상자, 향유자(享有者)가 결정하는 것이다.

2. 작가는 독창적 역량으로 평가받는다

19세에 절필한 천재 시인

37세로 요절한 프랑스의 상징주의 시인 아르튀르 랭보(1854~1891)는 17~18세에 이미 『시집(Poesies)』이라는 유명한 시집을 냈고, 18~19세에 『일뤼미나시옹』을 발표하고, 19세에 「지옥에서 보낸 한 철」이라는 시를 발표한 후 절필하고 방랑 생활을 하다가 37세에 죽었다.

그가 시인의 대열에 이름이 올라 있기는 하지만 시인으로서 작가 생활을 한 것은 고작 4년이다. 그 짧은 기간에 발표한 많지 않은 그의 시를 지금도 세계의 시단이나 연구자들이 높이 평가하고 있으니, 그의 시에는 특별한 것이 있는 것은 사실인 모양이다. 우리나라에 세계적인 랭보 연구자가 있다. 국제랭보연구소 소장을 지냈고, 그에 관한 학술지를 계속 발표하고 있는 숭실대학교 명예교수 이준오 박사이다. 그와 친밀한 관계에 있는 나는 랭보에 관한 그의 저서와 논문도 읽었다.

랭보는 절필한 후 유럽 각지, 인도네시아의 자바, 소아시아, 아프리카 등지를 상인으로, 대상의 두목으로, 탐험가 등으로 유랑하다가 회저병(懷疽病, 살이 썩는 병)으로 36세 때 다리를 절단하고, 그 이듬해 37세에 죽었다. 암이었다는 기록도 있으나 회저병 진단이 가장 가깝다고 한다. 그 원인은 알 수 없으나 나는 심리학자로서 왜 그가 일찍이 절필을 했는지에 관심이 간다.

그는 프랑스 문학계에서 유례를 찾기 힘들 만큼 독특하고, 특별한 시인으로 알려져 있다. 그의 독창적 시 세계가 매우 창조적이라는 평을 받고 있고, 그의 파란만장한 실존적 삶도 관심의 대상이다. 그는 자유 사상가였고, 불안정하면서도 쉼 없이 탐구하는 활동적인 정신의 소유자였던 것 같다. 많은 생업을 전전한 것을 보면 알 수 있다.

그의 부모는 불화로 별거하여 어머니가 생계를 유지했으며, 차갑고 엄격한 기독교적 부모의 훈육 탓으로 시인은 반항했고, 청소년기에 가출도 세 번이나 했다. 그는 학교를 다닐 때 라틴어로 시를 썼으며, 16세에 「고아들의 새해 선물」이라는 시를 발표했고, 17세 때 독창적인 문학 세계를 갖게 되었다. 그는 열 살 위인 시인 베를렌(1944~96)과의 추문에 휩싸였고, 2년간 랭보가 베를렌과 유럽을 여행하다가 브뤼셀에서 두 사람이 말다툼 끝에 베를렌이 랭보에게 총을 쏘아 부상을 입힘으로써 베를렌이 감옥에 간 일이 있다.

관자(觀者)란 무엇인가

그가 여섯 살 위인 수사학 교수인 친구 조르주 이장바르에게 보낸 편지 가운데 자기의 시 철학에 관한 글이 두 통 있다. 1871년 16세 때의 일이다. 지적으로 매우 조숙했다는 것을 알 수 있다. 첫 번째 편지의 내용을 보자.

지금 나는 내 자신을 비열한 찌꺼기로 만들고 있어요. 왜냐고요? 나는 시인이고 싶습니다. 그리고 내 자신을 '觀者(voyant, 보통 사람들이 보지 못하는 것을 보는 예언자적 관찰자)'로 변화시키려고 합니다. 당신은 이것이 무엇인지 모르실 겁니다. 나도 그것을 당신에게 설명하기가 어렵습니다. 이것은 모든 감각의 혼란을 통해서 미지에 이르려는 생각입니다. 거기에는 엄청난 고통이 따를 것이나 나는 강해야 되고, 타고난 시인이고 싶습니다. 그건 내 잘못이 아닙니다.

철학자이고 불문학자인 박이문 교수는 voyant를 '견자(見者)'로, 랭보 연구자인 이준오 교수는 그의 저서 『랭보의 타자성(他者性)』에서 '관자(觀者)'로 번역했다.

랭보는 샤를 보들레르(1821~67)의 작품에서 영감을 얻어서 상징주의적 작품을 썼다고 한다. 보들레르는 당시 상징주의 대표 시인이었다.

다음은 랭보가 이장바르에게 보낸 '관자(觀者)의 편지'라는 두 번째 편지를 소개하겠다.

나는, 사람들이 관자(觀者)가 되어야 한다고 말하는 것입니다. 자기를 관자로 만들어야 합니다. 시인은 자기 자신을, 모든 감각을, 길게, 거창하게, 합리적으로 혼란시킴으로써 관자로 만들 수 있습니다. 모든 형태의 사랑, 고통, 광기를 그(시인)는 그 자신 속에서 탐색하고, 자기 속에 있는 모든 독극물을 소비해왔습니다. 오직 그것들의 정수만 보존하고, 이것은 그의 모든 신념과 초인적 힘을 필요로 할 때 말할 수 없는 고통이요 또 그러는 동안 그는 중환자가 되었고, 범죄자가 되었고, 크게 저주받는 사람이 되었습니다. 그러고는 많은 사람들 속에서 다만 위대한 식자(識者)가 되었습니다. 그래서 그는 미지의 세계에 이르게 되기 때문입니다. 그는 영혼의 세계를 살찌워 왔기 때문에―시작하기에는 너무 풍요로운―다른 어떤 사람보다도 더!

그(시인)는 미지에 이르러서, 그가 미쳤기 때문에라도, 적어도 그가 이미 보았던 시각(vision)에 대한 이해를 상실하는 것으로 끝이 나게 됩니다. 이와 같이 말로 지껄일 수 없고, 이름을 붙일 수 없는 일 때문에 무거운 짐을 지고 죽게 됩니다. 또 다른 무서운 일꾼들이 밀어닥칠지도 모릅니다. 그러고는 그들이 굴복케 해왔던 지평선에서부터 다시 시작해야 되겠습니다.

이런 의미의 시상을 그는 「취한 보트」에 담고 있다. 특히 여기서 심리학적으로 주목하는 점은 두 가지인데, 하나는 그의 나이이고, 다른 하나는 그의 언어이다. 16세에 엄청난 철학적 사유를 요하는 관념(idea)을 지니고 있었다는 점과 '관자(觀者)'라는 개념을 사용했다는 점이다. 이 관자라는 개념은 의미가 아주 깊다. 시인은 남이 보지 못하고 느끼지 못하는 것을 보고 느낄 수 있어야 한다는 뜻이다. 평범한 이들은 어른들조차도 저런 정도의 사유의 깊이를 가질 수가 없다. 그래서 이런 애송이가 지은 시도 150년이 지난 오늘날까지 읊게 된다. 왜냐하면 그만큼 가치가 있기 때문이다.

프랑스는 일찍부터 고등학교에서 철학을 가르치는 나라이다. 그렇다고 해도 16세의 청소년이 40~50대의 원숙한 철학자들이 제기할 만한 문제의식으로 새로운 개념을 만들어냈다는 것이 놀랍다. 우리의 16세 아이들이 이런 정도의 깊이를 갖는 문제를 제기할 수 있을까? 내 나이 90에도 새삼스러운 언어이다.

이 '관자'라는 개념은 의미가 아주 깊다. 시인이자 철학자인 박이문 교수는 랭보의 이 '견자'에 대해서 이렇게 해석했다.

한 예술작품 혹은 한 예술가의 작품들 전체의 의미나 가치가 그 예술가의 철학적 사유를 고려함 없이는 이해되거나 측량될 수 없다는 것이 사실이라면, 그에 못지않게 그 예술가의 창조적 사유에 대한 고려가 필요 불가결함도 사실인데, 이는 예술작품이 진리와 영적 가치를 추구하면서 사유하는 한 인간의 정성스럽게 조합해내는 총체적 표현이라는 점에서 특히 그러하다.

이 말은 한 예술작품의 의미를 해석하거나 가치를 결정하는 데 관

계되는 철학적 사유의 부합성 정도가 다른 예술작품들이거나 예술
가들에게 일률적이 아님을 뜻한다. 그 부합성의 정도가 각 작품에
따라 저마다의 작가에 따라 변하기 때문이다.

박 교수는 랭보의 'etre voyant'를 '견자적 존재(見者的 存在)'라고 했다.
"랭보는 이런 견자적 존재이기를 원했을 뿐 아니라, 형이상학적 예견자
이기를 원했다"라고 했다. 시인의 작품에 대한 의미 해석에 있어서 철
학적 사유에 대한 고찰은 각별히 적절하다고 했다. 특히 랭보에 있어서
그렇다고 했다.

박 교수의 이런 견해를 받아들인다면 작품 해석에 있어서 작가가 간
직하고 있는 사유의 틀과 깊이를 생각해보아야 한다는 것을 인식하게
된다. 16~19세에 불과한 하이틴의 사유 세계가 이토록 깊다는 데 놀라
움을 금치 못한다.

이 견자 혹은 관자임을 자처하는 랭보에 대해서 이준오 교수는 이렇
게 논했다. 이준오 교수는 이 'voyant'를 '타자성(他者性)'이라고 해석했는
데, 이 번역도 괜찮은 것 같다.

<blockquote>
랭보의 타자성 목표는, 철학적 사유에 대한 - 이와 같은 전망을
통해서 - 랭보의 혼돈스러운 삶과 시 창작 행위를 동시에, 일관된 방
식으로 해석하고자 한다. 좀 더 구체적으로 말하면, 이 철학적 조망
은 동양적인, 특히 브라만교적이며(힌두교), 불교적 관점에 의한 것
으로서 이것은 원초적이며 원론적이어서 분리가 불가능한, 조화롭
고도 영원한 어떤 우주를 상정하는데, 그의 영혼만은 근본적으로 동
양적이라는 데서 비롯한다.
</blockquote>

그리고 "그의 시에 나오는 모든 감각들의 착란(錯亂) - dereglement de
tous les sens - 이란 말은 서구적 합리주의적 사고방식과 단절하고, 그 합

리적 사고로는 접근이 불가능한 동양의 브라만-불교적 우주관에 도달하기 위함이다"라고 논평했다.

브라만의 우주관이란, 우주의 창조자이자 절대자인 브라만의 인격화된 존재를 믿는 힌두교를 말하며, 힌두교에서 변신한 불교의 정신을 바탕으로 한 우주관이고 세계관이다. 생명은 영원히 윤회하며, 인간사의 운명은 업보(karma)가 결정한다. 무에서 유가 탄생하지 않는다. 반드시 유에서 유가 나온다는 신념이다. 합리적으로 증명할 수 있는 것이 아니다.

랭보는 대단한 인물이다. 내가 우리나라 역대 유명 시인들의 처녀작 발표 나이를 조사해보니까, 16~19세가 제일 많았다. 이 시기가 청소년의 세계를 벗어나서 어른이 되어가는 과도기여서, 그들 앞에 전개되는 세계가 모두 새롭고 진기하고, 때로는 어른이나 부모가 가르쳐주던 세계가 아닌 새로운 세계로 다가오게 된다. 그래서 부모나 어른, 교사의 생각이나 가치관과는 다른 독립적인 자기 세계로 나아가려는 모험적이고 혁명적인 생각을 할 수 있는 새로운 시대를 맞이하게 되기 때문이다.

3. 예술의 가치는 뒤집어질 수 있다

다다와 플럭서스

예술의 가치는 작가의 생애와는 무관하다. 그의 삶이 사회적 준거로 보아서 훌륭했고 모범적이었고, 또 그가 잘 수양된 인격을 지녔기 때문에 그의 작품이 가치가 있는 것이 아니다. 오히려 그 반대의 경우가 훨씬 더 많다. 그들은 기존 체제의(여기에는 정치뿐 아니라 가치 체제, 문화 체제 등 다양한 기존 체제가 포함된다) 수호자가 아니고 도리어 그것의 파괴자에 가깝다. 그들 중에는 생활이 무절제한 이도 있고, 음주벽이 심한 이도 있고, 약물 과다복용자도 있다. 정신병원에 실려가기도 하고, 자살을 하고, 결투해서 친구를 죽이기도 하고, 친구의 아내를 빼앗아서 살기도 하고, 자식을 낳고도 돌보지 않고 고아원에 갖다 맡기기도 하고, 성병에 걸린 경우도 많았다. "달을 가리키는 손가락을 보지 말고 달을 보라"는 말이 있듯이, 예술가는 오직 그의 창조적 생산물로 평가받는다.

기존 질서를 부정하거나 체제에 반대하는 예술 내지 문화운동으로는 20세기 초 제1차 세계대전이 끝날 무렵 스위스를 중심으로 일어난 다다이즘(dadaism) 운동과 1960년대 초에 유럽과 미국을 중심으로 일어난 플럭서스(fluxus) 예술운동을 들 수 있다.

다다이즘은 기존의 모든 예술 형식과 가치를 부정하고 비합리적인 것과 비심미적인 것을 찬미한다. 새로운 예술가란 설명적이고 상징적인 복제를 하지 않고, 모든 오브제를 직접 새롭게 창조하는 사람들이다. 본능, 자발성, 불합리성을 강조하고, 기존 예술의 체계와 관심에 반발하는 문화운동으로 전개되었다. 그 대표적 작가와 작품은 마르셀 뒤샹(2019년 4월 한국에서 뒤샹전이 있었다)의 작품 〈샘〉이다. 남성용 변기를 뉘어놓고 작품이라고 우기는 식이다. 이 운동은 1930년대 초까지 이어지고 한때 주춤해졌다가 2차 세계대전이 끝나자 네오다다이즘 운동으로 다시 이어졌다. 그 배경은 기계문명과 인간 소외에서 영향을 받아 그 반응으로 나온 것이다. 그중 잘 알려진 작가로는 라우센버그와 앤디 워홀이 있다.

또 다른 예술운동으로는 플럭서스를 들 수 있다. 역사상 여러 형태의 예술운동이 있었지만, 이 운동은 특별히 우리의 예술가 백남준도 중요한 핵심 멤버였기 때문에 언급을 하는 것이다.

플럭서스 예술운동은 1960년대 초부터 1970년대에 걸쳐서 활동한

국제적인 전위예술 운동이다. '플럭서스'란 리투아니아 출신의 미국인 조지 머추너스(교과서에는 마키우나스로 표기되어 있음)가 1962년 독일 헤센주의 비스바덴 시립미술관에서 열린 '플럭서스 국제 신음악 페스티벌'의 초청장 문구에서 처음으로 사용한 말인데, 나중에 예술운동의 명칭이 되었다.

처음에는 미술에서 시작했으나 곧 음악 콘서트, 이벤트, 출판물, 선언 등에 사용되면서 모든 장르의 경계를 넘어서 예술 전반을 넘나드는 탈장르의 예술운동이라는 의미로 사용하게 되었다. 메일아트(mail art, 우편엽서 같은 작은 작품을 서로 교환하는 식), 개념미술, 포스트모더니즘, 행위예술 등의 시도를 직접 탄생시키거나 다른 예술운동에 많은 영향을 주었다. 그 대표 인물로는 조지 머추너스(행위예술가, 전위예술가)를 비롯해서, 딕 히긴스(미국의 작곡가, 시인), 존 케이지(미국의 전위 음악가), 백남준, 오노 요코(일본인, 설치미술가, 가수, 비틀즈 존 레논의 부인), 요셉 보이스(독일 태생의 미국 화가), 샬럿 무어먼(미국의 여류 첼리스트) 등이 있다. 요약하자면 "삶과 예술의 조화"라는 기치를 내걸고 출발한 예술운동이다. 나는 백남준의 퍼포먼스를 두 번 직접 보았다.

영국에서 발행한 『행위예술』이라는 책에는 행위예술을 창시한 인물로 백남준도 적혀 있다. 여기서 말하고자 하는 것은, 예술의 가치나 표방하는 사상은 계속 변하고 때로는 완전히 뒤집어지기도 한다는 점이다. 그 점을 설명하기 위해서는 다다이즘과 백남준이 뛰어들었던 플럭서스 운동이 제격이다.

백남준은 동경대학에서 미술사학과 음악사를 배우고, 독일로 가서 프라이부르크대학 고등음악원에서 음악을 공부하고 또 뮌헨대학에서 철학과 음악사학으로 박사학위를 받고, 독일 대학에서 가르치기도 했다. 그는 독일에 있을 때 조지 머추너스와 존 케이지 등의 영향을 받고

예술과 함께하는 심리학

행위예술로 기울어진다. 비디오로 본 내용이지만, 1962년엔가 독일 베를린에서 피아노 리사이틀을 한다고 광고해서 강당에 관객을 모아놓고, 단상에 종이에 싼 도끼를 들고 올라가서 피아노 뚜껑을 열고는, 말았던 종이를 풀고 그 도끼로 피아노를 두들겨 부쉈다. 그러고는 연주가 끝났다고 인사하고 내려왔다. 이것이 그의 공개적인 첫 퍼포먼스가 아닌가 싶다. 그가 보여준 것은 음악의 고전적인 기존 질서를 파괴함으로써 새 질서를 만들겠다는 메시지였다.

기존의 고전음악이 공급자 중심으로 한 엄숙주의에 기울어져 있음을 비판하며, 관객을 연주의 주요 요소로 보고 새로운 음악을 보여주겠다는 것인데, 이런 경향이 플럭서스 예술운동의 일환이었다. 미국의 전위 음악가 존 케이지는 도안악보(圖案樂譜)라는 새로운 보표를 만든 사람인데, 백남준보다는 20년 연상으로 이 운동을 함께했다. 나는 존 케이지의 음악 연주를 두 번 직접 관람한 적이 있다. 한 번은 88 서울올림픽 때 전위 무용가 겸 안무가인 머스 커닝햄과 세종문화회관에서 공연할 때 보았다.

예술과 생활을 하나로

예술과 생활을 함께 다루는 행위예술도 이 운동에서 시작되었다. 행위예술은 사전에 준비한 대본이나 줄거리가 없다. 음악과 미술과 몸동작을 함께 해서 표현하는 예술 장르인데, 때로는 관객도 여기에 참여해서 작품을 만들어간다. 나는 1995년부터 10년 동안 서울 종로구 인사동에서 '창의성연구소'를 운영한 일이 있는데, 인사동에서 행위예술가들의 공연 장면을 자주 보았다.

1990년대 말, 서울 사간동에 있는 '갤러리 현대'에서 백남준이 작고

한 요셉 보이스 추모 씻김굿을 주도하는 장면을 본 적이 있다. 요셉 보이스는 독일 태생의 미국 전위 화가인데, 플럭서스 운동의 중심인물 중한 사람이다. 그는 백남준보다 10년 연상인데, 1986년에 작고하여 서울에서 그의 추모굿을 하였다. 백남준은 그때 흰 두루마기에 갓을 쓰고나타나서 퍼포먼스를 보여주었다. 보이스는 전통적인 예술 장르 간의벽을 허물고 개념예술을 만들어낸 작가이다. 완성된 작품 자체보다는아이디어나 창작 과정을 중요시한다.

플럭서스 운동은 예술 장르 간, 미디어 사이를 교류하면서 고전주의적이며 부르주아적인 예술에 항거하는 일종의 저항 운동이다. 기존 사회의 주류 세력과 이별하고, 아웃사이더로서 삶과 예술을 조화시키려했다. 예술의 개념과 시스템을 바꾸려 한 것이다. 존 케이지는 독일 쾰른대학 음대 학생일 때 이 전위예술 운동에 눈을 뜨고 참여한 음악가이다. 미술에서 잭슨 폴록의 추상-표현주의라든가 앞에서 말한 뒤샹 등의 다다이즘, 음악에서 쇤베르크의 무조 12음법과 강력한 표현주의적작곡 기법, 스트라빈스키의 12음법에 가까운 어법의 7중주곡과 같은 강력하고 혁명적이고 원시적인 음악의 창조, 바우하우스를 세운 그로피우스의 형태와 기능의 조화를 내세운 건축(뉴욕시의 팬암 빌딩 설계), 이런개인의 주관적 감정과 정서를 존중하고 표현의 다양성을 높이 치켜든슬로건은 사회 전반에도 영향을 주었다. 사회의 에토스(시대정신)뿐 아니라 문학·철학·종교까지도 영향을 준 것이다. 그래서 가톨릭 교회에서도 종전에 라틴어로 집전하던 미사를 1965년부터 각국의 공용어로집행할 수 있게 했다.

이렇듯이 예술의 역사에는 기존 질서와 가치를 뒤엎는 사상이 등장했는데, 그 운동 자체는 오래가지 못했지만 그 사상의 영향력은 역사의흐름을 바꾸어놓을 만한 힘을 발휘하기도 했다. 가치란 영원한 것이 아

예술과 함께하는 심리학

니다. '가치'란 개념은 원래 '호불호(好不好, like-dislike)'라는 개념에서 출발했다. 좋아하는 것은 가치가 있고, 싫어하는 것은 가치가 적다. 그러나 이런 것들이 너무 실용적이고 경제적이고 천박스러운 정의이기 때문에 가치에도 개인의 호불호와 관계없이 보편성과 영속성이 필요하다는 사상에서 도덕적 가치, 논리적 가치, 미적 가치, 종교적 가치 등이 별도로 주장되고 있다. 김경동 교수(서울대 사회학 명예교수, 학술원 회원)의 저서 『사회적 가치』(푸른사상사, 2019)가 좋은 참고서이다.

현대사회의 가치는 편의성, 쾌적성, 신속성, 다양성과 같은 생활주의적이고 시장적인 가치가 우선시되어, 상품에서도 특히 브랜드 상품이 더 가치 있다고 하겠다. 그래서 대기업들이 "우리는 가치를 창조하는 기업이다"라고 주장하지 않는가? 그 가치란, 대개는 궁극적으로는 시민의 행복감과 직결된다. 요즘 '소확행'이란 신조어가 유행하듯 "소소하지만 확실한 행복"이 우선이다.

4. 예술 사상과 사회 변혁

현대는 제왕, 군주, 술탄, 차르, 총통이 통치하는 시대가 아니고 대중이 움직이는 시대이다. 그래서 대통령도 대중이 좋아하는 사람이 뽑히고, 대중이 선호하는 스타일의 대통령이 인기가 있다. 그 좋은 예가 미국의 35대 대통령 존 F. 케네디이다. 그러나 아직도 가치를 통치자가 결정하는 국가가 있다. 국가사회주의(나치의 히틀러)나 파시즘(이탈리아의 무솔리니나 2차 세계대전 전시의 일본의 도조 히데키) 국가가 그렇다. 북한도 마찬가지다. 개인은 가치 창조에 참여할 수 없다.

북한은 누가 가치를 결정하느냐 하면(예술적 가치를 포함해서), 1인 통치하에 있기 때문에 수령 아니면 공산당 중앙당이 결정한다. 이런 사회에서는 체제가 무너지면 모든 기존 가치가 송두리째 무너진다. 탈북자들의 말을 들어보면, 짧게는 10년, 길게는 40~50년 동안 세뇌당해 온 북한 주민들도 중국에만 나와봐도 자기들이 거짓 사회에서 살아왔다는 것을 금세 깨닫고, 더욱이 남한행을 감행하여 인천공항에 내리는 순간 자기들의 사회가 거짓말로 포장되어 있어서 70년을 속고 살았다는 것을 알아차리는 데 긴 시간이 필요가 없다는 것이다. 동독이 그 좋은 예이다. 독일 통일 후의 동독에서는 기존 가치체계가 모두 무너졌다.

그런데 인류 사회의 역사나 사상의 흐름을 바꾸어놓은 힘이 한 축에서는 통치자와 같은 권력기관이 있지만, 다른 축에서는 예술가에게도 있다. 예컨대 1차 세계대전 후 1920년대에 세계를 휩쓴 모더니즘 사조는 미술계에서 시작해서 건축·음악·문학 등으로 번졌고, 우리나라에서도 1931년경 프로문학이 퇴장하면서 김기림 같은 시인이 모더니즘을 표방하면서 시를 썼다. 이런 흐름이 사상계에까지 영향을 주었다.

19세기 전반까지의 유럽은 신(神) 중심(교회)의 사상과 봉건주의적 의식이 지배적이었고 그런 체제였다. 여기서 벗어나 인간 중심, 이성 중심으로, 과학과 합리성을 중시하는 방향으로 문화 발전의 축을 바꾸어놓은 것이 예술가들이다. 그리고 2차 세계대전 후 인간의 문제는 이성만으로는 해결되지 않고 감정과 정서도 소중하다고 주장하는 사상으로 발전하면서 1960년대 이후 포스트모더니즘 사조를 촉발시킨 것도 예술가들이다.

한국에도 잘 알려진 베스트셀러 작가이고 '인생학교(人生學校)' 창시자인 알랭 드 보통과 철학자이고 예술 이론가인 존 암스트롱이 함께 쓴 책『치료로서의 예술』(2013)의 서문에 이러한 글이 있다.

예술과 함께하는 심리학

현대 세계의 인류는 예술을 삶의 의미라는 관점에서 대단히 중요한 문화라고 생각하고 있다. 세계 도처에서 계속 박물관, 미술관, 콘서트홀을 새로이 건축하고, 개관하고, 세계인에게 선보이려고 하고 있으며, 이를 계기로 해서 커다란 국제적 행사도 벌리고 하는 것을 보면 예술을 우리 삶의 주요한 일부로 보는 고양된 정신의 중요한 증거이다.

각국 정부는 아주 중요한 역사적·문화적 자산을 공개하고 유통시키며, 예술품을 생산하고 전시함으로써 시민들(특히 어린아이들, 소수집단)이 예술작품에 접근할 기회를 넓혀주고 있다. 그리고 예술을 계속 보호하고 발전시킨 후견자로서의 자긍심과 책임의식을 높여주고 있다. 그뿐 아니라 예술에 대한 학술 이론과 상업미술 시장의 가치를 점점 더 확대시켜주고 있다는 것도 그런 예술 존중의 증거라고 할 수 있다. 한국에도 국제적 예술품(골동품은 물론) 경매회사인 크리스티나 소더비가 들어와 있고, 행사도 한다. 한국 기업 '서울 옥션'은 행사를 자주 한다. 크리스티나 소더비에서 낙찰되는 작품의 80%는 1,000만 원대이고, 프랑스에서 경매되는 작품 80%는 5,000유로(약 660만 원)대이다. 그러니까 갑부들만 예술품에 접근할 수 있는 것은 아니다. 월급쟁이에게도 기회가 생긴 것이다.

5. 예술적 감동의 개인차

이렇게 예술에 대해 높은 관심을 가졌다고 예술에 대한 인식이나 이해가 비례하는 것은 아니다. 우리가 미술 전시장에 가서 작품을 감상하거나 콘서트홀에서 음악 연주를 감상하고 떠날 때 과연 감동을 받고 떠나는지의 여부는 감상자 개개인 간에는 상당한 차이가 있다. 과연 감상자는 더 행복해졌는지, 더욱 큰 기쁨을 느꼈는지, 그 변형된 경험(transformational experience)에 대해서 반성해볼 필요가 있다. 때로는 곤혹스러워지고, 불쾌감을 느끼고, 부적절감을 느끼면서 떠나는 일은 없는지? 한 평론가의 말을 빌린다면, "그렇게 작품전이나 발표회에 참여했을 때 반드시 기대했던 만큼의 감동을 받는다는 것은 쉬운 일이 아니다"라는 것이다. 감각의 준비 상태, 즉 식견, 안목, 감수성, 주의집중력, 경험, 열린 정신을 가지고 있느냐 아니냐에 따라서 우리 경험의 변화 정도는 달라진다.

이런 경험을 좌우하는 것은 감상자에게도 책임이 있지만, 작가, 연주가, 연출가에게도 책임이 있는 것이다. 양자는 상호작용 관계에 있다. 전문적인 용어를 빌린다면, 감상자에게는 감정 영역의 수용능력(capacity of feeling)이 어느 정도인가가 문제라는 말이다. 서양인들은 이 감정 표현 영역이 대단히 넓다. 손짓, 발짓, 몸 전체, 음성의 높낮이나 소리의 크기, 표정, 특히 눈썹까지도 움직이고 오만상을 찌푸리면서 감정을 표현한다. 우리는 내색하지 않으면서 속으로 느끼기만 한다. "속을 끓인다"는 말이 있지 않은가?

물론 요즘의 4G, 5G 시대의 젊은이들은 다르기는 하다. 야광봉을 흔들면서 난리를 즐긴다. 길길이 날뛰고 울고불고한다. 실신해서 들것에 실려 나가기도 한다. 이 세대는 88 서울올림픽 이후의 세대들이다. 그전 세대는 아직도 감정을 숨긴다. 포커페이스라고나 할까? 점잔을 뺀다. 그러니 연주자나 작가들은 그들의 반응을 진솔하게 이해하기가 어렵다. 감상의 반응을 물어보면 "그저 그래"라거나 "그런대로 괜찮아"라거나, "그렇지 뭐, 별것 있어?"라거나 "제법인데"라고 답한다. 이게 무슨 말인가?

서양인, 특히 미국인이 우리나라에 많이 왔으니까 흔히 한국인에 대한 인상을 물어보곤 하는데, 그들의 반응은 "왜 한국 사람들은 '글쎄요?'라고 자주 말하는가?"였다. 아니면 질문을 하면 그냥 웃기만 한다는 것이다. '왜 의사 표시을 명확히 하지 않느냐'는 말이다.

일본인에게는 혼네(本音, 본음색. 본심에서 우러나오는 말)와 다테마에(建前, 체면, 원칙)라는 말이 있는데, 다른 사람 앞에서 보여주는 원칙적 행동과 개인의 마음속에서 헤아리는 계산된 속내가 다르다는 뜻이다. 한국도 비슷한 데가 있기는 한데, '앞뒤가 다르다'거나 '안팎이 다르다'거나 하는 경우에 쓰는 말이 있다. '이중인격자'라고 한다. 우리나라에는 외유내강과 내유외강이란 성격 유형이 있다. 겉으로는 부드러운 것 같은데 속으로는 원칙을 지키는 엄격한 사람과 겉으로는 딱딱하고 원칙주의자 같은데 안으로는 온정적이고, 너그러운 사람을 일컬을 때 쓴다. 이건 서양인의 눈으로 보면 이중인격이다. 안팎이 다르다는 것은 분명히 이중적이다. 이런 이중성을 우리는 아무런 모순 감정 없이, 아무런 갈등도 느끼지 않으면서 산다. 아주 희한한 현상이다. 서양 사람들은 대체로 안팎이 비슷하지만 나라에 따라 차이가 있다고 한다.

독일 사람과 영국 사람들은 기차여행 시 같은 좌석에 앉은 옆 사람과 인사하는 데 시간이 걸린다고 한다. 이쪽에서 인사를 안 하면 먼저 하지 않는다고 한다. 그러나 라틴계, 즉 프랑스나 이탈리아, 스페인 사람들은 금세 서로를 반기면서 인사를 나눈다고 한다. 더욱이 미국 사람들은 아는 사람이든 모르는 사람이든 처음 보는 사람이든 길에 스치고 지나가는 사람에게조차도 "하이!" 하고 지나간다. 이것은 성격의 구조 속에 소통의 벽이 얼마나 두꺼운가를 가늠하는 척도가 다르기 때문이다.

한 가지 예를 들자면, BTS가 2019년 5월 30일에 영국의 유명한 ITV 채널의 인기 오디션 프로그램인 〈BGT〉, 즉 〈Britain's Got Talent〉(여기서 수전 보일이라는 가정주부와 이동전화 외판원 폴 포츠가 뽑혀 세계적인 인기 성악가가 되었다.)의 준결승 생방송 무대에 게스트로 예고 없이 출연하자 장내에 폭발적인 함성이 쏟아졌다고 한다. 그런데 영국에는 열광적으로 소리 지르고 환호하는 팬 문화가 없다고 한다. 이런 광경은 한국의 K-Pop과 BTS의 세계적인 인기를 여실히 증명해준다. 이 깜짝 이벤트는 영국 TV쇼 전문 무대 미술감독 일을 하는 김내진 씨의 작전으로 이루어진 것이란다. 영국인의 표현 행동 양식까지 바꾸어놓은 것이 한국의 젊은 아티스트라는 것이 신기하다.

한국인 감정 표현의 이중성과 불명확성 때문에 종종 다른 문화권 사람들과의 소통에서 문제가 생기기도 하고 오해도 생긴다. 아무래도 예술은 지성 쪽보다는 감성을 다루는 영역에 가깝기 때문에 풍부하고 다양한 감정의 표현과 그 처리 방법이 아주 중요하다. 그런데 우리 세대(6·25 전 세대)는 어릴 때부터 가정이나 학교에서 "입 다물고 조용히 해" "눈 감고" "몸 놀리지 말고" "움직이지 마" "시키는 거나 잘 해" "왜 시키지도 않는 짓을 해?" 하는 식으로 교육을 받았다. 그래서 학교에서도 수업 시간에 아이들이 질문을 잘 하지 않는다.

유명한 일화를 한 가지 소개하겠다. 영국의 케임브리지대학과 런던대학에서 통계학과 유전학을 가르치던 로날드 피셔 박사가 한번은 어느 학술대회에서 강연을 하고 질문을 받는데, 어떤 젊은이가 일어나서 기막힌 질문을 한 모양이었다. 피셔 박사가 한 대답이 걸작이다. "Young man, that's million dollar question, find answer yourself.(백만 불짜리 질문인데 당신이 답을 발견하면 백만 불을 벌지.)" 재미있는 답변이다. 멋있는 질문은 정확한 답변보다 가치가 있다. 왜냐하면 이 질문으로 인해 많은 해결책을 탐구하게 되기 때문이다.

20세기에 들어와서는 유럽에서 "예술이 무엇을 위해 존재하는가?"

하고 부르짖는 대중의 반감이 대중과 예술의 관계를 악화시켰다. 특히
'예술을 위한 예술(arts for art's sake)'을 주장하는 사람, 즉 예술 지상주의자
들은 예술이 "무엇을 위해 존재"하는 것을 거부하는 사람들인데, 이들
은 예술의 높은 신비성을 주장함으로써 도리어 공격받기 쉬운 대상이
되었다. 예술이 갖는 신비성을 존중함에도 불구하고 결국 예술의 중요
성이 지나치게 주장됨으로써 예술에 대한 이해를 가로막았던 것이다.

예술의 가치 결정은 궁극적으로 양식(良識, bon sens)의 문제인 것이다.
예술의 목적을 쉬운 말로 정의한다면 "예술은 하나의 도구"이다. 그 도
구가 인간을 위해 쓰일 때 가치가 있는 것이다. 과연 예술이 우리를 위
해서 무엇을 할 수 있는가?

6. 하나의 도구로서의 예술

다른 여러 문화 장르와 같이 예술이란 것은 자연이 우리에게 부여한
것 이상으로 우리의 재능과 역량을 확대시켜 줄 힘을 가지고 있다. 인
간이 갖추고 있는 능력을 최대한으로 발휘할 수 있게 해주는 문화 장르
가 예술과 과학기술이다. 그중 예술은 인간의 상상의 세계를 무한히 확
대시켜주고, 과학은 그것을 현실화하고 구체화해 준다. 한 예를 들면,
19세기 중엽에 프랑스 소설가 쥘 베른이 발표한 『해저 2만 리』나 『80일
간의 세계일주』 등은 50년 뒤에 실제로 잠수함이 되고, 열기구가 되었
다. 예술가는 상상하고, 과학기술자는 그것을 만든다. 헬리콥터도 15세
기 다빈치의 스케치북에 이미 모형이 나와 있지 않은가?

그리고 예술은 인간의 약점도 보완해 준다. 예컨대 인간이 천당이나
지옥에 살아서는 가볼 수가 없지만, 단테로 하여금 그걸 글로 쓰게 했

고, 미켈란젤로로 하여금 그림으로 그리게 했다. 종교인들 말로는 지옥에 가면 불구덩이 속으로 빠져서 영원히 헤어나지 못하게 된다고 하는데, 누가 가봤어야 믿지 않겠는가? 그런 것을 상상으로 그려내서 실제로 존재하는 것처럼 만드는 것이 예술가이다. 더욱이 단테는 인간이 사후에는 세 가지 세계 중 하나로 가게 되는데, 죄가 없거나 참회를 한 사람은 천당(천국)으로 가고, 죄를 지었으나 참회할 여지가 있는 영혼은 연옥으로 가고, 죄를 많이 지었거나 참회하지 않는 사람은 지옥으로 간다고 썼다. 아무도 가본 일이 없는 세계를 현실적으로 그려냄으로써 인간으로 하여금 죄를 짓지 않도록 하는 힘을 발휘하는 것이다.

인간의 약점을 육체적인 면보다는 이런 정신적인 면, 즉 인간에게 부족하기 쉬운 상상력, 창조력, 비판력, 관용성, 진선미에 대한 갈망, 이상 세계의 건설 의지 등과 같은 정신적 능력을 보완해주는 것이 예술이다.

디자인이나 건축이나 공예나 회화, 음악과 같은 예술 장르가 우리 인간을 도와서 인간으로 하여금 자기 자신을 보다 나은 버전으로 바꾸어주게 한다. 더욱이 음악의 치유효과는 대단하지 않은가? 몇만 명을 대공연장(아레나)에 모아놓고, 야광봉을 흔들게 만들고, 아우성을 치게 하고, 그리고 행복감에 젖어서 쓰러지게도 하는 것이 음악이다. 그런 일을 우리의 젊은 아티스트들, 소녀시대, 원더걸스를 비롯한 BTS, Super M 등의 아이돌들이 하고 있지 않은가? 예술은 그 자체로도 이미 치료적인 역할을 했고, 또 하고 있다.

도구란 신체와 정신의 하나의 확장이다. 손의 힘이 모자라는 것을 도와주는 것이 각종 공구이다. 망치는 주먹의 확장이고, 펜은 손가락의 확장이다. 자동차나 자전거는 다리의 확장이다. 망원경이나 현미경은 눈의 확장이다. 그래서 우리의 소망을 성취시켜준다. 삽질만으로는 집을 짓는 데 수년이 걸리니까 굴삭기나 불도저가 생긴 것이다.

예술은 이와 같이 인간이 가지고 있는 약점을 보완해주고 그 힘을 강화해 준다. 혼자서는 아무리 노래를 잘해도 목소리의 한계가 있다. 그것을 보완해주는 것이 오디오 시스템이다. 몇 킬로미터 밖까지 소리를 전할 수 있고, 모바일로 전 세계 어디든지 한순간에 소리나 그림을 전할 수 있지 않은가? 예술이 그런 기능을 하는 셈이다. 신체가 가지고 있는 구조적인 약점을 보완해주는 것이 도구이다. 칼은 인간이 자르고 싶은 욕망을 충족시켜주고, 병은 물에 대한 갈망을 충족시켜준다. 서양 사람들은 무기인 칼과 창을 축소해서 음식을 먹기 좋게 자르고 찍을 수 있게 포크와 나이프를 만들었다.

이와 같이 예술의 목적은 우리의 정신과 정서와 신체가 필요로 하는 부족한 부분을 채워주고, 우리가 일상적으로 겪고 있는 정신적 문제, 나아가 사회적 문제까지도 해결해주는 도구이다. 그래서 고대의 그리스 사람들이 야외극장을 많이 만들어놓은 것이다.

반면에 평화를 부르짖는 종교는 분파가 너무 많아서 도리어 갈등과 분쟁을 부추기고 전쟁을 일으키기도 한다. 스포츠는 일종의 전쟁이다. 이에 대한 기록은 너무도 많다. 그러나 예술 때문에 전쟁이 일어났다는 역사적 기록은 찾아보기 어렵다. 종교는 정치적 권력이지만(그 대표가 로마 교황청과 이슬람의 술탄이다. 이것은 권력기관이다.) 예술은 정치권력이 아니기 때문이다.

2장

잭슨 폴록, 융 심리학을 만나다

1. 폴록은 어떻게 유명해졌나?

1940년대 후반에서 50년대 초반까지 왕성한 작품 활동을 한 잭슨 폴록(1912~1956)이라는 미국 화가가 있다. 어느 미술사 책에 폴록이 작업하는 광경을 찍은 사진이 여러 장 실려 있는데, 지금 인터넷에도 동영상으로 띄워져 있다. 커다란 캔버스를 세워놓고 작업을 하는 것이 아니라, 바닥에 깔아놓고, 그 위로 물감을 흘리고, 끼얹고, 튀기고, 쏟아 부으면서 작업을 하는 광경이다. 그의 독특한 작품 제작 스타일을 가리켜 '드립 페인팅(drip painting)'이라고 부른다. '흘려서 그리기'라는 뜻이다. 요즘은 가끔 우리나라 서울의 인사동 같은 문화의 거리, 화랑 거리에서 작가들이 그런 식으로 작업하는 것을 보여주는 일이 있다. 퍼포먼스로 보여주는 경우도 있고, 작업 과정 자체를 선보이는 경우도 있다. 미술 표현 방식에 다양성이 있다는 것을 인정하게 된 것이다. 물론 지금은 문화적 분위기가 많이 성숙해졌기 때문이기도 하지만, 요즘은 도리어 그런 걸 진지하게 들여다보고, 현학적으로 감상하는 사람이 있을 정도로 세상이 변했다. 때로는 작가가 감상자로 하여금 작업에 동참하게도 한다.

1930~40년대의 미국에서도 폴록의 그런 작업 방식이 다른 작가들과는 사뭇 달라 보여서 화단의 주목을 받았다. 그래서 초기에는 찬사와 비판이 동시에 있었던 것이 사실이다.

그림을 그린다고 하면 전형적으로는 경질의 물감이나 반유동체의 물감, 예컨대 유화는 튜브에 든 물감을 짜서 린시드유나 테레핀유를 섞어서 사용하고, 수채화 물감이나 아크릴은 물에 희석해서 쓰지 않는가? 그리고 이젤을 세워놓고 캔버스를 그 위에 올려놓고, 앞에 보이는 대상, 인물이나 풍경 등을 예의 관찰하면서 그림을 그리는 것이 정석(定石)인 것처럼 여겨왔던 시대에, 이렇게 별난 작품 제작을 하는 것을 보면 아무래도 경이감(驚異感)과 함께 불확실감에 싸이게 되는 것은 자연스러운 현상이었을 것이다.

반 고흐가 물감을 만들어 썼다는 기록이 있는데, 물감을 살 돈이 없어서였다. 당시만 해도 유화 물감 값이 비쌌고 구하기도 쉽지 않았다. 그리고 유화 물감의 재료는 대개 광물성이었다. 그래서 잘 변질되지 않고 오래간다. 2,000년 전 로마 시대 폼페이의 벽화가 지금도 원색 그대로 생생하게 남아 있는 것을 현장에 가서 직접 보았는데, 돌가루를 원료로 했기 때문이다. 유화 물감은 원료가 경질(硬質)이다. 그런데 폴록은 송진이 들어 있는 에나멜이나 가정용 페인트, 상업용 페인트 등을 사용해서 작업을 했다. 그림을 붓으로 그린 게 아니라 그림을 만들었다고 해야 할 것이다.

그뿐 아니라, 캔버스를 바닥에 펴놓고 위에서 물감을 흘려보냈지만 캔버스를 세워놓고 작업을 할 때에는 가로로 물감을 흘렸다. 왜냐하면

세로로 하면 물감이 화면 밖으로 흘러 나가기 때문이었다. 이런 식으로 온몸을 움직여서 하는 동작과 함께 제스처를 써가면서 작업하는 방식을 액션 페인팅(action painting)이라고 한다. 말하자면 동작 작화법이다.

이런 액션 페인팅은 20세기 초에 프랑스 화가이고 시인인 프란시스 피카비아(1879~1953)라든가 화가 앙드레 마송(1896~1987), 독일 태생 화가 막스 에른스트(1891~1976) 같은 화가들이 시작했다. 1940년대 후반에 들어와서는 미국의 화가 잭슨 폴록과 빌럼 데 쿠닝(1904~1997) 등이 이런 액션 페인팅 작업 스타일이나 드리핑 기법 사용을 시도했으나 결국 폴록이 그런 작풍(作風)의 리더가 되고, 역사에 큰 발자취를 남기는 작가가 되었고 또한 가장 성공한 작가가 되었다.

예술과 함께하는 신미학

2. 추상표현주의의 탄생

폴록의 이 기법은 곧 미국인에 의한 최초의 전위미술이라고 인정받게 되었고, 이 기법의 확대 재생산이 곧 미국의 추상표현주의(abstract expressionism) 회화와 같은 의미를 갖게 되었다.

폴록은 지팡이, 딱딱한 붓, 물 주입기(물총 같은 것) 등을 사용해서 긋고, 흩고, 찍고, 뿌리고 하는 식으로 추상적인 회화 작업을 했다. 이 액션 페인팅은 마치 자동작용(automatism)처럼 보이지만 그렇지 않다. 자동작용이란, 의식적 자각이나 통제 없이 행동이 이루어지는 것을 말하는데, 몽유병이라든가 최면 상태나 간질 발작일 때처럼 자기가 하고자 해서 하는 동작이 아니고, 팔이 저절로 움직여져서 그림을 그리는 것이다. 하지만 폴록의 경우, 작가의 미의식 속에는 계산된 효과가 그려져 있었던 것이다. 그러니까 자동작용과 같은 표현 방법이 아니고 매우 주관이 뚜렷한 표현 방법인 것이다. 또한 이 표현 방법은 '우연의 효과'에 기대한 것만이 아니라 뿌리고 긋고, 들어붓고 해도 명확한 의도가 숨어 있다는 말이다. 즉 그 속에 사상과 감성이 들어 있다는 말이다.

그의 작품에는 〈Number 17A〉(1948)라든가 〈No.5. 1948〉(1948), 〈Composition〉(1948), 〈Number 10〉(1949), 〈Ocean Greyness〉(1953) 등이 있다. 대부분 작품명 자체가 애매모호한 추상적 명칭이다. 아마추어들은 그것이 어떤 작품일 것이라고 상상조차 할 수가 없다. 그래서 그를 미술 사상적으로 추상표현주의 작가라고 한다.

그는 사상적으로는 유럽의 표현주의나 초현실주의 화풍에서 크게 영향을 받았다. 특히 스페인 화가 호안 미로(1893~1983)의 영향을 크게 받은 것으로 되어 있다. 미로는 스페인의 초현실주의 회화의 개척자이고 선구적 화가였다. 그의 작품은 파리의 유네스코 본부 회관의 벽화로 남아 있고, 또 도자기 장식 작품으로도 전시되어 있다.

폴록은 또 피카소의 〈게르니카〉를 보고 큰 충격을 받았다고 한다. 〈게르니카〉는 피카소가 1937년에 제작한 입체파 유화 작품으로 349.3×776.6cm의 대작이다. 스페인 내전 당시 히틀러가 독재자 프랑코 장군을 도와 '루프트바페'라는 독일 공군 비행단을 스페인에 파견해서 바스크주의 게르니카라는 작은 마을의 주민 2,000명을 맹폭격으로 사망케 한 비극이 작품의 제재가 되었다. 1937년 게르니카에 폭격이 있었던 그해에 파리에서 만국박람회를 열게 되어 있어서, 스페인 정부가 박람회장의 벽화로 쓰기 위해서 피카소에게 그림을 주문했다. 그는 스페인 파쇼 정부의 부조리와 스페인의 비극을 알리고, 민중의 슬픔과 분노, 그리고 전쟁의 참혹함을 표현하기 위해서 이 벽화를 한 달 반 만에 제작했다고 한다. 상처 입은 말, 버티고 서 있는 소, 모두 참상과 분노를 표현한 것이다. 피카소는 공화파여서 프랑코를 반대하는 입장에 있었다. 이 그림을 프랑코가 집권하는 동안은 스페인으로 반입하지 않기로 하고 미국의 현대미술관에 무기한 대여했다가 프랑코가 1975년 사망하자 1981년에 조국으로 돌아왔다. 지금 이 작품은 스페인의 수도 마드리드에 있는 국립 레이니 소피아 왕비 예술센터에 소장되어 있다.

폴록은 또 프랑스 화가 자크 루이 다비드(1748~1825)의 영향을 받은 것으로 알려져 있다. 다비드는 프랑스의 신고전주의 회화의 지도자였다. 다비드의 스타일은 형식적 완성도가 높지만 낭만적 감성과 교훈적 목적을 결합한 양식이었다. 그는 프랑스 혁명 정신에 불을 질렀다. 혁명 당시 루이 왕조에 대항하는 혁신파 측에 가담하였다가 로베스피에르(프랑스 혁명의 열광적인 지도자)가 실각하자 투옥되었다가 나폴레옹이 집권하자 중용(重用)되어 예술적으로나 정치적으로 미술계에 최대의 권력자로 화단에 많은 영향을 끼친 화가이다. 그의 유명한 대표작으로는 〈알프스 산맥을 넘는 나폴레옹〉〈호라티우스 형제의 맹세〉 등이 유명한데, 그중 〈알프스 산맥을 넘는 나폴레옹〉은 우리나라 중고등학교 미술 교과서에도 인용되는 그림이고, 〈호라티우스 형제의 맹세〉는 1784년 작인데, 크기가 330×425cm의 대형이다. 지금 루브르 박물관에 소장되어 있다. 그러다가 나중에 나폴레옹이 실각하고 루이 16세가 집권하자 다비드는 황제에 의해 국외로 추방당하고 브뤼셀에서 죽었다. 그는 고대 조각의 조화와 질서를 존중하고 장대한 구도 속에서 세련된 선으로 형태미를 만든 화가이다.

폴록은 추상표현주의 회화의 선구자일 뿐 아니라 20세기를 대표하는 아이콘(icon)이기도 하다. 말하자면 20세기의 여러 사상적·문화적 흐름을 상징적으로 나타내는 선도적 인물의 한 사람이란 뜻이다. 표현주의란, 사상이나 문학에서는 작가의 주관적 감정과 정서를 강력하게 표출하는 것을 창작의 근원적 동기로 보는 입장을 말하는데, 미술에서는 강

예술과 함께하는 심리학

렬한 색채와 원시적이고 단순화된 형태를 보여주는 표현 경향을 말한다. 이 작가들은 정서를 직접적으로 전달하려고 한다. 대표적으로는 네덜란드 화가 반 고흐, 벨기에 화가 제임스 엔소르, 노르웨이 화가 에드바르 뭉크 같은 화가들이 이 운동에 영향을 주었고, 1905년 이후 프랑스와 독일에서 발전해갔다.

폴록이 이 운동의 대표이고 지도자였는데, 미국 화가 프란츠 클라인과 네덜란드 태생의 미국 작가 빌럼 데 쿠닝이 이 추상표현주의 회화의 2세대 작가들이다.

3. 폴록의 성장 배경

폴록은 미국 북서부 와이오밍주의 시골에서 1912년에 태어났고, 1930년에 뉴욕으로 이주하기 전 캘리포니아의 로스앤젤레스에서 '매뉴얼 미술학교'를 다녔다. 어릴 때부터 토속적인 미국 문화에 심취해 있었는데, 그곳에서 형이상학적이고, 초자연적인 정신성(精神性)을 추구하는 신지학(神智學, theosophy)의 개념에 접하게 된다. 신지학이란 신의 오묘한 본질이나 행위에 대한 지식을 신비로운 체험이나 계기를 통해서 알게 되는 철학적·종교적 지혜를 말한다.

1930년 18세 때 뉴욕으로 옮겨서 '아트 스튜던트 리그'라는 미술학교에 다녔다. 거기서 그는 토마스 하트 벤턴(1889~1975)에게서 드로잉과 회화, 구성 등을 배우고, '지방주의' 문화운동과 거기에 기반한 화풍과 당시 한창 활발했던 멕시코의 벽화운동에서도 영향과 자극을 받았다. 그는 1930년대 말, 즉 20대 후반부터 인간이나 동물의 심하게 변형된 이미지를 그림으로 그리기 시작했다.

1차 세계대전이 끝나고 태평양전쟁 발발 전 미국 정부의 공공사업진흥국(WPA)이 주관하는 '연방 미술사업 계획'에 화가로서 고용된다. 당시에 그는 전형적인 미국 서부를 소재로 한 풍경을 그렸다. 구상화가 주류를 이루고 있을 때였다.

여기서 잠깐 '지방주의'에 대해서 이야기하려고 한다. 1차 세계대전이 끝나고 나라마다 민족적·문화적 자주성을 강조하기 시작하면서 벤턴 등도 그랜트 우드(1892~1941)와 함께 지방주의 미술사상을 내걸고 문화운동을 하였고 벤턴은 그 지도자가 되었다.

1920년대와 30년대에 벤턴이 이끄는 지방주의 문화운동은 지방의 고유한 전통문화를 추구하려는 것이 목적이었고, 미국의 지역적 특성과 미국의 전통과 자연 조건 등을 소중하게 추구하려는 문화운동이었는데 미국 중서부 지방 그룹이 주동이었다. 한편 크게 보면, 이 지방주의는 발터 그로피우스(1883~1969) 같은 독일 태생의 미국 건축가가 주도한 국제주의가 건축의 획일화와 추상적 스타일을 지향하는 데 대한 하나의 반동으로 시작한 운동이기도 하다. 그래서 국제주의를 싫어한 히틀러가 그를 추방했고, 그는 미국에 정착했다. 그로피우스는 미국으로 망명한 것이다.

미국의 지방주의자들은 유럽의 추상미술을 퇴폐적 예술이라고 규정하고, 자신의 눈을 미국의 자연적 풍물로 돌려 미국적 풍경 회화를 그리기 좋아하게 되었다. 그렇다고 그들이 사실주의를 표방하는 것은 아니다. 각자 특이한 정감이 흐르는 그림을 그렸고, 때로는 풍자적인 그림도 그렸다.

4. 융과의 만남 : 원형에로의 여정

융의 원형

1940년대 폴록은 뉴욕으로 망명한 프랑스의 초현실주의 화가, 그중에서도 특히 앙드레 마송의 영향을 받아 미국 인디언의 토템(totem)이나 그리스 신화들을 주제로 해서 "융적인 환상"을 그렸다.

여기서 심리학 이야기를 좀 해야겠다. 나중에 폴록이 '융적인 환상'을 그렸다고 미술사학자들이 논평하고 있는데, 이 말은 그의 생애나 그림의 특징을 해명하는 데 크게 도움이 된다.

스위스의 정신의학자이자 정신분석가인 융은 자기 자신부터 시작해서 수많은 환자의 정신을 분석−치료하면서 얻은 결과와 세계의 많은 문화권 종족들의 신화 · 전설 · 민담 · 철학 · 종교 현상 등을 분석해서 그들의 심성을 연구한 결과를 토대로 인류에게는 보편적인 '집단적 무의식'이라는 것이 있다는 점을 가정했다. 이것은 프로이트*에게는 없는 개념이었다.

그런 '집단무의식'은 각 종족의 출생, 육아 관행, 모성, 결혼, 죽음과 관련된 관행 속에도 드러나 있고, 토템이나 터부, 설화, 전설, 신화로서는 창조신 이야기, 현인사상(賢人思想, Wise Old Man), 여신 이야기(사라스바티부터 시작해서 자유의 여신, 오곡[五穀]의 여신, 하늘의 여신, 지옥의 여신, 사랑의 여신, 달의 여신, 전쟁의 여신, 지혜의 여신 등 많은 여신 이야기가 있지 않은가?), 초인적인 영웅의 이야기 속에도 말로, 글로, 그림으로, 의식으로 상징적 · 환상적으로 표현되어 있다고 했다. 우리나라에도 그런 신화가 있

---

*　프로이트(1856~1939), 오스트리아 출신의 정신과 의사. 정신분석학의 창시자.

다. 대표적인 것이 단군 신화이고, 신라의 건국 시조 박혁거세가 알에서 태어났다는 신화, 고구려를 세운 동명성왕도 알에서 태어났다는 신화, 이 이야기들은 모두 신화이다. 성모 마리아에 관련된 신화도 많다.

그리고 융은 자기 병원을 찾아오는 신경증 환자 개개인의 콤플렉스의 원천을 탐구하기 위해서 그들의 꿈과 병리적으로 집착하는 '환상'들을 들여다보고, 그 속에도 집단무의식의 내용물이 들어있음을 발견했다. 그 오랜 옛날부터 인류에게 공통적으로 유전되어 온 행동이나 정서적 결정 요인으로 작용하는 원형(元型, archetype)들은 종족의 관행적인 행동 양식뿐 아니라, 개개인의 행동과 감정적 표현 속에도 나타난다는 것이다. 인간이 오랜 세월 살아오면서 무의식 속에 간직해왔고, 기억 속에 남겨두었던 정신적 내용물들이다. 그러니까 예술작품 속에서도 이 원형이 숨겨져 있다고 보고, 융은 원시예술은 물론이고, 현대의 미술·음악·문학·연극 작품도 깊이 연구했다.

또 원형은 꿈속에도 나타난다. 개인이 꾸는 꿈은 극히 개인적인 체험의 결과물이지만 그곳에도 개인을 넘어서는 어떤 원형적 의미가 있다고 해서 꿈의 분석을 중요시했다. 즉 꿈속에도 인류의 영원한 정신적·유산적 내용물들이 들어있다는 것이다. 꿈을 해석하는 데는 이 원형이 아주 중요하다. 프로이트식으로 말하면, 꿈에 나타나는 움푹 파인 것은 모두 여성 성기를 말하고, 막대기처럼 뾰족한 것은 모두 남성 성기를 상징하는 것으로 간주했다. 융식으로 보면, 꿈은 의식적 자아와 영원한 것(집단무의식)과의 대화라고 보고 있다. 그래서 원형은 꿈속에서 상징(이 경우는 프로이트와 의견이 같다)으로 작동하며, 의사와 환자 사이의 대화를 용이하게 한다. 꿈은 현실을 그대로 반영하는 것이 아니라 변형되고, 압축되고, 왜곡되어서 상징적으로 표현한다. 즉 현실을 다른 걸로 바꿔서 나타낸다는 뜻이다.

융은 이에 대해서 이렇게 설명한다. 인류가 공유하는 현인(賢人), 거인(巨人)은 꿈에서도 부모, 선생, 영적 지도자, 의사 등으로 변신해서 나타난다고 했다.

이 원형은 우리가 의식적으로 사고하기 이전부터 이미 존재해왔기 때문에 우리의 지각적 경험(세상을 보고 느끼는 것)에 굉장히 중요한 역할을 한다. 우리가 일상적으로 어떤 문제를 해결하려고 할 때, 신중하게 추리하고 의식적으로 사고해서 하는 것도 이미 우리들의 무의식 안에서 지도를 해오고 있었다는 것이다. 그래서 융은 '자유 단어 연상검사'라는 것을 만들어서 그걸 통해 우리의 무의식을 파악하려고 했다. 물론 이런 개인적인 연상 검사 반응을 통해서도 원형이 있다고 가정한 것이다.

내향성-외향성

인간의 심적 에너지(Psychic energy)가 주로 내부의 주관적인 것으로 삶의 방향과 가치를 지향하느냐, 아니면 외부의 객관적 현실 세계로 지향하느냐로 내향성, 외향성이라는 성격 유형이 갈라진다고 한 융의 이론을 토대로 해서 성격 유형 검사로 만든 것이 'MBTI'라는 심리검사이다. 이 검사는 마이어스-브릭스라는 미국의 모녀 학자가 개발한 것으로, 지금 세계에서 가장 인기 있는 성격검사가 되었다.

이 원형은 여러 형태로 밖으로 드러나는데, 가장 중요한 것이 페르소나(Persona)라는 것이다. 한 개인이 바깥 세상에 내보여지는 가면이나 역할 같은 것이다. 그리고 환경과 상황에 따라 자신의 자아를 선택적으로 내보이는 면이다. 조직 속 부하일 때의 자기와 상급자가 되었을 때의 자기는 행동이 달라진다. 그러나 그 속에는 일관성이 있다는 것이다.

예컨대 아침을 잘 하는 부하일수록 상급자가 되면 권위적이 된다는 원리와 같다.

융은 또한 인간은 원래 남성성, 여성성을 다 가지고 있으나 생물학적 차이로 인해서 남자─여자로 갈라졌다고 말한다. 남자 가슴에 젖꼭지가 왜 필요한가? 그것은 인간도 양성 동물이었다는 것을 말해준다. 아니무스란, 여성의 성격 속에 숨겨져 있는 남성적 요소이고, 아니마란, 남성적 정신 속에 숨겨져 있는 여성적 요소이다. 인체 생리학에서는 대개 남성이건 여성이건 반대 성의 호르몬을 약 17~18% 가지고 있단다. 이런 경향은 성장하면서 이성을 이해하는 바탕이 된다. 이런 현상이 또 다른 유형의 원형이라고 했다.

아니무스는 우리 문화에서는 상남자, 근육남, 군대 지휘관, 냉철한 논리주의자, 낭만적인 여성 유혹꾼 등으로 나타난다. 반면에 아니마는 숲속의 요정, 성처녀, 남자를 유혹하는 마법적 매력녀, 이른바 팜 파탈(femme fatale), 즉 남자를 파멸시키는 요부 같은 것이다.

이런 이야기는 『구약성서』 속에도 많이 나오고, 그리스─로마 신화 속에도 많이 나온다. 민화, 동화, 그림(명화), 연극, 영화에도 나온다. 이브(하와), 트로이의 헬렌, 마릴린 먼로가 그런 부분을 설명해준다. 앞에서도 말한 페르소나와 반대되는, 사람들에게 내보이고 싶지 않은 어두운 면의 자기를 융은 섀도(shadow, 그늘)라고 말했다. 지킬 박사와 하이드가 그 좋은 예이다. 지킬 박사는 내보이고 싶은 페르소나이고 하이드는 어두운 그늘, 섀도이다.

그런데 융은 이런 원형들이 집단(인류, 종족, 가족)의 관행적인 행동 양식이나 정서 반응에 영향을 줄 뿐 아니라 한 개인의 행동과 정서 반응, 그리고 개개인의 병리적 신드롬을 만드는 데도 기여한다는 것도 발견했다.

예술과 함께하는 심리학

폴록은 융의 이론에서 영감을 받은 마송과 마찬가지로, 미국 인디언의 토템이나 종족적 상징물을 통해서 인류 보편적인 환상을 표현하려 했다고 한다.

5. 묘화를 통한 접근

융은 신경증 환자의 자발적 묘화, 즉 그림(drawing)을 통해서 원형에 접근할 수 있다고 했다. 자발적으로 그려진 무의도적이고 공상적인 묘화를 매개로 해서 환자는 퇴행(regression)**을 할 수가 있게 되고, 그래서 무의식을 뚫고 지나가는 여행을 개시할 수 있게 된다. 묘화라는 방법은 무의식의 내용물에 접근하기 위해서만이 아니라 그것(무의식의 내용물 자체)을 통제하기(변화시키기) 위해서도 사용될 수 있다고 융은 보았다. 환자가 특정 관념에 사로잡혀 있을 경우에 그 관념을 묘화로 표현하게 해서 그것이 불러일으키는 불안을 서서히 줄일 수 있고, 가능하면 그 불안을 완전히 컨트롤할 수 있게 묘화를 이용해서 치료하기도 했다. 나는 미술사학을 전공한 사람도 아니고 정신분석학자도 아니지만 묘화 분석에 관한 저서를 여러 권 쓴 경력이 있어서 묘화와 관련해서는 할 말이 많다.

폴록이 마송의 영향을 받은 것으로 기록되어 있다고 했는데, 그 이유를 마송의 배경에서 잠시 살펴보겠다. 마송은 독일의 고전주의 철학자요, 목사의 아들임에도 기독교를 적대시한 학자요, '초인(超人)' 개념을 만든 니체(1844~1900)를 자기의 예술적 영감의 원천으로 여겼던 화가이

** 행동이나 감정이나 사고가 미성숙했던 어린 시절로 되돌아가는 것.

다. 니체가 주장한 이 '초인'은 19세기의 미온적인 시민사회와 정신적 폐색 상황으로부터 탈출하기 위해서 니체가 만든 이상적 인간형이다. 인간의 불완전 성과 제한을 극복하기 위해서 이런 강력한 권력의지를 지닌 초인이 나타나야 한다고 니체는 주장한 것이다. 이런 초인이 나타나서 모든 허위, 모든 병적인 것, 생(生)에 적대하는 모든 것을 섬멸해야 한다고 했다. 마송은 니체의 이런 '초인' 개념에 매혹을 느끼고 자기 작품 제작에 반영했다.

또 프랑스의 상징주의 시인 아르튀르 랭보(1854~1891)나 초현실주의 운동에 깊은 영향을 준 프랑스의 판타지 작가이고 근대시의 선구자인 로트레아몽(Lautreamont, Comte de, 본명은 Isidore Ducasse, 1846~1870)의 영향을 받은 마송이 당시 미국으로 망명해 와 있던 때였다. 위의 두 시인은 모두 요절한 데다 범상치 않은 사상가이기도 했다. 마송이 이들에게서 사상적으로 초현실주의적 영감을 많이 받았던 것이다.

마송은 1941년 스페인 내전 때, 에스파냐군의 프랑코 장군이 이끄는 군사정부의 압제에 항거하다가 생명의 위협을 느끼고 미국으로 망명해 있으면서 미국 흑인과 아메리카 인디언의 신화를 접하게 되고, 그것들을 자기 예술적 영감의 새로운 원천으로 삼게 된다. 이때 폴록은 20대 후반으로 뉴욕에서 공부하던 무렵이었는데, 마송을 알게 되고 그의 초현실주의적 예술 사상에 접하게 된다.

6. 소벨과 시케이로스

그러나 폴록에게 미술적으로 직접적이고 결정적인 영향을 준 사람은 의외로 다른 데 있었다. 우크라이나 출신의 자넷 소벨(1893~1963)이라는 여류 화가였다. 이 여성은 구소련 체제하의 우크라이나에서 아버지가 살해당하자 가족이 솔권해서 뉴욕으로 이주한 사람이다. 자넷은 45세가 되어 늦게서야 그림을 그리기 시작한 특이한 작가인데, 그녀의 이력을 보면 처음에는 가정주부로서 뉴욕의 교외에서 일요화가처럼 그림을 그리고 있었는데, 그의 재능이 알려지면서 본격적으로 작가로 활동하게 되었단다. 이 여성은 추상표현주의풍의 화법을 미국에 도입한 작가이고, 동시에 이른바 드립 페인팅 기법을 최초로 사용한 작가이다. 그래서 폴록이 소벨에게서 가장 크게 영향을 받은 것으로 되어 있다.

1945년, 그러니까 2차 세계대전이 끝나던 해에 유명한 컬렉터이고, 뉴욕에서 '금세기 미술관(The Art of This Century Gallery)'이라는 현대미술관을 운영하는 페기 구겐하임(1898~1979)이 자넷의 작품을 소장하기 시작했고(그때 자넷은 52세), 1946년, 그러니까 그 이듬해 폴록은 미술평론가인 클레먼트 그린버그(1903~1994)와 함께 구겐하임 현대미술관에서 소벨의 작품전을 보게 되었다. 폴록은 그린버그에게 "이들 그림(소벨의 작품)은 나에게 큰 영향을 주었다"고 고백했다. 이때 폴록의 나이는 34세였다.

폴록의 작업 기술이 독창적으로 전환된 것은, 멕시코 벽화가인 다비드 시케이로스의 작업에서 비롯되었다. 여기서 폴록은 페인트를 붓고, 떨어뜨리는 것이 예술적 기법이 될 수 있으며, 그림 표현에 에나멜 페인트와 모래, 유리 같은 것을 사용할 수 있다는 것도 알게 되었다.

이렇게 관찰해보면 폴록은 유럽의 시인, 화가들로부터 사상적으로 영향을 받았지만, 실제 작품 제작 방식은 구소련권에서 미국에 이주해온 평범했던 화가에게서 직접적인 영향을 받았다. 물론 '드립 페인팅 기법'의 기본과 비슷한 방법은 1940년대, 그가 20대 후반 때 보았던 아메리카 인디언들의 '모래 그림(sand painting)'에서 영향을 받은 것으로 기록되어 있다. 즉 미국의 나바호 인디언들은 병을 고치기 위한 주술적 의식의 형태로 색깔이 들어 있는 모래로 그림을 그렸다. 애리조나주와 유타주 접경 지대에 살고 있는 이들은 약 1,300여 년 전부터 그랜드 캐니언이 가까운 이 지역에서 살면서 이런 주술을 사용해온 원주민의 후손들이다.

이런 '모래 그림'은 세계 여러 종족에게서 볼 수 있는데, 티베트 불교에도 젊은 승려들이 여럿이 모여서 색깔이 있는 모래로 커다란 만다라 그림을 그리고는 의식이 끝나면 바로 지워버리는 의식이 있다. 만다라 의식도 여기에 속한다. 폴록은 이 '샌드 페인팅' 기술을 보고 "이 기술은 가장 직접적인(계획과 소묘 없이 하는 즉각적인) 그림"이며, 자기의 그림이 이것과 비슷하다고 했다.

이렇게 여러 곳에서 영향을 받았지만 그는 이들과 또 다른 창조적이고 충격적인 작업 방식으로 새로운 미술작품을 만들어냄으로써 1940년대 중반부터 명성을 떨치기 시작했다. 그의 작품 제작 과정이나 작품의 규모나 사용하는 매체나 물감 등을 고려할 때 그의 창조성과 상상력은 전 세계에 엄청난 문화적 충격을 주었다.

그러나 그런 위대한 작가에게도 인간적인 약점이 있었다. 그는 알코올중독으로 오랫동안 고통받았는데 그의 작품 경향은 그의 알코올중독과 관계가 없을까? 그리고 알코올중독을 치료받는 과정에서 정신과 전문의로부터 받은 융적인 치료법의 영향은 없었을까? 예술가들의 작품은 단순히 맑은 이성으로만 제작되지 않는 경우가 너무도 많기 때문이다.

7. 폴록과 알코올중독

폴록이 알코올중독으로 오랫동안 고통 받고 있었다는 것은 잘 알려진 사실이다. 임상적으로 보면 알코올중독자는 가족과의 효과적인 인간관계를 유지할 수 없고, 중독 상태가 되면 대개 영양실조에 빠진다. 생활이 불규칙적으로 되고, 알코올에 의존해서 임시적으로는 불안정감과 열등감과 과중한 책임의식에서 도피할 수 있어서 진정한 의미가 아닌 만족감과 적합 감정을 얻는다. 연구 결과를 보면, 대부분의 알코올중독자들은 부적합한 자아 개념(즉 현실적인 자기 자신에 대한 이해가 왜곡된다)을 갖게 되어 다른 사람들로부터 오해를 사기 쉽다. 정서적으로 미성숙해지기 쉽고 수동적이며 의존적이 되기 쉽지만, 때로는 그런 사람 중에 야망이 높은 사람들도 있다. 이 중독자들은 비현실적으로 높게 설정된 목표에 도달하려고 분투하나, 때로는 좌절감으로 알코올에 의존하게 된다. 알코올의 힘을 빌려 적합함(adequacy)이나 우월감을 유지하려는 것이다. 아마도 폴록은 전자의 경우보다 후자의 경우가 아닌가 싶다.

폴록은 반사회적·반항적 성격 탓으로 카페 등에서 술을 마시고 패싸움도 하고, 만찬 석상에서 식탁이나 테이블을 뒤집어엎기도 하곤 했다. 그는 죽을 때까지 알코올중독으로 고생을 했는데, 44세 때 술 마시고 여자친구와 남자친구들을 차에 태운 채 몰고 가다가 교통사고를 내서 사망했다. 알코올중독이 그를 요절케 한 것이다.

그는 33세 때 동료 작가였던 리 크라스너와 결혼을 했으며, 그녀는 잭슨의 커리어와 작품 제작에 큰 영향을 주었다. 결혼 생활은 11년 지속되었다.

캘리포니아에서 뉴욕으로 이주한 후 그는 알코올중독과 우울증과 싸우고 있었다. 그를 치료한 두 전문의는 모두 융 학파에 속해 있었다. 이들은 폴록이 그림을 적극적으로 그리도록 강력하게 권고했고, 폴록의 그림 속에 융의 개념과 원형이 표현되어 있음을 발견했다. 어떤 역사가들은 폴록이 양극성 장애, 즉 기분, 에너지, 행동, 생각이 극단적으로 왔다 갔다 하는 장애를 가졌다고 말하는데, 조울증이라고도 한다. 은둔적이면서 변덕스러웠다고 한다.

알코올중독으로 치료 받기 시작해서 1938년부터 41년까지 4년간 조지프 핸더슨(Joseph Henderson)에게 치료를 받았고, 41년부터 2년간 바이올렛 라즐로(Violet Laszlo) 박사에게서 치료를 받은 일이 있다. 이들은 융 학파에 소속된 전문의여서 융식 치료 방법을 적용받았다. 폴록에게 중요한 영향을 끼친 또 하나의 요소는 정신분석학이다.

그가 알코올중독으로 병원 치료를 받고 있었을 당시, 정신 치료의 이론과 방법은 당시 크게 두 갈래로 갈라져 있었다. 즉 프로이트 학파와 융 학파다. 그러나 미국인들은 실용적인 사람들이라 어느 한쪽만을 고집하는 것이 아니고 절충적이고 현실적으로 접근하는 의사들이 더 많았다. 그러나 그중에서도 특별히 프로이트 학파에 소속되어 있거나 융 학파에 소속되어 있는 의사들은 각각 프로이트나 융의 이론과 치료 방법을 존중했다. 이 두 학파는 환자 혹은 내담자에게 접근하는 방법이 사뭇 다르다. 그런데 폴록을 담당한 두 전문의는 융 학파에 소속됐던 의사들이고, 융의 이론과 방법을 고집했다.

융의 분석심리학적 정신치료는, 인간의 영혼이 갖는 신비한 특성은 심리학적 용어(주로 조작적으로 정의한다. 즉 측정 가능한 용어로 정의하는 것이 보통이다)의 해석만으로 부족하다는 데서 출발하고 있다. 인격의 심층을 살펴서 근본적인 인격의 변화(프로이트는 환자가 호소하는 증세나 신드롬에 주목한다)를 일으켜 성숙한 사람으로 만드는 것을 목적으로 하고 있다. 그래서 융은 스스로를 "영혼을 치유하는 의사"라고 지칭했다. 의식과 무의식을 마음의 전체로 보고 증상치료보다 전체적인 인격의 자기실현을 중요시한 것이다. 그래서 융은 분석자나 치료자의 자세, 철학, 태도, 식견 같은 것을 중시했다.

반면 프로이트는 예컨대 신경증 환자를 치료할 때 환자의 꿈을 분석하고 자유연상법으로 환자의 무의식 속에 들어가서, 충족되지 않는 욕망, 성적 에너지(리비도)의 왜곡 상태, 갈등, 분노, 콤플렉스 등의 원인을 캐내서 언어 자극과 대화를 통해 환자의 방어기제를 제거하고, 그런 갈등의 이유나 원인을 스스로 이해하게 하고, 겪고 있는 갈등에 대한 통찰을 얻을 수 있게 함으로써 환자의 정신적 문제를 치유했다. 즉 환자의 태도나 몸가짐, 연상, 꿈, 저항(抵抗)이나 전이(轉移)를 해석해서 환자로 하여금 통찰을 얻게 이끈다. 즉 무의식적인 갈등에 대해 인식하게 하고, 거기에 대해 통찰을 하게 함으로써 증상을 해소시킨다.

1960년대에, 스위스의 융 연구소에서 정신분석가 자격증을 받은 한국 최초의 융 분석심리학자이고 서울대 신경정신과 교수를 지낸 이부영 박사가 이화여대 대학원 학생들을 위해 특강을 한 일이 있었다. 그가 스위스 취리히의 융 연구소에서 몇 년간 수련을 하고 돌아온 지 얼마 안 되었을 때였다. 그때 재미있는 이야기를 들었다. 취리히에는 같은 병원에 대문이 두 개 있는데 한쪽 문은 프로이트 정신과이고, 바로 옆의 문은 융 정신과로 들어가는 문이라고 한다. 두 병원이 나란히 붙어 있다는 것이다. 환자는 병원 앞에 와서 이쪽으로 들어갈까, 저쪽으로 들어갈까를 결정해야 한다. 물론 소문을 듣고 결정을 미리 내리고 왔겠지만, 문제가 있다. 그래서 그때 내가 이런 질문을 했다. "만일 거의 같은 증상(예컨대 불안신경증 환자가 치료를 받으러 왔다고 하자)을 가진 환자가 둘이 있어서 한 사람은 프로이트 클리닉에 들어가서 치료를 받고, 다른 한 사람은 융 클리닉에 들어가서 치료를 받는다면 '자, 이제 안 와도 됩니다.' 하는 기준이 다르겠습니다?"라고 물었다. 그는 "물론 다릅니다. 프로이트식으로 말하면 '증상 해소나 완화'가 기준이 되겠지만, 융식으로 말하면 '환자가 자기 자신과 세상을 보는 눈이 달라졌다, 말하자면 건전한 자아를 회복했다'는 것이 기준이 될 것입니다."라고 대답했다.

여기에 융에 관해서 좀 소개를 해야겠다. 융은 세계 여러 나라를 다니면서 그 나라의 민족적인 신화나 상징 등을 조사 관찰한 결과 세계에는 놀랍게도 나라 사이, 민족 사이에 유사성이 많다는 것에 매료되었다. 그것들은 인류로서 공통적으로 나누어 갖고 있었던 공통된 지식이나 경험의 결과라고 보았다. 즉 집단무의식이나 원형과 관계가 있다는 말이다.

8. 그림 속의 집단무의식

이렇게 공통적으로 가졌던 경험에 대한 기억의 일부는 '집단무의식'이라는 저장고 속으로 들어가서 개인 간의 행동양식을 결정하고 조직적 양식으로 작용하는 원형(元型, archetype)이 되었다. 그래서 융은 우리 인간은 세상을 살아가면서 세계를 이해하는 생득적인 경향을 가지고 태어난다고 말한다. 생득적 경향이 바로 원형인 셈이다. 예컨대 세계의 많은 종족의 출생과 육아에 관련된 관행이나 결혼, 죽음의 의식 같은 것을 분석해보면, 구조적으로 같은 면이 많다는 것이다. 이와 같은 이야기는 프랑스의 구조주의 인류학자인 클로드 레비-스트로스도 하였다. 레비스트로스는 한국의 88 서울올림픽 때 내한해서 석굴암의 본존불을 보고 큰 감동을 받고 갔다고 한다. 레비-스트로스는 동서고금을 막론하고 세계의 모든 문화권의 생활과 사고양식은 문명이라는 점에서는 큰 차이가 나지만 구조적으로는 같다고 했다.

융은 이 집단무의식이 시간과 장소에 따라서는 속성에 다소 변화가 있지만 내용이나 구조, 의미는 같다고 말한다. 예컨대, 백설공주와 신데렐라 이야기는 세계 도처에 존재하며, 그 내용 구조가 똑같다는 것이다. 또 위대한 현인(賢人, old wise man), 여신들의 이야기, 마돈나(성모 마리아) 이야기, 영웅담 같은 것도 비슷한 구조를 가졌다고 서강대 교수였던 김열규가 책에 적고 있다. 이런 영웅담 같은 것은 나라마다 다 비슷한 줄거리로 꾸며져 있다는 것이다. 인류의 역사와 함께 만들어진, "집단이 공유하는 무의식"이 있다고 하여 '집단무의식'이라는 개념을 만들었는데, 이 점이 프로이트와 어긋나는 이론이었다. 이 '집단무의식'은 범인류적인 면도 있고, 종족의 역사와 더불어 유전되어 온 내용 등 고대의 기억물(ancient memories)들도 여기에 속한다고 했다.

그러나 프로이트는 무의식에 들어 있는 내용물들이 모두 개인사적인 원인으로 인해서 형성된 것이라고 했다. 그러나 융은 무의식 속에 개인적 역사의 흔적이나 기억물과 함께 인류의 보편적인 오래된 기억물들, 그 밖에도 아니마와 아니무스라는 성적 정체성과 관련된 내용, 원형, 섀도 즉 그림자(자기 성격 중 부정적 자기) 등도 그 내용물에 들어 있다고 한다.

융은 1914년에 프로이트와 견해차로 결별하고 스위스에 병원을 개업하여 환자를 치료하면서 본격적으로 무의식 탐구에 들어갔다. 이때 그는 여러 가지 불가사의한 신비 현상을 체험한다. 1차 세계대전(1914)이 터지기 직전에는 대규모 재앙에 대한 환상을 보았으며, 유령을 목격하기도 하고, 의미심장한 꿈을 꾼 경우도 적지 않다고 한다. 그는 영지주의(靈知主義, gnosis)와 연금술에 몰두하기도 했다. 무의식을 연구하다가 자기 안에 있는 다른 인격의 목소리를 듣게 되었다고 한다.

그는 또 만다라(mandala)를 정신 치료의 도구로 사용하기도 했다. 그래서 그의 친한 친구 한 사람이 "융은 그 자신이 걸어다니는 정신병원이었을 뿐 아니라 그 병원의 최고의 의사이기도 했다"라고 했을 정도로 그는 뭔가 홀린 듯 몰두했다. 이 말은 융 자신이 일종의 정신병 환자였다는 말이 된다. 그는 과학을 신봉하는 의사인 동시에 신비주의 체험가였다. 그래서 종종 주위 사람들로부터 과학을 빙자한 공상가라는 오해를 받기도 했다.

그의 이론에 내재된 이중적인 성격(과학과 신비주의)은 아마도 그의 관심이 평생 동안 '심령'과 '과학'으로 양분되어 있었기 때문일 것이다. 그는 의사인 동시에 신비 체험자여서, 과학의 기초를 터득하고 있으면서 과학의 방법만으로는 쉽게 규명할 수 없는 거대한 세계가 인간의 내면에 들어와 있다고 확신한 것이다.

융은 자기 자신부터 분석하기 시작해서 수많은 환자의 정신을 분석하고 치료함과 동시에 아프리카를 여러 번 여행했고, 그리고 인도 등 세계의 다른 문화권의 종족들의 문화와 사상에로 관심을 넓혀갔다. 필자가 6·25전쟁 때 부산에 피난 가서 대학 공부를 하면서(1952~1954) 우연히 미군 부대에서 흘러나온 『타임』지를 읽다가 융에 관한 기사에 접하게 되었다. 1953년쯤으로 기억하는데 융 자신은 UFO(당시는 '비행접시'라고 했다)의 존재를 인정한다는 기사였다. 당시에는 융에 관해서 아는 바가 별로 없어서 잘 몰랐는데, 융은 UFO 현상을 집단무의식의 발현으로 본다고 했다. 그러니까 이것(UFO)은 이미 존재해 있었고, 그 기억은 수만 년 동안 혹은 그 이전부터 인류의 조상의 경험 속에 있었던 이미지라는 말이다. 필자는 그때 융을 이상한 심리학자라고만 생각했다. 왜냐하면 과학자도 인정하지 않은 것을 심리학자가 UFO 어쩌고저

쩌고 하니까 말이다.

그는 1944년에 사고로 다리가 부러지고 심근경색으로 병원 신세를 졌는데, 그 와중에 임사체험(臨死體驗)을 경험하고는 매우 황홀해했다고 한다. 1948년에 스위스에 융 연구소를 만들었고, 지금까지 그 제자들이 계속 운영하고 있다. 그는 자서전에 "나의 생애는 무의식 탐구와 자기실현의 역사다"라고 썼고, 인간의 자기실현을 최고의 가치로 여겼다. 또 묘비명에는 "부르든 부르지 않든 신은 존재할 것이다"라고 했고, "신을 믿느냐?"는 질문을 받고는 "나는 그분을 믿는 게 아니라 그분을 압니다"라고 대답했다. 그는 복음주의 개혁파 목사의 아들로 태어난 사람이다. 니체와 같이 목사의 아들로 태어난 사람(특히 철학자나 심리학자 등이 많다) 중에 의외로 반기독교적이거나 부정적인 인사가 많다.

융 치료의 핵심은 '개성화 과정'에 있다. 개성화란, 평생 동안 일어나는 변화 과정인데, 의식과 집단적 무의식의 통합을 통해서 자신의 전일성(全一性, wholeness)을 이루어가는 과정이다. 개성이란, 저 깊숙한 곳에 있고 최종적이며 비교 불가능한 나의 독자성(獨自性, uniqueness)을 말하는 것인데, 바로 이 독자성을 성취해가는 과정이 개성화이다. 즉 개성화는 '자기다워지는 것'이다. 그러니까 이런 관점에서 보면, 성격 형성에 있어서 성적 충동의 에너지를 지나치게 강조한 프로이트와 갈라설 수밖에 없는 것이다.

폴록이 융과 연계되는 이유는, 그가 10대 후반에 신비주의와 신지학에 접했던 경험, 아메리카 인디언들에게서 발견한 인류 공통의 '환상' 같은 것을 경험한 점과 알코올중독으로 정신 치료를 받을 때 그의 담당 전문의가 융 학파였고 그 치료 개념이 인간의 독자성을 살리는 개성화 과정에 입각해 있었다는 점은 결국 그의 작품도 융의 환상적 세계관과 정신주의 사상에 맞닿아 있었던 것이다.

이렇게 보면, 예술가란 독창성을 발휘해서 창의적인 작품을 만들어야 그의 예술적 생명이 오래 유지된다는 것을 폴록을 통해서 학습할 수가 있다. 또한 그가 영향 받은 많은 시인, 작가, 사상가들의 사상적, 감성적 영향을 받았다는 사실도 그의 예술의 창조적 특성을 통해서 읽을 수가 있다.

3장
예술가들의 자살, 왜?

1. 자살은 인간의 공격 본능 때문인가?

자살 특공대도 있다

사람들이 왜 스스로 생명을 끊는가? 프로이트의 정신분석학 이론을
좀 빌리겠다.

여기에는 묘한 정의(定義)가 있다. 첫째, 자기 자신을 의도적으로 죽이
는 행위, 이는 종교적으로는 범죄에 속한다. 둘째, 그런 살해 행동 자체
가 자살이다. 이럴 때에는 그 이유에 따라 범죄의 범주에 넣기도 한다.
셋째, 일반적으로는 신경증(노이로제), 정신장애, 심한 성격 장애와 우울
증을 앓고 있을 경우 가장 자살 충동을 많이 느끼게 되는 위험 상태가
된다.

여기서 자기 파괴적인 자살과는 다른, 동기가 마음을 움직여서 자살
을 시도하게 하는 것은 성격이 좀 다르다. 전자는 순수한 개인적인 동기
에 의해 결행되는 것이고, 후자는 제3의 요인에 의해서 자살하게 만드

는 것이다. 예컨대 이슬람의 '지하드'라는 것이 있는데 번역하면 성전(聖戰)이다. 이 성전에 참여하는 것은 가문의 영광이라고 믿고 참여하는 자살 특공대가 있다. 그 원조는 일본의 2차 세계대전 때의 '가미가제(神風) 자살 특공대', IS 집단이나 아프가니스탄의 '무자히딘', 탈레반 등의 자살 특공대가 잘 알려져 있는 케이스다. 이들은 성전에 참여해 죽어서 신에게 영광을 돌림으로써 가족과 후손들이 신의 영원한 축복을 받게 하고 구원을 받게 한다는 신념으로 청년들을 부추겨서 폭탄 차량에 태워 질주하거나 폭탄 조끼를 입혀서 뛰어들어 자살하게 한다. 이런 것은 개인적인 이유와는 관계가 없고, 제3의 이유가 개입되어 있는 케이스다.

순수하게 개인적인 의도인 경우는 좌절, 질병, 불명예, 정신·신경적 장애, 우울증, 알코올중독이나 마약·약물중독 등이 있다. 제3요인인 경우에는 앞에서 말한 정치적 이유 외에도, 사회·경제적 요인의 개입이 작용한다. 산업화와 급속한 정보화 시대로 사회가 발전하면서 소외 현상(좀비족, 오타쿠족), 장기 치료를 요하는 만성질환, 과도한 교육열, 사회적 멸시나 차별, 사회적 불안정, 가정 불화, 집합 의식의 약화 등이 작용한다.

여기서는 특별히 예술가들의 자살이 우리의 관심사이다. 예술가들이 일반인보다 자살 비율이 높기(?) 때문이다. 호기심이 가고 관심을 더 갖게 된다. 이들은 자기 작품에 대한 전문가나 비평가의 불인정, 혹독하고 부당하다고 생각되는 치열한 비판, 비인기(非人氣), 동료 사회로부터의 소외, 작가로서의 무기력, 허무주의와 염세주의, 자신의 한계에 대한 극심한 자괴감, 그리고 최근에 유행하는 '악플'에 견디다 못해 그 충격으로 목숨을 끊게 된다.

자살 기도자는 틀림없이 사전에 그럴 몸짓이나 말들을 흘리고 다니는 경우가 많다. 실제로 자살을 시도하는 이들의 행동을 살펴보면 그전에 다른 사람들에게 접근해서 곁에 있고 싶다는 시그널을 보내게 된다. 사전 경고 사인이 있다는 말이다. 그리고 내심 "도와줘요"라고 말하고 있다는 것이 대부분이다. 무언의 신호가 있다는 말이다. 본인 자신은 그럴 의도로 의식하고 있는 것은 아니지만 그런 낌새를 보여준다는 것이다. 그러니까 이들은 성공한 자살자보다는 생존율이 6~8배나 높다고 한다. 우스운 이야기지만, 남녀가 약물 사용으로 동반 자살을 했을 경우에, 남자는 80% 정도 실제로 사망하고 여성은 4~50% 정도 살아난다는 것이다. 그 이유를 우스갯소리로 한다면, 여자는 약을 조금만 먹고, 남자는 주는 대로 다 먹는다는 것이다. 사실인지 아닌지는 확인된 바가 아니다. 자살을 정신분석적으로 보면, 의미가 좀 더 달라진다.

생(生)의 본능과 사(死)의 본능

프로이트에 의하면, 인간은 몇 가지 본능적인 경향성을 가지고 태어나는데, 그중에는 삶에 대한 본능(生本能, 에로스)과 죽음에 대한 본능(死本能, 타나토스)이란 것이 있단다. 살고자 하는 본능은 이해가 되지만 '죽고자 하는 본능'이 있다니 이해가 안 된다. 생(生)의 본능은 자기 보존과 종족 보존을 지향하는 본능이고, 사(死)의 본능은 자기파괴와 타인에 대한 공격으로 나타나는 본능이다. 그런데 놀랍게도 이 두 가지는 같은 뿌리에서 온다고 한다. 즉 무기물(無機物)로의 회귀이다. 내가 살기 위해서는 남을 죽여야 한다(공격).

인간의 죽음에 대한 본능은 전쟁의 현장을 보면 이해할 수 있다. 인류 역사를 보자. 기독교의 신·구약 성서에 보면, 유대인들은 5,000년 역사 동안 끊임없이 전쟁에 시달렸다. 우리나라도 4,000년 동안 1,000회 이상 크고 작은 외침을 당했다. 전쟁을 일으키고 싸워서 이긴 사람들은 심적으로도 쾌감을 느끼고 속으로 쾌재를 부른다고 한다. 승리란 적을 많이 죽여 무언가를 얻을 수 있으니까. 2차 세계대전 때 히틀러로 인해서 8,000만 명의 인명 피해가 있었는데, 그중 68%는 민간인이라고 한다. 왜 무고한 백성들을 죽이는가? 1950년 한국전쟁 때도 쌍방으로 약 300만 명의 희생자가 나왔으며 1,000만 명의 이산가족이 생겼다.

내가 한국전쟁에 관해서 미국 기자가 쓴 책을 읽어보니, 중공군의 참전으로 1·4후퇴를 할 때 함경남도 장진호에서 치열한 전투가 있었단다. 이때의 기록에 유엔군이 중공군의 시체를 무더기로 쌓아놓고 그걸 총탄막이로 사용하며 총격전을 벌였다고 한다. 죽은 시체는 총알받이일 뿐이다. 한국전쟁으로 중국 수상 마오쩌둥의 장남도 전사했고, 유엔군 사령관 밴플리트 장군의 외아들도 전사했다.

2차 세계대전 때 독일군이 모스크바를 공격해 들어갈 때 일이다. 처음에는 독일군에게 전세가 유리했고 모스크바 외곽까지 진군했으나 독일군은 영하 40도의 추위와 식량 부족으로 결국 후퇴하고 말았다. 후퇴하기에 앞서 독일군 사령관이 소련군 포로들을 현장에서 사살하라고 명령했다. 이때 부관이 제네바 협정 운운하니까, 사령관은 "소련 놈은 숫자에 불과해, 전사자로 취급해."라고 하면서 포로들을 즉결처분했다.

1812년, 나폴레옹이 러시아를 침공했다. 프랑스군이 모스크바 근교의 스몰렌스크시까지 진군했을 때, 시민들이 도시를 포기하고 불을 지르고 피난을 갔다. 그때 나폴레옹이 프랑스군 기마병 대장에게 "적의 시체가 썩는 냄새는 달콤한 것이오"라고 말했다.

이러한 사례들이 좋은 본보기가 아닌가? 인간의 잔인성은 어디서 오는 건가? 흔히 전쟁터에서 전사한 적군의 시체 위에 다시 총을 쏘는 심리는 무엇일까?

우리나라 조선조 7대 왕인 세조가 찬위(簒位, 단종으로부터 임금의 자리를 빼앗은 사건)한 뒤 단종 복위를 꾀한 김종서 등을 죽였다. 생육신, 사육신이 이 사건으로 생겨났다. 연산군은 자기 생모 윤씨(전 왕비)가 모함으로 폐비 된 것을 알고 관련된 사람들을 몰살하고, 배다른 동생들을 죽였으며, 심지어 부관참시(剖棺斬屍, 무덤에서 시체를 끄집어내서 시체의 목을 치는 형벌)까지 했다. 이러한 임금의 잔인무도한 행동 역시 인간의 죽음에 대한 본능(공격성)의 발동임을 읽을 수 있다.

방어기제

반면에 '삶에 대한 본능'은 '방어기제'라는 정신 작용을 보면 알 수 있다. 즉 자기를 지키기 위한 심리적 장치이다.

예를 들면, 네팔 같은 고산지대에 사는 사람들은 산소가 부족한 환경임에도 왜 쉬이 안 죽는지를 조사한 연구가 있다. 4,000~5,000미터나 되는 높은 산악지대에서 트레킹을 하다가 산소 부족으로 인해서 실신하거나 호흡 곤란으로 죽는 사례도 가끔 일어난다. 고산병이 무서운 것은 산소 부족으로 인해 뇌손상을 입을 가능성이 높다는 점이다. 그렇게 되면 인지 능력이 떨어져서 활동이 거의 불가능해진다. 그럼에도 그 지대에 살고 있는 원주민들은 왜 안 죽는가?

생체는 어떤 새로운 환경에 처하게 되면 시간이 지나면서 차츰 거기에 적응하는 능력을 가지고 있다. 그래서 고산지대의 사람들은 평지 사람들과는 달리, 생체 내부의 구조 기능이 바뀐다. 몽골 사람들은 눈이 아주 밝다. 전방 2킬로미터까지 사람의 얼굴을 확인할 수 있단다. 보통 다른 지역에서는 300~400미터 안에서만 사람의 얼굴 확인이 가능한데, 몽골 사람들은 그 5배나 더 예리한 시력을 갖고 있다. 그 이유는 몽골 고원에 방목되어 있는 가축들을 늘 확인하려면 시력이 좋아야 하기 때문이다.

네팔 고산지대에 사는 사람들의 생리는 이렇다. 그들은 우선 허파의 용량이 평지에 사는 사람들보다 크다. 그래서 적혈구나 혈색소가 증가한다. 물론 태어날 때부터 유전적으로 허파가 크다. 보통 평지에 사는 사람들은 혈액 $1mm^3$에 적혈구가 500만 개 있는데, 고산지대의 사람들에게는 적혈구가 800만 개나 된다고 한다. 1.6배나 많다.

혈색소란, 허파에 산소를 받아들여 그것을 온몸에 운반하는 역할을 하는 세포들이다. 혈색소가 늘어난다는 말은 몸에 산소를 더 많이 공급한다는 말이다. 그러니 실신하거나 지치거나 하지 않는 것이다.

그뿐 아니라, 몽골인은 눈도 가로로 찢어져 있고 가늘다. 겨울에 광활한 고원지대에 눈이 쌓이면 눈에 반사되는 광선으로 인해 망막에 손상이 가기 때문에 그걸 차단하기 위한 일종의 장치다.

이와 같은 생리적 현상은 생명체가 새로운 환경이나 혹독한 환경에서 살아남으려면, 거기에 적응해야 하기 때문에 구조나 기능이 거기에 맞게 변하는 것이다. 이것을 방어기제라고 한다. 이 원리는 심리적 현상에도 그대로 적용이 된다. 방어기제라는 용어를 만든 사람이 프로이트이다.

1848년 3월, 베를린에서 당시 독재군주인 황제에게 헌법*을 만들라고 요구하며 혁명이 일어났다. 거기서 프로이센(프로시아)의 황제 프리드리히 빌헬름 4세가 국민들의 요구를 받아들여 헌법을 만들기 위한 회의를 열기로 약속을 했다. 그런데 그 이듬해 1849년 황제는 국제적으로 왕당파의 세력(왕을 지지하는 세력)이 강해졌음에 힘을 얻고, 약속을 어기고 돌연 혁명 주도자들을 탄압하기 시작했다. 이때 혁명가나 진보적 학

예술과 함께하는 심리학

---

* 당시 군주체제에서는 황제가 곧 법이었다.

자들은 투옥되기도 하고, 국외로 추방되기도 했다. 카를 마르크스가 추방된 것도 이때였다. 그런데 독일의 유명한 한 식물학자는 이런 기록을 남겼다. "독일도 죽고, 프랑스도 죽고, 이탈리아도 죽고, 헝가리도 죽었다(왕권이 무너졌다는 말). 죽지 않는 것은 콜레라(당시 유럽을 휩쓴 악질 전염병)와 법원의 서류만이다. 나는 적대 감정을 가진 외부(혁명 세력)와는 단절하고, 책과 연구에만 파묻혀 누구와도 만나지 않고, 맹렬히 공부만 했을 뿐이다……."

말인즉슨, 그 자신은 왕권이 무너지리라는 것을 알고는 있었지만, 공부만 하겠다고 다짐해서 연구실에만 처박혀 있었단다. 사실은 추방을 면하기 위해서 상황을 모르는 척했다는 것이 진상이라고 한다. 즉 그의 속내는 이렇다. '만일 혁명에 가담했다가는 추방되거나 감옥에 갈지도 모르고, 그렇다고 왕권을 옹호했다가는 혁명 세력 등으로부터 연구실에서 끌려 나갈지도 모르니까 자기는 바깥 사정은 전혀 모르고 오직 연구만 했노라' 하고 변명한 것이다. 이것이 그가 살아남는 방법이었다. 즉 '합리화'라는 방어기제이다.

이렇게 사람이 살아남기 위해서 (정신적으로) 자기를 방어하는 수단을 가지고 있어야 한다. 그렇지 않으면 바깥 세계와 정면충돌을 해야 한다. 전쟁을 해야 하는 것이다. 인간이 사용하는 방어기제로는

① 공상 혹은 백일몽 : 얼토당토 않은 꿈
② 퇴행(退行) : 옛 시절이나 어린아이 시절로 돌아가는 것
③ 투사(投射) : 자기 실수를 은근히 다른 사람에게 뒤집어 씌우는 것
④ 억압(抑壓) : 없었던 일처럼 무시해버리는 것
⑤ 전이(轉移) : 지금의 골치 아픈 문제를 딴 것으로 돌리는 것
⑥ 승화(昇華) : 남 보기에 그럴듯한 일을 함으로써 칭송받는 것

⑦ 대상(代償) : 혹은 보상이라고도 하는데, 약점을 커버하기 위해서 다른 일로 승승장구하려는 것

⑧ 동일시(同一視) : 자기보다 우월한 사람과 자기는 같은 급의 사람이라는 것을 내세우는 것(그와 동창이다, 동향이다, 같은 종씨다 등)

⑨ 합리화(合理化) : 멋진 핑계, 논리적으로 그럴듯한 이유를 대는 것

⑩ 도피 : 아예 골치 아픈 일을 피하는 것(여행, 산에 가서 기도, 술 마시기)

⑪ 절충 혹은 타협 : 현실적 요구를 일부 수용해서 해결하는 것

⑫ 반동형성(反動形成) : 어깃장 놓는 것, 하지 말라는 것 골라 가면서 하는 것

이렇게 자기가 심적으로 부담을 갖거나 어떤 심적인 문제가 해결되지 않을 경우에는, 방어기제를 사용해서 자기가 심적으로 무너지거나 망가지는 것을 막는다. 그러나 반면에 자기를 지키기 위한 다른 본능적 행위로는 공격성이 있는데, 이것이 극단으로 치달으면 살인이 되고, 그 공격이 자기에게로 향하면 자결이 된다. "공격이 최선의 방어이다"라는 스포츠 격언이 있듯이 공격이 때로는 방어 방법이 되기도 한다. 그러나 공격은 위험 부담이 많은 방법이다. 왜냐하면 복수라는 것이 따라올 수 있기 때문이다.

옛날에 여성들이 시집살이가 고되서 자살을 할 때, 동네 우물에 뛰어드는 예가 많았다. 집안에 사람이 없을 때에는 문설주나 서까래나 뒷산 소나무 가지에 새끼줄을 묶고 목을 매는 일이 많았다. 나도 어릴 때 여러 번 이웃에서 그런 광경을 목격했다.

그러나 문명이 발달한 오늘날은 약물, 총, 가스, 칼 등을 사용하는 예가 많다. 이상하게도 여자들이 연못이나 우물에 빠져 죽을 때에는 꼭 고무신을 밖에다가 벗어놓고 죽었다. 이유를 모르겠다. 아마도 죽는다

는 것을 알리기 위함일 것이다.

2. 공격 본능에 대해서

공격성은 가설적 힘이다

무의식의 밑바닥에는 과연 무엇이, 어떤 힘이 깔려 있을까? 1990년 대 말, 서울의 한 대학교수─외국에서 박사학위까지 받은 사람이 한의사인 아버지를 식칼로 무참히 살해한 사건이 있었다. 당시 신문기사로 확인할 수 있는 내막은 이렇다. 한의사인 자기 아버지가 자신의 생모를 천대하고 내쫓고, 세컨드를 들여서 그 여자와 그 여자에게서 나온 아이들은 극진히 우대해 유학까지 보내면서 자기 누이(생모의 자녀)들에게는 고등학교밖에 교육을 안 시켜서 아버지에게 항의하던 중 사건이 벌어졌다. 이 아들의 가슴속에 맺혀 있던 증오심이 폭발한 것이다.

도스토옙스키의 소설 『카라마조프가의 형제들』을 보면 아들들이 모의해서 아버지를 죽이는 사건이 나온다. 이것을 '살부 현상'이라고 한다. 세계의 역사를 보면 왕권을 차지하기 위해서 아버지인 왕을 죽인 기록이 여럿 나온다. 셰익스피어의 『햄릿』의 이야기는 동생이 왕인 형을 죽여 왕위에 오르고, 형수를 왕비로 들이는 스캔들에서 시작한다.

동양권에서는 정치가들이 불미스러운 일(혹은 정치 보복의 희생양이 되어서)로 검찰에 불려다니다가 자결하는 예가 많다. "나는 목숨을 걸 만큼 깨끗하오"라는 메시지를 남기기 위해서인데, 다른 알 수 없는 이유도 물론 있다. 그러니까 자기에 대한 공격은 일종의 방어 수단이고, 공격에서 밀리면 그 싸움은 진 싸움이 되기 쉬우니까 그럴 수가 있다. 우리는 그런 사례를 여럿 목격했다.

정신분석학 사전에는 '공격성'을 이렇게 정의하고 있다. "공격성은 본능이라는 가설적 힘이다. 어떤 행동이나 감정을 폭발적으로 활성화시키는 것"을 말한다. 이러한 공격성이 모든 경우 파괴적이냐 아니면 제1차적 충동(본능)이냐는 문제도 있으나, 욕구 좌절에 대한 반응으로 보는 견해가 가장 유력하다. 자아를 지키기 위한 에너지를 공급해주는 것이 목적이기도 하다. 그러나 전문가들 사이에서 의견이 일치하는 것은, 공격성이 증오, 파괴성, 사디즘(sadism, 加虐症), 자기주장, 자기 확장 등을 불러일으킨다는 점이다. 프로이트는 공격성을 죽음의 본능의 유도물이라고 보았다.

공격성은 과연 본능인가 하는 것은 아직 해결되지 않은 문제이지만, 카인과 아벨 사건 이후 공격성은 인간의 원죄에 속하는 속성으로 받아들여지고 있다.

공격성의 사례

우리 인간들은 살다 보면 생리적·심리적으로 불균형 상태에 빠지는 경우가 많다. 감정은 폭발할 지경인데, 생각하는 힘은 풀이 죽어 있다든지, 남에게서 사랑을 듬뿍 받고 있으면서 다른 사람에 대한 배려나 자비심, 동정심 같은 것이 전혀 안 생긴다고 하면, 정신이 불균형 상태에 있다는 이야기가 된다. 먹고 싶은 것은 많은데 그중에서 삼겹살을 주로 많이 먹었더니 복부비만에 콜레스테롤 수치가 올라갔다든지 하면, 이것이 불균형 상태이다. 물리적으로는 불균형 상태가 되면 중력의 힘 때문에 뭔가가 한쪽으로 기울어진다.

뭔가가 하고 싶고 의욕이 넘치는데(취업 욕구 같은 것), 일자리가 없다고 하면 정신의 불균형으로 욕구불만이 쌓이게 되고, 이 욕구불만이 오래 쌓이게 되면 생체(인간이든 동물이든 마찬가지)는 일종의 위기를 맞게 된다. 자폭한다든지, 정신장애가 된다든지, 정신신경증에 걸린다든지, 사회와 접촉을 끊는다든지, 공격적으로 된다든지, 건강이 악화된다든지, 차라리 감옥에나 갈까 한다든지…… 여러 형태의 반응을 보이게 된다. 이때 이런 정신적 위기를 극복하기 위해서 자기를 방어하는 메커니즘이 발동하게 된다. 이런 방어기제가 없거나 약하면 좀 어려운 정신적인 문제나 사회적인 문제에 당면했을 때 정신적으로 심하게 앓게 된다.

문제 발생 시 정면 돌파를 시도해보다가(예컨대 취업 원서만 100번을 쓴 사람이 있다.) 안 되어, 이런 사실을 수기로 써서 공개 모집에 응모했다가 작가로 등단한 사람도 있고(승화), '에라, 산에 가서 참선이나 해볼까?' 하다가 스님이 되기도 하고(대상), 세상 탓하면서(합리화) 집에 드러누워서 바깥 출입을 한동안 안 한다고 하면, 이것은 '도피' 메커니즘이다. '집에서 누군가가 도와주겠지 난 모르겠다' 했다면 '퇴행'이다. 이 욕구 불만이 오래가거나 많이 쌓이게 되면 불안이 오고, 그 불안이 해결되지 않으면 폭발하는 것이 공격 행위이다. 회사에서 부당해고 당했다고 회사 옥상에서 투신했다면 자기공격이다.

공격성이란, 정리하자면 인간, 동물 혹은 사물, 혹은 조직에 대해서 적대적이고 파괴적인 행동을 하는 것이다. 반드시 직접 폭력이나 완력을 휘두르는 것만이 아니라 상대를 미워하고, 적의를 품고, 원수처럼 여기면서 상대에 대해서 자기주장만 관철하려고 하고, 상대를 지배하려고 하고, 비난하고, 욕하고, 반항하는 일체의 행동을 말한다.

그런데 이 공격성은 문화권에 따라서 허용하는 정도에 큰 차이가 있다. 예컨대 미국 아메리칸 인디언 중 주니족은 보호구역 안에서 학교를 운영하는데, 절대로 학생들끼리 서로 싸워서도 안 되고, 학교 성적을 자랑해서도 안 되고, 공개적으로 자기 자랑을 해서도 안 되는 문화를 가지고 있다. 반면에 콰키우틀족 문화에서는 대중이 보는 앞에서 얼마나 자기 짐승을 많이 목 졸라 죽일 수 있는지를 보여주어야 지도자가 될 수 있다. 북한에는 아직도 조선조 때의 남존여비 사상이 상당히 남아 있는 모양이다. '가장'의 권한이 아주 크다. 그런데 우리나라는 '가장'이라는 호칭을 폐지하지 않았는가? 부모도 자식을 함부로 심하게 때릴 수 없게 되어 있다. 북한은 체벌이 아주 심하게 이루어지고 있단다. 폭력적인 왕권 사회이기 때문이다.

　공격적 성격을 지닌 사람들은 행동이 거칠고, 밉살스럽다. 욕을 잘하고, 남을 비난하기를 잘 하고, 화를 잘 낸다. 그런 공격성이 자기에게로 지향되면 자포자기, 머리 쥐어뜯기, 자기 가슴 치기, 머리 벽에 박기, 칼로 손목 긋기, 흉기로 자기 몸에 상처 내기, 자기 소지품 파괴하기로 나타난다. 이때 분노와 증오심이 함께 드러난다. 그러니까 최악의 경우 투신, 약물 과복용, 목 매기 등으로 자결한다. 자기 자신에 대한 극한적 공격이다.

　김기덕 감독의 영화 〈봄 여름 가을 겨울 그리고 봄〉에 주인공으로 나오는 중년 남자는 내면의 평화를 구하기 위해서 산사에서 수행하고, 다시 도시로 나와 살인을 한다. 윤회? 인과응보? 카인 콤플렉스? 어떻게 해석해야 할까?

3. 공격성의 근원

　앞에서 언급한 것과 같은 공격성은 도대체 어디에서 무엇 때문에 나타나는 것일까?

① 반응으로서의 공격성이 있다. 부모, 형제, 교사, 동료 등이 자기를 소외시키고, 배격하거나 미워하는 행동을 보이면 그 반응으로 공격적이 된다.

② 타인의 소유물을 파괴하거나 훔치는 일도 공격성의 표현이다. 애정의 욕구불만 등에서 잘 나타난다.

③ 공격 충동이 문제가 되는 경우이다. 공격성이 모두 욕구불만 때문에 생겨나는 것은 아니다. 사디즘이라는 정신장애로 인해서 잔인한 행동에서 만족감을 얻는다. 그런데 이 사디즘에는 성적 쾌감이 수반하는 예가 많다고 한다. 곤충이나 반려동물을 학대하는 것, 몸싸움을 할 때에도 죽기 직전까지 공격하는 막장 행동, 반대로 자기 자신을 의자에 묶어놓고 이성더러 가죽 혁대로 때리라는 등, 모두가 가학적 · 피학적(被虐的) · 병리적 현상이다.

④ 죽음의 충동 : 석가모니는 인간에게는 세 가지 큰 욕망이 있다고 했는데, 갈애(渴愛, 쾌감을 추구하는 욕망), 유애(有愛, 끝없이 오래 살고 싶은 욕망), 유무애(有無愛, 영원한 잠, 영원한 정적에 이르려는 욕망), 이 세 가지를 꼽는다. 이 생각은 어쩌면 프로이트의 생각과 일치한다. 갈애는 리비도(libido)라는 원시 성욕과 비슷하고 유애는 자기 보존 충동과 비슷하고, 유무애는 죽음의 충동과 맞닿는다.

죽음의 충동이란, 완전한 정지, 부동(不動)의 상태가 되고자 하는 힘이다. 프로이트는 이것을 유기체(有機體)로 남는 것이 아니라 무기체(無機體) 상태가 되기를 바라는 충동이라고 했다. "죽고 싶다" "자신이란 것을 파괴하고 싶다"라는 충동이다. 이것은 공격 충동이 자신에게로 향해진 경우이다. 살고 싶다는 자기 보존 충동과는 반대이다.

전쟁이란 죽음의 충동의 한 가지 표현이다. 독일의 SS 총사령관 하인리히 힘러는 SS 부대뿐 아니라 1945년 4월 소련군이 베를린에 진격했을 때 백성들에게도 이렇게 강요했다. 소련군이 문 앞에 와 있는데, "야만인 소련인의 노예가 되기보다는 독일인으로서 싸우다가 전사하자"고 외쳤다. 이때 일로 인해 베를린에서만도 4만 명의 시민이 죽었다.

일본도 유황도와 오키나와에 미군이 상륙했을 때 그 섬을 지키던 일본군 구라바야시 사령관이 "짐승 같은 야만인에게 비굴하게 항복하느니 자결하라"고 외쳐서 자결한 백성들이 수만 명에 이른다. 독일과 일본은 그 점에서 같은 전체주의적 · 군국주의적 지도자들의 광기를 보여주었다.

나는 어릴 때 일본군으로 끌려가는 형님(학병)들을 역에서 단체로 전송하면서 부른 일본 군가 중 "이기고 돌아오겠다고 씩씩하게 맹세하고는, 전쟁터에 나가서는 살아서 돌아올 때까지… 죽어서 돌아오라고 격려 받고는… '천황폐하 만세'를 부르면서 죽으리라"라는 구절이 생각난다. 왜 죽어서 돌아오라고 했느냐. 죽음의 본능을 부추긴 것이다.

죽음의 충동의 두 번째 형태는, 정신병 속으로 스스로 뛰어드는 경우이다. 미치광이가 되는 것이다. 청산가리를 먹고 죽었다(탈북자 중에는 청산가리를 몰래 감추어 탈북한다는 이야기가 있다. 중국 공안원에게 잡혀서 북송되거나 탈북 전에 북한 보위부원에게 발각되어 수용소로 끌려갈 때 사용하려고 그렇게 하는 사람이 많다는 것이다), 쥐약을 먹고 죽었다, 손목을 그어서 죽었다는 등 비정상적인 정신 상태에 빠져서 스스로를 공격하는 것이다. 서울대의 유명한 정신과 의사였던 모 교수는 1970년대 베트남전쟁 때 사이공(지금은 호찌민시)의 한 호텔에 투숙 중 손목의 정맥 혈관을 칼로 그어서 사경을 헤매다가 구출된 적이 있다. 이유는 밝혀지지 않았지만 더위로 인한 급성 뇌병변이었을 것이라고 한다.

또 폐결핵이라든가, 암, 혈액병, 장기손상, 중증 만성질환에 시달리

예술과 함께하는 심리학

다가 스스로 목숨을 끊은 예도 종종 있다. 옛날 대법원장을 지낸 분이 심한 척추 디스크로 오랜 세월 동안 몸져 누워 있다가 어느 날 한강에 투신한 일도 있다.

내가 2004년에 위암 수술을 받고 6층 병실에 누워 있는데, 하루는 갑자기 창을 열고 뛰어내리고 싶은 충동을 느낀 적이 있다. 수술 후유증과 약물 부작용 때문이 아니었겠나 하고 생각했다. 갑작스럽게 찾아오는 죽음의 충동도 있다.

4. 권위주의적 성격과 공격성

공격성이 강한 사람들의 성격을 분석해보니까 권위주의적이더라는 연구가 있다. 권위적 성격이란, 남에게 지시, 명령, 시행 독촉을 하면서 특히 하급자에게 폭언, 폭력, 인격 모독까지 서슴지 않으며, 실수에 징벌을 일삼는 성격이다. 권위주의자란 가정이나 학교에서도 볼 수 있는 그런 경향을 가진 사람들을 일컫는다.

또 정치체제 중에 권위적 시스템을 가지고 있는 전체주의적 사회나 국가의 모든 조직 구석구석에는 이런 권위적 지시, 명령, 감시, 감독이 판을 친다. 또 협의, 권고, 격려, 조언과 같은 민주적 행동 양식은 볼 수가 없다. 옛날 군주국가의 제왕이나 지도자들이 거의 다 그랬다. 프랑스의 루이 14세는 "짐이 국가다"라고 말했다. 자기가 곧 국가라는 말은 전제군주라는 뜻이다. 그를 '태양왕'이라고도 부르지 않는가? 그는 베르사유 궁전을 건설한 군주이다. 그런 정치체제가 오래 지속되면 국민들의 성격도 바뀐다. 탈북민들을 보면 남쪽 사람들에 비해서 성격이 상당히 권위주의적이고 공격적이다. 그것은 체제가 만든 결과물인 셈이다.

미국의 정신분석학자인 브룬스윅 여사와 동료들이 반유대주의자－
사상적으로 파시스트－를 신봉하는 사람들의 성격을 연구한 유명한 논
문이 있다. 면접도 하고, 심리검사도 하고, 실험도 하고, 여러 가지 수단
을 통해서 조사한 바로 그들의 성격은

① 완고하고(고집불통), 엄격해서 휘어지지 않는 성격 특징을 가지고 있
   다.
② 유연성이 없고, 한 번 결정하면 번복하지 않고 타협하지 않는다.
③ 변화에 저항한다. 즉 뭔가 새로운 것을 받아들이려고 하지 않는다.
   언제나 환경에 대한 반응방식이 똑같다.

파시스트(호전적인 국가지상주의. 히틀러, 무솔리니), 공산주의자(스탈린, 마
오쩌둥, 북한 김씨 왕조)는 자기가 신봉하고 있는 이데올로기나 정치상의
태도에 대해서 매우 완강하다. 북한을 보라. 지금도 "당이 명령하면 목
숨까지 바친다"가 국가 운영의 구조가 아닌가?

브룬스윅 박사가 이 권위주의적 성격의 완고성을 조사하기 위해서
다음과 같은 실험을 했다.

8매 내지 10매의 카드를 만들어서 그 첫째 카드에 '개' 그림을 놓고,
3~4매 지나가면서 '개'의 이미지가 조금씩 무너져서 '개'인지 '고양이'
인지 구별이 안 될 정도로 변화시키다가, 6~7매째가 되면 차츰 '고양
이' 모습을 드러내기 시작하여, 마지막 카드에 진짜 '고양이' 그림이 나
오도록 했다. 그리고 그 카드를 처음부터 한 장씩 보여주면서 그것이
무엇으로 보이느냐고 물었다.

그 결과 첫째, 파시스트적 이데올로기를 가진 피험자는 첫 번째 카드
에 대한 답을 "개"라고 했으면, 나머지 카드의 개인지 고양이인지 애매한

그림에서도 여전히 "개"라고 대답했다. 절대로 "모르겠다"는 말은 하지 않았다. 또한 다른 심리학자가 공산주의적 이데올로기를 가지고 있는 사람을 테스트했더니 위에서와 똑같은 반응을 보였다.

이 연구에서 얻은 두 번째 결론은 '애매모호한 것'에 대해서 비관용적이었다는 점이다. 프랑스 말로는 '톨레랑스'라고 하는 관용, 반대 의견이나 다른 의견을 받아들이는 너그러움. 권위주의적 성격의 소유자들에게는 이러한 관용이 없다는 말이다. '애매모호한 것은 안 돼, 절대적으로 뭐든 분명해야 돼'가 이들의 성격 특성의 하나이다. 이들이 애매모호한 것을 용납할 수가 없는 이유는, 애매모호하면 언제 그것이 자기 의사에 반대되거나 비판적으로 될지 모르니 두렵기 때문이다. 이는 중간자, 회색분자를 용납할 수 없다는 말이기도 하다. 6·25전쟁 때 북한의 군대나 보위부에서는 회색분자를 색출하는 데 혈안이 되었다. 언제 자기들에게 등을 돌릴지 모르기 때문이다. 그들은 세상사를 적과 내 편, 선과 악, 애국자와 비애국자, 당에 대한 충성분자와 반동분자, 빨갱이와 꼴통 보수 식으로 이분한다. 뭐든 단호하게 결정되어야 한다. 죄수의 처형 방법도 자유주의 국가에서는 공개 처형이란 것이 없는데, 공산주의·사회주의 국가에서는 공개 처형을 한다. 죄수의 가족들을 맨 앞줄에 앉히고 형을 집행한다. 그것도 단발 소총이면 되는 것을 기관총을 사용한다.

④ 권위주의적 성격의 또 다른 특징으로, 반내수성(反內受性)을 꼽을 수 있다. 내수성이란 사람의 내면적·주관적 측면(의견, 감정, 정서, 사상 등)에 대한 관심을 중요시하는 것이고, 반내수성은 눈에 보이는 것, 구체적인 것(성과), 객관적 세계의 사물에 관심을 갖는 것이다.

북한에는 김일성, 김정일의 동상만 전국에 2만 개가 넘는다고 한다.

그뿐 아니라, 사회주의 체제하에서는 예술작품도 주석과 당의 이데올로기에 부합하는 리얼리즘(사실주의) 작품만 제작할 수 있다. 이를 미술 사상에서 말하는 리얼리즘, 즉 작가의 욕구, 감정, 태도, 성격, 세계관 등의 내면 세계가 투영되는 리얼리즘과 구별하여, 사회주의 리얼리즘 이라고 한다.

1930년대에 소비에트 러시아에서는 다다이즘(퇴폐주의라고도 번역함)과 초현실주의와 같은 주관주의적 미술 운동이 사회주의 정치와 대립하는 투쟁으로 일어났다. 예술계에서는 이 운동이 사회주의 리얼리즘적 기법에 대항하는 유일한 반대 운동이었다. 이에 교훈을 얻은 히틀러는 1933년 집권 이후 다다이스트와 초현실주의 작가들을 모두 국외로 추방했다. 러시아와 독일의 사례는 권위주의적 독재정권하에서 이루어진 탄압이었다.

권위주의적 독재자의 종말을 보면, 모두가 비참하였다. 히틀러는 애인과 자살한 것으로 되어 있고, 스탈린 서기장이 운명했다는 비서실장의 말을 들은 각료들이 서기장실을 나오면서 만세를 불렀다고 하지 않는가? 이탈리아의 무솔리니, 카다피는 모두 인민들에 의해서 처참하게 살해되었다.

5. 김충렬 박사의 충고

상담심리학 전문가로 한국상담치료연구소의 소장을 맡고 있는 김충렬 박사가 "일반인들보다 예술가들의 자살률이 높다"는 연구 보고서를 냈다. 그는 "자살하지 말고 거꾸로 '살자'로 새겨보자"고 충고했다. 자살은 현실의 벽에 부딪히게 되는 경우, 죽음을 긍정적으로 생각하고 그것을 선택하는 행위이다. 김충렬 박사는 원인(이유)에 따라 자살 유형을 다섯 가지로 분류했다.

① 유토피아적 자살 : 죽음의 저편에 다른 완벽한 세상이 존재한다고 믿으며 자살하는 경우이다. 1978년 11월 18일 토요일 오후 5시 남미 가이아나의 수도 조지타운 인근에서 인민사원(people's temple) 신도 918명이 독극물을 마시고 집단 자살을 했다. 교주 짐 존스는 감리교회 목사 출신이고 마틴루터상도 받은 인권운동가로도 알려진 인물이다. 미국 국회의원까지 포함된 조사단이 인민사원의 비리 의혹을 조사하고 돌아가는 비행기를 타려 할 때, 비리가 폭로되는 것을 두려워한 신도들이 국회의원과 기자 등 5명을 사살했다. 교주 존스는 내세에 더 아름다운 세상이 있다고 가르쳐서 900여 명이 한꺼번에 반대하는 이 하나도 없이 자살한 것이다. 이 사건은 미국에서도 믿기지 않는 사건으로 기록되고 있다.

② 허무주의적 자살 : 현세 인생을 허무한 것으로 결론 내리고, 죽음을 선택하는 경우이다. 남편이 암으로 사망하자 부인이 끝내 인생의 허무함을 견디지 못하고 이어 자살한 것이 그 예이다.

③ 죽음을 예찬하는 자살 : 자살이 삶보다 더 가치 있다고 여기는 선택이다. 도스토옙스키의 작품 『카라마조프가의 형제들』에 나오는 커릴로프처럼, "하나님? 공허한 것이다"라고 생각하는 것이다.

④ 모방에 의한 자살 : 특히 근래에는 인터넷으로 자살할 동지들을 모집하기도 한다.

⑤ 우울증으로 인한 자살 : 다분히 정신병리적 현상이며, 정신치료나 약물요법으로 치료할 수 있다.

이 중에서 예술가이기 때문에 자살 충동을 더 많이 갖게 되는 이유는 ①번에서 ③번까지이다.

6. 예술가들의 자살

예술가들 중에는 자살로 생을 끝낸 사람이 꽤 있다. 비율적으로 일반인보다 많은지 어떤지는 나라마다 사정이 다르지만, 역사적으로 이름이 널리 알려진 예술가들 중에 그런 사람이 의외로 많다. 그뿐 아니라, 그들의 작품을 우리가 감상하고, 감동받고, 울고 불고, 흥분하고, 때로는 선동되고, 때로는 이데올로기적으로 공감해서 그의 추종자가 된 경우도 있다. 그런 작가가 자살을 했다는 소식은 지금도 간혹 언론에 공표되고 있는데, 충격과 의혹에 싸이기도 한다. 왜냐하면 예술가들이란 한편으로는 엔터테이너 기능을 하고, 한편으로는 힐링 에이전시(healing agency, 치유 주관자) 역할도 하기 때문이다. 즉 인간의 마음의 상처를 치유해주는 역할을 한다. 그런 사람이 자살을 하다니? 배신감도 갖게 되고, 자살의 동기에 대해서 의혹을 품게 된다.

20세기에 들어와서 예술가들의 뚜렷한 특징 중 하나로, 예술가들 사이에서 불의의 죽음을 당하거나 정치적 고초를 당하는 비율이 갑자기 상승하고 있다고 예술사학자들이 주장한다. 그리고 알기 어려운 개인적·정신적 문제 등으로 자살하는 예가 늘어났다는 것이다. 의외로 요절하는 경우도 많다. 여기서는 요절한 사례도 포함했다. 예를 들면,

- 반 고흐(1853~1890, 네덜란드의 화가). 37세에 권총 자살함.
- 프란츠 카프카(1883~1924, 유대인 출신 독일 소설가). 친구에게 그의 모든 작품을 폐기하라고 했으나 나중에 모두 출간되고, 아버지의 권

위주의적 성격으로 인한 제약과 결함으로 심각한 소외감에 빠짐. 40세에 폐병으로 사망.

- 버지니아 울프(1882~1941, 영국의 여류 소설가 · 비평가). 어머니의 사망후 정신질환을 보이다가 1941년에 아버지가 세상을 떠나자 정신신경증으로 59세에 우즈강에 투신 자살.
- 해럴드 하트 크레인(1899~1932, 미국의 시인). 동성애, 알코올중독, 33세에 카리비아해에 투신 자살함.
- 토마스 딜런(1914~1953, 1940년대 영국의 대표 시인). 과음으로 사망.
- 델모어 슈와르츠(1913~1966, 미국의 시인). 53세에 낡은 호텔에 투숙 중 자살.
- 알베르 카뮈(1913~1960, 프랑스의 소설가 · 극작가 · 수필가 · 연극인 · 철학자). 47세에 자동차 사고로 사망.
- 실비아 플라스(1932~1963, 미국의 여류 작가 · 시인 · 소설가). 가스 오븐에 머리를 넣고 자살. 그의 소설 『벨자』가 한국어로 번역됨.
- 블라디미르 마야코프스키(1893~1930, 소련의 대표적 시인, 미래파). 36세에 권총 자살. "나의 죽음에 대해서 누구도 탓하지 마시오. 이야깃거리로 삼지 마시오. 죽은 자는 가십을 싫어합니다"라는 유서를 남김.
- 블라디미르 예세닌(1895~1925, 소련의 농민시인). 30세에 자살.
- 어니스트 헤밍웨이(1899~1961, 미국의 작가 · 노벨상 수상자). 62세에 엽총 사고로 죽은 것으로 되어 있으나 자살로 결론 지어지고 있음. 그의 아버지도 권총 자살함.
- 아메데오 모딜리아니(1884~1920, 이탈리아의 화가). 유대인 명문가 출신인데, 결핵성 뇌막염으로 36세에 자살에 가까운 죽음을 맞았고, 그의 아내도 뒤따라 자살. 아내의 뱃속에 8개월 된 태아가 들어 있

었음.

- 아실 고르키(1904~1948, 미국의 화가). 44세에 자살.
- 잭슨 폴록(1912~1956, 미국의 화가). 추상표현주의 대표 화가. 알코올 중독으로 정신과 치료를 받음. 음주운전으로 인한 승용차 전복 사고로 사망.
- 김소월(1903~1935, 한국의 시인). 「진달래꽃」 등으로 유명한 시인. 사업 실패로 인한 아편 과다 복용으로 자살.
- 알렉산드르 파데예프(1901~1956, 소련의 소설가). 스탈린 비판 후 우울증 발작으로 권총 자살.
- 가와바타 야스나리(川端康成, 1899~1972, 일본의 소설가 · 노벨문학상 수상자). 허무 사상과 16세 이후 고아가 된 고독 의식으로 73세에 가스 자살.
- 세에 알바레스(영국의 시인 · 문학자). "자살은 그 개인의 역사, 그의 작품, 그의 기억들, 그의 모든 내적 생명을 말살하는 일을 수동적으로 거드는 것이다."
- 파울 첼란(1920~1970, 독일의 시인). 센강에 투신 자살.
- 로베르트 슈만(1810~1856, 독일의 작곡가 · 피아니스트). 부인 클라라에 대한 열등감으로 인해 사랑과 질투가 섞인 이중 감정으로 정신착란증에 걸려 라인강에 투신했다가 구출되었으나 2년 뒤 사망. 숨을 거두기 전 부인이 포옹하자 "나는 알아!"라는 말을 남김.
- 권진규(1922~1973, 한국의 조각가). 정신적 갈등과 병마로 고생하다가 51세에 자기 아틀리에 대들보에 목을 매어 자살.
- 전혜린(1934~1965, 한국의 독문학자 · 수필가). 독일 유학에서 돌아와 감동적인 에세이집을 내고 대인기를 끌었으나 31세에 자살. 서울 법대를 나온 천재로 알려짐. "먼 곳에서의 그리움(Fernweh)" 등의 감정

을 쏟아냈다. 수면제 과다 복용, 혹은 심장마비 등으로 인한 죽음으로 알려져 있음.

- 최욱경(1940~1985, 한국의 여류 화가·대학교수). 약물 과다 복용으로 죽은 것으로 되어 있으나 자살로 추정되는 여러 주변 정황이 있었다고 함.

- 미시마 유키오(三島 由紀夫, 1925~1970, 일본의 소설가). 도쿄대학 영문과를 나온 유명 작가. 필자는 그의 『부도덕 강좌』라는 에세이를 읽은 적이 있음. 그는 일본 군국주의 지지자로서, 방위성 장관실에 부하와 함께 쳐들어가 천황제의 부활을 주장하며 자위대의 각성과 궐기를 외치다가 할복하면서 동행한 부하더러 자기 목을 치게 하여 방위성 부속실이 난장판이 됨.

- 슈테판 츠바이크(1881~1942, 오스트리아의 작가). "자유의지와 맑은 정신으로" 먼저 세상을 떠난다는 유서를 남기고 부인과 함께 약물 과다 복용으로 생을 마감함.

- 잭 런던(1876~1916, 미국의 소설가). 작가이고 모험가이며 스포츠맨이고 대중연설가. 계급적 소외감으로 1916년 40세 때 남태평양 바다에 투신 자살.

- 다자이 오사무(太宰治, 1909~1948, 일본의 소설가). 도쿄대학 불문학과 중퇴. 소설 『인간 실격』으로 논란과 열풍을 불러일으키고 자살.

- 아쿠타가와 류노스케(芥川 龍之介, 1892~1927, 일본의 소설가). 일본의 가장 유명한 문학상이 그의 이름을 땄음. 한국인 3세 작가 유미리가 26세에 이 상을 받았다. 도쿄 데이코쿠 호텔에서 수면제 과다 복용으로 자살.

- 마크 로스코(1903~1970, 소련 출신 미국 화가). 소련 출신의 추상표현주의 회화의 선구자. 1970년 뉴욕의 자신의 작업실에서 자살. "나는

추상주의 화가가 아니다. 나는 그저 인간의 기본적인 감정을 표현하고 싶었을 뿐이다"라고 언명.

- 프리드리히 니체(1844~1900, 독일의 사상가 · 철학자). 신교 목사의 아들로 태어나 쇼펜하우어를 사사하며, 기독교를 적대시하는 사상을 내보였고, "신은 죽었다"고 선언함. 1889년 카를로 알베르토 광장에서 쓰러져 정신이상 증세를 보이다가 바젤 정신병원에 입원. 1894년 이후 6년간 말을 하지 못했음. 안질과 정신착란을 앓게 되어 누이동생의 간호를 받으며 암울한 말년을 보내다 56세로 사망.

- 윤심덕(1897~1926)과 김우진(1897~1926). 윤심덕은 도쿄음악학교 성악과를 나왔으며, 〈사의 찬미〉라는 음반도 냈고 원각사에서 배우로도 활약했음. 김우진은 와세다대학에서 영문학을 공부한 사람으로서 윤심덕과 동갑내기였고, 도쿄 유학 시절 자유연애에 빠졌으나 높은 이상과 현실 사이의 높은 벽을 느끼고, 포부와 계획이 유교적 전통의 구시대의 윤리로 인해서 실천되지 못하는 것을 비관해서 1926년 8월 1일 관부 연락선 도쿠주마루 선상에서 둘이 껴안고 현해탄에 투신.

- 마광수(1951~2017, 한국의 시인 · 소설가 · 교수). 감옥도 갔다 오고, 대학에서 해직도 당하고, 출판 금지도 당하는 등 여러 인생 고비를 넘기다가 끝내 우울증으로 인해 자살.

- 체스터 베닝턴(1976~2017, 미국 유명 악단 멤버 · 가수). 알코올중독으로 사망.

- 이장희(1900~1929, 한국의 시인). 탄식과 절망을 노래하지 않고 참신한 감각의 시를 썼음. 유명한 시로는 「봄은 고양이로다」가 있음. 몸의 쇠약함과 고독과 회의에 빠져 29세에 음독 자살.

- 키스 해링(1958~1990, 미국의 화가). 앤디 워홀이 자기보다 30년 아래

인 해링을 좋아했고, 해링은 스무 살에 뉴욕 지하철 플랫폼에 분필로 팝아트 그림을 그려 세상을 놀라게 했는데, 1988년 30세 때 에이즈에 감염 사실을 통보받고 비로소 자기가 동성애자임을 커밍아웃함. 32세로 세상을 떠남.

- 아르튀르 랭보(1854~1891, 프랑스의 상징주의 대표 시인), 말라르메, 베를렌과 함께 불려지는 조숙한 천재 시인. 베를렌과의 사이에 추문을 일으켰고, 1873년 19세 때 「지옥에서의 한 시절」을 발표한 후 돌연 절필하고 37세로 죽을 때까지 유럽 각지, 자바, 소아시아, 아프리카 등에서 캐러밴 두목을 하면서 지내다가 사망. 「모음(voyelles)」 등의 시가 잘 알려져 있음.
- 이 밖에도 최근 몇 년 동안 한국 연예인 40여 명이 자살했다.

창조적 작가 혹은 천재적 작가와 미치광이 사이는 종이 한 장 차이라는 말이 있듯이, 창조적 작가에게는 다분히 광적인 데가 있다. 여기서 말하는 '광적'이란 말은 '별나고, 집중력이 뛰어나다'는 말과 일치한다. 예술가들은 평범한 것을 좋아하지 않는다.

2019년 4월 어떤 모임에 한국의 유명 인사라고 하는 사람 10여 명이 모였다. 그 자리에 어떤 멋쟁이 한 분이 들어왔다. 요즘 신사들이 잘 입지 않는 단추 네 개 달린 더블 재킷에 빨간색 넥타이를 매고 선글라스를 끼고 들어왔다. 알고 보니 가수 현송 씨였다. 인사는 없었지만 그의 노래를 들어온 바가 있다. 그의 차림은 좌중을 압도했다. 예술가 혹은 예능인은 외형부터 튀어야 한다.

예술가들은 자기의 사상에 충실하고, 남과 차별화되기를 기대하며, 상투적이고 평범한 것을 거부한다. "그 나물에 그 밥"은 싫어한다. 그렇다고 현송 씨처럼 화려하게 차려입는다는 뜻은 아니다. 그러나 문학 작가는 그 반대이다. 내 제자의 남편 중 중견 소설가가 있었는데 인사동에서 가끔 만났다. 그의 차림은 꾀죄죄하였다. 옷차림에 무관심한 것이다. 그런 건 그들에게는 별로 중요한 관심사가 아닌 것이다. 그들은 늘 생각에 잠겨 있거나 탐색하는 듯한 눈초리를 하고 있었다. 그래서 대화를 나누다가 보면 서로의 눈길이 다른 데로 가고 있음을 발견한다. 천상병 시인의 부인인 목순옥 씨가 경영하던 다방 '귀천(歸天)'에서 가끔 천 시인을 만나곤 했는데 거지꼴을 하고 있었다. 평생 방랑과 술로 인해 간암으로 고생하다가 63세로 세상을 떴다. 그는 "아름다운 이 세상 소풍 끝내는 날 나 하늘로 돌아가리라"라는 명시귀를 남겼다.

예술가들에게는 세상을 보고 느끼는 자기만의 특별한 시각이 있다. 자기만의 채널이 있고, 자기만의 방식도 있다. 말하자면 안테나가 보통 사람들 것과는 다르다. 과학자들은 서로 공유하는 것이 많지만 예술가들은 자기 세계가 더 견고하다. 완성도가 높고 항상 역사에 남을 작품을 창작해야 한다는 압력에 시달린다. 그러다가 자기 한계에 부딪히면 절필하거나 세상과 등지고 살거나 병에 시달리다가 자살하기도 한다.

한예종(한국예술종합학교) 학생들 중 1년에 4명 정도가 자살한다고 한다. 그 이유는, 극히 개인적이지만 능력의 한계에 부딪혀 절망하고, 졸업 후의 취업에 대한 압박에 시달리고 해서 결국 자살로 생을 마감한 것이다. KAIST에서도 그런 자살자 발생률이 높아서 학교에서 대책을 세우느라고 고심한다고 한다. 우리나라는 학교에서 학생들에게 육체적으로 부담을 주는 스포츠나 체험학습 같은 것을 잘 안 시키니까 그런 스트레스에 대한 내성이 약하다.

영국의 이튼스쿨은 재학 중 스포츠를 굉장히 강조해서 지도한다. 장차 나라의 지도자가 되어서 전쟁과 같은 최악의 국가적 비상사태를 만나도 끄떡없이 버틸 수 있는 정신력을 키워주고 있다. 2차 세계대전이

예술과 함께하는 심리학

끝나고 학교가 다시 문을 열었을 때, 전쟁 중 장교 전사자가 제일 많았던 학교가 이튼스쿨과 옥스퍼드와 케임브리지였다고 한다. 이것은 무엇을 말하느냐 하면, 국가의 위기상황에서 솔선수범하여 앞장서서 나가는 전통을 지켜온 이들 학교의 교육이념이 지켜지고 있었다는 이야기다. 전사자 중에 이들 학교 출신이 가장 많았다는 사실을 이들 학교는 자랑스러워한다. 우리나라와는 정반대이다. 우리나라 장관들이나 국회의원의 군필 경력이 일반 시민들의 평균보다 적다. 사회 지도층 중에 이 핑계 저 핑계로 군대에 안 간 사람이 많다는 것은 무엇을 말하는 것인가?

7. 예술가와 요절

후세에 길이 남을 만한 작품을 남기고도 30세 전후해서 사망한 예술가들이 꽤 많다. 우리나라 시인들의 명단을 보니 놀랍게도 일반적으로는 그 시대의 평균인보다 장수한 사람이 많았고 90세를 넘긴 사람도 상당수 있었다. 김종길 선생은 92세를 사셨고, 홍윤숙 선생, 김남조 선생 모두 90세를 넘게 사신 분들이다.

그런 반면에 요절한 작가들도 많다. 그들만의 특별한 문제가 있었던 것인가? 우리나라 시인들 중 요절한 시인들을 찾아보았다(김종길 편, 『우리의 名詩』, 1989년판 참조).

- 이상화(1901~1943, 「빼앗긴 들에도 봄은 오는가」), 위암으로 사망, 42세
- 박용철(1904~1938, 「떠나가는 배」), 34세
- 이육사(1904~1944, 「청포도」), 독립운동하다가 베이징 감옥에서 옥사,

40세

- 이상(1910~1937, 「거울」 「오감도」), 폐결핵, 27세
- 윤동주(1917~1945, 「서시」), 독립운동하다가 후쿠오카 감옥에서 옥사, 28세
- 김종한(1916~1944, 「낡은 우물이 있는 풍경」), 28세
- 기형도(1960~1989, 「입 속의 검은 잎」), 29세
- 심훈(1901~1936, 소설 『상록수』와 시 「그날이 오면」), 35세
- 박용철(1904~1938), 34세

예술가란 비범하기 때문에 평범한 일상이나 제도화된 조직의 관점에서 보면 일탈자들이 많은 것은 어느 사회에서나 있는 일이다. 물론 어용적 예술가 혹은 친정부적 예술가들도 있다. 권력이 바뀌면 그런 사람들은 예술계에서 외면당하기도 한다. 그러나 예술가들의 일반적인 속성을 보면, 저항적이고 일탈적인 성향은 보편적인 현상이다. 그렇게도 집요했던 소비에트 러시아의 공산 체제도 72년 만에 깨졌다. 그동안 많은 작가와 예술가들이 숙청당하거나 시베리아로 유배당했다.

예술가들 중 많은 사람들이 고정 수입이 없거나 직장이 없어서 생활이 불규칙하다. 음주와 방랑 등으로 시간을 보내기도 한다. 직설적인 발언, 동성애, 마약 복용(현대 유명한 대중음악가들 중 마약 복용으로 사법기관에 신세를 진 사람들이 여럿 있다), 잦은 결혼과 이혼, 가정불화로 인한 가출, 고독으로 인한 정신장애, 궁핍한 생활로 인한 남루함과 주거 불안정, 성격-정신장애로 인한 정신과적 치료와 입원-퇴원의 반복 등등, 일탈적인 행태를 많이 보이게 되는 것은 다른 전문직에 비해서 많은 편임을 이해해야 한다.

'우리는 예술가를 사랑할 필요도 없고, 존경할 필요도 없고, 흠모할 필

요도 없고, 그의 작품을 즐기기만 하면 된다'. 그러나 이런 생각은 너무 자본주의적 생각이다. 시장 원리로만 작가를 평가하는 것이다. 유명 작가, 거물급 작가, 특히 외국 작가의 경우, 작가의 사인회에 사람들이 몰려드는 광경을 아직은 볼 수 있다. 작가가 좋기 때문이다. 어찌 예술작품을 가성비(가격 대비 성능)로만 따질 것인가? 내 주변에 구스타프 말러를 좋아하고 그의 음반을 거의 다 모은 분도 있다. 말러는 죽기 1년 전에 프로이트에게 가서 정신 치료를 받은 일이 있다. 그런 환자의 작품을 왜 좋아하나? 작가가 개성적인 만큼 독자나 감상자도 개성적이게 된다.

감상자, 소비자는 예술가들의 삶이나 행동을 본받을 필요는 없다. 오직 그저 작품을 통해서 그를 창조적 작가로서 인정하면 된다. 그리고 그의 작품에서 자기 나름대로 뭔가를 느끼고 배우면 되는 것이다. 훌륭하고 역사적인 작가 톨스토이는 「사람은 무엇으로 사는가」 등 주옥같은 단편도 많이 발표했다. 나는 최근에 그의 단편 5~6편을 읽었는데, 상당히 감동을 주는 작품들이었다. 그는 부인과 사이가 좋지 않아서 러시아 시골의 조그만 간이역에서 객사했다. 톨스토이를 좋아한다고 그를 본받아 시골 기차역에서 객사할 필요는 없지 않은가? 그의 삶을 배울 필요는 없다. 그의 생각과 사상, 감정과 가치관을 엿보면 된다. 작가는 일종의 반면교사다.

이와는 반대로 이른바 '신의 직장'이라는 곳에서 평생 잘 지내다가 정년퇴직하고 연금 받으면서 여유 있게 사는 사람들 중에는, 남들이 보기에는 부럽기는 하되, 뭔가 가치 있는 삶의 흔적을 남겨놓은 것이 별로 없는 경우가 많다. 그러나 예술가들은 연금은 없지만 그의 창작품은 그의 이름과 함께 영원히 남는다. 그리고 후세인들에게도 뭔가 정신적인 이바지를 한다. 자신의 작품으로 인해 다른 사람들이 행복해지고, 즐겁게 살고, 보람되게 살도록 하는 데 영향을 주기 때문이다. 기독교의『시편』과『아가』는 3,500년 전 작품이지만 나는 지금도 읽고 감동한다. 우리는 지금도 중국 당대(唐代)의 이백이나 두보나 소동파의 시를 찾아 읊는다. 그들은 1,300년 전의 인물이다. 당대 왕들의 이름은 모르지만 시인들의 이름은 기억한다. 왜냐하면 그들의 시에는 인간의 보편적인 고뇌와 기쁨과 슬픔이 담겨 있기 때문이다. 마찬가지로 450년 전 이탈리아의 예술가 다빈치나 미켈란젤로는 지금도 기억하고 그들의 작품을 본 고장에서 보고 감상하는 것을 인생의 큰 보람으로 여기지만 당대의 제왕이나 교황이나 주교의 이름은 기억하지 못한다.

독일의 바이마르 공화국 시대에 베토벤과 괴테는 친하게 지내는 사이였다. 서로 존경하고 각기의 작품에 관심을 보이고 정신적으로 영향을 주고받았다. 그러나 그 시절의 공국의 대공이 누구였냐에는 관심을 둘 필요가 없다. 왜냐하면 그들에게서는 아무런 영감도 정신적 감동도 받은 바가 없기 때문이다.

하루는 괴테(1749년생)와 베토벤(1770년생)이 바이마르 거리를 산책을 하는데, 카를 아우구스트 공이 마차를 타고 이들 옆을 지나갔다. 괴테는 바이마르 공국에서 총리직까지 지냈고, 명성이 높았던 예술가였으므로 모자를 벗어 정중히 대공에게 인사를 했다. 그런데 21세나 나이 차이가 나는 젊은이인 베토벤이 뻣뻣하게 모른 척하고 그냥 지나가니까 괴테가 옆구리를 찌르면서 인사 좀 하라고 했다. 그러자 베토벤이 "나는 저 사람과 아무런 관계가 없소이다."라고 대답했다. 이것이 바로 예술가의 자존심이다. 바이마르 공국의 대공은 바이마르라는 지방의 분봉왕이다. 봉건제도하의 일종의 영주와 같은 것이다. 대공은 바이마르 공국만의 우두머리지만 베토벤에게는 '내 작품이 전 유럽을 휩쓸고 있다'는 자부심이 있는 것이다. 그러니 "인생(권력, 금력, 지위)은 짧지만 예술은 길다"는 진실된 명언이다.

4장
예술가는 일탈자인가?

1. 일탈자의 네 가지 유형

예술가는 어떤 면에서는 일탈을 많이 한다. 이 장을 읽다 보면 이해하겠지만, 여기서 말하는 일탈자란 조폭을 의미하는 게 아니라 은유적으로 사용한다는 점을 먼저 말해둔다. 쉽게 정의하면, 평균 영역에서 떨어져 있다는 뜻이다. 즉 '보통'과 '평범'에서 멀다는 뜻이다.

1960년 백남준이 독일에서 '피아노 포르테를 위한 습작'이라는 주제로 연주 발표회를 갖는다고 광고하고, 피아노 두 대를 도끼로 부수고, 관객의 넥타이와 셔츠를 가위로 잘라내고, 머리에 샴푸를 들이붓는 격렬한 퍼포먼스를 했다. 이유는 기존의 귀족적 음악과 결별하고 삶과 직결되는 음악을 새롭게 창조하기 위한다는 것이었다. 깡패짓과 다를 바가 없는 행위다. 그러니 일탈자이다. 요즘 잣대로는 경범죄이다.

1964년 미국 뉴욕에 돌아와서 뉴욕의 거리 한복판에서 노브라 상태의 첼리스트 샬럿 무어먼과 첼로 연주를 하다가 경찰에 연행되어 가기도 했다. 그의 퍼포먼스에는 다양하고 충격적인 아이템도 많다. 전통적인 회화나 조각에서와 같은 오브제가 없이, 예술가의 몸과 움직임 자체가 오브제가 되는 행위예술 발표를 많이 했다. 나는 서울에서도 백남준의 퍼포먼스를 몇 번 보았다. 이런 기행(奇行)은 새로운 창조를 위한 파괴적 몸짓이다.

일탈자란 기존 사회질서를 무시하거나 반사회적인 행동을 일삼는 그룹이나 개인을 일컫는 말이지만, 이 장에서는 그런 뉘앙스를 가진 예술가적 행동 양식을 주로 다루려고 한다. 영어의 'eccentric'에 속한다. 'concentric'의 반대말이다. 'eccentric'은 '이심(離心)', 'concentric'은 '동심(同心)'이라고 한다. 즉 중심에서 벗어나는 것을 말한다. 백남준이 1950년대 말에서 1960년대 초에 보여준 그의 퍼포먼스는 확실히 기존 체제에 익숙해진 미술계나 음악계 쪽에서 보면 '깡패짓'이나 마찬가지였을 것이다. 피아노를 도끼로 두들겨 부수고는 그게 음악이라고 한다면 미친 짓인 것은 확실하다.

1988년 제24회 서울올림픽 때, 백남준이 서울(KBS)-뉴욕-모스크바의 세 지역의 방송망을 잇는 3원 방송을 기획하고 주도한 일이 있다. 그때 그는 이미 세계적 예술가로 알려져 있었으며, 국내보다 외국(주로 미국과 독일 등)에 더 잘 알려져 있었다. 그래서 그런 방송 프로그램을 기획하고 주도할 능력과 배경을 갖추고 있었다고 할 수 있다. 왜 모스크바를 이 프로그램에 참여시켰느냐 하면, 그전 23회 모스크바 올림픽 때는 미국이 불참했고, 제22회 LA 올림픽 때는 소련이 불참했었는데, 제24회 서울올림픽에는 이 두 진영이(당시만 해도 냉전시대였으니까) 다 참가하기로 했기 때문이다. 그 이듬해인 1989년, 공산권 대표 주자인 소련이 무너지지 않았는가? 이런 역사적 기적을 우리가 만든 것이 아닐까? 이때에 북한은 물론 불참했고 그들 나름대로 크게 좌절했을 것 같다. 왜냐하면 우리가 행사를 성공적으로 마무리했기 때문이다.

그 3월 방송이 끝나고 백남준이 기자와 대담을 가졌다. 그 자리에서 사회를 보는 기자가 "선생님은 예술이 무엇이라고 생각하십니까?" 하고 질문했다. 백남준이 서슴없이 대답하기를 "그거? 사기 치는 거야!"라고 답했다. 이 말에 한동안 기자는 다음 질문을 못 이을 만큼 당황해했다. 그 기자뿐 아니라 많은 시청자들이 자기 귀를 의심했으리라고 생각한다. 나도 그랬으니까.

이런 폭탄 선언은 백남준 정도의 거물이 돼야 할 수 있는 말이다. 그 때 그의 나이는 이미 56세일 때였다. 그러나 알고 보면, 1958년 77세 때 피카소가 한 인터뷰에서 이렇게 말한 적이 있다. "예술이란, 우리에게 진리를 깨닫게 해주는 거짓말이다(Art is a lie that makes us realize the truth)." 예술은 사기 치는 것이고 거짓말이라고 한다면 '예술가는 사기꾼이고 거짓말쟁이인가?' 물론 납득할 만한 설명이 있었지만 충격적이었다.

예술은 혼돈(chaos)에 질서를 주기도 하지만, 반대로 기존 질서를 파괴하기도 한다. 미국 시카고대학 출판부에서 간행된 조지 레너드 교수의 『교육과 엑스터시』를 보면, 이 세상에는 네 종류의 무법자가 있다고 했다.

① 보통 말하는 악한, 무법자, 산적(山賊)과 같은 사람들. 의적(義賊)이나 모험가도 여기에 속한다.
② 혁신적 기술자. 일종의 질서 파괴자와 같은 구실을 하니까 여기에 포함시킨다.
③ 신비주의자들. 일본의 옴 진리교나 한국의 오대양과 같은 광신자 집단의 지도자가 여기에 속한다.
④ 끝으로 예술가가 여기에 속한다. 예술가가 무법자라는 말은 거부감

을 주는 말이지만, 앞으로 이에 대해서 해명하는 이야기를 전개해 나가기로 한다.

여기서 말하는 일탈자란, 우리가 흔히 쓰는 물리적 폭력을 쓰는 존재를 말하는 것이 아니다. 세상을 긍정적으로나 부정적으로 바꿔놓는 세력을 말하는데, 그들의 힘이 막강하다는 뜻으로 '일탈자'라고 부르기로 한 것이다.

2. 선한 무법자

이들에게는 그들 나름대로의 매력이 있다. 현대문명은 우리들의 일상적인 삶에서 모험이라든가 승패를 건 경쟁 같은 것을 반기지 않는다. 용기를 가지고 사회를 변혁시키려 한다거나 하면 무법자로 간주하고, 모험을 하려는 사람들이 범죄자로 몰리는 경우도 있다. 예를 들면, 프랑스 출신의 유명한 해적 장 리피트(1780~1825)는 1815년 미국이 영국과 독립전쟁을 치르고 있을 당시 스페인이 지배하고 있던 플로리다주의 뉴올리언스 남쪽 바다에서 앤드루 잭슨 대통령을 도와서 스페인 함정을 침몰시킨 공로로 사면을 받았다.

영국 해군 제독 출신이고 영국인으로서는 최초로 세계 일주를 한 프랜시스 드레이크라든가, 애국이라는 미명 아래 약탈과 침략을 일삼은 바다의 영웅들(예컨대 노르웨이, 스웨덴, 덴마크의 조상 바이킹들), 빈민 구제운동을 혼자서 대표한 로빈 후드, 우리나라의 홍길동, 임꺽정, 장길산 등, 자기가 빼앗은 마차 위에 올라타고 서투른 즉흥시를 날린 미국 서부 활극의 블랙 버트. 모두 이런 부류에 속한다. 그들은 사회개혁자이긴 하지만, 현행법이나 기존 질서를 어겼다. 부패한 정치를 바로잡겠다고 총칼로 쿠데타를 해서 집권했는데, 나중에 모두 감옥에 갔으니, 이걸 어찌 해석해야 할까?

전쟁이나 정복, 혹은 정치 싸움에서는 자주, 공공연히 불법을 허용한다. 이때에는 사람들이 지금까지 지켜왔던 규범의 벽을 뚫고 그 구속에서 벗어나려 한다. 마치 원시 시대 유랑(流浪)의 사냥꾼들처럼, 자기 자신의 한계를 넘어서 예상을 뒤엎을 만큼의 내구력, 기량, 직관적 통찰력을 발휘한다. 동포의식, 형제애, 애정, 소통, 새로운 발전으로 가득 찬, 속박이 느슨하고 즐겁게 살 수 있는 세계 속에서 스스로의 한계를 넘어설 수 있는 기회, 이런 것은 기존의 안정된 사회에서는 주어지지 않는 것들이었다.

모험 방송으로 인기를 끌고 있는 영국 특전사 출신의 베어 그릴스가 BBC에서 인기를 끌자 미국의 오바마 대통령과 인도의 모디 수상도 그의 방송에 출연했다. 두뇌와 맨손만으로 자연의 최악의 역경과 싸워 극복한다는 포맷인데, 미국 케이블에서 여러 프로그램을 내보내고 있다.

'007 시리즈'의 주인공 제임스 본드는 어떤가? 그는 수없이 많은 역경과 죽음의 장면에서도 살아남는다. 죽으면 영화가 안 되니까. 본드는 때와 장소와 양심과 개연성(있을 수 있다고 하는 일)의 낡은 한계를 깨트리고 불가능에 도전한 스파이다. 그는 케케묵은 고정관념을 공격한다. 그리고 새로운 기술의 최고 고수가 된다. 거기 나오는 기기(무기)들 가운데 몇 년 후 실제로 개발되어 상용화된 것이 여러 가지가 있다.

'007'이란 영국 정보부의 살인면허 일련번호이다. 그러니까 국가의 이익을 위해서라면 사람을 죽여도 문책하지 않는다는 면허증이다. 그는 무서운 사람이다. 그는 법외자이다. 여기서 우리가 배울 점은 제임스 본드가 최종적으로 공격하는 것은 바다에 떠 있는 탐욕스러운 무국

적의 악한이 만들고 있는 핵 시설이 아니라, 우리가 실제 살고 있는 현대문명이라는 점이다. 이 시리즈는 이언 플레밍의 소설을 영화화한 것인데, 영화 역사상 최고로 성공한 캐릭터가 바로 이 제임스 본드라고 한다. 누가 이 제임스 본드더러 일탈자(깡패)라고 하겠는가?

3. 첨단 기술자 그룹

별로 역사적으로 주목받지 못하고 넘어갔을 것 같은 사람들인데, 역사를 통해서 살펴보면, 대부분의 일탈자들은 각기 그 시대의 최신 기술과 밀접하게 연계되어 있다. 율리시즈가 해상교통이라는 새로운 시스템이 시작될 무렵의 해상 기술자였던 것처럼, 유럽의 노상강도는 신무기로 범죄를 저질렀고, 사기꾼들은 화학기술이나 계산기 제조기술, 위조지폐 제조기술과 같은 것을 습득해서 가내공업이나 길드와 같은 동업 조직의 폐쇄적인 지배 구조가 쇠퇴했을 때, 공공연히 대낮에 큰길거리를 활보하고 다녔다. 앞에서도 말했지만 제임스 본드에게서 기술을 빼앗으면 그는 무용지물이 된다. 그를 일탈자라고 한다면, 그는 또한 최고의 기술자이기도 하다.

이들의 진면목은 사회를 혁신적으로 변혁시키는 것이다. 말하자면 혁신적 기술자들인 것이다. 일탈자라고 하기에는 어울리지 않지만 이들은 세상을 바꾸려는 야망과 방법을 가지고 있는 사람들이다. 이들은 인류 문명기의 긴 생명력을 지녀온 신화를 깨트린 사람들이다. 애플의 스티브 잡스, 마이크로소프트의 빌 게이츠가 그들이다. 유튜브의 스티브 첸, 페이스북의 저커버그, 삼성, LG, SKT, KT 등, 외국 기업으로는 화웨이, 샤오미, 인텔, SPACE X의 일론 머스크 등이 여기에 속한다. 지

예술과 함께하는 심리학

금 세계를 혁신적으로 바꾸어놓고 있는 사람 혹은 조직들이다.

이들이 만드는 표준(규격)은 세계의 역사를 바꾸어놓았다. 이른바 5G 시대의 선두주자인 한국은 대용량의 정보를 가장 많이 저장하고, 또 제일 빠르게 전달하는 기술을 만들어내고, 세계 최초로 상용화한 나라이다. 이런 기술 선취는 일종의 권력이 된다. 그래서 세계 각국이 기술 선점을 통해서 권력을 행사하려고 한다. 그것이 곧 경제력으로 바뀌게 되기 때문이다. 그래서 중국 정부가 막강한 권력을 가진 집단이 되고 있는 IT 기업들을 속속 국유화하고 있지 않은가?

그런데 이런 혁신기술이 한동안 경영상으로 성공하고 점유율도 앞서가겠지만, 여기서 그리스 신화에 나오는 프로메테우스의 이야기가 흥미롭게 보인다. 그는 인류를 위해 신들로부터 불을 훔쳐가지고 지상에 내려왔는데, 불은 전해졌지만 자신은 제우스의 저주로 독수리의 밥이 되어 먹히게 된 것을 헤라클레스가 구했다는 신화이다. 이 신화에서처럼 인류는 불(모든 에너지원)로 새로운 기술을 낳았지만 동시에 세계적 대전쟁의 참화(원자탄 투하)도 낳았다.

최초의 PC와 터치식 스마트폰을 만든 애플의 스티브 잡스는 인류에게 엄청난 생활상의 발전과 혁신을 가져왔고, 인류문명의 발전에 지대하게 이바지했으나 과로로 죽었다. 그는 21세기의 프로메테우스이다.

문명 발전의 두 축은 바퀴와 불이다. 달나라에 우주선을 보내는 기술도 따지고 보면 불과 바퀴가 중요한 결정 요소이다. 핵탄두를 실은 ICBM이나 수소탄을 어디에 쓰겠다는 건가? 인류(정직하게 말하면 정치가)란 한없이 어리석고 미련하다. 인류 전체가 그런 건 아니고 탐욕스럽고 머리 나쁜 정치가들 때문에 백성들은 굶어죽고, 의미 없는 전쟁에서 목숨을 잃는다. 그들은 인류(지구)가 멸망할지도 모를 모험을 감행한다. 1년에도 수십만 명의 젊은이들이 왜 싸워야 하는지 자각도 없이 전쟁터에서 희생되곤 했다. 2차 세계대전 때 히틀러와 도조 히데키라는 미치광이 정치 지도자로 인해서 세계의 민간인, 군인을 합해서 약 8,000만 명이 죽었다. 정치가들이 망가트려놓은 이 지구를 21세기 현자들이 나서서 구해내야 한다.

혁신기술이라는 것도 곧 바뀐다. 기술 발전에는 한계가 없고 언제나 새로운 도전자가 나타나기 때문이다. 신기술이 등장할 때에는 그 기술의 장점만 부각시킨다. 신기술 발표 시, 대기업에서는 대형 강당에 언론사들을 불러놓고 쇼를 한다. 회장이나 기술 담당 사장이 헤드폰을 끼고 터틀넥을 입고 나와서 시연을 한다. 이때 기술의 문제점은 가급적 노출시키지 않으려고 한다. 그리고 그 기술이 미칠 부정적 영향에 대해서는 문제가 발생하면 그때 가서 현실적으로 해결하려고 한다. 만일 그 혁신기술이 안정되게 자리 잡으면 그 사회는 그로 인해 근본적인 변화를 겪게 된다. 그 좋은 예가 정보통신 기술과 자율주행 자동차와 연료전지의 발전이다. 이것들이 미치는 나비효과가 엄청나다. 우리의 생활방식, 사고방식, 문제해결 방식뿐 아니라 대인관계 방식도 크게 바꿨다. 반대로 말하면 기존 질서가 무너지고 있는 것이다. 이 혁신기술자들로 인해서 말이다. 이들이 새로운 일탈자들이다.

고대 바빌로니아(지금의 이라크 지방)는 기원전 3,200년경에 수메르인이 들어와서 만든 도시국가인데, 그들은 하늘을 찌를 듯한 높은 바벨탑을 쌓는 기술도 가졌고, 바빌론 왕국 첫 왕조의 여섯 번째 왕인 함무라비가 기원전 16~17세기에 그 유명한 '함무라비 법전'을 만들 만큼 문명화되어 있었으며, 신기술도 대단한 것이었다. 그러나 고고학적 추론에 의하면, 바벨탑은 계단으로 둘러싼 피라미드형 사원에 지나지 않으며, 바빌로니아 사람들도 이것을 신에게 예배를 드리려고 지은 것 같다고 했다. 그러나 유대인들의『구약성서』는 이 탑을 위협적인 것으로 보

예술과 함께하는 심리학

아, 7일간 밤낮으로 탑을 돌면서 야훼신께 기도를 하고, 함성을 지르고, 노래를 했더니 드디어 바벨탑이 무너져버렸다고 기록하고 있다. 유대인들은 여러 번 바빌로니아에 포로로 잡혀간 기록이 있어서 그들과는 철천지 원수지간이었기 때문에 이 난공불락이라는 바벨탑을 기도의 힘으로 무너뜨렸다고 한 것이다. 그 당시 바빌로니아 사람들은 매우 높은 수준의 기술력을 가지고 있었고, 놀라운 양식의 건축물을 세웠을 정도로 감각도 뛰어났다. 이와 같은 기술력이면 히브리 사회(유대)를 무너뜨릴 줄 알았는데, 결국 유대인의 함성과 기도에 의해서 붕괴되고 말았다. 현대의 과학자들은 7일간의 함성과 기도와 노래로는 그 탑이 무너지지 않는다고 결론을 내렸다. 지진이 일어나지 않았겠느냐 하는 의견도 있다. 2019년 이후 '코로나 바이러스'라는 미생물이 세계의 문명사회 질서를 바꾸어놓고 있지 않은가?

　마오쩌둥이 이런 유명한 말을 한 적이 있다. 1972년 미국 대통령 닉슨이 미중 국교 정상화를 위해 베이징에서 마오쩌둥을 만났다. 이 자리에서 마오쩌둥이 닉슨에게 "우리는 화약을 발명했지만 전쟁에 사용하지 않았고, 종이를 발명했지만 신문을 만들지 않았고, 나침판을 발명했지만 결코 군함을 만들지 않았습니다"라고 말했다. 신기술을 발명했지만 인류에게 해를 끼치지 않았다는 것을 강조하려 했던 것이다. 그러나 지금의 중국은 다르다. 말로는 경제굴기(經濟屈起)를 내세우고 있지만 실제로는 군사력, 기술력으로 세계의 패권을 잡으려 하고 있다.

　유럽 르네상스 시대의 악마는 파우스트 전설에 잘 나타나 있는데, '박식한 기술자들'이 알고 보니 악마였다는 것이 아닌가? 파우스트처럼 금지된 지식을 추구하게 되면 곧 영혼을 상실하게 되는 것이다. 캐나다의 미디어 학자인 매클루언(그는 『미디어는 메시지다』라는 책을 써서 유명하다)이 되풀이하여 강조한 것은, "새로운 환경의 알맹이는 그 어떤 것이든 반드시 낡은(옛날 짓) 환경의 일부가 남아 있는 상태일 터인데, 그것을 모두 파괴하고는 새로운 기술도 스스로 생존하기가 어렵게 된다"는 것이다. 그러니까 구소련이 군주제를 둘러엎고 인민 공화제를 세웠지만, 그들 스스로가 군주제의 시스템을 그냥 유지했다. 그것이 무엇인가 하면, 황제 대신 무산대중을 빙자한 공산당 독재와 개인 숭배를 만들고, 절대군주제에서 군주에게 항거하면 처형했듯이 반대파의 숙청을 통해서 통치한 것이다. 또 다른 예로 모토로라와 소니를 들 수 있다. 30년 전만 해도 이 두 기업은 글로벌한 영향력을 가지고 있었다. 그들이 표준을 만들었기 때문이다. 그러나 지금, 그들은 2류로 밀려났고 경쟁력을 상실했다. 왜냐하면 후발 기술이 그들을 앞질러 이미 저만치 앞서가고 있기 때문이다.

캘리포니아대학의 한 역사교수가 "기술이 인간의 존재 방식을 근본적으로는 변화시키지 못한다"고 말했듯이, 근본적인 변화는 불가능하다. 우리가 달나라에 가서 살기 전에는, 인간의 현존 상태는 350만 년 전부터 진화해온 결과물이기 때문이다. 1950년대에는 컴퓨터 크기가 4층 빌딩 높이에 달했는데, 이제는 우리 손아귀에 들어오는 스마트폰으로 일상적인 문제뿐 아니라 전문 직업상의 문제도 상당 정도 해결한다. 이렇게 우리의 생활방식과 행동양식에는 큰 변화가 왔다. 언제 또 다른 새로운 변화가 올지 예측하기 어렵다.

소련이 러시아로 바뀐 것은 미디어 때문이라는 설이 있다. 동독도 마찬가지다. 방송, 무선통신, 인터넷이 전체주의 사회의 구조를 바꿨다는 것이다. 과학기술적 혁명은 이데올로기의 혁명보다 더 무섭다. 북한이 인터넷을 허용하지 못하는 이유가 여기에 있다. 국내용만 가능하다. 체제가 무너질 염려가 있기 때문이다. 특히 이북 체제는 사교(邪敎) 집단과 같아서 교주가 있고, 경전이 있고, 강제적으로 암송시키고, 의식(儀式)이 있고, 예배 절차도 있고, 신앙고백과 간증을 끊임없이 해야 하고, 신앙심에 대한 보상(報償)을 계속 내린다. 일탈에는 잔인한 보복을 단행한다. 만일 여기에 인터넷이라는 이교도의 교리가 들어가면 엄청난 위협이 된다. 그 충격을 흡수할 장치가 없기 때문이다. 우리나라는 대통령 자리가 3개월 정도 비어 있어도 끄떡없는 나라다. 여기서 내성에 큰 차이가 있다.

4. 신비주의자 그룹

1992년, 영등포에 있는 다미선교회라는 이단 기독교 집단의 휴거(携擧) 사건이 있었다. 몇 년 몇 월 며칠 몇 시에 예수가 하늘에서 재림하여 제대로 믿는 자들만이 하늘로 들려 올라간다는 심판의 날을 예언한 사건이다. 실제로 그런 일은 일어나지 않았고, 그들은 메시지를 잘못 받았다고 변명했다. 알고 보니 사기 사건이었다.

그 밖에 오대양 신자의 집단 음독 사건, 동방교 사건, 일본의 옴 진리교의 사린 가스 살포 사건 등, 신비주의자들이 한동안 세상을 들었다 놓았다 했다. 이러한 사건에는 공통적으로 신비 사상을 앞세운 갈취, 살인, 협박이 맞물려 있었으며, 현세 낙원을 약속했다. 그러나 모두 사기 사건이었다.

신비주의자들은 인간의 내면세계를 조종하는 기술자이기 때문에 특히 위험한 존재들이다. 그들은 반드시 전통을 둘러엎는다거나 정치체제를 부정하지는 않지만, 교인들에게는 엄격한 계급제도를 적용해서 서로 감시하게 하기 때문에 잘 발각되지 않는다. 그들은 광신자들을 일종의 환상의 세계로 유혹한다. 예컨대 "새 세상" "극락왕생하는 세상" "지상 낙원" 등의 구호로 사람들을 유혹하되, 한번 발을 들여놓으면 못 빠져나오게 하는 장치를 가동시킨다. 심지어 살해 위협까지 한다. 그러나 조직 속에 있을 때에는 '사랑'을 역설하니까 신도들은 혼돈을 일으킨다.

옛날 JMS라는 가짜 목사가 계룡산 부근 캠프에서 젊은 여대생과 여 신도들을 많이 성폭행해서 감옥에 갔고, 2019년 여름 만민중앙교회 이 재록이란 목사도 자기의 지시에 따라야 구원을 받는다고 협박하고 여신 도 여럿을 성폭행해서 16년 징역형을 받았다. 이런 사례도 자신의 카리 스마를 역이용한 것이다. 이들은 법 대신 '사랑'을 외치기 때문에 일종의 최면에 걸리기가 쉽다. 그런데 이 세력이 사회가 불안하고 희망이 잘 안 보일 때 발호(跋扈)하고, 많은 피해자를 낳는다. 성적 피해자, 금전적 피 해자, 직업 상실의 피해자, 가정 파탄의 피해자 등 여러 유형의 피해자가 만들어진다.

예술과 함께하는 심리학

5. 예술가가 왜 일탈자인가?

창조적인 사람들은 분열적이다

예술가들이란, 다른 무법자들과 같이 엄숙하고 고답적인 것을 비웃 는다. 그러면서 우리들에게는 심한 정신적 격동을 속에 간직하면서도 어떻게 하면 미치광이가 되지 않는지 가르쳐준다. 캘리포니아대학의 심리학 교수인 프랭크 배런과 그 동료들이 저술 · 회화 · 조각 · 음악 · 건축 등의 분야에서 지명도가 높고 아주 창조적인 사람들을 집중적으 로 연구한 것이 있다. 이 연구에 의하면, 창작자로서 성공한 사람들은 시설에 수용되어 있는 정신분열증 환자와 비슷하게 '분열증 측정 척도' 의 상위에 속하고 있었다. 그러나 '자아강도(自我强度) 측정 척도'상으로 는 창조적인 사람들이 아주 높고 정신분열증 환자는 아주 낮았다. 그러니까 창작자는 분열적이지만 자아가 강고하다는 말이다.

이와 같은 흥미로운 발견으로, 자기 힘으로 제어할 수 있는 광기란 것이 얼마나 유용한지를 증명할 수 있다. 천재와 미치광이는 종이 한 장 차이라는 말도 있지 않은가?

미치광이에게서 볼 수 있는 이상한 지각력, 고도의 감각적 조심성, 생각하기 어려운 공상력 등은 정도의 차이는 있어도 한 시대의 경계선을 움직이는 여러 천재에게서도 볼 수 있다. '성공한 창작자'는 자기의 공상에 형태를 입힌다는 점과 현실이 요구하는 은폐와 위장을 알고 있다는 점에서 시설에 수용되어 있는 환자와는 엄연히 구별된다.

지금까지 남아 있는 무속사회, 예컨대 남아프리카, 마다카스카르, 서남아메리카 등의 원시 종족들은 '극도의 정신분열증 환자'로부터 사회적 가치를 끄집어내는 방법을 알고 있다. 오늘날 더욱 많은 심리학자와 정신분석의들은, 인간이 모험을 좇아 탐색에 나서려는 충동을 안전하게 충족시켜주는 세계, 즉 억제나 전쟁이나 폭력이나 경쟁 없이도 다양한 색채와 풍요로움과 환희를 맛볼 수 있는 세계를 확실히 만들어낼 수 있는 방법이 있다고 생각하게 되었다. 그래서 달에 사람을 보내고, 앞서서 가상현실(VR), 증강현실(AR)도 맛보게 되지 않았는가?

정신이 제대로 박힌 무법자로 인해서, 우리들은 어떤 다른 생활에 대해서 더 기본적인 교훈을 배우게 된다. 독창적이고 편견에 사로잡히지 않고 해맑은 공상력을 가진, 유연하고, 예민하고, 열렬한, 즐거움과 우아함을 동시에 갖춘 예술가들은 사회가 끊임없이 발전하는 데 중요한 역할을 하게 된다.

앞에서 언급한 세 부류의 무법자 중 첫째 부류는 기존 질서에 저항하고, 그것을 무시하고 반항해서 무법자가 된 사람들이다. 거기에는 혁명적 정치운동가도 있고, IS 같은 폭력적 무장단체도 있다. 두 번째 부류는

당대의 기술을 혁신하고 새 발명품을 세상에 선보임으로써 기존 사회질
서나 사고방식을 크게 바꾸어놓는 사람들이다. 세 번째 부류는 종교적
이거나 자연애호적 신비주의자들이 기존 삶의 방식을 바꾸어놓으려는
시도를 하고, 기존 질서와 마찰을 빚는 부류에 속하는 사람들이다.

예술가들은 무엇을 파괴하길래 일탈자라 부르는가?

그러면 예술가들은 이들과 어떻게 다른가? 예술가들은 다른 부류의
무법자들과는 달리 태도가 분명하고, 자기를 확실히 드러내고, 사회를
변화시키기 위해 우리들을 건전하게 교육해야겠다고 믿는 사람들이다.

이 예술가라는 무법자에게 가끔 그들의 깡패스러운 행위에 대해서
사회가 너그럽게 봐주는 경우가 있다. '007'이라는 살인면허 번호를 가
진 제임스 본드와 마찬가지로, 예술가도 그와 비슷한 일종의 면허증을
받기도 한다. 물론 오해하지 말아야 하지만, 위대한 예술가 중에는 그
시대의 양식과 인식을 파괴해야 될 때가 있다. 때로는 국가, 종족, 소속
집단의 양심도 거슬러야 한다. 백남준이 뉴욕 시가지 한복판에서 여성
첼리스트의 웃통을 벗기고 자기는 그녀의 뒤에서 그 여성을 껴안고 둘
이서 첼로를 연주하다가 경찰에 걸려서 제재를 받은 적이 있다. 현행법
을 어겼다는 것이다. 그들은 경범죄 법을 어겼지만 죄인은 아니다.

또한 이런 부류 중에는 코스모폴리탄들이 많다. 무정부주의자도 있
다. 국가나 종족의 틀을 벗어난 범세계적·탈국가적인 사람들이 상당
수 있기 때문이다. 노벨문학상을 받은 작가 중에는 자기 조국에서 추방
당한 사람들도 있다. 왜냐하면 자기 나라의 정치체제를 비판했기 때문
이다. 비애국자이고 반역자라는 것이다. 소련의 솔제니친이 그랬고, 중
국인 여성 작가 성쉐는 톈안먼 사건에 환멸을 느껴 캐나다로 망명해서

예술과 함께하는 심리학

작가이자 저널리스트로 활약하고 있는데, 검색 엔진을 보면 그는 중국 반체제 작가라고 소개되어 있고, 중국 쪽의 검색 엔진을 보면 반역자요 사기꾼이라고 나와 있다. 중국은 반체제 인사를 말려 죽이는 전략을 쓰고 있다고 한다.

소비에트 연방 시대, 솔제니친은 1990년 미국으로 추방되었다가 소련이 러시아로 체제가 바뀐 후 귀국하고 죽었다. 작가가 적대국인 미국으로 망명(추방)했다가 돌아와서 사망한 것이다. 그의 노벨문학상 수상 작품은 구소련 스탈린 시대의 강제 노동수용소 생활을 그린 『이반 데니소비치의 하루』(1962)이다. 그는 미국에서 망명 생활을 하면서도 서방 세계의 도덕적·정치적 운명에 대해서 경고를 날렸다. 그는 공정했다. 그의 잣대는 정치체제와는 관계가 없고, 오직 인간(인류)의 보편적 가치만 문제 삼은 것이다.

사회가 고도로 분업·전문화되고, 각 직능단체와 일반 시민사회의 각성도가 높아짐에 따라서 외부의 압력(비평가, 언론, 전문가 단체)도 커졌다. 옛날에는 음악가나 화가는 왕실이나 귀족, 고위 공직자들의 주문, 초청으로 활동을 했고, 거기서 보수를 받았다. 일반인은 그런 예술(민속 예술은 제외하고)을 접할 기회가 별로 없었기 때문에 자연히 예술에 대한 평가도 작품을 주문하고 예술가들을 고용하는 이들의 몫이었다. 그러나 지금은 크게 달라졌다. 비평가라는 직업도 생겨나고, 그들의 압력도 만만치가 않다.

그래서 독립된 문화영역으로서의 예술이 인간성의 통합(조화를 이룬 인격체)이나 감정 처리나 교육의 안전판 노릇을 하기에 안성맞춤의 공간으로서 필요하게 되었다.

원시인들은 예술을 삶(생활)에서 떼어놓지 않고 그 일부로 삼아왔다. 아침에 일어나면 우선 먹거리를 위해 천렵, 수렵, 채취를 하고, 수확이 좋으면 노래하고 춤춘다. 동굴의 회화나 조각이 일단 완성되면 사람들은 거기에 전혀 신경을 쓰지 않는다. 똑같은 동굴에 몇 겹이고 그림 위에 그림을 그린다. 아래 그림을 지우지 않고 계속 그려간다. 그들은 흔적을 남기기 위해 그리는 것이 아니라 그날 그날의 수확의 성과를 기록해둔 것이다. 완성된 작품이 중요한 것이 아니고, 그것을 만드는 행위가 중요했던 것이다.

서양에 르네상스가 시작되었어도 예술가들은 거의 수공예 장인과 비슷한 대접을 받았다. 바흐가 자기 작품의 영원성에 대해서 어떻게 생각했는지를 보여주는 일화가 있다. 매일 싸가지고 다니는 도시락을 자기 작품이 그려진 오선지로 싸가지고 오는 일이 허다했단다.

그럼에도 단편화와 전문화(즉 분업이 시작되었다는 말)가 빨리 진행됨에 따라서 예술가는 자기의 좁은 활동 범위 안에 일방적으로 밀려들어가서, 거기서 가끔 '기행(奇行)'을 저지를 수 있는 시험적 은사(恩賜), 즉 권한을 허용받기도 한다. 그러나 "넌 쟁이니까 시키는 대로 해" 하고 귀족이나 부자의 주문을 받아 작품을 만들어주고, 그들이 던져주는 동전 주머니를 받아 그걸로 살아갔다. 영화 〈아마데우스〉에도 나온다.

우리나라의 경우, 조선조는 성리학에 바탕을 둔 정치체제하의 엄숙한 사회였다. 그때에도 양반은 근엄한 표정을 하지만 서민, 광대는 표현이 자유로웠다. 같은 현상이다. 예술가란 당대에는 일종의 광대였기 때문이다.

예술은 사회의 안전판이다

그래서 이와 같은 사회에서도 완성된 예술작품을 닫힌 감정의 돌파구로, 그 안전판으로 이용했다. 셰익스피어 시대의 연극이 그랬다. 셰익스피어의 작품 중 '4대 비극'이라고 하는 작품이 모두 왕의 죽음과 관계가 있다. 왕조 시대에는 금기였던 주제이다. 그러나 당시 메리 여왕이 사형당하고 제임스 1세가 등극하기 전에 16년간 왕권의 공백이 있었던 시대여서 혼란스러웠을 때였다. 셰익스피어의 연극은 그때 만들어진 작품들이다.

사람들은 이들의 작품을 '미술관' 혹은 '음악실'이나 '오페라 극장' 등 무겁고 딱딱한 건물 속에 감금해놓고 있다. 그러나 예술가들이란 깡패와 같아서 계속 닫힌 공간 안에 가둬둘 수도 없다. 그들을 그런 식으로 가둬두면 그들의 작품을 객관적으로 연구해서 합리적으로 분류할 수도 없다.

예술가들은 언제나 기술자보다 한 발자국 앞서가기는 해도, 근래에 와서는 예술가들은 '문명'의 모든 경계선을 넘어서려는 시도를 한다. '플럭서스 운동'의 주동자들은 이런 운동의 선구자들이다.

오늘날 젊은이들의 해프닝 운동을 보자. 〈보헤미안 랩소디〉에서 볼 수 있는 플래시 몹으로 모인 '떼창 그룹'은 예술이라는 영토가 점점 예술가와 관객, 고객 사이의 경계를 허물고 있음을 보여준다. 현대의 예술가들은 '예술'이라 일컬어지는 한 장르로서의 라벨을 떼어버리려고 하는 듯이 행동한다. 팝 음악을 하는 사람들을 '뮤지션'이라 안 하고 '아티스트'라고 하지 않는가? 즉 개개인의 생활 자체가 하나의 예술품으로서 영위되도록 하는 일에 관심을 갖기 시작했다. 그런 작업이 어떤 것이며, 왜 하는 것인지는 곧 드러나게 될 것이다.

〈나는 자연인이다〉라는 케이블 TV 프로그램이 있다. 산 속에서 짧게는 4, 5년 길게는 30년 정도 살아온 사람들의 이야기를 찍은 것인데, 그들 모두가 예술가였다. 그림 그리는 사람, 서예를 하는 사람, 장승을 조각하는 사람, 자연목으로 조각하는 사람, 설계도도 없이 동화에나 나올

듯한 신기한 집을 지은 건축가, 멋있는 정원과 연못과 생태 환경을 만들어놓은 환경전문가, 돌 조각가, 압화(押花) 전문가, 종이접기 예술가… 그렇지 않은 사람이 없었다. 그들은 한결같이 배운 바가 없고 산에 와서 자생적으로 학습했다는 것이다. 미술대학? 노! 미술학원? 노!

연극에서 그 벽이 가장 빨리 무너지고 있다. 서울 종로구 대학로에만 소극장이 100여 개에 이른다. 소극장은 무대와 관객석이 구분되어 있지 않다. 그래서 배우들이 객석으로도 내려오거나 들어오고, 관객이 무대 위로도 올라가서 즉흥적으로 카메오가 된다. 오케스트라 지휘자도 터틀넥을 걸치고 지휘하고, 때로는 지휘자가 재미있는 퍼포먼스를 선보이기도 하고 박수를 유도하기도 한다. 화가들이 그림을 걸어놓고 관객에게 보기만 하지 말고 그림 위에 관객도 자유로이 덧칠을 하라고 유도하기도 한다. 인사동의 한 전시회에서 화가가 퍼포먼스를 하는데 관객더러 물감을 이렇게 저렇게 자기 몸에 들어부어 달라고 부탁하는 광경을 본 일이 있다. 작품을 관객과 같이 만들자는 것이다. 화가가 따로 없다. 예술의 영역을 차츰 무너뜨리고 있는 것이다. 2021년 봄에 잠실 롯데월드몰 전시장에 걸려 있던 미국 화가 존원의 5억 원짜리 그래피티 작품에 관객이 낙서를 한 사건이 일어났다. 여기에 대해 작품이 더 좋아졌다는 반응까지 나와 논란이 된 적이 있다.

무용수가 무대 위에서 춤을 추다가 객석으로 내려와서 관객을 무대 위로 끌고 올라가서 함께 춤을 추자고 유도했다. 때로는 예술가 자신이 작품이 된다. 퍼포먼스가 그것이다. 언젠가 1990년대에 화가 정광자 씨가 한강 모래사장에서 나체로 퍼포먼스를 한 일이 있다. 그의 몸이 작품이다.

한편 '일탈자 예술가'는 '문명'이라는 교사(校舍) 전체가 무너져가는 가운데, 그 속에서도 살아남을 수 있는 가장 좋은 학습 계획을 우리에게 보

예술과 함께하는 심리학

여준다. 즉 연습, 훈련이란 것의 가치와 자유라는 가치가 어떻게 서로 교차되고 효과를 발휘하는지를 계속 우리에게 가르쳐준다는 말이다. 예술에서 자유를 빼앗아가면 그 예술은 형해(形骸)만 남는다. 그렇다고 자유를 구가하면서 예술적 표현을 위한 연습과 훈련의 필연성을 소홀히 해서는 안 된다. 음악을 하는 기악 연주자들은 보통 하루에 5~7시간 정도 연습한다. 그 이유는 기술을 익히기 위해서도 필요하지만 작곡가의 정신에 더 가까이 다가가기 위해서이다. 연습을 뛰어넘는 천재는 없다.

그리고 그 소재의 한계와 싸우면서도(사회주의 국가는 소재 자체를 제한한다) 참된 예술가라면, 소재는 이전에 우리가 생각해왔던 것보다 제한되어 있지 않다는 것을 보여주어야 한다. 맨몸은 초상화의 모델일 뿐만 아니라 맨몸으로 영화에도 나오고, 춤도 추고, 연극도 한다. 맨몸이 소재가 된다. 물감의 종류도 얼마나 다양해졌는가? COVID-19 덕택에 랜선 공연이 대유행이고, 이 방법으로도 수익을 낼 수 있다는 것도 증명되었다.

예술가는 도전정신을 길러준다

그들은 표현 활동을 통해서 신의 영역까지도 넘보면서 특정의 시간, 특정의 장소, 특정한 대상을 향해서 내달리는 미치광이 같은 존재이다. 그들은 모든 절대물, 절대자인 신까지 포함해서 거기에 도전하려 한다. 신교 목사의 아들인 니체가 "신은 죽었다"고 하지 않았는가? 그는 반기독교 철학자였다. 왜 그랬을까? 교회의 무기력 때문이었다.

예술에서는 일반화나 분류란 것을 하지 않는다. 법칙을 만드는 것이 아니기 때문이다. 예술은 양식(樣式)의 개별성을 더 소중하게 여긴다. 담론이란 것은 본질적으로는 일반화를 위한 것이기 때문에 이 개별성이란 것이 담론의 주제가 되면 억제되고 만다. 인생의 의미는 언제나 새로운 것이다. 매일매일이 다르다. 무한히 복잡하다. 한 정치인은 40여 년 전의 반공법 위반 혐의가 40여 년 만에 무죄를 선고받았다. 그만큼 복잡한 것이 인생이다. 따라서 그것을 표현하기 위한 방법이나 매체도 무한히 복잡하고 다양한 것이다. 다양성에는 한계가 없다. 개별성이란 것이 곧 독자성이고 창조성의 근원이다.

스마트폰이 처음 나왔을 때 애플리케이션이 20만 개라고 했다. 지금은 계산이 불가능할 정도이다. 예술은 개성기술적(個性記述的)이라고 한다. 과학은 법칙정립적(法則定立的)이라고 한다. 과학은 확실히 법칙을 원한다. 그러나 음악의 작곡 기법에 대위법(對位法)*이라는 것이 있는데, 그 근본은 소리의 진동수와 관계가 있어서 그것만은 물리법칙에 속한다.

이와 같이 예술의 역할이 변화하고 있을 즈음 우리나라 음악가들이 세계 음악 시장의 중심부에 진입하고 있다는 놀라운 일이 벌어지고 있다. 과거에는 상상조차 할 수 없었던 일이다. 조수미, 염광철을 비롯한 성악가, 정경화를 비롯한 기악 연주자들, 대중음악의 BTS를 비롯한 아이돌 그룹들이 전 세계 시민들을 울리고 웃기고, 그들에게 기쁨과 행복을 주고 있어서 무척 다행스럽고 뿌듯하다.

서양문명이란 것이 동양과 달라, 순수하게 언어적이고 비실체적인 세계(주로 철학 사상의 세계에서 그렇다. 특히 계몽주의적 관념체계)를 탐구하는데, 정신없이 허둥지둥 달려오다 보니 교육상 우리들에게 무시해버리도록 요구했던 감정, 감각, 정서, 감성 등의 교육을 다행히 예술가들이 지켜왔다. 예술가들은 어떻게 하면 감각의 우주를 탐구할 수 있을지를 우리들에게 가르쳐준다. 그들은 기쁨, 희열, 무아지경, 엑스터시에 이

예술과 함께하는 심리학

---

*　한 멜로디에 다른 멜로디를 결합하는 작곡 기법.

르는 지도를 우리에게 보여준다.

독일에서 철학적 미학을 연구한 이순예 씨의 저서 『예술, 서구를 만들다』(인물과사상사, 2009)에서는 계몽사상, 계몽주의가 합리정신을 기초로 해서 계산과 분석에 치우치다가 끝내 자연 파괴, 사회구조의 변화, 비인간화, 삶의 공허함을 가져왔는데, 이것을 극복하기 위해서 예술이 그 치유책이 될 수 있다고 강조했다.

반면에 동양문화는 합리성보다는 도덕성, 인격, 비합리적 정서와 감정(情) 등을 강조해서 과학기술 발전은 느렸지만, 비인간화와 같은 부작용은 덜하다. 요즘에 와서야 동양(아시아)이 가지고 있는 문화의 정신성, 다양성, 종교적 관용, 비법칙성의 장점에 눈을 뜨기 시작했다. 그 증거로 미국과 유럽에 아시아 문화를 연구하는 전문 학과와 연구소가 많이 생겨났고, 불교 문화의 확산과 참선, 명상이 유행을 이루다시피 하고 있고, 지구촌의 정신세계의 지도적 자리를 얻게 된 달라이 라마의 인기가 크게 높아지고 있다는 것을 들 수 있다. 아시아 식문화의 다양성, 그리고 특히 한국의 K-Pop이 불러일으킨 K-시리즈(음식, 패션, 영화, 드라마 등)가 새로운 문화 양식으로 인식되기 시작한 것도 여기에 속한다. 이것들은 모두가 비법칙적인 것들이다.

그나마 예술이 이렇게 비인간화를 막아주고, 인간이 인간답게 살게 하고, 합리성으로 꼬인 체제로 인해 못된 이기주의가 만연하던 사회에서 나를 나답게 만들어주고, 자존감과 일상의 즐거움과 놀이성을 띤 직업과 창조적 활동에서 삶의 공허를 채워주기에 소중한 것이다.

놀이는 'creative imagination'을, 골목대장 하기는 'leadership'을, 장난치기(playfulness)는 연기력을, 별난 짓하기는 'uniqueness, originality' 등을 만들어내는데, 이런 행동은 마치 문제아들이 보여주는 행동 형태와 비슷하다. 실은 그것들이 예술적 창조인의 행동 형태이다. 이 모두는 합

4장 예술가는 일탈자인가?

리성과는 별 관계가 없다.

이에 관한 에릭 호퍼(1902~1983, 미국의 철학자)의 말을 들어보자.

> 인간의 가장 슬어질 줄 모르는 노력은, 생활필수품을 만드는 데 있었다기보다는 비실용적이고 불필요한 것을 만드는 데 있었다⋯ 실용적 고안물은 일상생활의 필수품인 경우에도, 그 기원은 대체로 비실용적인 것에서 발상된 것이 많다. 예컨대 묘, 사원, 궁전이 실용적인 가옥에 앞서서 만들어졌지만, 장식(액세서리)이란 의복이 생기기 전에 이미 생겨났고, 팀을 짜서 하는 일은 놀이에서 시작되었다. 활은 무기가 되기 전에 악기였다고 한다. (지금도 활 형태의 악기가 있다). 낚시기술은 고기가 풍부하게 잘 잡힐 때 생겨난 기술이라고도 한다. 즉 낚시란, 냉엄한 삶의 필요에서 생겨났다기보다는 호기심, 운세 테스트, 기분전환의 산물이다. 시(詩)가 산문에 선행하는 것은, 이미 잘 알려져 있고, 말로 하는 대화보다 노래가 먼저 있었다고 할 수 있다.
>
> 역사적으로 보아서, 창조성이 풍부했던 시대는 사람들이(곤궁에 처해 있을 때가 아니라) 가볍게 들떠 있을 때였다는 것은, 대체로 맞는 말이다. 구 러시아 시인 라 로슈코프는 '사람이 근엄하게 보이려한 것은, 마음의 상처를 감추기 위해서 고안된 육체의 비법이다' 라고 쓴 적이 있다.

이것은 상당히 통찰력이 뛰어난 글이다. 조금 들떠 있을 때가 언젠가? 뇌파가 알파파(8~12Hz)일 때이다. 정신과적 표현을 한다면 조울증의 조 상태(manic state)에 있을 때처럼 아이디어가 막 쏟아져 나오고 뭐든 하려고만 하면 될 것 같은 기분일 때이다.

예술과 함께하는 심리학

6. 예술가들만의 특권

예술가들에게는 관용의 한계가 높다

우리나라에서는 조선시대 사대부 집안에서 그랬듯이 남자가 얼굴에 희로애락의 감정을 나타내면 경망스러운 처신으로 여겼다. 1971년 말, 퇴계로에 있는 대연각호텔에 크리스마스 이브날 대화재가 발생해 많은 인명 피해가 있었다. 그때 자유중국 공사인 엽건영 씨가 투숙하고 있다가 변을 당했는데, 기관지가 타들어가는데도 창틀에 매달려 구사일생으로 목숨을 건졌다. 그분이 서울대학병원에 입원하고 있을 때 한 기자가 문병차 찾아간 일이 있다. 그는 말을 할 수 없을 정도로 기도가 상해 있어서 기자에게 글씨를 써서 선물로 주었다. 나는 아직도 그 글을 기억한다.

"처변불경(處變不驚)"

'과연 중국인답구나!' 하는 감탄사가 자연스럽게 흘러나왔다. 아무리 처지가 변해도 놀라지 않는다. 아무리 슬퍼도 슬픈 기색을 안 나타낸다? 아시아적인가?

영국의 역사를 보면, 19세기 빅토리아 여왕 시대(1837~1901 재위)는 무척 엄격한 윤리적 규범을 지키는 시대였고, 영국 역사상 영국의 위대함을 가장 잘 드러낸 시대였다. 이 시대의 사회풍조상 남자는 감정을 표출하면 안 되었다. 그래서 지금도 영국 남자는 근엄하게 보이는 것일까?

그럼에도 예술가에게만은 보헤미안적인 자유와 낭만적인 감정을 드러내도 괜찮은 것으로 인정해주었고, 남성이 감정을 토로하고, 생각에 깊이 잠기고, 슬픔의 눈물을 흘리는 것을 허용해주었다니 참 희한한 세상도 다 있었구나 하는 생각이 든다. 인간의 감정을 법이나 규율로 통제한다? 그래서 올더스 헉슬리는 영국인이 거만하게 보이려고 꾸미는 태도를 비꼬는 풍자소설도 썼다. 놀랍게도 빅토리아 시대에 많은 작가와 시인들이 배출되었다. 아이러니가 아닌가?

그래서 이런 사회에서는 예술작품을 꽉 막힌 감정의 배출구이자 안전판으로 이용했던 것이다. 당시 사람들은 예술가들의 이와 같은 작품들을 '미술관' '박물관' '갤러리'라는 무겁고 견고한 건물 안에 가두거나 '뮤직 홀'이나 '오페라 하우스' 속에 감금시켜버렸다. 서양의 예술사를 보면 대체로 궁정·귀족의 저택→극장→길거리로 발전했다. 거리 공연, 그래피티 아트, 브레이크 댄스는 모두 공개된 장소에서 일반 시민과 접촉하는 예술이다.

공부하는 사람을 학자(學者, 놈 자(者) 자를 쓴다. 그냥 보통 사람이다)나 서생이라고 했고, 이들은 돈을 못 벌었다. 이들은 과거시험을 안 봐서 관직에는 나가지 못했으며, 공부하고 제자 기르는 일을 했다. 교육의 대가는 대개 농산물로 받는다.

예술가는 동서양이 비슷하게도, 처음에는 '쟁이'로 취급되는 기술자일 뿐이었다. 그래서 궁정, 귀족, 사대부로부터 생활비나 용돈을 얻어 썼다. 그러나 지금은 예술가(家)라는 집 가(家) 자를 쓴다. "일가(一家)를 이루고 있다"는 말이다. 그래서 문중(門中)을 이루어 누구 류(流)의 소리, 누구 풍(風)의 그림, 누구 파(派)의 춤으로 발전해서 명맥이 이어진다. 특히 전통예술계에서는 스승을 능가하기 어렵다. 그러나 학문의 세계는 좀 다르다. 제자가 어느 정도 크면(자기 밑에서 박사학위를 받아도) 독립시킨다. 박사학위 논문이 통과되는 순간, 지도교수가 "Dr. Kim, Congratulation"이라고 하면서 자기를 성이 아니라 이름으로 불러도 좋다고 한다. 학문의 세계는 평등하나 예술은 개성적이다.

예술과 함께하는 심리학

예술가는 일종의 깡패다

예술가란, 일종의 깡패여서 미술관, 극장, 콘서트홀에 갇혀 있기 싫어한다. 왜냐하면 대중(시장)과 멀어지면 안 되기 때문이고, 그런 데서만 머물러 있으면 여러 채널에서 통제하려 들기 때문이다. 예술가들은 간섭이나 통제를 싫어한다. 그리고 그들의 상상력은 과학자를 능가한다. 과학자들은 가설에서 출발하지만 예술가들은 가설 이전의 허구와 판타지와 상상에서 출발한다. 어쩌면 무의식에서 출발한다고 할 수도 있다. 다빈치는 헬리콥터를 구상했고, 쥘 베른(1828~1905)의 선구적인 과학소설에는 잠수함, 비행기, 텔레비전의 모형과 우주여행 등이 언급되었다. 19세기 중엽에 발표된『지구 중심부로의 여행』『해저 2만 리』『80일간의 세계일주』등이 그것이다. 이것들은 할리우드 영화로도 나왔다.

예술가와 대중 사이의 담벼락은 이미 무너졌다. 예전에 예술가는 우리와 거리가 먼 사람들이라고 생각되어 만나기도 어려웠다. 그러나 지금은 예술가가 대중과 거리를 두면 외면당한다. 그러나 과학자들은 1차적으로 실험에 의존하기 때문에 연구실에 처박혀 있어야 한다. 미국의 경우, 이혼율이 제일 많은 전문직 그룹이 연구실에 충실한 과학자들이라고 하지 않는가? 가정생활을 소홀히 하기 때문이란다.

현대의 예술가들은 환경, 인권, 빈곤 퇴치, 차별화, 전쟁 방지, 인종주의 종결 등 글로벌한 사회문제에 참여하고 있다. 예술가들은 이미 개인이 아니다. 대중의 한 사람이고 세계시민이다. 그리고 이런 보편적인 인류의 문제로 작품 활동을 확대해가고 있다. 굉장히 바람직하고 환영할 일이다.

한편, 깡패 예술가들 중에는 실제로 싸움질도 잘하고(잭슨 폴록은 바에서 테이블을 둘러엎기도 했다), 술고래도 많고(수주 변영로 선생, 천상병 시인

등), 동성애로 감옥에 간 사람도 있다(오스카 와일드).

1930년대 후반 스페인 내전 때 피카소가 그린 유명한 미술작품 〈게르니카〉가 있다. 이것은 인류에게 있어서 자유와 정의, 평화와 공정성이 얼마나 중요한지를 가르쳐주는 교과서와 같은 작품이다. 소련 시대의 솔제니친과 파스테르나크 등 노벨문학상을 받은 작가들은 정부의 탄압에도 불구하고 개인의 존엄성과 표현의 자유와 정치적 정의와 사랑의 귀중함 등을 역설하다가 추방당하기도 하고, 국내에서 작품을 출판할 수가 없어서 외국으로 원고를 밀반출해서 출판하기도 했다. 그들도 정치체제의 한 시대를 마감하는 중요한 계기를 만든 작가들이다. 파스테르나크는 "인간은 준비하기 위해서(공산주의자가 되는 것) 태어난 것이 아니라 살기 위해서 태어난 것이다"라고 역설했다. 좋은 교훈이 아닌가?

김지하의 오적 필화(筆禍) 사건은 1970년대 한때 한국 사회를 확 뒤집어놓았다. 「오적(五賊)」은 재벌, 국회의원, 고급공무원, 장차관, 장성 등 우리 사회의 부와 권력의 최상층에 있던 인사들을 반민주주의자, 반민족주의자로 몰아서 풍자적으로 비판하고 공격한 시인데, 판소리 리듬으로 읽을 수 있게 지었다. 당시 시사 잡지 『사상계』에 시가 게재되어서 퍼져나가자 당국에서는 잡지를 출판 중지시켰고, 시인 김지하, 『사상계』 발행인 부완혁, 편집장 김승균, 민주당의 당시 당보 『민주전선』 출판국장 김용성이 반공법으로 구속되었다. 나는 운동권에 있는 한 여교수로부터 몰래 그 잡지를 얻어서 동교 교수들과 돌려본 일이 있었다.

이렇게 시를 통해 신랄한 공격의 대상이 된 계층은 아무래도 자숙하고 눈총에서 벗어나고 싶어 했을 것 같다. 그러니까 그런 시 한 편이 사회의 분위기를 크게 바꾸어놓았던 것이다. 그때 김지하의 나이 서른, 지금 여든이 다 되었다. 30대의 혈기왕성한 젊은이의 시 한 편이 미치는 영향력을 무시할 수가 없는 것이다. 그는 그때 구속되었지만 그 이

예술과 함께하는 심리학

듬해 서울 고법에서 승소하고 풀려났다.

프랑스의 만화 필화 사건 또한 유명하다. 작가들은 자기 소신대로 표현하기 때문에 가끔 종교계나 정치계와도 갈등을 빚게 된다. 2012년 9월, 프랑스의 풍자 만화 주간지 『샤를리 앱도』가 이슬람과 마호메트를 모독한 듯한 캐리커처를 실었다가 유럽의 이슬람들이 들고일어나서 연일 데모를 하고, 폭력을 썼으며, 외국에 나가 있는 프랑스 학교는 보복이 두려워 문을 닫았다. 파리에서는 비상경계를 내리고 잡지사를 지키는 등 한동안 소동이 이어졌다. 그러나 "표현의 자유"라는 의견과 "장삿속 노이즈 마케팅"이라는 의견이 맞서 논쟁이 벌어지기도 했다. 표현의 자유에 대한 권리는 무한정한 것인가? 특히 종교계에서는 절대자를 모독하는 일은 용서하지 않는다.

15세기 백년전쟁 때 프랑스의 잔 다르크라는 소녀가 천사 가브리엘의 계시를 받았다고 자처하며 등장하였고, 영국과의 싸움에서 프랑스군을 지휘해서 승리했다. 그러나 사제 이외에는 신의 계시를 운운하는 것은 불경이어서 그녀는 마녀로, 이교도로, 우상 숭배로 고발되어 화형을 당했다.

예술가들도 앞에서 예를 든 다른 모든 깡패와 마찬가지로, 장중하고, 권위 있어 보이고, 엄숙한 것을 비웃는 사람들이다. 그러나 그들과 다른 점은 높은 창조성의 격렬함을 몸소 보여주면서도 광기에 안 말려들기 위해서(정신병 환자가 되지 않기 위해) 어떻게 해야 하는지 우리들에게 가르쳐주는 무리라는 것이다. 2012년 영국 펭귄사에서 출간한 『최신 심리학개론』을 보면, "천재와 미치광이 사이에는 깊은 관련성이 있다"고 한다. 천재와 미치광이 사이는 종이 한 장 차이라는 말이 맞지 않는가? 동전의 앞뒤와도 같은 것이다. 다만 미치광이는 병원에 있어야 되지만, 예술가는 아틀리에나 작업실에 있으면 된다. 거기서 그들은 새로운 창조를 한다.

그런 좁은 아틀리에에서 역사의 흐름을 바꿀 새로운 화풍과 이즘을 만든 작가들이 좋은 예이다. 인상주의니, 입체주의니, 야수파니, 초현실주의니 하는 새로운 유파를 만든 작가들이 이 부류에 속한다.

한 국가나 사회의 지도자나 시민들이 바라는 바는, 사회가 계속 발전해서 더 평화롭고 풍요로워지는 것이다. 그런 일을 가장 잘 할 수 있는 직업군이 예술가들이다. 예술가들은 편견이 별로 없고, 기존의 억압적 권력에 저항하고, 맑은 상상력과 즐거움, 우아함으로 우리들을 행복하게 해준다. 그들이 이 세계를 통합시키고 평화롭게 하는 가장 순수한 세력인 것이다.

예술과 함께하는 심리학

2부

예술을 보는 시각

5장

예술에 대해 아는 것과 느끼는 것

1. 예술, 알수록 사랑하게 된다

가능하면 일류 작품에 접하라

예술뿐 아니라 학문이나 스포츠 분야도 알면 알수록 좋아하게 되어 있다. 오래 접하게 되면 정보가 쌓이고, 정보가 쌓일수록 그만큼 사랑하게 된다. 사랑하게 되면 그걸 해보고 싶어진다.

학문은 대체로 이해하는 능력에 집중되고, 느끼는 면은 아주 약한 편이다. 그러나 예술은 이해하는 면보다 느끼는 면이 좀 더 많다. 스포츠는 이해하는 것과 실제로 움직이는 것이 크게 다르다. 스포츠 이론가들이나 해설가들이 운동을 잘하는 것은 아니다. 물론 아는 것과 느끼는 것 사이에는 상호관계가 있지만 반드시도 그렇지는 않다.

서울에서도 역사적으로 명성이 높은 작가들의 작품 전시를 자주 하는 편이다. 고흐, 달리, 샤갈, 폴록, 워홀, 뒤샹, 프랑스 인상파, 또 중국의 거장들, 2019년대에 세계에서 가장 그림 값이 비싼 영국 화가 호크니의 전시도 있고 해서 한국에서도 세계적 걸작을 만날 기회가 많아졌다.

그런 미술 전시뿐 아니라 세계적인 지휘자가 이끄는 오케스트라도 오고, 피나 바우쉬 같은 세계적 안무가는 한국을 너무 좋아해서 여러 번 내한 공연을 했을 뿐 아니라 그녀의 '탄츠 테아터'에서는 한국 풍경을 그린 신을 여러 번 내보이기도 했다. 마더 그레이엄도 오고, 커닝햄도 왔다. 유명한 세계적 극단도 왔다.

패션계의 세계적인 거장들도 동대문의 DDP에서 쇼를 하고 싶어 한다. 이만큼 우리의 예술 시장의 위상이 크게 높아진 것이다. 그래서 우리 예술 애호가들로서는 그런 다양한 예술적 이벤트에 대해서 우선 "뭔지를 정확하게 알아야 하는 과제"가 남는다.

예전에 어떤 유명한 음악가가 한 말이 기억나는데(누군지는 잊었다), "아이들에게 제대로 된 예술교육을 하려면 어릴 때부터 일류 작품을 접하게 하는 것이 필요하다. 즉 완성도가 높은 작품과 접하게 하라."고 했다. 그러면 좋은 작품이란 어떤 것인지를 자연스럽게 배우게 된다는 것이다.

유럽에서도 르네상스가 제일 먼저 시작된 곳이 이탈리아인데, 당시 이탈리아는 도시국가 체제여서 로마를 비롯해서 베네치아, 피렌체 등에 정치·종교 권력과 부가 집중되어 있어서 건축문화와 미술문화, 음악문화가 제일 먼저 발달했다. 이탈리아에 가보면, 로마제국 시대 이후 2천여 년에 걸친 역사의 흔적이 그대로 많이 남아 있다.

이탈리아에는 문을 열고 밖으로 한 발자국만 나가도 디자인 공부할 거리가 즐비하다. 교회 건물, 행정 시설, 군대 시설, 경기장, 수로, 분수, 조각상, 미술관, 박물관, 가게, 시장, 항구, 공중목욕탕, 벽화, 장식품, 도시설계(폼페이 같은), 귀족들의 삶의 흔적, 도자기 등등 배울 것이 너무 많다. 그래서 세계적인 패션 디자이너에도 이탈리아 사람이 많고, 건축가, 영화감독과 배우도 많고(마카로니 웨스턴을 보라), 만화가도 많고, 유리 공예가 유명하다. 그러니까 이탈리아 아이들은 학교에서 안 배워도 거리에서 디자인을 자연스럽게 배운다.

〈나폴리 향연〉을 보고

약 40여 년 전에 〈나폴리 향연〉이라는 영화를 본 일이 있다. 차와 쿠키 등을 수레에 실어 끌고 다니면서 장사하는 한 젊은이가 있었는데, 노래를 잘해서 나폴리 골목마다 다니면서 나폴리 민요와 오페라 아리아 등을 불렀다. 그가 지나가는 시간이 되면 그의 노래를 들으려고 그 동네의 오래된 아파트(나는 그런 아파트에서 실제로 이틀을 자본 경험이 있다)의 창문이 일제히 열리고 처녀들의 얼굴이 나타난다. 그들 중 한 처녀는 이 수레꾼 가수에게 반해서 그 총각이 나타날 시간이 되어 골목 어귀에서 노랫소리가 들리면 얼른 달려가서 창을 열고 기다리다가 그 청년이 바로 자기 집 아래에 와서 노래를 부르면 꽃을 던지고 블로우 키스를 했다. 이 꼴을 보다 못한 어머니가, 그 총각이 그 처녀 집을 향해 〈오 솔레미오〉를 부르고 있을 때 양동이에 물을 담아 들고 와서 그 총각 머리 위로 들이부었다. "오 맑은 햇빛, 너 참 아름답다, 폭풍우 지난 후……" 하는데 웬 물벼락인가? 그래도 그는 물세례를 받고도 웃으면서 끝까지 노래를 불렀다. 그랬더니 창가에 모여 있던 처녀들의 박수가 터지고, 드디어 이들이 모두 골목으로 내려와 춤추기 시작하면서 나폴리 향연이 벌어진다.

이런 유쾌한 영화인데, 이처럼 이탈리아 사람들이 어릴 때부터 좋은 음악에 노출되고 그것이 일상화되었으니, 세계에서 유명한 오페라 작곡가가 제일 많이 배출된 나라가 이탈리아가 아닌가? 베네치아 운하의 곤돌라 사공도 칸초네에다가 오페라 아리아를 수십 곡을 부를 수 있는 성악가들이다. 주점의 요리사, 길거리에서 목판 장사하는 장사꾼, 거리 악사, 피자집 종업원, 모두가 성악가이다. 우리가 중고등학교 때까지 배운 노래 중에는 아일랜드 민요나 나폴리 민요가 많았다. 그리고 그 노래들을 지금도 부른다. 그들은 자기네 민요를 부르면서 큰다. 그런데 이상하게도 우리나라는 음악교육이 기형적이다. 학교 교실에서 배운 노래를 운동회나 소풍 가서나 MT 때 절대로 안 부른다. 그 이유가 무엇일까?

이탈리아의 작곡가 베르디가 1851년 3월 11일에 발표한 오페라 〈리골레토〉의 3막에는 유명한 아리아 〈여자의 마음〉이 있다. 이 오페라가 베네치아의 '라 페니체 극장'에서 초연을 한 그날, 관객들이 극장 문을 나오면서 이 아리아를 불렀다고 한다. "바람에 날리는 갈대와 같이, 항상 변하는 여자의 마음……." 그 이튿날 베네치아 거리에서, 운하에서 곤돌라 사공들이 불러댔다고 한다. 하루 만에 대히트를 친 것이다. 그리고 150년이 지난 오늘날 한국에서도 애창곡이 될 정도이니 음악의 힘은 위대하다.

이런 저력은 일찍이 오페라 극장을 짓고 작곡가에게 작곡을 위촉하고, 악보 출판사에서 작곡 공모를 하는 등 궁정, 귀족과 부자들이 후원해서 오페라가 인기를 끌었기 때문이다. 밀라노에 있는 '라 스칼라 오페라 극장'은 18세기 말에 지어지고 좌석 수가 2,000석이나 되는 대극장인데, 오페라 가수들은 누구나 여기서 공연을 해보고 싶어 한다. 우리나라 성악가 중에는 여기서 오페라 주연을 한 사람도 있다. 대단한 인기다.

베네치아의 '라 페니체 오페라 극장'도 이탈리아 3대 극장에 속하는데, 1774년에 만들어져서 250년의 역사를 가지고 있다. 기록에 의하면, 오페라는 이탈리아 피렌체의 바르디 백작 저택에서 고대 그리스 고전

예술과 함께하는 삶의 휴식

극의 부활을 목표로 음악을 만들어 공연한 것이 효시라고 한다. 그러나 오페라는 베네치아에서 융성했다. 베네치아는 무역의 중심지여서 부가 쌓여 있었던 곳이다. 1701년 한 해 동안 베네치아에서 공연된 오페라가 365편이나 되었다고 하니 이런 시민들의 열성이 이탈리아를 세계적인 오페라의 중심지가 되게 했다. 한국의 오페라 성악가들 중에는 이탈리아 로마의 산타 체칠리아 음악원이나 밀라노의 베르디 음악원에서 공부하고 거기서 데뷔한 사람이 많다.

잠깐 여담으로 흘러갔지만, 여기서 요점은 어린 시절 예술적 자극을 주는 환경이 얼마나 중요한가 하는 것이다. 또 한 가지, 아는 예술과 느끼는 예술의 관계를 설명하고자 이 이야기를 한 것이다.

예술에도 뇌가 관여한다

예술에 관해서 알게 된 정보나 지식은 대뇌의 시상부(視床部)를 거쳐 대뇌 피질부로 전달된다. 그리고 그중 기억장치에 저장해야 할 내용은 해마에 저장해둔다. 예술에 대한 감정적 반응(느낌)은 역시 시상부를 거쳐 변연계라고 하는 생명 보존과 관계된 기능을 하는 중추로 전달된다. 그런데 피질부와 변연계 사이에는 연결회로가 있어서 인지와 감정이 서로 영향을 주고받으나, 기능이 분화되어 있어서 모든 인지가 감정을 수반하는 것은 아니고, 모든 감정적 반응에 인지(인식)가 뒤따르는 것은 아니다. 예컨대 사람이 지나치게 분노하면 이성을 잃기 쉽고, 기계처럼 냉철하게 사고하는 과학자가 뭔가를 새로 발견해도 별 감정적 반응 없이 담담하게 받아들이는 경우도 있다.

알츠하이머성 치매 환자는 인지 기능을 맡고 있는 전두엽과 기억중추인 해마가 망가져서 병증이 나타나지만 감정을 다스리는 변연계에는 아무런 손상이 없다. 이걸 보더라도 인지 기능과 감정 기능은 비교적 독립되어 있다는 것을 알 수 있다. 대뇌 중추의 여러 부위 간에는 연락망이 쭉 깔려 있어서 서로 정보를 교환하지만 독립된 기능이 더 강하다.

그런데 우리의 전두엽은 좌우 두 쪽으로 나누어져 있어서 좌뇌는 논리·수학적 기능이, 우뇌는 음악, 영상, 패턴 인식 등 창조적·종합적 기능이 더 강하다. 그러나 그 사이에도 뇌량(腦梁)이라는 신경섬유 다발이 약 2억 개가 연결되어 있어서 한쪽의 정보가 많아지면 자연히 둑을 넘는 강물처럼 다른 쪽으로 흘러 들어가는 것도 많으므로 서로 무관하지가 않다. 그러니까 많이 알면 알수록 그걸 더 좋아하게 되고, 좋아지게 되면 될수록 그걸 더 잘 알게 된다는 것이다. 다만 예외는 있을 수 있다. '인간'이란 존재는 조금 복잡해서 너무 깊이 알면 알수록 실망이 커지기도 한다. 왜냐하면 기대가 컸기 때문이다. 처음부터 기대가 크지 않았던 사람은 두고두고 보면 볼수록 좋아지게도 되고, 음식을 씹을수록 맛이 나듯이, 장점이 드러나는 법이다.

나는 40세가 넘어서 기타를 배우기 시작했다. 50대에 들어와서는 내가 근무하던 대학의 클래식기타 동아리 '예율회'의 지도교수까지 했다. 기타도 일제 명품으로 사고, 클래식기타 연주회도 열심히 구경을 다녔다. 그 덕택에 90이나 된 지금도 기타를 즐기고 있다. 알면 사랑하게 되고, 사랑하면 즐기게 된다. 예술이 바로 그렇다.

2. 무엇이 아름다운지는 지각이 결정한다

예술은 무엇보다 아름다움을 추구한다. 음악, 미술, 문학이 다 그렇다. 그런데 "무엇이 아름다운 것인가?" "그것이 어째서 아름다운 것인가?"라는 문제는 2,000~3,000년 전부터 지금까지도 계속 논쟁 중에 있지만, 답은 없다. 없다기보다는 답이 자꾸 변한다. 미술작품이 되었든, 음악이 되었든, 건축물이 되었든 혹은 연극이나 무용이 되었든, 궁극적으로는 오래 살아남아 있는 작품이면 그것대로 이유나 가치가 있는 것이다. 그 이유란 것이 현실적으로는, 그것이 살아남은 '미의 규준'이 될 것이지만, 그런 작품은 곧 감상자, 관객, 청중, 구경꾼(spectator)들이 최종적으로 결정하는 셈이다.

지각이 중요하다

각 문화권마다 혹은 각 나라마다 오랫동안 생존해 남아 있는 예술작품, 예컨대 문화재급 공예품, 그림, 춤, 음악, 문학작품 등에는 인류 공통의 어떤 규준도 있고, 그 문화권 고유의 특별한 미적 규준도 있어서, 계속 변하기도 하고, 변하지 않는 규준도 있어서 미학자나 예술학자들이 계속 떠들고 있는 것은 사실이다.

1996년부터 2001년까지 아프가니스탄을 지배했던 이슬람 원리주의자들이자 테러 집단인 탈레반이 아프가니스탄 북부 힌두쿠시산맥 계곡에 세워진 초대형 초기 불교의 석불인 '바미안 석불'을 우상 배격의 일환으로 2001년 3월 박격포로 파괴해버렸다. 나는 그 광경을 TV로 보고 눈물이 날 지경이었다. 이 석불은 유네스코 세계문화유산으로 등재되어 있는 역사적 유적이다. 초기 불교가 동진(東進)하면서 멈춘 곳으로 역사적 의미가 크다. 지금 아프가니스탄 정부에서 복원 계획을 세우고 있다니 다행한 일이다. 이런 사건들을 보면 미의 규준이란 것이 역사성, 종교, 정치적 슬로건과도 관계가 깊다는 것을 느끼게 된다.

북한을 이탈한 예술가들의 이야기를 들어보면, 음악가든, 미술가든,

심지어 화술가(話術家, 북한의 고유한 예술 장르이다. 한국에서는 성우와 같은 기능)든, 당의 지침대로 표현해야 한다. 심지어 예술가들의 복장, 액세서리 착용까지도 간섭하는 곳이 북한이다. 그들이 아름답다고 하는 기준은 세계적 보편성과는 관계가 없다. 수령과 당의 비위에 맞아야 한다. 해방 후나 6·25전쟁 때 월북한 작가와 예술가들이 많이 숙청당했다. 그 이유는 당의 철학과 맞지 않는다는 것이다.

심리학자들이 나서서 '무엇이 아름다운지'와 같은 문제를 실험적으로 연구해볼 수 없을까 해서 시작한 분야가 '실험미학'이라는 학문이다. 이 연구에서 중요한 역할을 하는 것이 인간의 지각 경험이다.

자극 정보(물리·화학적 에너지로 변환된 자극)가 입력되어 인간의 다섯 가지 감각기관에 와닿으면 감각이 일어난다. 이 감각은 심리적 현상이 아니라 전적으로 물리·화학적 현상이다. 예컨대 우리가 명화를 감상할 때, 그림의 이미지가 눈에 와닿는 것이 아니고 그림에 반사된 광선파의 광자(光子)가 시신경세포(망막의 간상체나 추상체)에 에너지로서 작용하게 된다. 그리고 그때 일어나는 감각은 추상적이고 단편적인 것이어서 사람은 의식할 수 없고, 의미 있는 어떤 정보도 아니다. 눈이 '빨갛다', '노랗다'라고 인식하는 것이 아니라, 광선의 파장으로만 인식하는 것이다. 거기에 와닿은 광선의 에너지가 머리 뒤쪽에 있는 시각 중추로 전달되어서 비로소 뭔가를 알아차리게 된다. 이때 일어나는 현상을 지각이라고 한다. 자극이 지각되면 이미 저장되어 있는 정보와 비교·대조도 하고, 새로 들어온 정보를 의미 있는 내용으로 해석하기도 한다. 그러니까 감각은 아무 의미가 없고, 지각이 되어야 비로소 뭔가를 인식하게 된다는 말이다. 예술작품이 감상자, 소비자, 구경꾼, 관객들의 '지각'에 어떤 영향을 주느냐를 연구하면 답이 나온다. 즉 '지각 경험'이 비로소 의미 있는 정보가 된다는 말이다.

아름다움을 실험한다

아름다운 것이 어떤 것인지를 실험적으로 연구할 수도 있다. 왜냐하면, 아름다움의 본질은 인간의 지각이 결정하기 때문이다. 바미안의 석불이 탈레반에게는 쓰레기에 불과한 것이지만 불교인에게는 국경을 넘어서는 성스러운 인류의 문화유산으로 보이는 것이다. 이것은 지각상의 차이이다.

심리학에서 하는 실험이란 환경이나 조건에 따라 사람의 행동이 어떻게 달라지는가를 탐구하는 일이기 때문에, 조건을 달리할 수 없는 경우에는 실험이 불가능하다. 예를 들면, 시스티나 성당의 천장벽화인 미켈란젤로의 〈천지창조〉를 벽에 걸어놓고 보면 어떻게 달리 보일까를 실험하려고 해도 그건 불가능하다. 최근에는 기술이 발전했으니 원본을 복사해서 벽에 걸어놓고 평가시켜 볼 수는 있을 것이다. 그렇다면 불가능하지는 않더라도 쉬운 일이 아니다. 베토벤의 음악도, 던컨의 춤도 실험이 가능하다. 왜 그것이 아름다운지에 대해서 감상자, 구경꾼의 귀와 눈을 이용해서 알아낼 수 있다.

'황금 비율(golden cut)'이란 것이 있다. 그림(캔버스)의 가로, 세로의 길이가 3:4나 4:3일 때 황금 비율이 된다. 황금 비율이라는 말은, 유럽의 르네상스 시대에 가장 가치 있는 재화로 황금을 꼽았기 때문에 그런 황금같이 가치 있는 비율이란 뜻이다. 출판·인쇄업계에서는 책의 판형을 대개 이 비율에 가깝게 만든다. 이 비율이 눈을 편하게 하고 마음을 안정시킨다는 이유에서다. 우리나라 일간 신문도 대개 이 판형이다.

실험 결과에 의하면, 인쇄물의 조판 형식은 종서판보다 횡서판이 읽는 속도에 있어 유리하고 눈이 편하다고 한다. 그 이유는, 두 눈이 가로로 찢어져 있어서이다. 종서를 빨리 읽으려면 고개를 까딱까딱해야 하는 불편함이 있다. 중국과 일본은 아직도 종서판형의 책이 많다. 오랜 관습을 바꾸기 어려운 모양이다. 그뿐 아니라 글자꼴을 변형시킬 수 있는 가능성도 고려해야 한다. 한국은 국립한글박물관이 있을 정도로 자기 나라 글자 연구에서 탁월한 연구 성과를 낸 나라이다.

글을 읽을 때에는 서체도 일정한 역할을 한다. 글을 읽는 사람들이 내용을 빨리 이해하고, 감동받게 하는 데 글꼴이 효과적인 역할을 하는 것이다. 최근 한글 글꼴은 그래픽 디자인, 직물 디자인, 패션, 광고, 팝아트로 사용되고 있어서 그 활용 영역이 확대되고 있다. 특히 광고 매체에서 높은 효과를 발휘한다.

지각도 욕구의 영향을 받는다

하버드대학 심리학 교수였던 루돌프 아른하임은 게슈탈트 심리학에 입각한 지각 연구의 대가이다. 우리나라에도 아른하임 교수의 저서가 두 권 번역되어 있다. 하나는 내가 번역한 『예술심리학』인데, 아른하임은 예술심리학의 핵심은 인간의 지각 경험을 분석하는 일이라 했다. 지각의 세계도 정서의 세계만큼이나 복잡하고 오묘해서 분석해 들어갈수록 흥미로운 데가 많다. 가령 배고픈 사람(몇 끼 굶은 사람)과 배부른 사람(정상적 식사를 한 사람) 각각에게 똑같은 크기와 무게의 빵을 주고, 그 빵의 무게와 가로 세로의 크기를 짐작으로 맞춰보라고 하고는 그 결과를 보니, 배고픈 사람들이 배부른 사람들보다 무게를 더 무겁게 느끼고, 빵의 크기도 더 크게 짐작을 했다. 당연한 결과 같지만 이는 인간의 욕구가 지각에 영향을 준다는 원리를 알려준 중요한 연구이다. 사람이 어떤 생리적·심리적 욕구를 가지고 있느냐에 따라서 세상이 달리 보이는 것이다. 즉 세계에 대한 지각 자체가 달라진다는 것이다.

독일의 유물론 철학자인 포이어바흐가 "인간은 환경과 교육의 산물이다"라고 주장하고 "그가 어떤 사람인지는 그가 무엇을 먹고 자랐느냐로 알 수 있다"라고 한 말은 유명하다. 감자만 먹고 자랐느냐 버터나 치즈도 먹고 자랐느냐를 보면 그의 사상도 알 수 있다는 것이다. 일리는 있지만 인간의 주체성이 빠져 있다. 욕구가 인간의 사상까지도 지배한다는 것인가? 그것이 러시아의 프롤레타리아 혁명의 도화선이 되었다.

이런 연구도 있다. 처음에 어떤 일정한 양의 자극을 주고, 처음 자극과 아주 미세한 차이로 위아래 자극의 강도를 변화시켰을 때 과연 얼마의 차이에서 비로소 '차이가 있구나' 하고 알아차리는지 연구한 것이다.

김정일이 어떤 공연장에 가서 오케스트라 공연을 관람했는데, 중도에 몇 번째 바이올린이 몇 번째 악절의 몇 번째 소절에서 음이 4분의 1이 올라갔다고 평을 해서 그다음 날 그 연주자가 해고되었다는 이야기를 탈북자가 들려주었다. 사실일까? 가끔 오케스트라 지휘자가 악기 연주자에게 음정이 틀렸다고 주의를 주기도 하지만, 한 음정이 올라가는 건 표시가 나도 2분의 1, 4분의 1이 올라갔다든가 내려갔다든가 하는 것을 알기 어렵다. 그걸 알 수 있는 귀를 가졌다고 하면, 그는 보통 사람은 아니다. 무작정 큰 차이를 두면 물론 알아차리지만 '비로소' 알아차리는 데는 일정한 법칙이 있다는 것을 심리학자들이 발견해낸 것이다.

서양 음악은 12음법으로 되어 있어서, 한 음정(예컨대 중앙 C)과 다음 음정(D♭) 사이에는 C의 진동수의 12분의 1이 올라가게 되어 있다. D♭에서 D 사이는 D♭의 진동수의 12분의 1씩 올라간다. 그런데 C가 261.1헤르츠니까 그 12분의 1은 7.8헤르츠이다. 이렇게 7.8헤르츠의 차이를 알아차리는 것은 보통 귀가 아니다.

지각심리학자들이 처음 자극과 다음 자극 사이에 얼마나 큰 차이가 있어야 비로소 차이가 있다고 알아차리는지를 실험을 통해서 밝혀냈다. 이것은 일종의 법칙과 같은 것이다.

- 빛(시각)은 처음 강도(룩스)에서 8% 정도 더 커야 알아차린다.
- 소리(청각)의 크기(데시벨)는 처음보다 5% 이상 커야 들린다.
- 소리의 높이는 1%의 차이도 알아차린다. 그러니까 지휘자의 잔소리에도 일리가 있다.
- 향기(후각)의 농도는 15% 정도의 차이가 있어야 한다.
- 소금의 염도(미각)는 20%의 차이가 있어야 한다. 우리가 일상적으로 된장찌개를 끓인다거나 할 때 소금의 양을 숟가락으로 잰다. 아니면 손으로 듬뿍 집어서 넣기도 한다. 염도는 알아맞추기가 어렵다.
- 무게(촉각)는 2% 정도의 차이로도 알아차린다고 한다.

이 연구결과를 보면 처음 자극보다 눈은 약 12분의 1, 귀는 20분의 1, 코는 6분의 1, 혀는 5분의 1, 피부는 50분의 1의 차이만 생겨도 알아차리게 된다. 이 원리는 예술작품을 감상할 때 적용해보면 그 작품의 진가를 더 잘 이해할 수 있을 것 같다.

이 결과로 보면 피부가 제일 예민하고, 다음은 귀, 그 다음은 눈, 그 다음은 후각, 미각의 순서가 된다. 후각과 미각은 맛하고 관계가 있는데, 혓바닥은 적응력이 뛰어나서 다른 음식에 빨리 적응한다는 것을 알 수 있다.

이것은 감각기관의 민감도를 연구한 것이지만 심리적 민감도를 연구한 것도 많다. 이런 원리를 알면, 미술작품이든 음악작품이든 감상자에게 더 어필할 수 있는 작품을 만들 수가 있을 것이고, 감상자에게 더 큰 감동과 만족감을 줄 수 있는 작품을 만들 수도 있다. 그런데 놀랍게도, 실제로 인기 있는 유명한 작품들을 분석해보면 작가들이 심리학 공부를 안 했는데도 너무도 심리학적 원리에 부합하는 작품을 만든 경우가 많다. 그 대표적 작품이 도스토옙스키의 『카라마조프가

예술과 함께하는 심리학

의 형제들』이나 『죄와 벌』 같은 작품들이다. 그의 작품은 심층심리의 문제를 다루고 있으며 심리학 교과서와 같다.

어떤 심리학자가 이런 연구를 한 적이 있다. 아내에게 선물을 주는 효과적인 방법에 대한 연구이다. 가령 1년 예산으로 아내에게 200만 원 정도의 선물을 해주기로 했다고 하자. 선물을 주는 방법에는 여러 가지가 있다.

① 200만 원 상당의 아내가 좋아할 만한 선물(밍크 코트 같은 것)을 백화점에서 사서 선물한다. 1년치를 한 번에 다 쓰는 것이다.
② 200만 원을 12개월로 나누어 매달 17~8만 원 정도의 선물을 한다.
③ 두 달에 한 번 꼴로 33만 원 정도의 선물을 한다.
④ 200만 원의 현금을 일시에 선물한다.

실험 결과, 두 달에 한 번 꼴로 33만 원 상당의 선물을 1년 동안 6회에 나누어 선물하는 것이 가장 바람직하다는 결론이 나왔다. 간격이 너무 멀면 잊어버리기 쉽고, 너무 잦으면 액수가 작기 때문에 받는 둥 마는 둥 된다는 것이다.

또 다른 연구도 있다. 회사나 직장에서 월급을 올려줄 때, 몇 %를 올려줘야 비로소 올려 받았다고 느끼느냐의 문제이다. 물론 현실적으로는 노조의 요구란 것이 있지만 그런 것은 배제하고, 어떤 경우든 "비로소 올려주었구나!" 하고 느끼는 심리적 한계점이 있다는 것이다. 이 연구의 결과로 '13분의 1'이라는 법칙을 발견하게 되었다. 즉 매월 100만 원 받던 직원이라면 7~8만 원 정도를 올려주면 된다. 1,000만 원을 받던 직원에게는 70~80만 원을 올려주어야 한다. 13분의 1은 7~8% 정도이니까 최소한 7% 이상은 되어야 인상 효과가 있다고 할 수 있다. 100

만 원을 받던 사람에게는 108만 원 이상을, 1,000만 원을 받던 사람에게는 1,080만 원 이상을 주어야 한다. 그 이하면 월급을 더 주고도 욕얻어먹기 쉽다. 그러니까 자극의 크기를 조절해 가면서 얼마든지 실험할 수 있다. 가로×세로로 몇 센티미터 크기인 그림은 몇 미터의 거리에서 보는 것이 제일 좋은지, 몇 인조 오케스트라는 좌석이 몇 개인 홀에서 연주하면 좋겠는지와 같은 것도 실험할 수 있다.

3. 지각이란 색안경과 같은 것

사람들이 세상을 보는 눈은 마치 제각기 여러 가지 색안경을 낀 것과 같다. 모든 사람이 세상 돌아가는 형편을 똑같이 보는 것이 아니다. 사람마다 색안경의 색이 다를 뿐 아니라 같은 사람이라 할지라도 때에 따라 안경의 색을 바꾸기도 하기 때문이다. 말하자면 세상을 이해하고 해석하는 '틀'이 사람에 따라 각각 다르다는 것이다.

노란 색안경을 끼고 세상을 보는 사람들은 대체로 낙관주의자들이다. 붉은 색안경을 꼈다고 하면 사람은 투쟁적이 된다. 검정 색안경을 끼고 세상을 보는 사람은 비관주의거나 염세주의자가 된다. 왜냐하면 모든 것이 어둡기 때문이다. 거기에는 희망이 없다. 파란 색안경을 끼고 세상을 보면 냉전구조 속에서 세상을 본다. 이런 현상을 '참조(參照)의 틀', 영어로는 Frame of Reference라고 한다. 이 틀이 곧 색안경이다.

옛날 임금님이 장님들을 불러 코끼리를 만지게 하고 그 인상을 물었다. 장님 다섯 사람이 코끼리를 만지고는, 머리를 만진 사람은 돌과 같다고 했고, 이빨을 만진 사람은 무와 같다고 했고, 귀를 만진 사람은 삼태기와 같다고 했고, 다리를 만진 사람은 절구와 같다고 했고, 꼬리를 만진 사람은 밧줄과 같다고 했다.

사람들은 세상을 들여다보거나 사물을 관찰하거나 풍경을 감상하거나 미술작품이나 건축물을 볼 때 보는 각도, 입장, 주관에 따라서 다 다르게 본다. 그래서 똑같은 대상을 관찰하고도 의견이 갈라지게 되는 것은 자연스러운 현상이다. 그렇게 똑같은 것을 보고도 서로 다르게 보게 되는 원인이 무엇인가를 연구했는데, 크게 세 가지 원인이 있었다.

첫째, 사람들의 욕구

사람의 의식이나 행동을 기본적으로는 생리적 · 심리적 욕구가 결정하듯이, 사람들이 세상을 보는 태도, 시각, 세상을 이해하는 방법에도 욕구가 영향을 준다. 결혼 2, 3년 만에 남편으로부터 이혼당하고 셋방살이로 밀려나온 여성이, 결혼 적령기에 이른 딸이 결혼하겠다고 하니 "남자는 다 도둑놈이야, 결혼하지 마"라고 하면서 결혼을 반대하여, 딸이 정신병원에 입원하는 사태까지 간 예를 본 일이 있다. 강제 이혼당한 여성의 심리적 외상이 그녀의 결혼관까지 지배하는 사례이다.

둘째, 개인이 속해 있는 경제적 · 사회적 지위 조건

부자냐, 가난하냐, 중산층이냐, 상류층이냐에 따라서 세상을 보는 시각이 많이 다르다. 사람들은 자기가 속한 계층의 가치에 따라 움직이기 때문에 다른 계층의 의식과 가치관을 잘 모를 수 있다. 그 첨예한 갈등의 사례는 대기업의 경영진과 노조의 관계를 보면 알 수 있다. 이 계층 의식이 돈에 대한 관념, 권력에 대한 집착, 행동 규범에 대한 차이를 만든다.

미국의 석유왕 존 록펠러 1세가 택시를 타고 가다가 내리면서 팁을 충분히 안 주었는지, 택시 기사가 말했다. "사장님의 아드님은 팁을 많이 주시던데요?" 그러자 록펠러 1세는 "걔(록펠러 2세)에게는 부자 아버지(자기를 말함)가 있지 않소? 나는 그렇지 못합니다."라고 대답했다고 한다. 아무리 재벌이지만 부자 간에도 돈에 대한 인식에 차이가 있다는 이야기다.

셋째, 교육적 배경과 성장한 문화환경

여기에는 종교가 굉장히 중요한 구실을 한다. 이슬람 원리주의는 여성에 대해 엄격한 규제를 한다. 가정교육, 학교교육, 사회교육뿐 아니라, 그 사회의 정치, 문화, 경제적 조건, 전통, 풍습 등도 중요한 변수이다. 탈북자 중 유명한 피아니스트가 있는데, 한 방송에서 "한국에 와서 무엇이 인상적이었나?"를 묻자 "겨울에 국립공원 같은 산에다가 헬리콥터가 식량을 뿌리는 것을 보고 놀랐다"고 답했다. 북한은 사람이 먹을 식량이 부족해서 나무껍질과 풀뿌리를 캐 먹는데, 여기는 산짐승에게까지 식량을 나누어준다는 것이 도저히 이해가 안 된다는 것이었다. 이렇게 세상을 보는 눈은 체제와 크게 관련된다는 것을 알 수 있다.

미국 대학생들을 상대로 한 재미있는 연구가 있다. 두 가지 실험을 하였는데, 하나는 10달러짜리 지폐를 보여주고, 그 지폐의 가로×세로 길이를 눈대중으로 맞추어보라고 한 테스트였다. 다른 하나는 25달러짜리 동전(쿼터)을 주면서 그 동전을 손바닥에 올려놓고 동전의 무게를 가늠해보라는 테스트였다. 그리고 난 후 실험에 참여한 학생의 사회·경제적 지위(영어로는 SES라고 하고 지수 계산법이 만들어져 있다)를 조사했다. 얼마나 부자이고, 얼마나 사회적으로 지위가 높은지를 따졌다. 그리고 이 실험에서 얻은 두 가지 점수(길이와 무게)와 사회·경제적 지위와의 상관관계를 냈다. 그랬더니 가난한 학생이 부자 학생보다 지폐의 크기를 크게 짐작했고, 동전의 무게를 더 무겁게 짐작했다. 그러니까 잘사느냐 못사느냐, 가정이 경제적으로 여유가 있느냐, 사회적으로 지위가 높으냐에 따라 돈의 가치를 달리 보는 것이다. "너희들이 눈물 젖은 빵을 먹어봤느냐?"라는 말에 깃든 진짜 감정은, 정말 가난한 사람들의 피눈물 나는 호소를 들어보면 느낄 수 있다.

프랑스 혁명 때 백성들이 배고픔을 못 이겨 파리 거리로 쏟아져 나와 시위를 하면서 구호를 외쳤다. "우리에게 빵을 달라!" 이 말을 들은 열다섯 살 된 빅투아르 공주(루이 15세의 딸이며 루이 16세의 여동생)가 궁정 하인에게 저게 무슨 소리냐고 물었다. "빵을 달랍니다"라고 대답하자, "빵이 없으면 케이크를 먹으면 되잖아?" 했다고 한다. 마리 앙투아네트가 한 말로 알려져 있지만 실제로는 빅투아르 공주가 한 말이라고 한다.

이렇듯 계층이란 것이 우리의 지각을 지배한다. 돈, 지위, 권력, 명예 같은 요인이 세상을 들여다보고 이것을 해석하는 시각에도 큰 영향을 미치는 것이다. 지금까지 세계적인 작가, 역사에 남을 만한 작품을 쓴 시인이나 소설가 중에는 부자가 별로 없다. 왜냐하면 부자에게는 문제의식이 별로 없기 때문이다. "세상은 모두 잘 돌아가고 있잖아?"

4. 예술과 과학의 차이

여기서 예술과 과학의 차이를 이야기하는 이유는 두 영역에 극명한 기능상의 차이가 있기 때문이다. 인류의 복지 향상이라는 공통된 목표를 가지고 있으나 한쪽은 냉정한 사고를 바탕으로 하고, 다른 한쪽은 따뜻한 감성을 바탕으로 한다. 그래서 예술의 성격을 밝히는 데는 과학을 끌어들이는 것이 아주 효과적이다.

다음에 예술의 성격을 세 가지 관점에서 검토함으로써 예술가가 할

일의 성격이나 예술작품의 성격을 더 확실하게 알 수 있을 것이다.

소통

예술가들의 창조적 작업에는 그게 어떤 것이 되었든 작가들이 소통하려는 시도가 포함되어 있다. 예술가들은 누군가에게 영향을 주는 무언가를 만들어내는 사람들이다. 예술에는 사람들 사이의 소통을 이끌어내려는 의도가 깔려 있기 때문에 자연히 '사람'이라는 조건이 개입된다. '동물을 위한 음악회'라고 간판을 내걸면 '음악회'이긴 해도 그건 예술 활동이 아니다. 왜냐하면 인간을 위한 서비스가 아니기 때문이다. 조지 오웰의 풍자소설 『동물농장』과 생상스의 곡 〈동물의 사육제〉는 동물과 관계가 있는 듯하나, 어디까지나 인간을 격려하고 위로하기 위한 예술작품이다. 반려동물을 위해서 음악회를 열었다고 해도 동물에게는 예술이 아니라 단지 소리의 자극일 뿐이다.

우리가 자연경관을 바라볼 때에도 꼭 그렇게 예술적 입장에서 볼 필요는 없다. 이때 우리가 흔히 한다는 소리가 "신의 작품"이라고 칭송하는 것이다. 자연은 신이 직접 만드신 것이 아니고 자연법칙이 만든 것이다. 다람쥐가 땅에다 뭔가를 긁적거려놓은 흔적이 있어도 그걸 예술작품이라고는 하지 않는다. 왜냐하면 거기에는 소통하려는 분명한 의도가 없기 때문이다.

이와는 반대로 어린아이들이 일찍이 연필로, 붓으로 뭔가를 긁적거려놓은 것, 혹은 액션 페인팅에서 물감을 바닥에 깔린 캔버스에 뚝뚝 떨어뜨려도 그건 예술적이다. 왜냐하면, 거기에는 작가의 어떤 지식이나 타인에 대한 이해를 전달하고 싶은 의도가 숨어 있기 때문이다. 미술가, 시인뿐 아니라 과학자들조차도 자기의 영역을 넘어서 다른 사람

예술과 함께하는 심리학

에게 자기의 의사를 전달하고 싶어 할 것이다.

무작위로 만들어진 패턴이 아름다운 것으로 인정받았다 해도 그것이 작가가 소통하려는 충동에서 자극을 받은 것이 아니라면 예술적 대상물로서의 기능은 하기 어렵다. 그러나 관객(지각자(知覺者))은 그 작품의 의도가 무엇이었는지를 창작가의 의도와 무관하게 지각할 수도 있다. 왜냐하면 예술 감상 행위는 곧 지각 경험이기 때문이다. 또한 그것은 지각 현상의 자연스러운 결과이기 때문이다. 그래서 예술 문제는 지각심리학자와 정신분석학자들이 관심을 갖게 된다.

'신중한 소통'이란 말이 있다. 무작위로 만들어진 작품에서 얻을 수 있는 우연의 발견과 같이 신기할 수도 있고 혁신적일 수도 있지만, 그 작품 제작에서 작가가 의도한 소통하려는 동기가 구경꾼에게 제대로 자극을 못 준다면 미적 대상으로서의 기능을 하기는 어렵다. 그래서 신중한 소통이란 바로 소통의 의도를 작가가 내심으로 감추고 있었다 하더라도 작품 속 어디엔가에 숨겨져 있어야 한다는 말이다. 태국의 코끼리가 그린 작품(?)과는 구별되어야 한다는 말이다.

번역 가능성 여부

예술작품이란 원칙적으로는 한 언어에서 다른 언어로 번역하는 것을 제외하면 번역이 불가능하다. 말하자면 미술을 음악으로 바꾸거나 음악을 미술로 바꿀 수가 없다는 말이다. 과학에서는 생물학과 화학을 교환하면 '생화학'이 된다. 그러나 예술에서는 그렇게는 안 된다. 어떤 한 장르의 예술작품의 표상(시각적 이미지냐, 청각적 이미지냐, 라는 말)은 요소 요소로 분해할 수가 없다. 하나의 전체로서 뭉뚱그려진 작품을 다른 상징 체계로 번역하기가 곤란하다. 가끔 예술가들 사이에서 어떤 작곡가의 곡을 그림으로 표상한다든지, 시의 이미지를 그림으로 나타내려는 시도는 있다. 그러나 그건 극히 불충분한 시도이다. 랭보의「모음」은 그런 시도를 한 극히 예외적인 놀라운 시다. 불어의 모음 발음을 색깔로 표현한 것이다. 그걸 시라고 할 수 있을까? 심리학적으로 보면 그건 공감각(共感覺)에 지나지 않는다.

번역이 가능한 것인가의 문제는, 예술의 형식이 감각의 매체 속에서 표현된다는 사실과 깊은 관계가 있다. 그러니까 음악(소리)은 귀라는 감각수용기에 직접적으로 강력하게 호소하는 바가 있어야 우리는 비로소 그 가치(음악)를 인식(지각)하게 된다. 소리가 눈으로 들어가는 것이 아니고, 색채가 귀로 들어가는 것이 아니므로 그 매체(음파나 광선)가 우리를 흥분하게 하고, 불안을 고조시키고, 위안을 주고, 극적 효과를 주려면 해당 감각수용기에 호소하는 바가 있어야 한다.

베토벤의 피아노 소나타 14번 〈월광〉의 악보를 눈으로만 읽고서 소리가 주는 감동을 느낄 수가 있을까? 베토벤의 교향곡 제9번 중 합창곡 〈환희의 송가〉에는 솔로가 부를 노래가 중앙 C에서 두 옥타브나 더 올라가야 하는 음표가 있었다. 이 대목에 가면 솔리스트들이 애를 먹는다. 베토벤이 이미 귀가 어두워진 후에 만든 곡이어서 그 소리의 높이를 감지하지 못했다고 한다.

조지프 콘래드가 말했듯이, "문학작품이란 관중(독자)들이 소리 내지 않고 읽어도 어떤 감각적 이미지를 불러일으키지 못한다면 효과를 내기 어렵다." 시를 조용히 눈으로 읽어도 어떤 시각적 이미지(정경(情景))을 떠올리거나 음악적 효과를 내지 못한다면 그 작품의 효과는 줄어든다는 것이다. 이런 작용은 대뇌 중추신경조직에서 일어나는 현상이다.

확실히 어떤 옛날 이야기나 노래는 다소 변형을 할 수 있다. 음악에는 변주곡(variation)이라는 것도 있지 않은가? 그렇게 변형하고도 원래의 노래에 가까운 정서를 느낄 수 있다. 물론 이런 작업은 전문가가 해야 한다. 예컨대 양명문 작사, 김동진 작곡의 〈신아리랑〉이 그렇다. 그건 새로 작곡한 아리랑이지만 민요는 아니다. 나는 이 '신아리랑 발표회'에 참석한 일이 있다. 우리나라 가곡집에도 실려 있고 조수미의 CD에도 들어 있다.

　회화의 경우는 좀 다르다. 그림의 고유한 특징을 파괴하지 않고 그림을 변형한다는 것은 어렵다. 또한 서명의 문제도 있다. 이것은 작품의 가치나 권위와 관련된 문제이기 때문이다. 시는 번역할 때 상당한 모험을 무릅쓰게 된다. 한 언어체계에서 다른 언어체계로 옮긴다는 것은 땜질하는 정도로 처리될 위험이 있고, 때로는 완전히 망가뜨리게도 된다. 그러다 보니 번역이라기보다는 완전히 다른 작품으로 재창조하게 된다. 같은 기독교인데도 가톨릭에서는 성서에 외전(外傳)이 있고 신교에는 없다. 가톨릭에서는 '하느님(天主)'이라고 부르고, 신교에서는 '하나님'이라고 한다. 천도교에서는 '한울림'이다. 무엇이 다른가?

　과학은 용어나 개념이 조작적(操作的)으로 정의되어 있어서 서로 공통된 이해가 가능하다. 분야 간의 장벽도 넘어갈 수가 있으나 예술에서는 그렇게 기계적으로 번역이 안 된다. 과학에서는 텍스트를 만들 수 있다. 그리고 그것은 세계 공통언어가 된다. 그러나 예술에서는 텍스트를 만들 수가 없다. 예술에서는 그게 불가능하다.

　소리로, 석고로, 물감으로 혹은 다른 어떤 특수한 매체로 만들어진 예술작품이 전하는 메시지는 매체를 가로지를 수 있는 쉬운 번역이란 있을 수 없다. 조각이 전하는 메시지를 음악으로 표현한다? 매우 어려운 문제이다. 문학을 제외하면 회화나 음악에서 말은 2차적 매체이다. 그러나 말은 문학 작가뿐 아니라 과학자들도 사용한다. 그러나 그들은 말과 함께 기호, 도표, 수식, 일러스트를 널리 사용한다. AI, VR, AR,

로봇 등도 등장해서 새로운 언어가 사용되지만 이것들이 표현하는 언어도 과학에서는 통용된다. 그러나 문학은 그 언어라는 한계조차도 초월하는 특권을 가지고 있다. 이상의 「권태」나 「오감도」는 다 난해한 시다. 그러나 그 시를 폐기하라고 하지는 않는다. 문학도 번역은 어렵지만 다른 장르의 예술 분야로 번안이 가능하다. 연극으로, 음악으로, 영화로, 미술로 번안이 된다.

예술의 형태(art form)는 감각적 매체와 관련되어 있다. 미술은 시각과 촉각에, 음악은 청각에, 무용은 시각과 운동 감각에 관련된다. 그러니까 광선이 귀로 들어가는 것이 아니듯 음파가 눈으로 들어가는 것이 아니다. 그러니 예술 장르 간의 소통이란 것이 불가능하거나 어렵다. 극히 심리학적으로 말하자면, 우리에게 감동을 주고, 감격해하고, 흥분하게 하고, 위로를 주고, 환호하게 만들고, 울부짖게 하는 것은 작품이 아니라 음파나 광선인 것이다. 다만 그 자극이 미적으로 조직화되어야 비로소 예술작품이 된다. 그러나 매체 간의 소통은 불가능하다.

수학적 공식에는 그런 내용이 없다. 문학은 말로 엮어진 예술 형식인데, 감각기관에 대한 호소력이 매우 강하다. 글로 이야기를 끌고 가거나(소설, 시) 입으로 이야기하는데(story telling), 그걸 읽거나 소리로 듣는 사람들의 상상 공간은 넓고 다양하다. 극 예술에서는 이 두 가지 측면(글과 말)이 다 동원된다. 말이나 글은 물감이나 음표만큼 내용이 지시적이지 않다. 언어학에서는 기표와 기의 사이에서 발생하는 상상 공간으로 인해서(즉 글자 자체와 그 글자가 의미하는 바), 문장과 그 문장이 의미하는 바 간에는 예측할 수 없는 다양성이 존재하게 된다. 예를 들면 『햄릿』의 원작은 하나지만 연극의 연출은 수만 가지다. 이런 점에서 과학과 예술이 구별되는 것이다.

문학적 작업에서 미학적 효과를 내려고 하면, 독자들은 그 이야기를 귀로 듣는 것이 가장 효과적이다. 예를 들면 악센트를 넣어서, 잠시 숨을 쉬었다가, 비유를 쓰다가, 리듬을 넣어서, 어법을 살려서, 읽거나 연기를 하면, 듣는 사람들의 감동선은 높아진다. 감동에 겨워 울기도 하고 웃기도 한다. 옛날 우리나라에도 전문 이야기꾼이 있었다. 전기수(傳奇叟)라는 이름의 직업인이다. 중인 집안이나 사대부 집단을 돌아다니면서 아낙네들에게 이야기를 들려주고 보수를 받는 직업인데, 사람들을 웃겼다 울렸다, 들었다 놓았다 하는 재간을 가지고 있었다.

내가 어렸을 때(1930년대 초), 우리 집은 동네 아낙네들의 집합소였다. 전기수는 아니지만, 장날 저잣거리에서 목판 펴놓고 팔던 고담책을 아주 효과적으로 구전해주는 사람들이 있었다. 내가 여남은 살까지 어머니나 할머니한테서 들은 이야기, 동네 아낙들이 들려주던 이야기를 적어보면,「춘향전」「장끼전」「장화홍련전」「유충렬전」「심청전」「토끼와 거북이」「해와 달」「어사 박문수」「배비장」「흥부전」「별주부전」 등이 있다. 그리고 우리 할머니나 어머니는 이야기의 어느 대목에 가면 꼭 우셨다. 그러면 손자들이 그걸 보려고 그 대목이 가까워지면 할머니 턱 밑에 모여 앉았다. 80년 전 일이다. 문학이 사실은 그 이야기에서 출발한 것이다. 소설가를 이야기꾼이라고 하지 않는가? 이런 이야기를 할 때에는 캐릭터의 극적 이미지와 상황을 읽어야 한다. 이와 같은 직업은 음악에서 스코어(총보표)를 읽는 것과 같다. 두 가지 모두 언어라는 기호, 음표라는 기호를 읽고 있지만 실은 미적인 호소력을 연출하는 것이다.

주관–객관–거리 두기

세 번째 관점에 대해서 생각해보겠다. 예술과 과학은 여러모로 대조된다. 그래서 이 두 영역을 비교하면 예술의 성격을 더 잘 이해할 수 있다. 특히 '주관—객관'이라는 카테고리에서 비교하면 확연히 차이가 난다.

　과학자들은 자연 속에서(여기서 말하는 자연 속에는 인체 자연도 포함된다) 일어나는 현상들에 대해서 기술하고, 설명해줄 이론적 모형을 만들어내면서 이 세계에 대해서 설명하려고 노력한다. 2020년, 전 세계를 공포 속으로 몰아넣은 코로나 바이러스—19의 정체는 무엇이며, 어디서 왔으며, 어떻게 전염되며, 어떤 백신과 치료약이 필요한지를 열심히 연구하는 사람들이 과학자들이다. 이때 작가와 예술가들은 무엇을 하느냐? 코로나로 인해서 극명하게 드러난 빈부격차에 대해서 글을 쓰거나 노래를 만들거나 그림으로 표현한다.

　예술가들은 이 세계에서 일어나는 현상에 대해서 그것을 다른 형태로 재창조하거나 거기에 대해서 논평을 하거나 주관적인 반응을 보이려고 한다. 또 자기가 주관적으로 경험한 바를 여러 가지 매체를 통해서 재창조한다. 과학자들처럼 감정이 배제된 수식이나 기호로 환원하는 것이 아니라, 세상의 구경꾼들(독자, 감상자)을 위해서 자기의 주관적 경험을 생생하게 표상(表象, 객관적 형태로 나타냄)하려고 한다. 여기에는 개인의 감정이 스며 있는 것이다.

　삶이란, 과학자들에게는 설명할 수도 없고 말로 표현할 수도 없는 대상이다. 더구나 기호로 축약할 수 있는 것도 아니다. 아인슈타인의 상대성 원리를 설명하는 아주 간단하고 유명한 수식이 있지 않은가? $E=MC^2$다. 이 세상에 대한 객관적 사실에 치중하는 과학자들과 개인의 주관적 경험, 감정, 느낌, 사상에 더 관심을 갖는 예술가들과는 여기서 차이가 난다. 그러니까 과학자들은 관찰 가능한 객관적 세계에 관여하고, 예술가들은 관찰이 불가능한 주관적·감정적·상상적·사상적 세계에 관심을 더 갖는다. 톨스토이는 예술을 정의하기를 "예술이란, 어떤 외부적 사인(기호, 언어, 색채, 소리 등)인 수단을 통해서 예술가가 지금까지 살아온 데서 경험한 감정을 다른 사람에게 의도적으로 전달하는 일, 그럼으로 해서 다른 사람들이 이들 감정에 감염되어 마치 그 감정을 직접 경험한 듯이 느끼게 하는 것으로 성립된다"라고 했다. 어떤 객관적 대상을 어떤 상징적 형식(소리, 색깔, 언어 등)으로 창조하는 일은 예술의 가장 중요한 요소이다. 말이라는 상징으로 거대한 소설을 쓴다든가 하는 경우와 같이, 작가의 경험 내용이 제3의 주관의 개입 없이 만들어지면 '문장'이 되는 것이다.

일상의 대화나 레슬링 시합이나 남녀 간의 포옹에 결여되어 있는 것은, '제3의 대상물–작품'을 만들어냄으로써 생기는 '주관 간(사람 사이)의 거리'라는 개념이다. 사람(주관)과 사람(주관) 사이가 전적으로 연루(連累)되거나 사람이 어떤 대상을 그냥 바라보는 것이 아니라, 그 대상에 몰입하는 정도에 따라서 이 주관과 주관의 거리(사람과 사람 사이의 감정적 연루 정도)나 주관과 객관 사이의 거리(사람과 대상 사이의 거리) 등은 우리의 심미적 평가 대상이 된다. 예컨대, 발레리나와 발레리노가 무대 위에서 춤을 추면서 서로 무용수로 느끼는 감성은 주관과 주관의 이원적 관계이지만 이 두 사람이 서로 사랑의 감정에 푹 빠졌다고 하면 주관과 주관 사이의 거리는 짧아지게 된다. 그러면 서로가 서로의 감정에 연루되는 것이다.

이런 관계는 연극에서 자주 관찰된다. 작가(주관)와 구경꾼(주관) 사이, 작가(주관)와 작품(객관) 사이, 구경꾼과 작품 사이의 관계를 파악하게 되면 연극의 성패를 가늠할 수 있다. 작가와 연기자가 감정적으로 가까워지면 그 연극은 작가의 의도대로 사는 것이고(거리감이 없음), 연출자와 연기자가 호흡이 일치하면 그 연극도 거리감이 없는 연극이 된다. 다만 연출자나 연기자와 관객의 호흡이 안 맞으면(감정이입이 안 되면) 그 연

5장 예술에 대해 아는 것과 느끼는 것

극은 주관과 주관 사이의 빗나간 거리감 때문에 실패하게 된다. 그래서 요즘은 관객이 연극을 이끌어가는 양식도 생겼다. 결국은 관객의 반응이 작가와 연출자의 감정에 가까워질수록 그 연극이 사는 것이다. 그래서 연극을 본 관객이 여전히 작가나 연출자나 연기자와의 감정적인 연루가 희박하면(주관 간 거리가 멀면) 연극은 실패작이 된다.

작품은 일단 작가의 손을 떠나면 객관적 존재가 된다. 그것이 연극 대본으로 바뀌어서 무대에 올라가면 주관(작가)과 주관(관객)을 연계하는 매개가 된다. 그러나 무대 공연인 경우, 배우나 무용수는 객관적 존재가 된다. 왜냐하면 연출자나 안무가와 관객을 매개해주는 존재이기 때문이다. 마이미스트(무언극 연기자)나 모던댄서들은 심미적으로는 객관적 존재가 된다. 때로는 관객도 심미적인 평가 대상이 된다. 오케스트라의 총보나 무용의 무보(舞譜), 연극의 희곡이나 대본이 나와 있어서 그걸 미리 읽어보았고, 이미 그 공연의 성격을 파악하고 있다고 해도 관객도 심미적 평가의 대상이 될 수 있다. 박수를 쳐야 할 때 안 치고, 안 쳐야 할 때 친다든가 하는 반응은 그 공연의 성패를 가르는 또 다른 요인이 된다.

예술에서 주관이 객관에 너무 휘둘리면 작품이 왜곡되기 쉽고(사회주의 국가의 경우), 다른 주관(관객)에 너무 휘둘리면 상업성을 띠니 타작(駄作)이 된다. 인간의 세계와 사물의 세계 사이의 차이에 대해서 지금까지 별로 논의된 바가 없는데, 인간에 대한 이해나 태도가 자연에 대한 이해나 태도와 너무도 달라서 노버트 위너가 말했듯이 "인간에게는 인간이 가장 중요한 문제이다". 예술가는 상징(글자, 말, 색채, 형태 등)에 집착하고, 과학자는 법칙에 너무 집착한다. 그러다보니 인간이 소외된다는 말이다.

재미있는 통계가 하나 있다. 세계의 물리학자 중에는 유신론자가 아주 많다고 한다. 아인슈타인도 신을 인정했다(그는 유대인이다). 반면에 심리학자 중에는 무신론자가 아주 많다는 통계가 있다. 물질세계에 집착하다 보면 신이 그리워지고, 인간의 정신세계에 몰입하다 보면 신이 안 보이게 되는 것이다. 마찬가지로 자연과학자들이 신을 그리워하고, 인문학자들이 자연을 그리워하게 되어 서로 보완 관계에 있기도 하다.

예술가들은 자기가 사용하는 매체로 자기가 느낀 바, 생각한 바, 경험한 바, 상상한 바를 가장 적절히 표현하기 위해서 끊임없이 헤맨다. 인간의 경험 속에 존재하는 사랑, 비극, 긍지, 형태, 균형, 대비, 리듬, 기쁨과 슬픔, 평화와 고통 등등의 감정에 대한 통찰을 보여주고 싶어 한다. 그들은 인생에 대한 자신의 지혜와 통찰과 사상을 지니고 있어야 매체 속에도 그것을 표상할 수 있다. 그런 면에서 예술가는 철학자이기도 한 것이다.

5. 아는 것과 느끼는 것이 어떻게 만나게 되는가?

역사를 보더라도 서양에서 과학은 르네상스 이후 주로 실험-가설의 연역적인 과정을 밟는 방법론의 발달을 토대로 제대로 출발했지만, 예술은 선사시대부터 이미 존재하지 않았던가? 그 당시에 과학은 애니미즘(animism, 무생물도 모두 영혼을 가지고 있다고 믿는 원시적 심성)과 혼재되어 있었다. 천둥은 신이 노하셨기 때문이라든가, 거목을 함부로 베면 저주를 받는다든가 하는 신앙은 지금도 있다. 물론 과학자도 지각하고, 느끼고, 만들고, 상징을 사용하지만 이런 정신 기능은 아무래도 예술가에게 더 많이 발견된다. 이와 같은 관점에서 "왜 예술에 대해서 인간의 성장 발달의 측면에서 더 연구해야 되느냐? 그리고 어떻게 하면 예술에 대해서 인식적 측면과 감성적 측면이 화해할 수가 있을까?" 하고 질문을 던진 학자가 하버드대의 가드너 교수다. 그러면서 이 문제를 질문 형식으로 제기하였다.

- 예술이 창조되는 과정에서 장르 사이에 어떤 공통된 기본적인 틀이 있는가?
- 예술 창조 과정에 어떤 사람이나 어떤 대상이 개입되는가? 교사, 주술자, 신, 토템, 성직자, 권력자, 당(黨) 즉 노동당 등.
- 예술작품을 만드는 데 필요한 기능은 어떤 것인가? 관찰력, 손재간 등.
- 어린이의 작품의 조숙성(천재성)은 어른 예술가의 명장성(名匠性, 대가의 특별한 능력)과는 관계가 있을까?
- 예술성과 성별과 관계가 있는가?
- 예술가가 때로 어린이와 같은 생각, 감정, 표현을 하는 이유는 무엇인가?
- 예술가의 작품의 특징과 그의 성격은 관계가 있는가?
- 아이들은 언제 처음으로 심미적 경험을 하게 되는가? 무엇이 아름답다고 느낄 때가 언제인가?
- 여러 예술 장르들이 어떤 식으로 서로 관련이 되는가?
- 직접 경험하는 것과 그 경험을 상징적으로 표현하는 것은 의미가 달라지는가, 아닌가?
- 일생을 통해서 창의성이라든가 심미적 감상 능력 같은 것이 어떤 일정한 시점에서 쇠퇴하는 이유와 원인은 무엇인가?
- 예술의 어떤 특징이 사람들로 하여금 매혹하게 만들며, 특정 개인에게 특별히 더 어필하게 만드는 요소는 무엇인가?
- 어떤 특정 예술 분야(미술, 음악, 무용 등)에서 창작 활동을 하고, 일생

을 바쳐서 종사하게 하고 직업으로 삼게 만드는 동기는 무엇일까?

- 예술작품이 전달하는 궁극적인 의미나 성격은 무엇인가?
- 과학과 예술은 어떻게 서로 관련이 될까?
- 예술가들의 생애와 일반인들의 생애 사이에 무슨 근본적인 차이가 있는가?
- 어린아이(자녀)를 특정 예술가로 키우고 싶은 부모가 가져야 할 철학과 태도, 방법론적인 지혜는 무엇인가?

이런 질문은 어떻게 보면 대학의 석박사 학위 논문 제목 같은데, 근본적인 문제들에 속한다.

미국의 예술심리학자인 아른하임이 이런 말을 했다. "어린아이들의 작품 속에서 그 씨앗이 확인되지 않는, 예술이나 예술 창작의 본질적인 요인은 생각할 수조차 없다." 모든 예술적 가능성의 씨앗은 이미 아이들의 정신세계 속에 숨어 있다는 말이다. 아무리 위대한 예술가라 하더라도, 또 그들의 작품이 위대하다 하더라도 그 속에는 그의 어린 시절의 경험과 꿈과 욕구 실현과 원시적 표현의 욕구와 무의식적 원형, 창조적 충동이 숨어 있음을 읽을 수가 있다.

6. 예술적 경험에서 얻는 감성의 깊이

실험예술의 경우

예술의 감성적 성격은 구경꾼(audience member or spectator)에 의해서 표출된다. 화가, 성악가, 연출자, 배우가 아무리 열렬하게 감정과 의미를 전달하려고 노력해도 구경꾼 쪽의 호응, 감정이입이 없으면, 그 작품은 별로 환영을 받지 못할 것이다. 특히 예술가의 감정이 구경꾼의 감정과 일맥상통하는 데가 있어야 그 작품의 가치가 솟는다. 그러나 이것은 철칙(鐵則)이 아니다. 왜냐하면 실험적인 예술작품은 반드시 구경꾼의 감정에 동조성을 요구하지 않는 경우가 있기 때문이다. 그들에게 아첨할 생각이 없다. 전위적인 작품이 발표 당시 동시대 사람들에게는 환영을 못 받을 수도 있다. 그렇다고 그 작품이 반드시 졸작인 건 아니다.

연출가 허규가 만든 '민중극장'이란 연극단체가 이화여대 정문 앞에 있었는데, 한때 이화여대, 연세대, 서강대, 홍익대 학생들에게 즐거움을 많이 주었다. 한번은 민중극장에서 독일 극작가 페터 한트케의 〈관객모독〉이라는 작품을 공연하였다. 한트케는 2019년 노벨 문학상을 받은 작가로, 브레히트 연극의 교훈적·기록적 경향에 반기를 들고 배우가 직접 관객에게 말을 거는 식의 연극을 했다. 그 대표작이 〈관객모독〉이다. 나는 그 공연을 구경하러 갔었다. 막이 올라도 무대는 비어 있고, 무대와 객석의 구분이 없고, 소도구도 없고, 조명도 무대와 객석에 구분이 없는 '언어극'이었다. 이 연극은 배우와 관객 사이에 벌어지는 사건의 진행을 다룬 연극인데, 허규는 연출할 때 배우로 하여금 양동이에 물을 담아 와서 관객에게 뿌리게 해서 모두 질겁을 하였다. 그야말로 '관객모독'이었다.

예술작품에 접했을 때, 구경꾼들은 감정에 크게 영향을 받는다. 세계적인 대형 가수들이 내한 공연을 할 때 관객 중에 울고 불고 하는 사람들이 생겨나고 심지어 실신까지 하지 않는가? 감정은 인간관계에도 더 깊고 심각한 영향을 받지만, 인간관계란 쌍방향적이어서 한쪽이 작용한다고 다른 쪽이 반드시 호응해주는 것은 아니다. 그러나 예술은 직설적이고 구구한 설명을 필요로 하지 않는다. 예술작품은 일단 작가의 손을 떠나면(공개되면) 작가의 것이 아니고 구경꾼의 공동소유가 된다. 독

예술과 함께하는 심리학

립된 객관적 존재가 되는 것이다. 쌍방소통이 용이하지 않다. 왜냐하면 구경꾼들은 누구나 제각기 다른 시각에서 작품에 대해 지껄여댈 수가 있기 때문이다. 그러니까 예술작품에서 감동을 받고 안 받고는 관객의 몫이 된다.

이런 일화가 있다. 이름은 잊었지만 유명한 오케스트라 지휘자가 공연을 하는데 하도 관객이 아무런 반응을 안 보이니까 지휘를 하면서 앞의 바이올린 주자에게 "이 바보 같은 관객들을 데리고 연주를 하다니 당장 집어치우고 싶어!" 하고 불평을 했다는 것이다.

나는 1980년대에 세종문화회관에서 KBS 교향악단의 총감독이었던 지휘자 김만복 씨가 지휘하는 '오페라 아리아의 밤' 행사를 구경하러 간 일이 있다. 그때 나는 1층 맨 앞 줄에 표를 사서 앉아 있었다. 한 여성 성악가가 나와서 오페라 아리아를 부르기 시작했는데 오케스트라와 너무 호흡이 안 맞는 것이었다. 화가 난 김만복 씨가 그 성악가를 보고 "템포를 맞춰야지, 조금 더 빨리 빨리!"라고 소리치는 것을 앞에서 들을 수가 있었다. 노래가 끝나자 김만복 씨는 지휘봉을 내던지다시피 하고 나가버렸다.

지금의 서울시 의회 건물이 옛날에는 '서울시민회관'이었다. 1980년대 초에 이화여대 교수로 있던 성악가 김자경 선생이 '김자경오페라단'을 만들어 매년 정기적으로 공연을 했다. 한 해는 거기서 마스카니의 오페라 〈카발레리아 루스티카나〉를 공연했다. 주연급은 더블 캐스팅했는데, 그중 한 명으로 이화여대 성악과를 나오고 미국 줄리어드에서 성악을 전공하고 돌아온 제자를 캐스팅해서 데뷔시켰다. 나는 그때 기왕이면 이화여대 나온 성악가의 노래가 듣고 싶어서 그가 출연하던 날 공연을 보러 갔다. 김자경 선생은 공연 때마다 내게 표를 10매씩 보내서 팔아달라고 하셨다. 그래서 못 팔면 내가 물어주고 표는 친구들에게 나누어주곤 했다.

그런데 주인공이 사고를 쳤다. 도중에 가사를 까먹은 것이다. 막이 내려갔다가 다시 올라갔다. 가수가 다시 나와 아리아를 부르기 시작했다. 노래를 부르다가 앞서와 같은 프레이즈에서 가사를 또 까먹었다. 관중석에서는 난리가 났다. "환불하라"고 고함을 쳐댔다. 김자경 단장이 나와서 사과하고 표는 환불되었다. 공연을 완전히 망친 것이다. 그 성악가는 다시는 한국 무대에 서지 못했을 것이다.

구경꾼들은 완성도가 높은 공연을 보고 싶어 한다. 거리에서 각설이 타령을 해도 공연이 완성도가 높으면 감정이입이 더 잘 된다. 그렇지 않으면, '속았다'는 기분이 들 뿐이다. 그러면 반감만 산다. 공연하는 사람은 어찌 되었든 충분히 수고해서 완성도가 높은 공연을 보여주어야 할 의무가 있다. 그래야 보람을 느끼고 공감의 폭을 넓힐 수가 있다. 구경꾼 사이에서 두고 두고 화젯거리로 남는다. "극장 무대는 거짓말을 못한다. 거기서 드러난 작품들은 정직할수록 순수하고, 순수할수록 정직하다." 이상일 교수의 말이다. 연극에서는 가끔 사고가 난다. 대사를 까먹는 일, 배우가 무대 뒤로 떨어지는 일, 배우들끼리 호흡이 안 맞는 일, 연기와 대사가 어긋나는 일 등등이 많이 벌어진다. 모두 연습 부족인 탓이다.

공감은 어떻게 만들어지나

그런데 문제가 한 가지 있다. 감정이란 원래 변덕스럽고 개별화되어 있어서 공식적으로 통제할 수가 없다는 데 있다. 그렇다면 공감대를 넓힐 수 있는 방법이 무엇일까?

첫째, 공연이고 문학작품이고 간에 작품은 완성도가 높아야 한다. 유인촌 씨가 햄릿 연기하는 것을 몇 번 보았는데, 그는 햄릿의 역할을 너무도 완벽하게 해냈고, 대사를 완전히 소화했고, 까먹지도 않았고, 감정 전달에도 탁월한 능력을 보여주었다. 성악의 경우도 그렇고, 무용도 그렇다. 가령 발레의 경우, 군무를 하는데 한두 사람의 무용수가 호흡이 안 맞아도 금세 들통이 난다. 그러면 "에잇" 하고 외면하게 된다.

둘째, 작품 안에 정보가 많으면 좋다. 너무 많아도 골치 아프지만, "아, 저것 본 거야"라는 이른바 '데자뷔(deja vu, 旣視感)'가 되면 재미없다. "그것 뻔할 뻔 자야"라든가, "알고 있지"라든가, "다 아는 것 아냐?"라고 반응한다면 그 작품은 감동을 못 준다. 새로운 정보가 많으면 호기심을 유발하게 된다. 그러나 너무 생소하면 도리어 거부감을 일으킬 수도 있지만 때로는 그것이 더 창의적이고 혁신적이라고 평가받을 수도 있다.

셋째는, 그 작품에 클라이맥스나 하이라이트가 있어야 한다. 밋밋하면 더 계속 감상할 용기가 안 난다. 극적 효과라는 말이 있듯이, 반전, 또 반전, 아니면 기승전결, 기대 어긋나기, 상식 깨뜨리기 등등의 효과가 있으면 재미있고 더 많은 공감을 얻을 수가 있다. 셰익스피어의 희곡에는 이런 극적 효과가 아주 잘 나타난다. 『베니스의 상인』도 그렇고, 『햄릿』도 그렇고, 『맥베스』도 그렇고, 『리어 왕』도 그렇다.

구경꾼은 예술이 전해주는 상징적 소통(사실을 그대로 전한다기보다 다른 형태로 바꾸어 보내는 것)에 잘 따라가기만 하면 된다. 그리고 슬픔이나 기쁨, 즐거움, 마음의 개방감, 정서의 균형감, 신선함, 절정적 경험, 황홀감, 동정심, 따뜻한 정감 같은 것을 느끼게 되면 그 작품에 더 애정을 갖게 된다.

10여 년 전에 나는 상암동의 월드컵 경기장에서 이탈리아 오페라단이 공연한 푸치니의 〈투란도트〉를 구경한 적이 있다. 그때 제3막에 나오는 테너의 〈Nessum Dorma(잠 못 들리)〉라는 아리아(우리나라에서는 〈공주는 잠 못 이루고〉라는 제목으로 알려져 있다.)의 마지막 프레이즈에 두 옥타브 위의 b까지 올라가는 고음 발성 장면이 나온다. "이 밤 지나고, 별빛도 사라져, 아침 밝아오면 마침내 그대는 내 사랑, 내 사랑…"으로 끝나는 감동적인 클라이맥스이다. 그때 최고의 오디오 시스템으로 공연을 했지만 음향에는 약간 문제가 있었다. 야외여서 소리가 흩어져 효과는 떨어졌다. 그러나 본바탕 오페라단의 원어 공연을 본 그 감동은 지금까지 남아 있다.

이야기는 고대 중국을 배경으로 한 오페라인데, 얼음처럼 냉혹하고 아름다운 공주 투란도트는 자신에게 구혼하러 온 왕자들에게 세 가지 수수께끼를 내고 풀지 못하면 목을 베었다. 드디어 타타르 왕국의 왕자 칼라프가 공주의 마음을 움직여 결혼을 승낙받게 된다는 간단한 줄거리다.

이 오페라는 1926년에 밀라노의 라 스칼라 극장에서 초연을 했는데, 실은 푸치니는 1924년 11월 29일 브뤼셀의 한 병원에서 사망했다. 그래서 미완성 상태였던 것을 그의 후배 알파노가 보완해서 발표했다. 그래서 그의 사망 2년 후에 상영하게 된 것이다. 이 작품은 당시로서는 비약적이고 혁신적이었다고 한다. 이 작품은 3막으로 구성되어 있는데, 3막 끝에 등장하는 아리아 〈Nessum Dorma〉는 아마도 알파노의 작품이 아니겠는가 하고 추정되고 있다.

감동은 한자로 感動, 즉 느낌이 움직여야 하는 것이다. 영어로는 'be moved', 마찬가지로 마음속에 뭔가가 움직임이 있어야 하는 것이다.

성악가의 콘서트나 오페라 공연 때 보면, 무대 앞면 양쪽의 전광판에 외국어로 된 노래 가사나 오페라의 시놉시스를 띄운다. 그것이 당연한 관례가 되어가고 있다. 오케스트라가 교향곡이나 협주곡을 연주할 경우에도 지휘자나 평론가가 사전에 나와서 작곡가와 곡에 대한 해설을

예술과 함께하는 심리학

해준다. 수원시향의 금난새 음악감독-지휘자가 시작해서 지금은 보편화된 관례로 정착됐다.

미국에서는 레너드 번스타인이 뉴욕필하모닉의 상임 지휘자로 있을 때 '청소년 음악회'라는 것을 매주 열고 음악 해설을 해주어서 상당 부분 시청을 했다. 나는 그가 1959년에 발표한 책 *The joy of music*을 탐독했다. 거기서 음악에 대한 상당한 지식을 얻었다. 그 책에 이런 말이 나온다. "음악이란 수학과 마법의 절묘한 결합이다." 서양 음악의 소리가 평균율에 의해서 진동수가 결정되어 있고, 배음 법칙이 있어서 화성이 가능하며, 오케스트라의 연주 소리를 들으면 하나의 소리로 들리게 된다. 그러나 우리나라 음악을 비롯해서 아시아 음악들은 5음계인 데다가 평균율 개념이 없다. 그래서 줄풍류(현악 합주)니 대풍류(관악합주)니 하는 기악 합주도 악기의 특색이 다 살아 있어서 악기마다 제각기 다른 소리를 낸다. 오선지에 음표가 그려져 있기는 하지만 똑같은 소릿값이 아니다. 다 다르다. 그러나 서양 음악은 진동수의 법칙으로 인해서 화음(대위법을 적용해서)이 잘 된다.

그리고 '마법과의 결합'이란 말은 진동수의 수학적 원리를 넘어서는 작곡가의 상상력과 창의성을 말하는 것이다. 100인 이상의 오케스트라 단원들이 연주를 해도 소리가 하나같이 들린다. 그때 우리는 감동을 받는다. 그 와중에 악기 하나가 삐끗만 해도 연주는 잡친다. 그러나 아시아 음악에는 그런 문제가 적다.

심미적 감각은 자란다

이렇게 작품에 대한 지식과 이해가 넓어지고 깊어질수록 작가나 연주자의 표현 스타일과 양식에 대해서 대안적 안목(代案的 眼目, alternative style)도 높아지고 감정을 느끼는 영역도 넓어진다. 감정의 진폭이 더 복잡해지고 섬세해지고 감각도 더 예리해진다.

나의 빙장과 처남, 처형이 모두 음악가이다. 그래서 옛날에 어쩌다가 처가에 가면 아이들(손자)이 떠드는 소리에 장인은 민감하게 반응하셨다. 장인은 서울시향의 비올라 주자로서 정년하셨고, 처남은 스웨덴의 로열 심포니 오케스트라의 악장을 지냈다. 그래서 모두가 소음에 매우 민감했다.

처남에 관한 에피소드를 한 가지 얘기하겠다. 1980년대 이전에는 외국에서 반정부-민주화 운동을 한 사람들은 여권을 모두 회수해가서 귀국 비자를 받을 수가 없었다. 처남은 북유럽 민주화운동 지도자의 한 사람이어서 어릴 때(18세) 출국하고 30년 동안 귀국을 못 했다. 노태우 대통령이 집권하면서 해금해주어서 40년 만에 귀국할 수 있었다. 그때 우리 집(당시 동교동)에서 한 1주일 머물렀다. 그런데 하루는 처남이 전화를 걸려고 하더니 "매형, 당분간 전화 사용하지 마시오." 하지 않겠는가? "왜?" "중정부(중앙정부)에서 도청해." "어떻게 알아?" "전화의 감이 달라." 반정부 운동을 한 사람이니까 감시를 한 것이다. 우리 처남이 스웨덴 국적자니까 함부로 잡아가기는 곤란하고 전화 도청을 한 것이다. 처남은 그렇게 소리에 아주 민감했다.

예술은 경험할수록 더 많은 감동을 경험하게 되는 이유의 하나가 바로 감각이 더 예리해지고 섬세해진다는 데 있다. 그러면 다른 사람은 감동을 못 느껴도 나는 감동을 더 많이, 더 깊게 느낄 수 있게 된다. 콘서트에 다녀온 후, 전시회에 다녀온 후, 연극을 보고 난 후 감정의 변화가 있을수록 좋다. 구경꾼으로서는 가성비가 높을수록 행복한 것이다.

물론 감정적인 변화가 반드시 바람직한 것은 아니다. 슬픔을 씻어냈다든가, 용기를 얻었다든가, 분노가 가라앉았다든가, 풀리지 않았던 정

예술과 함께하는 심리학

신적인 문제에 해결을 보았다든가, 애국심이 부추겨졌다든가, 보통은 즐거웠다, 속 시원했다, 굉장하던데? 라든가 하는 반응을 느낄 수 있지만 또 그 반대로 부정적인 경험도 겪을 수가 있을 것이다. 어쨌든 예술적 경험의 결과는 구경꾼의 몫이다.

그런데 이런 구경꾼의 반응에 중요한 영향을 미치는 것이 전문가, 칼럼니스트, 평론가들이다. 일반 구경꾼들보다는 좀 더 깊이 보고, 듣고, 이해하고, 느끼고, 해설을 해주는 사람의 역할도 중요하다. 그래서 구경꾼의 시야와 식견을 넓혀주고 더 예술을 사랑하게 해주는 것이 중요하다.

한 예를 들겠다. 피카소가 아직 큰 명성을 얻고 있지 않았던 때(25세), 미술사상으로는 최초로 그린 입체화 작품으로 인정받는 〈아비뇽의 아가씨들〉이란 작품에 다섯 명의 누드 처녀가 등장하고, 화면 앞쪽에 과일이 빈약하게 그려져 있다. 처녀들은 모두 홍등가 여성들인데 이 과일은 '덧없음을 상징하는 것'이고, 육체의 쾌락은 한순간이며, 과일처럼 육체도 시간이 지나면 썩어 없어진다는 것을 상기시킨다. 이런 것이 모두 상징적 소통이다. 사과를 육체로 비유하는 것이 상징적 소통이다.

평론가의 도움

구경꾼으로서는 평론가의 도움이 필요하다. 공연 관람이나 전시 이전에 만나면 작품 이해에 큰 도움을 받을 수가 있고, 이후에 만나면 시각의 차이와 인식의 깊이를 재확인할 수 있어서 좋다. 가끔 평론가나 칼럼니스트 중에서 불성실한 사람이 발견되기도 한다. 공연을 보지도 않고, 전시장에 가보지도 않고, 작품을 읽지도 않고 인터넷을 슬쩍 훔쳐서 기사를 쓴다거나, 남의 논평을 변조해서 써먹는 경우가 있다.

평론가란 얼마나 그 힘이 무서울 정도로 세고, 책임이 막중한지를 나는 많은 사례에서 보아온 사람이다. 무대 공연이 되었든, 미술작품이 되었든, 문학작품이 되었든, 중견급 혹은 그 이상의 문화권력을 지닌 평론가가 신문이나 방송에서 말 한마디 던진 것이 그 예술가의 전도를 완전히 무너뜨린 사례도 보았다. 그래서 평론가는 정치적으로 편향되어서는 안 되고, 어떤 유파에 예속되어서도 안 된다고 생각한다. 그 이유는 그런 프레임이 작품을 감상하는 일반 시민들에게 왜곡된 정보를 줄 위험성이 있기 때문이다. 다만 평론가는 자기 개인의 예술철학적 관점을 미리 분명히 밝혀두면 된다.

우리나라 공연예술 평론계에서 박용구 이후 2세대 대부인 이상일 교수의 그 불편부당한 평론 자세에 대해서 나는 언제나 두려움과 경외감을 가지고 있다. 그는 무대를 중심으로 한 공연작품, 주로 연극과 무용에 대해 집중적으로 연구하고 논평을 한다. 그런데 내가 여기서 '불편부당하다'는 말을 쓰기는 했지만, 그에게는 어울리지 않는 용어이다. 그는 개인적 친소를 절대로 고려하지 않고 객관적으로 사유하는 인물이기 때문이다. 또 논평에서 언제나 예리한 관찰과 분석을 토대로 엄선된 전문 용어를 사용함으로써 용어로 인해 상호 오해의 소지가 생기지 않는다. 또한 그는 논평을 모아 출판해서 언제나 공개한다. 그것 자체만 보아도 스스로 평론가로서도 객관적인 평가를 받겠다는 태도이다. 이런 노력이 결국은 객관적인 증거가 되고 사료가 되어, 한국 연극사나 무용사 연구의 기초가 된다.

그에게서 경외감을 느낀다는 말은, 그는 평론을 절대로 '권력화'하지 않는다는 점을 말하는 것이다. 예술 관련 평론가 중에 그런 류의 사람을 여럿 보아왔다. 그런 태도가 결국 구경꾼들을 혼란스럽게 만들고 구경꾼들을 기만하는 결과를 가져오는 것이다. 그가 최근에 발표한 『공연

예술 품격과 한국 춤의 흐름』이란 책의 서문에서 그의 입장을 엿보기로
한다.

　예술 행위가 있고 예술작품이 있다는 것만으로도 사람들의 품위가
높아지고 문화가 문화다운 품격을 지켜낼 수 있다는 것만으로도 눈
물겨워지는 세상을 살면서 스스로 천격으로 떨어지지 않으려고 안간
힘을 쓰는 대중문화 구성원들은 키치(천격)의 앞치마를 두른 채 순수
의 품격과 고급문화의 아우라가 꺾여가는 세태를 지켜보고 있다.

　지금 순수예술이니 고급문화를 말할 때인가. 더 거칠게 말할라치
면 예술이고 문화고, 또 그런 창조 활동을 순수니 고급이니 나눌 때
인가.

　대중문화라고 해서 다 천격이 아닌 것처럼 순수예술이라고 해서
다 품격이 있는 것도 아니다.

　좋은 것, 나쁜 것을 가릴 줄 모른다면 평론 작업은 사람이 할 일이
아니다. 그래서 주저하지 않고 나는 쓴소리와 찬양을 함께 쏟아낸
다. 그렇게 우리 문화와 예술 세계에 천재의 시대가 오기만을 간절
히 바란다.

그는 예술의 민주주의를 내세우는 수적 다수 세력이 품격의 예술과
고급문화의 고귀한 정신을 아랑곳하지 않고 팽개쳐버렸다고 한탄했다.
그래서 새로운 높은 품격의 예술 창조를 위해 천재의 탄생을 대망한다
고 했다. 그는 예술의 품격과 순수성을 강조하면서 평론가는 이런 품격
과 순수성을 제대로 요해(了解)하는 사람이여야 한다고 강조했다.
　이상일 교수의 짧은 글에서, 구경꾼들을 위한 평론가의 역할이 어떠
해야 하는지를 이해하게 된다.

6장
예술에서 표현이란 무엇인가

예술과 함께하는 심리학

1. 밖으로 밀어내기

'표현하다'는 영어로 express, '밖으로(ex) 밀어낸다(press)'는 뜻이다. 뭘 밀어내느냐? ① 생각(아이디어)을 말로 변형하는 것─즉 이것은 다분히 지적 차원이다. 논리성이 강조된다. ② '정서'를 비언어적으로 표명하는 것─이 차원은 느낌과 감정을 표정, 몸짓, 그림 등으로 표현하는 것을 말한다. ③ 유전학에서는 '유전형'과 '표현형'이란 말을 쓰는데, 생명체의 유전 현상 중 순수히 유전적 결정 요인에 의해서 후손이 닮는 것을 '유전형'이라고 말하고, 유전적 요인과 환경의 영향을 같이 생각하고 유전 현상을 설명할 때 '표현형'을 쓴다. 이것은 가능성의 표현을 말한다. 잠재적인 힘이나 능력 같은 것이 여기에 속한다. 표현에는 이런 양면이 동시에 존재한다. 기호와 그 기호가 의미하는 바가 공존한다.

이 중에서 언어적 표현을 대표하는 시와 소설에 관심이 가고, 비언어적 표현 중에서는 미술과 음악과 무용에 대해 관심이 간다. 창작자들이 무엇을 표현하려고 했고, 그것이 감상자나 대중에게 어떤 영향 혹은 어떤 효과를 주었느냐, 아니면 주고 있느냐에 관심이 있는 것이다.

어쨌든 예술은 표현의 문화 양식이다. 그래서 글로, 노래로, 동작과 춤으로 사상과 감정을 밖으로 나타내야 그것이 작품이 된다. 철학(인문학)은 주로 머리로 깊이 생각하는 작업(관조(觀照))이고, 과학은 자연을 상대로 생각해낸 것을 법칙으로 만들어내는 일(발견(發見))을 한다.

예술을 하려면 강력한 표현 욕구를 가지고 있어야 한다. "태초에 표현이 있었다." 빅뱅(bigbang) 때 신이 맨 처음으로 하신 말씀이 "빛이 있으라"였다. 천지창조의 선언을 하신 것이다. 『신약성서』 요한복음 1장 1절 첫마디가 "태초에 말씀이 있었으니…"이니, 곧 그 말씀으로 빛이 나타났다. 그 빛이 천문학에서 말하는 '빅뱅'*이다. 그러고는 6일 동안 작품 제작을 하셨다. 천지만물을 만드신 것이다. 그리고 6일째에 인간을 흙으로 조각하시고 7일째 쉬셨다. 신은 최초의 조각가이자 예술가이시다. 에덴 동산과 삼라만상은 모두가 신의 작품이다. 신은 최초의 도시 디자이너요, 건축가요, 조형예술가이시다. 신은 137억 년 전 우주를 설계하시고, 말씀으로 창조하셨다. 그 말씀으로 모든 생명체도 창조하셨다. 태초에 언어적 표현이 있었으니 그것이 창조의 근원이 되었다.

그런데 여기서 특별히 관심을 갖게 되는 표현을 보자면, 생각이 변형되어 언어가 되었든 감정이 몸짓이나 그림이 되었든, 그 표현 속에 들어 있는 내용물들과 그것이 갖는 의미에 대해서이다. 즉 단지 의식적으로 표명된 내용뿐 아니라 무의식 세계 속에 감추어져 있던 내용물의 표현에도 관심이 가는 것이다. 그래야 예술작품의 진정한 의미와 작가의 창작의 진정한 동기와 의도를 읽어낼 수가 있기 때문이다.

---

* 천문학계에서는 이 관계를 부인한다.

'무심코'라는 말이 있지 않은가? 의도하지 않게 무의식의 내용물을 드러내는 것이다. "나도 모르게 그만" "뜻하지 않게도" "내가 왜 그랬지?"와 같은 반응은 모두 무의식이 작동한 결과를 말하는 것이다. 회화사에 '표현주의'라는 것이 있지 않은가? 주관적 정서와 감정을 밖으로 내보이는 것에 가장 큰 의미를 부여하는 화가들의 사상이다.

지적 표현이나 언어적 표현은 상징(글자나 기호)을 사용한다. 지적 표현은 정오(正誤)가 비교적 분명하고 진위(眞僞)가 쉽게 가려진다. 그러나 정서적·감정적 표현은 언어 대신 시각매체나 몸짓 같은 수단을 사용하기 때문에 거기에서 정오나 진위를 가려낼 수가 없고, 그래서도 안된다. 왜냐하면 과학은 정확해야 하지만 예술에서는 그럴 필요가 전혀 없고, 오히려 애매모호하고, 황당무계하고, 신출귀몰(神出鬼沒) 하고, 신기발랄한 것일수록 인기가 있고, 때로는 그 속에 창조성이 돋보이기도 하기 때문이다. 입체파 화가의 그림이나 초현실주의 화가나 추상표현주의 화가들의 그림이 그렇다.

예술에 정오나 진위가 없다는 현상은 무엇을 말하는가 하면, 그들의 표현에는 무제한의 자유가 그 배경이라는 뜻이다. 사회주의나 전체주의 국가의 작가들은 이념에 갇혀서 한 발자국도 밖으로 나가지 못한다. 그래서 독일 나치나 이탈리아 파쇼 정권이나 소련의 볼셰비키 혁명 이후에는 세계적으로 인정받는 작가가 나타나지 못했다. 지금의 북한도 마찬가지다. 다만 중국은 동양화, 즉 그들의 남송화, 북송화 계열의 작가가 전통 동양화를 제작하는 것은 인정한다. 가끔은 홍콩의 전시회에서 중국 현대화가들이 새로운 그림을 선보이는 경우가 있다. 그중에서도 장샤오강은 중국의 문화혁명, 톈안먼 사건 등을 거치면서 아방가르드한 그림을 선보여 정치적으로 팝적이고, 냉소적 사실주의, 다원주의에 이르는 과정을 보여주는 전시도 해서 중국의 회화가 변하고 있음을 보여주었다. 그리고 그의 그림 값도 상당히 비싸다.

2. 음악사에서 본 '표현'의 의미

바로크 시대

서양 음악사를 보면, 르네상스 이후에 이어진 음악이 '바로크 음악'이다. 이 '바로크'란 말은 포르투갈어에서 나왔는데, '형태가 갖추어져 있지 않은, 이그러진 진주'란 뜻이다. 여기서 전이되어 '바로크'라고 하면 '이그러진' '복잡한' '운동적' '전체적 조망을 알 수 없는' 커다란 양식을 말하게 되었다.

이것이 미술사에서는 17세기부터 18세기에 걸쳐서 있었던 양식이라고 하는데, 음악에서는 대체로 같은 1600년대에서 1750년대까지 바로크 시대라고 한다. 여기에 속하는 잘 알려진 음악가로는 비발디(1675~1741), 바흐(1685~1750)와 그의 음악가 가문, 헨델(1685~1759) 등이 있다.

2019년 7월 7일, 예술의전당에서 이건음악회 30주년 기념으로 베를린필하모닉의 '이건 앙상블'을 초청해서 음악회를 열었다. 가보니 프로그램에 바흐와 비발디가 주요 레퍼토리로 실려 있었다. 비발디의 〈사계〉는 연주 시간만도 40분이다. 복잡한 음악이다. 바로크 음악을 여기서 제대로 맛보았다.

고전주의 시대

그다음에 이른바 '고전음악' 즉 클래식 음악의 시대가 온다. 1737년,

52세의 바흐가 라이프치히 합창대장으로 활약하고 있을 때인데, 당시 샤이베라는 음악가가 바흐의 작품이 너무도 거창하고 혼란스럽다고 비판했다. 이것은 바흐에 대한 개인적인 악의에서 나온 말이 아니고, 그 시대를 대변한 소리였다. 얼마 안 되어 사상가 루소도 "자연으로 돌아가라"고 외치면서 바흐풍의 대위법에 반대하고, 간단명료한 음악을 만들라고 요구할 정도였다. 복잡하고 알기 어려운 작품은 민중의 마음에서 떠나고 있다는 증거이다.

1750년 바흐가 죽자 기다렸다는 듯이 간소하고 자연스러운 모습으로 새로운 음악이 나타났다. 그것이 고전음악, 즉 클래식 뮤직이다. 그 대표적 음악가가 하이든, 모차르트, 베토벤 등이 있다.

예술과 함께하는 심리학

낭만주의 시대

시대가 바뀌어 1821년 6월 18일은 서양 음악사적으로 기념할 만한 날이다. 그날 오후 6시, 베를린의 샤우슈필하우스(Schauspielhaus, 콘서트홀)에서 베버의 신작 오페라 〈마탄(魔彈)의 사수(射手)〉가 초연된 것이다. 먼저 그 유명한 서곡이 조용히 시작되고(이 서곡 자체가 지금도 자주 연주된다), 독일인들에게 그리움을 자아내는 선율이 현에 이어 호른의 4중주가 되고, 다시 신비로운 울림을 들려주더니 차츰 감정이 고조되면서 드디어 서곡이 감격적으로 끝나자, 만장의 청중은 열광적으로 박수를 보냈다. 서곡은 앙코르를 불러들였다. 거기에 이어 연주된 오페라 속의 몇 곡(아리아 등)도 앙코르 요청을 받았고, 3창까지 했다. 박수와 환호는 극장을 흔들었고, 전하는 바에 의하면, 베를린의 온 시가를 그 박수와 함성이 흔들어놓았다고 한다. 그리고 세 시간의 긴 연주의 마지막 막이 내려왔을 때에는 음악사의 새로운 페이지가 시작되고 있었다. 즉 음악의 낭만주의 시대가 도래한 것이다. 서곡 중의 한 대목에는 찬송가 〈내 주여 뜻대로〉가 실려 있다.

필자가 관심을 가지고 이 글을 쓰고 있는 까닭은 바로 이 낭만주의 음악 때문이다. 이 음악이 역사상으로 보아 인간 내면의 정신적 울림을 가장 잘 표현한 음악이고 심리학적으로 연구할 만한 테마이기 때문이다. 바로크나 고전주의 음악은 양식, 격식, 대위법 등의 복잡한 외적 구조에 영향을 많이 받은 음악이지만, 낭만주의 음악은 거기서 벗어난 음악이기 때문이다.

레너드 번스타인은 저서『음악의 즐거움(*The joy of music*)』에서 이렇게 말했다.

> 베토벤의 제5교향곡 〈운명〉 C minor의 주제음 여덟 개를 만드는 데 열네 번이나 고쳐 쓴 흔적이 발견되었다. 그뿐 아니라 베토벤이 제3교향곡 〈영웅〉을 작곡한 뒤 이 곡을 썼는데, 1803년부터 무려 5년이란 세월이 흘러 1808년에 완성하고 그해 12월 22일 빈에서 초연을 했는데, 너무 시간이 오래 걸려서 제4교향곡이 먼저 나오게 되었다. 5년간에 걸쳐서 고심한 곡임을 증명해줄 자료로, 그와 함께 하숙을 하고 있던 친구가 베토벤이 열네 번이나 쓰고 구기고, 또 쓰고 구기고 해서 쓰레기통에 버린 원고를 주워두었다가 펴서 악보 출판업자에게 넘긴 것이 발견된 흔적을 보게 되었다.

번스타인의 책에 그 구겨진 원고의 사진이 실려 있다. 창조의 고통, 고전주의와 결별하면서 느끼는 고통이 고스란히 그 구겨진 원고 속에 담겨 있었다.

제5교향곡의 테마가, 바로 고전주의 음악에서 낭만주의로 넘어가는 계기로 만들었다는 것이 음악사학자들의 공통된 의견이다. "따따따 따… 따따따따…" 이 여덟 개의 소리가 고전주의 문법을 깨트린 것이다. 이는 그때까지의 소나타 형식의 작곡법이 아니라는 말이다. 음악 해설서에도 "이 여덟 개의 소리는 운명이 문을 두들기는 소리"와 같고, "새로운 시대의 정신과 새로운 음악의 탄생을 알리는 소리"라고 기록하고 있다. 베토벤의 〈운명〉이 낭만주의가 시작된 신호를 울렸다면 1821년, 베토벤의 제5교향곡이 초연되고 난 뒤 13년 후, 베버의 〈마탄의 사수〉가 독일 낭만주의 음악의 상징이 되었다.

낭만주의는 19세기적이고, 자유롭고, 신기하고, 개성적인 것을 지향하는 사상이다. 원래 '로만스'는 로만스어로 쓰인 이야기를 일컫는 말이었다. 로만스어는 라틴어의 여러 종류의 사투리 중 하나인데, 이 사투리로 쓰여진 책을 로만스라고 했다. 그러니까 엄격한 라틴어와는 달리 공상적이고, 전기적(傳奇的)이고, 새롭고, 진기하고, 자유로운 내용들이었다. 이러한 전기적 문예작품을 로만스풍이라고 불렀고, 드디어 로맨틱(romantic, 낭만적), 새롭고 자유를 구가하는 낭만주의가 태어난 것이다.

낭만주의는 음악에만 나타난 것이 아니고 문예 등 기타 분야에서도 일어났다. 아니, 먼저 문학이나 사상의 세계가 19세기에 개화하면서 그것을 음악이 따라간 셈이다. 따라서 음악상의 낭만주의는 문학이나 사상상의 운동보다도 뒤늦어서 19세기의 20년대에 일어나 19세기 전체에 퍼져나간 것이다. 그것을 처음으로 구체적으로 표현한 것이 베버의 오페라 〈마탄의 사수〉였던 셈이다.

〈마탄의 사수〉는 모든 면에서 낭만적인 것이었다. 먼저 그 오페라에 나오는 이야기는 그때까지의 오페라와 같이 신화나 옛날이야기가 아니라, 독일인에게 친숙하고, 독일인이 동경하는 '숲' 속에서 일어난 사건이고, 더욱이 초자연적인 미신을 거기에 짜넣었다. 둘째로는 그 음악은 그때까지의 예술음악이 갖지 못했던 민요곡풍의 친숙한 선율을 주로 하고, 그때까지 없었던 환상적이고 묘사적인 새로운 관현악법으로 작

곡하였다. 그래서 그 오페라가 낭만주의 음악의 최초의 작품이 된 것이다(『대음악가의 초상과 생애(大音樂家の肖像と生涯)』, 音樂之友社 刊, 1962). 이렇게 인간 감정의 자유로운 표현에 강조점을 둔 낭만주의는 인간적인 문제, 종교적인 문제, 시민적인 문제, 예술적인 문제 등에서 관행과 권위에 도전한 것이다.

베토벤은 친분이 두터운 괴테와 함께 거리를 걷다가 마차를 타고 지나가던 바이마르 공국의 대공과 마주쳤다. 괴테는 모자를 벗어 정중히 인사를 했으나 베토벤은 모른 체하고 그냥 지나갔다. 괴테가 옆구리를 찌르면서 "왜 인사를 안 하시오?"라고 말했다. 베토벤이 한 말, "나는 그분과 아무런 관계가 없소이다." 이는 거만해서가 아니라 권위에 굴복하지 않는다는 의지의 표현이었다.

개인적 자유의 추구는 강한 구동력을 가지고 있었고, 형식적 완벽성을 희생시켜서라도 자유 쪽을 택했다. 이와 같은 탐구는 음악에서 고전주의와 구별짓게 했다. 고전주의가 형식과 지성을 앞세운 것에 도전한 것이다.

이성과 감성의 버티기

유럽의 18세기는 이성(理性)의 시대였다. 이성이 인식의 유일한 수단이었다. 그때는 논증이 가능한 객관성이 중요했다. 마침 프랑스 혁명(1789~94)이 닥치면서 유럽이 확 뒤집혀졌다. 절대왕권이 무너지고, 황제와 귀족이 처형되거나 쫓겨나고, 바로크–로코코 양식 궁전 건축은 화려하지만 엄청난 낭비와 사치와 퇴폐로 치닫자 백성들이 들고 일어난 것이다. 이런 정치적 혁명은 다른 모든 문화 영역에까지 영향을 주었다.

지적 확증과 과학적 태도가 모든 사상을 지배했던 시대가 저물고 있

6장 예술에서 표현이란 무엇인가

었다. 그때는 권위, 규격화, 객관성이 존중되었기 때문에 개개인의 인격과 정서 따위는 무시되었다. 그 결과 프랑스 혁명으로 이어진 것이다. 결국 낭만주의의 승리였다. 군주제와 귀족의 특권을 없애고 백성들의 자유와 주권을 회복하는 혁명이었기 때문이다. 이성(논증, 논리, 과학적 객관성)만으로는 인간의 문제나 사회의 문제를 해결할 수 없음을 인식하게 되었다. 그래서 유럽은 개개인의 자유와 정신적 영적 의식에 대한 인식을 새롭게 했고, 인간적 감정을 만족시켜주는 문화 쪽으로 변화의 축이 바뀌어갔다.

인간의 감성과 자유를 희생시켜가면서 이성에 의존했던 문화는 그 반동으로 일어난 낭만주의적 사상의 흐름을 만나게 되자 키를 틀게 되었다. 개개인의 감정과 표현의 자유, 찬성-반대할 수 있는 자유와 권리를 가지고 있음을 강조한 것이 낭만주의이다. 이성이란 것은 보편성이 주된 기능이지만 감정은 개별성이 특징이다. 그러니까 낭만주의가 개개인의 감정을 소중히 여긴다는 것은 개인의 표현의 자유를 보장한다는 말이다.

이렇게 개인의 감정 표현을 부추기는 문화가 열광적으로 유럽에 퍼지자 인간성과 자연에 대한 해석 자체가 변화하기 시작했다. 그래서 19세기의 시, 소설, 연극, 미술, 음악 등 문화 영역 전반에 걸쳐 이 '감정의 예찬' 쪽으로 기울어졌다. 예컨대 시의 경우 워즈워스, 바이런, 셸리, 위고, 뮈세와 같은 시인이 이 운동의 지도자가 되었고, 철학 쪽으로도 영향을 주어서 독일의 칸트를 비롯해서 피히테, 셸링 등이 이 운동과 관계가 있다. 칸트는 계몽주의 마지막 주자이자 낭만주의 시조로 불린다.

미학적 견지에는 ① 뚜렷한 직관보다는 산만한 감정의 표현을, ② 엄격한 형식이나 질서보다는 자유로움의 추구를, ③ 현실의 재현보다 창조적 상상을 발동시켜 독창적 작품을 만든 것을 추구하는 쪽으로 기울어졌다. 심지어 고전적 심미 가치를 수호해온 프랑스의 아카데미(학술·예술원)가 나서서 이런 낭만주의 운동에 반기를 들었다(아카데미란 원래 기존 가치에 충실한 편이니까).

낭만주의 철학은 사람들에게 정열과 공포와 사랑과 갈망에 대해서 자기의 목소리를 낼 자유를 주었다. 그래서 예술의 주제로 '사랑과 죽음의 신비성' '농민' '민화' '민속음악' 등이 연극과 소설 등에 재등장하게 되었고, 시각예술과 음악 쪽으로도 번져가면서 강력한 정서의 움직임이 때로는 폭력과 충격적 사건 등으로 발전하기도 했다. 이런 사상의 흐름으로 인해 예술 장르 간의 연대와 결합이 일어나서, 셰익스피어의 희곡 작품『햄릿』이나 단테의 작품『신곡』 등에 일러스트레이션이 실리기도 했다.

낭만주의 예술 창작자들은 자기 개인적 기질을 표현하기 때문에 예술가들의 개인적 삶이 새로이 관심의 대상이 되면서 중요성을 띠게 되었다. 그 이전에는 그런 경향이 별로 없었다. 왜냐하면 개인은 중요하지 않기 때문이었고, 그전에는 형식과 규격에 맞춘 예술이었기 때문이다. 미술도 그랬고, 음악도 그랬고, 건축도 그랬다. 바로크 시대 건축의 대종은 교회 건축이고, 대성당의 계단과 앞쪽 장식, 정적(靜的)인 것과 균형과 질서감이 엿보이는 양식이다. 그러나 낭만주의로 들어서면서 옛 건축 스타일이 부활했다. 르네상스 양식과 고딕 양식 등이다. 런던의 국회의사당은 네오 고딕 양식이다.

회화를 보면, 낭만주의 화가들은 광범위한 주제에 관심을 보였고, 로코코나 네오 클래식 화가들보다 그 주제들을 더 개성적으로 다루었다. 이전 시대의 취향과 우아함에서 벗어나 자유로워지고, 화가들의 개인적 감정도 표현할 수 있게 되었다. 강렬한 정서를 표현하기 위해서 화가들은 네덜란드의 미술, 특히 렘브란트와 루벤스의 그림에 관심을 갖게 되었고, 그들의 색채, 빛과 그림자 사용 방법에서 영감을 얻었다.

전기적(傳記的) 디테일이 그들의 예술 창작 활동에 반영되기 시작하면서 그들의 작품에 대해서도 같은 관심을 갖게 되었다. 과거에는 작가 개인의 전기적인 문제에 대해서는 관심이 별로 없었다. 예컨대 레오나르도 다빈치가 사생아였다든가 하는 문제 등이다. 이제 작품에서 창작 동기나 고뇌, 삶의 우여곡절 같은 것을 알고 싶어 하게 되었다. 그것이 그의 작품을 이해하는 데 도움이 된다고 보았기 때문이다. 그들의 사랑 이야기, 출판업자와의 관계, 화상이나 큐레이터들과의 거래 관계, 돈 문제, 궤도 이탈 행위 등이 그들의 창작 활동과 어떤 관계가 있는지를 알고 싶어진 것이다.

베토벤만 해도 그의 전기를 보면, 연애 사건, 질병, 괴벽, 식성, 대인 관계 등이 기록으로 남아 있어서, 그것들이 그의 음악을 해석하거나 이해하는 데 도움이 되고 있지 않은가? 더 이상 유럽에서 예술가들이 지금까지의 그들의 후원자였던 궁정의 눈치를 보지 않게 되고, 그들의 신세를 안 지게 되었다. 개인적 정서의 표현에 심혈을 기울이다 보면, 황제, 귀족, 군주, 교회나 주교의 잔소리를 듣기 싫어지는 것이다. 그것보다 낭만주의 작가들은 그런 특수층의 인사들보다 더 큰 덩어리인 민중의 관심을 끄는 데 크게 주목하게 되었다.

작곡가와 작가들은 공연과 출판에 관심을 두게 되고, 작품의 판매에도 신경을 쓰게 되었다. 이제는 대중이 그들의 스폰서이기 때문이다. 화가나 조각가들은 화상과의 거래에 관심을 두게 되자 전시 여하와 작품에 대한 대중의 반응에 예민한 반응을 보이고, 작품 판매에도 관여하게 되었다. 왜냐하면 이제는 특권층의 보호막이 사라졌기 때문이다. 자력으로 살아남아야 했다. 다행스럽게도 대중은 낭만주의적 작가들의

예술과 함께하는 심리학

과감한 변신과 새로운 작풍(作風)에 호감을 보이기 시작했다.

예술가들의 사회적 지위 변화

이렇게 되고 보니 결국 예술가들의 사회적 지위가 바뀌게 되었다. 궁정이나 귀족, 교회의 심부름꾼이었던 작가들이 이제는 자기 자신의 예술적·경제적 성공 여하에 따라 응분의 사회적 지위를 획득하게 된 것이다. 하이든은 음악사에서 중요한 작곡가로, 1772년 당시 궁정 오케스트라 지휘자였다. 하지만 실은 에스테르하지공(公), 즉 봉건영주의 종복이었다. 당시만 해도 군주나 영주들은 이렇게 전속 악단을 궁정에 두고 수시로 음악을 들었다.

하이든이 1772년에 작곡한 교향곡 45번 F단조에 관한 에피소드를 하나 소개하겠다. 에스테르하지공이 별궁에서 음악회를 연다고 해서 교향곡을 만들게 되었다. 그러자니 단원들을 오랫동안 별궁에 가두다시피 모아놓고 밤낮으로 연습을 시켰다. 단원들이 고향에 돌아가고 싶은 마음이 더욱 간절해지자, 하이든은 공이 단원들의 이런 심정을 헤아려 주었으면 하는 마음을 담아 이 교향곡 45번을 작곡했다. 이 이색적인 교향곡은 마지막 악장에 가서 자신이 맡은 연주를 모두 끝낸 단원은 한 사람씩 한 사람씩 불을 끄고 조용히 퇴장함으로써 사라지듯이 곡이 끝난다. 이로 인해 공이 그들의 심정을 이해하게 되었다고 해서 이 곡의 별명이 〈고별〉이 되었다고 한다. 이렇듯이 당시는 음악가들이 종복과 마찬가지의 역할을 한 시대였다.

그러나 2, 30년 후에 활동한 베토벤은 자유인이 되었고, 재정적으로 독립을 한 작곡가가 되었다. 권력으로부터 자유로워지게 된 것이다. 그때에는 성공한 예술가들은 존경받는 시민으로 대접을 받게 되었다. 이 대목이 중요하다. 그들이 대중 속으로 돌아온 것이다. 그러나 안타깝게도 슈베르트는 세계적으로 크게 인정받을 예술가로 등장하려는 문턱에서 31세로 사망했다. 그는 작곡가로서는 그 이전에 이미 상당한 성공을 거두었고 높은 명성도 얻고 있었지만 그 성공에 대한 보상은 얻지 못했다.

3. 표현주의 예술

여기서 왜 표현주의에 관해 주목하게 되느냐 하면, 낭만주의와 일맥상통하고 심리학적으로 공통된 분석을 할 수 있는 소재이기 때문이다. 표현주의 예술이란, 자연스러운 외형을 넘어서서 자연현상이 가지고 있는 내적 의미를 표현하려는 예술가들의 운동이다. 눈에 보여지는 세계를 그리기보다는 강력하고 기본적인 인간의 감정을 표현하는 데 1차적으로 관심을 보인 작가들이 표현주의 예술가들이다. 그들은 낭만주의자도 아니고 사실주의자도 아니다. 그들은 자기들이 본 대로의 세계를 그리는 데에는 관심이 없다. 도리어 정서적으로 지각한 대로 그린다. 결과적으로 그들의 스타일 속에는 색채와 선과 형태가 왜곡되고, 가끔은 캔버스에 강력한 색채를 입히기도 한다. 그들은 이 세계에 내재해 있는 갈등과 모습을 자각하고, 그것들을 작품 속에 나타내려고 했다.

낭만주의가 제 갈 길을 가고 있는 동안에, 미술가들 중에 '감정 표현'을 강조하면서 작품을 창작하려는 사람들이 증가하면서 인상주의가 등장했다. 예술가는 영혼(정신)을 표현해야 하며, 한 사람의 정신과 다른 사람의 정신 사이에 소통이 있어야 한다고 주장했다.

19세기 전반부에 와서 낭만적 예술에서 정서적 해발(解發)과 영적 가치를 발견하게 되었다. 그러나 19세기 말에 가까워오자 낭만적 예술의

예술과 함께하는 심리학

관행이 소진되고, 대중들은 '문화 피로감이 있는 예술'의 시대라고 부를 만큼 무슨 주의, 무슨 주의 하는 예술에 싫증을 내기 시작했다. 그래서 예술에서 '감정의 강도를 줄이는 경향'이 생겨나게 되었다. 여기서 탄생한 것이 인상주의 예술인데, 낭만주의의 화려함과 과다한 감정 노출에 반대하는 흐름이 곧 인상주의 회화풍이다.

그들은 주관적 감정 표현을 자제하고 자기들 눈앞에 현실적으로 존재하는 풍경을 자발적 · 직접적으로 기록한 작업을 하기 때문에 대부분 옥외에서 작업을 했다. 그들은 빛이 반사되어 되돌아온 인상을 전달하기 위해서 밝은 색조의 대비를 구사했으며, 개개인의 운필(brush stroke, 붓놀림)을 강조했다.

인상주의 화가들은 풍경에 대한 시각적 인상을 포착하는 데 관심을 집중했으며(아는 것을 그리는 것이 아니라 보이는 것을 그리려 했다), 사물에 비치는 빛의 움직임을 관찰하고 빛(광선)이 색채에 어떤 영향을 주는지 살펴보기 위해서 화실 밖에서 작업을 많이 했다. 그들은 삶의 순간을 포착해서 표현하려고 했고, 낭만주의와 같은 기존 관행도 배제하려고 했다.

이와 같은 인상주의에 대해, 표현주의는 작가를 둘러싼 세계에 대한 시각적 인상을 기록하는 것이 아니라 자신이 바라보는 세계에 대한 감정을 남기려 했다. 이런 개념 예술이 너무 혁명적인 발상이어서 '표현주의'가 '현대미술'과 동의어가 되어버렸다.

예술사를 이렇게 크게 바라보면, 전통 · 형식 · 격식 · 양식 · 우아함 · 기품과 같은 가치를 존중하던 예술이 차츰 개인의 감정을 존중하고 그 표현을 강조하는 예술을 거쳐, 거기에 대항하는 객관적 · 기록적 · 감각적 재현을 강조하는 인상주의로 갔다가 다시 강력한 주관과 감정 표현을 주장하는 현대 예술로 나아간 것을 볼 수 있다.

예술의 역사를 쭉 훑어보면, 바로크나 고전주의는 다분히 객관성과 외부적 가치를, 낭만주의와 표현주의는 주관성과 내적 가치를, 그리고 자연의 순수한 빛의 조화를 재현하려 한 객관적 표현을 신봉한 인상주의의 흐름을 보면, 결국 주관 대 객관, 인간(개인) 대 자연, 격식 대 자유, 전통 대 변화의 대결이 엇갈리면서 변화되어 온 것임을 알 수 있다.

객관적 재현이나 격식을 추구한 예술은 어느 정도 퇴조하고 그것은 사진, 영화, 비디오, 홀로그램, VR, AR 등의 기술이 대체하고 있어서 점차 매력을 잃어가고 있다. 반면에 인간의 주관적 세계, 나아가 인간 정신의 저 깊은 곳에 숨어 있을 폭발성을 지닌 정서, 감정, 무의식적 갈등과 동기, 욕망 같은 것은 표현할 기술이 없다. 다만 영화나 문학이 그런 걸 표현해보려는 시도는 가끔 있었다.

예술과 함께하는 심리학

4. 표현의 가치

예술의 가장 중요한 특징은 창조적 표현에 있다. 전통공예 작품이 아름답게 보이기는 하되 옛것을 정교하게 재현한다는 점에서 칭찬은 받을 수 있을지언정 창조적 노력은 약한 편이다. 과거에는 다소 무시당하기도 하고 천대받던 패션이나 요리가 최근에 와서는 떳떳하게 예술의 장르로 대접받게 된 것은 그 작업의 창조성 때문이다. 미국의 저명한 유대계 인본주의 심리학의 대표 학자인 에이브럼 매즐로는 "3류 소설보다 1류 요리가 더 창조적이다"라고 쓴 적이 있다. 소재가 똑같다 하더라도 그 작업의 결과는 작가에 따라 천차만별이며, 그중에서 두각을 나타내려면 개성적이고, 독창적인 작품이어야 인정받기 때문이다. 다른 사람에게는 없고 자기에게만 있는 것을 만들어내는 능력이 곧 창조성이다. 패션과 요리에는 그런 속성이 있다. "엄마의 손맛"이란 것이 그런 것이다. 예술은 근본적으로 구체제를 부정하고 새로운 시스템을 만들어내는 것이 운명적인 과업이기 때문이다.

고대 그리스의 시인 호메로스의 장편 서사시 『일리아드』와 『오디세이』는 역사적으로도 유명한 작품이다. 트로이 전쟁을 소재로 한 시로서 『일리아드』는 그리스 신화에 나오는 영웅 아킬레스의 분노와 트로이의 멸망을 그렸고, 『오디세이』는 트로이의 원정에 성공한 영웅 오디세우스와 그의 아내 페넬로페에 대한 이야기를 다루었다. 이것들은 서양 문학 사상 거의 최초의 걸작이라 할 수 있다.

소년 시절 아버지로부터 이 호메로스의 『일리아드』를 생일 선물로 받은 독일인 하인리히 슐리만(1822~1890)은 동화로 재편된 이 『일리아드』를 읽고 '트로이는 분명 존재했었고, 트로이 전쟁도 사실일 것이다.'라고 믿고 커서 돈 벌면 트로이를 발굴하러 가야겠다고 작심했다. 그리고 책방 점원 노릇을 하면서 16개 국어를 마스터하고 벌어놓은 돈을 몽땅 털어서 트로이를 발굴하러 갔다. 그는 거기서 엄청난 유물을 발굴한 것이다. 그것으로 그는 세계 고고학계의 거물이 되었다. 또한 큰 부자가 되었다. 호메로스의 『일리아드』가 미친 영향 때문에 역사적인 업적을 이룩한 것이다. 슐리만은 트로이뿐 아니라 그리스의 옛 왕국 미케네도 발굴했다. 나는 이 미케네의 유적도 보았다. 기원전 15세기경에 융성했던 왕조이다. 호메로스의 상상력의 결과이다. 단순한 문학작품으로서의 서사시가 아니라 역사적 증언을 담은 책이었던 것이다.

또 그리스에는 크고 작은 야외극장이 많다. 물론 고대 그리스의 극장들은 대부분 파괴되었으나 일부는 복원해서 쓰고 있었다. 나는 그리스에서 야외극장에서 연극 연습하는 장면을 직접 보았고, 그 야외극장의 음향효과에 경탄했다. 2,500년 전 고대 그리스에는 비극작가 소포클레스, 에우리피데스, 아리스토파네스 등이 있었는데 지금도 그들의 작품이 공연되고 있지 않은가? 나는 그중에서 소포클레스의 『안티고네』를 영화와 연극으로 보았다. 그의 작품은 진지하고 웅대했다.

이런 배경을 보면, 2,500년 전에 이미 인류는 조직적으로 자기 표현에 나섰음을 알 수 있다. 처음에는 기분 전환용으로, 축제의 목적으로 시작한 연극이 차츰 치유를 위한 예술로 발전되어왔다. 인간은 구속을 받을수록 처음에는 자발성을 억제당해서 주춤했다가 차츰 자기 스스로 자신을 표현하려는 내적 충동을 강렬하게 느끼게 된다.

5. 표현정신병리학회가 하는 일

우리나라에서도 1990년대 초에 임상예술학회가 설립되어 국제 학술대회도 열었고 지금도 매년 학술대회와 워크숍을 열고 있다. 임상예술학회란, 예술을 정신과적 치료의 보조수단으로 활용하는 방법을 연구하고 정보를 교환하는 단체이다. 여기에는 음악치료, 미술치료, 작업치료, 무용치료, 연극치료 등의 전문가와 정신건강 전문의, 정신건강 전문 간호사, 임상심리 전문가 등이 참여해서 연구 발표도 하고 워크숍도 한다.

1950년, 제2차 세계대전이 끝난 후 제1회 세계 정신의학회가 프랑스 파리에서 개최되었는데, 이때 부대 행사로 프랑스의 여러 정신병원에 입원하고 있었던 환자들이 그린 그림을 수집해서 전시하였다. 350명의 환자들이 그린 그림 2,000여 점을 전시했는데, 이 그림들을 분석해서 볼마라는 정신과 전문의가 1956년에 논문을 발표했다. 그는 데생의 스타일이나 표현양식, 조형의 상징성과 그림의 테마 등에 대해서 연구했다. 그는 1959년에 표현정신병리학회를 설립하고, 우선 작품을 정신과 환자의 주관적 증상으로 보고, 질병의 객관적 증상과 환자의 임상적 카드를 대조해서, 그의 퍼스낼리티상의 문제를 진단해내려고 했다.

작품이나 제작자에 관한 객관적 데이터와 대조해가면서 형태 분석, 제재, 테두리 치기, 경계의 유무, 색채, 표현 형태의 배치 등이 분석되었다. 테마도 전쟁(2차 대전 후여서), 범죄, 종교, 디테일, 장소, 시간, 표현된 대상의 생물-무생물 여하 등이 코드화되었다. 그리고 분석의 보완 자료로서 제작자(환자)의 생육력, 주거, 학력, 종교, 성생활, 직업, 취미, 정치활동, 예술활동 등에 대해서도 기록해서, 정신의학적 진단, 정신증상, 체형(體型)에 의한 성격 분석, 성격 경향성, 입원력 등을 참고해서 진단하고 처방한다는 식으로 활용하기 시작했다.

광인(狂人)의 예술과 원시적 예술 사이에는 깊은 관련성이 있다. 마치 천재와 광기 사이의 관계와 같은 것이다. 즉 이 두 신드롬의 뿌리에는 공통된 무엇인가가 있다는 것이다.

특히 프로이트나 융의 분석 기술을 적용한다면, 인간이 갈등 상황(예컨대, 이혼을 할 것인가 안 할 것인가? 아버지를 미워할 것인가 존경할 것인가? 직장 상사의 부당행위를 고발할 것인가 안 할 것인가? 좀 더 깊이 들어가서, 자살을 할 것인가 안 할 것인가? 등의 상황)을 만나게 되면, 우리의 심적 에너지(psychic energy)를 억제하는 쪽으로 해결(?)될 수도 있고(마치 아무 일도 없었던 것처럼), 공격적으로 나갈 수도 있고(파괴 행위나 고발, 육탄전), 합리화나 승화 쪽으로 해발(解發)할 수도 있어서, 이런 갈등을 무난히 해결하기 위해서 작가들은 거의 무의식적으로 작품의 창작 활동 속으로 그 에너지를 전이(轉移)시키기도 한다.

예컨대, 베토벤의 피아노 소나타나 교향곡에는 그런 대목이 많다. 〈교향곡 제2번 D major〉는 1802년 그가 32세 때 작곡한 것이다. 베토벤은 25, 6세 때부터 귀가 이상하다는 느낌을 가지고 있었는데, 이명(耳鳴)과 가벼운 통증을 겪고 있었다. 그게 차츰 악화되어 1800년에 들어서는 그것이 예사롭지 않다는 것을 알게 되었다. 이런 사실을 누구에게도 털어놓을 수가 없었다. 음악가가 귓병을 앓고 있다는 사실을 세상이 알게 되면 음악가로서의 생명이 끝나기 때문이다. 베토벤은 한밤에 혼자서 다른 사람 몰래 의사를 찾아가서 치료를 받았다. 그러나 증상은 악화 일로에 있었고 드디어 그는 1800년 여름, 의사의 권유로 빈 근교에 있는 요양원에서 정양(靜養)을 했다. 그곳은 공기도 신선해서 베토벤은 건강을 회복한 듯이 보였다. 그래서 거기서 제2교향곡을 썼다. 베토벤 연구자이고 작가였던 로맹 로랑은 이렇게 썼다. "그의 청춘의 사랑 이야기가 여기에 반영되어 있다." 당시 그는 백작의 딸 줄리에타를 사랑하고 있었으며, 따라서 작품에 그의 사랑이 담겨 있고, 작곡 기법도 제1교향곡과는 달리 새로운 세계를 보여주고 있다는 것이다. 그는 거기서 두 동생에게 보낼 「하이리겐슈타트의 유서」라는 편지를 쓰고 난 후 곧 빈으로 돌아와서 옛날보다 더 원기왕성하게 작곡에 임했으며, 그 음악은 그때까지의 음악과는 전혀 다른 음악이 되었다. 즉 형식은 전통적 양식을 벗어나 자유로워졌고, 그 표현은 단지 기품 있는 음악이 아니라 당당하고 웅대하고 강렬한 것이었다. 베토벤은 여기서부터 자기의 감정을 노골적으로 표출하기 시작했다. 그때부터의 음악은 열정과 힘이 넘치고 심각하고 높은 경지에 이르게 되었다. 그의 나이 30세경부터이다. 러브스토리가 그의 음악을 변화시킨 것이다.

심훈의 시 「그날이 오면」, 김영랑의 「모란이 피기까지는」 등은 일제에 대한 저항과 조국 해방에 대한 갈망이 시어로 드러나 있다. 아리스토텔레스는 "영감과 흥분과 시적 창조력은 같은 기질에서 유래한다"고 했다. 죽음에 대해서 두려움이나 망상이나 공포에 사로잡혔다가 '반 미치광이'와 같이 행동했거나 심한 심적 고통을 겪었던 작가들도 있다. 심지어 고티에(19세기 프랑스 시인, 작가, 예술의 공리성을 반대함), 네르발(19세기 프랑스 시인, 소설가)이나 빅토르 위고 같은 세계적 작가도 대마초를 사용해서 꿈과 광기가 같다는 것을 주장하면서, 스스로 약물 남용으로 광기에 빠진 사람들이다.

그런데 이렇게 예술가들(혹은 정신과 환자)의 작품을 정신의학 전문가들은 진단적인 관점에서만 보려고 할 뿐 환자 자신에게는 관심을 보이지 않는다는 비판이 일었고, 지금도 그 논평은 계속되고 있다. 특히 정신병원에 장기간 입원하고 있다는 사실 때문에 상세히 환자를 관찰할 수 있는 이점은 있으나 이미 그런 식의 작품 분석방법은 공허한 학문이 되어버렸다고 주장하는 반대파도 있다.

6. 롬브로소 미술관

표현 속의 의미있는 단서

체사레 롬브로소(1836~1909)는 이탈리아 의사이며 '형사인류학'이라는 새로운 학문 분야를 만든 사람이다. 나는 1953년 가을, 서울대 심리학과의 장병림 교수의 〈범죄심리학〉 강의를 들었는데, 그때 처음으로 롬브로소라는 이름을 들었다. 심리학에서는 그를 범죄심리학의 아버지라고 부른다. '롬브로소 미술관'이란 상징적인 명칭이며, 환자들에게 표현을 부추기기 위해서 사용되는 아틀리에를 말한다. 이 아틀리에에 환자들을 초청해서 광기가 서린 사람으로 각인되어 있는 이들로부터 최대한 회화 작품을 많이 수집해서 분석하는 것이다. 그러니까 정신질환자나 그런 질환의 징후가 있는 사람들에게 그림을 그리게 하고, 그것을 분석해 정신병적 증상이나 원인을 찾아내려 한 것이다. 물론 치료도 겸하지만, 마치 프로파일러들이 범죄자의 프로파일(성격, 행동 특징, 기타 인적 사항 등)을 보고 범죄의 동기, 도주 경로, 도피처 등을 알아내서 수사에 기여하듯이, 내담자나 환자의 그림 자료로 정신과적인 진단을 하려는 것이다.

이 경우, 자칫하면 환자(내담자)를 무시하고 그들을 이용하기만 하고 무용지물로 간주하기 쉽다. 이런 분석주의의 '표현 부추기기'는 그 자체로서는 예술치료가 아니라고 주장하는 측도 있지만, 그것은 치료의 방법상 문제이다. 표현이 자연스럽고, 다른 사람 특히 의사의 간섭을 받지 않아야 하고, 기획된 것이 아니고 자발적인 표현일 때에는 그 표현 과정 자체가 치료의 입구에 들어선 것이나 같은 것이다.

이렇게 진단적인 과정 속에 이미 치료적인 요소가 들어간다 해도 대체로 언어적 표현 내지 대화(정신과 의사와 환자의 관계의 80%는 치료적 커뮤니케이션으로 이루어진다)가 치료의 전 과정을 관통하기 때문에 (지금은 약물 투여도 거의 100% 가깝게 이루어지고 있다) 의사와 환자 사이에 거리감이 생길 염려가 있다. 특히 종합병원의 경우, 외래환자가 의사와 대담할 수 있는 시간이 아주 짧다. 특히 잘못된 작품의미 해독(解讀)이 불러올 부작용이 때로는 심각할 수 있기 때문이다.

일본에서 실제 있었던 일이다. 1980년대, 어느 고등학교에서 상담교사가 학생들에게 로르샤흐 테스트**를 실시하고 그 결과를 학생 개개인을 불러서 알려주면서, 어떤 학생에게 "너는 아무래도 정신분열증이 있는 것 같아" 하고 통보했다. 그 학생이 며칠 후 자살을 했다. 이후 학교에서 실시하는 테스트 결과는 절대 본인에게 직접 알리지 말고 문제가 발견되면 부모에게 통보하도록 했고, 학교에서 비전문가가 테스트

예술과 함께하는 심리학

** 얼룩진 잉크 흔적을 보여주고 그것이 무엇을 연상하는지 이야기하게 하여 그것으로 내담자의 심리를 분석하는 심리 테스트.

하는 것을 금지시킨 일이 있었다. 해독에 문제가 있었다는 이야기다. 잘못된 해독은 큰 부작용을 가져올 수 있다. "선무당이 사람 잡는다"든지 "생사람 잡는" 일이 있어서는 안 된다.

인간의 표현은 굉장히 다양하고 깊고 크다. 그러니까 한두 가지 표현 특성만으로 과대평가하는 위험성은 배제되어야 한다. 표현에는 음성(노래와 말소리), 동작(몸짓), 문장, 그림, 사진, 영화, 비디오, 표정, 패션(스타일), 화장, 헤어스타일, 악세서리 등이 포함된다. 예를 들면, 성 소수자들은 그들의 소지품을 보면 짐작할 수 있다. 지갑, 핸드폰, 열쇠고리, 스카프, 손수건, 양말, 안경, 시계 등등이 참고가 된다.

해독은 다각적으로

이렇게 표현이란 다양하기 때문에 표현의 해독도 다각적으로 이루어지는 것이 바람직하다. 언론인 가스통 무니에가 『광인(狂人)의 예술』(1907)이란 책을 썼는데, 그 속에서 "예술적 활동에서 작품이 탄생하기 위해서는 어떤 종류의 내적 상태가 있게 마련이다. 그리고 그 내적 상태가 지금 바로 작품을 만들려고 하는 첫 단계에서 창조성을 어떻게 부추기는지"를 검토한 결과, "거칠고 무분별한 예술 쪽이 잘 정돈되고 완성된 걸작보다 더 예술의 진실을 적나라하게 벗겨 보여준다"고 했다.

예술가 중에는 알코올에서 영감을 얻은 사람이 굉장히 많다. 천상병 시인의 「귀천(歸天)」을 읽어보거나, 변영로 시인의 『명정사십년(酩酊四十年)』을 읽어보면 술이 아이디어 메이커이다. 왜냐하면 알코올이 의식의 억압 장치를 걷어내주기 때문이다. 광기가 창조적 활동성의 탄생에 한몫하는 것은 사실인데, 작가 오영진 선생은 창작과 휴식을 위해서 이화여대 부속병원에 장기 입원한 적이 있다. 거기서 환자와 오래 생활하면서 많은 작품을 썼다. 그 작품들이 이화여대 심리학과 학생들의 '사이코드라마' 소재가 되어 몇 년 동안 공연되었다. 왜냐하면 그들 작품에는 병리적으로 문제될 내용들이 많이 담겨 있었기 때문이다.

정신과 환자 특히 정신분열증 환자의 조어(造語) 능력은 대단하다. 미국의 정신의학자인 케네스 콜비 박사가 쓴『정신치료 어떻게 하는 것인가?』(이근후 역)를 보면 분열증 환자는 의사와 처음 면담에서 '어머니와 성교를 하고 싶다'든지, '다른 사람의 대변을 먹고 싶다'든지, '자신의 성기를 노출시키고 싶다'든지 하는 소망을 거침없이 털어놓는다고 한다. 다른 말로 하면, 본능적인 충동을 이야기하는 데 대한 저항이 지나치게 적다. 이때 만약 환자에게 연상(連想)하도록 하면 말의 적절성이 검토되지 못한 채, 연결되지 않는 생각들이 무질서하게 떠오르게 된다. 문자 그대로 지나치게 자유로운 연상을 한다는 것이다. "내가 예수다! 너희들 모두 내 앞에서 절해라"라든가 하는 행동을 서슴없이 한다.

이들의 조어 능력에 대해서는 전문의도 인정하는 바이나, 앞에서 말했듯이 연상이 자유로우니까 그 연상들이 무작위로 결합되어 전적으로 새로운 관념의 말이 탄생된다. 사전에 새로 등재해도 좋을 새로운 말과 문법을 구사하는 예가 많다. 분열증 환자들은 말에 막힘이 없다. 그 이유는 무엇인가? 그 이유는 정신을 통제하고 있던 외압(초자아, 자아, 현실, 제도, 체면, 교육 등)의 압력이 약화되었거나 제거되었기 때문이다. 예술가들도 비교적 그런 외적 압력(정상적인 경우는, 권력, 금력, 파티산[동조 집단])에서 자유로우려고 하기 때문에 때로는 미치광이로 오해를 받는다.

1980년 초, 나는 이상한 경험을 했다. 하루는 내 연구실로 총장실에서 전화가 왔는데, "정부 관계자가 선생님을 뵈려고 찾아왔으니 협조해 주세요"라는 내용이었다. 몇 분 후 검은 양복을 입은 젊은 신사 두 사람이 커다란 보따리를 들고 내 연구실에 들어왔다. 이야기인즉, 정부 주요 기관(중정부)에서 일하는 사람이라면서 "선생님 도움이 꼭 필요해서 찾아왔다"고 했다. 간단히 말하면, 김지하 씨가 그동안 쓴 모든 글, 책, 시집 등을 다 찾아내서 가지고 와서 그 내용을 분석해달라는 것이었다. 어디서 내 이름을 어떻게 알고 내가 그런 것을 할 수 있다고 생각했는지 아직도 미스터리이다. 그들의 의도는 그것들 속에 사상적 · 이념적 편향성과 정신병리적 문제를 캐내는 것이었다고 보여졌다. 물론 나는 그 방면의 전문가가 아니고, 그런 분석은 커뮤니케이션을 전공하는 사람들이 잘하는 분야라고 설득해서 그 짐에서 벗어났지만 누군가가 그 일을 맡아서 했을 것이라고 생각된다. 커뮤니케이션 분석 방법이 있다. 그걸 '내용 분석'이라고 한다. 아마도 내가 이전에 "해방 후 1980년대 초까지의 우리나라 대중가요의 가사 분석 결과"를 발표한 적이 있어서 그걸 빌미로 찾아오지 않았나 생각된다.

정신과 환자나 내담자들은 그동안 겪어왔던 정신적 문제를 일상생활 속에서 정상적으로 해결하지 못하게 되면, 강력한 방어기제(자기가 망가지지 않도록 방어하는 수단)를 사용해본다. 그래도 해결이 안 되고 그마저도 무너지게 되면, 병적 상태(신경증, 정신장애, 히스테리 등)로 도피해버린다. 그래야만 사회(가족, 친구, 이웃, 직장인)로부터 비난을 모면할 수가 있기 때문이다. "나는 아프니까"라는 변명이 통하기 때문이다.

잘 정돈된 작품, 말하자면 교과서적으로 기승전결이 있고, 원근, 명암, 입체감, 구도 개념을 잘 살린 작품에서는 작가의 사상, 감정 따위는 읽어내기가 어렵다. 왜냐하면 그런 작품들을 보면 모두가 비슷비슷하기 때문이다. 자기의 느낌과 생각을 표현해야지 어떤 공식, 틀 속으로 들어가면 개성은 죽어버린다. 이런 틀을 완전히 벗어난 사람들이 환자들이다. 아무런 구속과 제재와 간섭 받을 필요가 없기 때문이다. 무슨 생각을 하든, 무슨 말을 하든 상관이 없다. 뭐든 허용되기 때문이다. 이

때 치료자는 그들의 어떤 불순한 생각(심지어 근친상간)을 갖더라도 죄악시하면 안 되고, '누구를 죽이고 싶다'고 말해도 예비 살인범으로 몰 수가 없다. 왜냐하면 그의 정상적인 자아가 발동한 것이 아니라, 그 인격 속에 또 다른 자아가 존재하고 있다는 뜻이기 때문이다.

그래서 이른바 아카데믹한 작품들의 가치를 중요시하고, 정중한 작품, 극히 오서독스한 작품을 높이 평가하는 쪽에서는 이와 같은 분열적인 인격이 보여주는 비통스러운 지성, 끈덕지고 장황스러운 이야기(마르케스의『백 년 동안의 고독』같은 작품), 정상궤도를 벗어난 미치광이 같은 행동, 비상식적 행위, 무정부적 작품에서 볼 수 있는 바보스러운 제안, 어린아이의 작품 같은 치졸한 작품에 대해서 경멸하는 태도를 보인다. 우리나라의 작가 중 어린아이의 그림 같은 치졸함이 주류인 장욱진의 그림은 어떤가? 그 속에는 장 화백의 감정과 사상이 고스란히 잘 드러나 있다. 이중섭의 〈소〉 그림도 그렇다.

극단적인 단순성, 혹은 세련되지 못한 문체 같은 것이 갖는 원시성과 치졸성과 광인의 예술 속에서 인간 정신의 배태양식(胚胎樣式) 사이의 병존 관계를 추적해볼 수 있다. 그래서 그것들 사이의 관계, 즉 개인의 '어둡고 난삽한 의식'과 '작품 속에 내비친 양식' 사이의 관계에 대해 무슨 가설을 설정해볼 수가 있겠다.

7. 미치광이의 예술적 표현

광인***의 예술적 표현은, 과학자들이 즐겨 사용하는 추상적 개념과

*** 여기서 광인이란, 정신과 환자를 말하는 것이 아니라, 어느 한 가지 일에 몰

합리적이고 논리적인 사고의 결과보다는 훨씬 강력하게 사람의 마음을 흔들어놓는다. 예를 들면, 『구약성서』의 「시편」(다윗 왕, 솔로몬 왕, 모세 등이 저자)에 보면, 다윗이 왕이 되기 전과 그 후에도 자기를 적대시하고 야훼 신을 부정하는 세력과 싸우면서 읊은 시들이 여기저기 나온다.

> 내 하나님이여, 내 하나님이여, 어찌 나를 버리셨나이까? 어찌 나를 멀리하며 돕지 아니하옵시며, 내 신음하는 소리를 듣지 아니하시나이까? 내 하나님이여, 내가 낮에도 부르짖고, 잠잠치 아니하오나 응답하지 아니하시나이까?
>
> —「시편」 22편

다윗과 솔로몬은 모두 항상 왕위를 위협받고 있었다. 현대인 같으면 이런 말은 밤에 혼자서 기도하고 울부짖었을 것이다. 아니면 언론 인터뷰를 해서 분함을 호소하거나 SNS에 올리겠지. 아니면 자결할 수도 있을 것이다. 현대인들에게는 행동과 선택의 자유의 영역이 엄청나게 확대되었지만 정신적 영역(감정과 정서, 분노, 울분)을 자유롭게 표현하기에는 검열자(네티즌)가 너무 많아서 오히려 제약이 많아졌다고 할 수도 있다. 유명인사가 말실수 한마디라도 하면 실시간으로 SNS에 올라간다. 그런데 이 시는 3,500년 전의 글이고, 그 기록을 우리가 지금도 읽을 수가 있을 뿐 아니라 그(다윗)의 감정 표현에 크게 공감하게 된다는 점에서 매우 훌륭하고 존귀한 작품이라고 할 수 있다.

한국에 온 탈북자들이 전하는 바에 의하면, 젊은 층에서는 한국의 드라마를 보고, 음악을 듣고, 영화 비디오를 보고 한국을 동경해서 탈북했다는 증언을 한 사람이 많았다. 드라마와 음악, 영화의 어떤 점 때문

두해서 정상적인 생활궤도를 벗어난 사람을 말한다.

일까?

① 중국을 통한 밀무역을 하는 사람들이 돈이 될 성싶으니까 한국의 비디오테이프, CD, 카세트테이프, 최근에는 USB(이동식 기억장치)까지 보급하면서(주로 중국산이나 한국산), 웬만한 젊은이라면 사상이나 이념에 관계없이 호기심으로 보고 듣곤 한다. 그리고 그 호기심이 중독성을 갖게 되었다.

② 이 호기심은 확대 재생산되어 드라마에 나오는 에토스(사회적 분위기나 시대정신 같은 것)를 보고 한국인이 자기네들보다 훨씬 자유롭게 잘 살고 있다는 것, 지도자들이 인민을 속이고 있다는 것, 그리고 한국 젊은이들의 사랑 이야기에 반했다는 등… 을 알 수 있다.

③ 가장 중요한 것은, 북조선에서는 개인이란 단지 유일 지도자와 당을 위해서만 존재하는 노예에 불과하고, 극소수를 제외한 개개인의 삶에는 미래에 대한 희망이 차단되고 있다는 것을 깨닫게 되었다는 점이다. 이것이 드라마와 음악과 영화가 발휘하는 위력이다. 곧 예술의 힘이다. 그 예술의 힘도, 자유로운 표현이 보장될 때에만 진정한 힘이 된다. 표현의 자유 없이 획일적으로 또 강압적으로 주입할 때에는 그런 개인과 사회를 변화시킬 수 있는 영속적인 힘이 되지를 못한다는 것도 탈북민을 통해서 인식하게 되었다.

예술과 함께하는 심리학

문학과 예술의 역사를 보면, 1차 세계대전과 2차 세계대전 사이에 초현실주의라는 사상적 운동이 있었는데, 문학에서는 앙드레 브르통과 장 콕토 등이 있었고, 미술에서는 달리와 미로, 마그리트, 탕기, 에른스트 등이 있었다. 이들은 자연(의식 세계)의 세계보다 프로이트가 밝힌 꿈과 환상의 세계의 중요성과 그 의미에 감동받았고, 무의식의 세계야말로 진정한 현실(reality)의 세계란 것을 알게 되었다. 회화에서는 일상적 오브제를 꿈(환상)과 같은 새장 속에 배치하였고, 아무런 관계도 없는 것들을 병치(併置)하였다. 즉 그들은 각성과 수면, 내적 현실과 외적 현실, 이상과 광기, 인식의 힘과 사랑, 일상과 혁명 등 너무도 서로 거리가 먼 세계를 결합하려고 시도하였다.

이런 관점에서 보면 예술적 창조의 메커니즘은, 가지가지 외적 속박(제약, 제도, 관행, 법률, 전통, 종교적 계율, 정치이념 등)이나 심리적 억압(받아들일 수 없는 사상과 감정, 소망 등을 의식 세계에서 내쫓기 위한 방어기제)으로부터 해방되는 데 있다. 놀랄 만한 변증법적 효과(주류가 비주류와 겨루다가 차츰 두 가지가 타협하거나 종합된 형태로 발전하는 것)에 의해서, 여러 가지 허위와 이익에 대해서 거부 반응을 보이는 것은 개인적으로 보면 비장한 감정이 되겠지만, 거기에는 때 묻지 않은 진실이 있다. 도처에 잠재해 있던 진실이 드러나고, 그로 인해 개인적으로나 집단적으로 나날이 의식이 변화하게 된다.

한 예를 들어보자. 스탈린이 1953년 74세로 집무실에서 쓰러졌다. 보좌관이 황급히 주치의를 불러서 확인시켰더니 사망했다는 선언이 나왔다. 그러자 보좌진들이 집무실을 나와서 슬퍼하기는커녕 "동지들, 우리는 드디어 해방되었소."라고 외쳤다고 한다. 억압에서 풀린 자의 환호를 느낄 수 있는 이야기다. 마찬가지로, 오랜 세월 동안 겪어온 정신적 갈등에서 해방되었을 때의 그 만족감과 행복감은 헤아릴 수 없을 만큼 크다.

그런데 문제는 있다. 광기나 정신장애가 모든 경우에 창조적 표현과 직결되는 것은 아니다. 반대로 모든 창조적 활동의 밑바닥에 정신병리적 신드롬이 깃들고 있는 것도 아니다. 이 점을 우리는 경계해야 한다.

7장

문학·예술작품의 분석 예

내가 대학생 때 일본어로 된 톨스토이의 작품을 여러 편 읽었는데, 그중에 『크로이처 소나타』라는 소설이 있었다. 원래 〈크로이처 소나타〉는 베토벤의 바이올린과 피아노를 위한 소나타 제9번 A장조(Op. 47)인데, 베토벤의 소나타 중 가장 유명한 곡이다.

톨스토이의 소설 속 이야기는 이렇다. 130여 년 전의 톨스토이는 증오와 질투에 휩싸여 아내를 살해한 사내의 입을 통해서 '사랑의 유효기간'에 대한 질문을 던졌다. 소설 『크로이처 소나타』의 앞부분에, 열차 안에서 토론에 등장하는 낯선 사내 포즈디니세프는 "오래 지속되는 사랑이란 소설 속에서나 나오는 이야기"라고 주장한다. 소설의 화자가 되는 남편의 회상 속에서 아내가 이 〈크로이처 소나타〉를 연주한다. 바이올린과 피아노의 두 연주자 사이의 경쟁과 같은 관계로 연주하는 곡이라는 점에서 톨스토이가 이 주제를 선택한 것 같다.

톨스토이는 귀족 출신(백작)이었고, 대지주였고, 온갖 예술가들과 접촉했다. 당시 혁명 전이라 러시아에는 세계적으로 이름을 날리던 민족

음악파의 젊은 작곡가와 연주가가 활발하게 활동하고 있었다. 젊은 차이콥스키를 비롯해서 라흐마니노프, 림스키코르사코프, 무소르그스키, 스트라빈스키, 브로딘 등등이 활동할 때였다. 이 〈크로이처 소나타〉는 협주곡 형식인데, 협주곡이란 말은 원래 라틴어의 concertare에서 온 것으로 '경쟁한다, 투쟁한다'라는 뜻이다. 그래서 그랬는지는 몰라도 음악의 아이디어를 빌린 이 소설은 흥미가 간다.

예술가들로 하여금 작품을 창작하게 만드는 원동력, 동기는 무엇일까? 명예, 돈, 정치적 야망, 성격, 시대정신의 대변, 개인사적 갈등이나 문제, 병리적 장애, 자기 고백, 참회록, 무의식적 충동의 표출, 방어기제, 뭐 이런 등등의 동력이 작용할 수도 있을 것이다. 노벨상 수상이 목표인가? 다 허망한 것이다. 일본의 노벨상 수상 작가 가와바타 야스나리는 자살을 했다.

이와 같이 예술가들의 작품 속에는 감추어진 스토리가 있다. 주제 선택에서부터 주인공, 이야기 줄거리, 기승전결의 과정 그리고 결말, 완성된 작품이 주는 효과 등에는 창작자 자신의 정신세계가 배어 있다고 생각되어 몇몇 사례를 예를 들어보겠다. 이광수의 1947년작 중편소설 「꿈」은 자신의 친일 원죄를 속죄하기 위해 신라시대 때의 「조신 설화」를 이용했다고 비평하는 쪽이 있다.

1. 레오나르도 다빈치

도대체 작가의 작품 배경에 무엇이 숨겨져 있다는 말인가?
프로이트는 다빈치(1452~1519)의 예술이나 그의 탐구정신을 '대머리 독수리'라는 테마를 통해서 밝혀진 그의 동성애적 감정을 극복하려고 승화(sublimation)라는 방어기제를 사용했다고 설명하고 있다. 자기가 다치지 않고 사회가 인정하고 승인해줄 수 있는 방법으로, 자신의 원시적 욕구를 표현할 수 있는 것이 예술적 표현이라고 무의식적으로 생각했을 것이라는 말이다.

"예술가의 창조적 작업은 동시에 성적 욕망에서 움튼 것이 많다"라고 프로이트가 쓴 적이 있다. 성적 욕망은 본능으로 인정하기는 하지만 그 욕망을 일상생활에서 노골적으로 드러낼 수는 없는 노릇이 아닌가? 식욕은 "나 배고파, 뭐 좀 먹지 않을래?" 해도 괜찮지만, 성에 관한 문제는 그게 쉽지 않다. 그러니까 대개는 억눌러놓는다.

그가 다빈치를 분석하면서 그 가설을 증명해 보였다. 다빈치에 관한 전기 자료를 들여다보면, 확실하게 일어났던 사건, 혹은 일어났을 법하다고 추정되는 사건, 그의 성격 특성, 그의 창조적 행위에 관한 사실 등을 알 수가 있다.

예술과 함께하는 심리학

프로이트가 레오나르도 다빈치의 그림에 대해서 쓴 논문이 있다. 레오나르도가 써서 남긴 글에는 그의 어린 시절에 관한 기억도 기록되어 있다. 그는 자기가 사생아 출신이라고 적고 있다. 아버지가 바람을 피워서 자기를 낳았다고 했다. 그로 인해서 레오나르도가 어렸을 때, 어머니가 자신을 지나치게 사랑했기 때문에 처음에는 그걸로 인해서 그는 이성애(異性愛)를 경험했고, 그것이 다음에는 동성애적 경향으로 향하게 만들었다고 했다. 다시 그것이 〈모나리자〉의 미소로 표현되었다고 해석했다.

〈모나리자〉의 모델인 조콘다 부인이 레오나르도를 사로잡은 것은, 그녀의 미소에서 어머니의 그림자를 보았기 때문이며, 〈세 사람의 동반자와 안나〉라는 그림(성 안나와 성모자)에 미소를 머금은 성(聖) 안나와 성모 마리아 두 사람이 젊게 그려져 있는 것은 친모와 계모라는 그의 복잡한 모자 관계를 분명히 나타내고 있다고 한다.

또한 프로이트는 레오나르도의 일기에서, 그는 부친을 미워해야 하는 존재로 보고 있었기 때문에 그가 무신론자가 되었다고 보고 있다. 작품의 상당량이 미완성인 채로 남아 있는 것도 차례차례로 여성을 버린 아버지의 나쁜 성격 때문이었다고 주장한다.

예술에서부터 과학적 탐구에 이르기까지 광범위한 그의 관심사나 흥미의 정도로 보아, 결국 그가 많은 작품을 완성시키기는 했지만, 이미 성욕의 감퇴로 인해서 동성애로 빠졌고, 사랑의 에너지가 플라토닉한 사랑으로 끝났다는 것도 알 수 있다고 했다. 그래서 성적 에너지의 고갈로 인해 동성애적 사랑의 감정의 고양이 그로 하여금 지적 탐구에 매몰케 한 것으로 이해된다고 했다.

대머리 독수리 이야기를 좀 더 하겠다. 이는 사실 '대머리 매'를 잘못 번역한 것이란다. 대머리 독수리가 젖먹이인 레오나르도의 입술을 열고 자기 꼬리를 집어넣고 있다는 뜻인데, 이것은 펠라치오(fellation, 남성 성기에 대한 오럴 섹스를 말한다)적인 환상을 불러일으키는 그림이라는 것이다. 이 이야기는 전기뿐 아니라 그가 남긴 다른 예술작품을 근거로 해서 추출해낸 결론이라고 한다. 〈성 안나와 성모자〉에서 볼 수 있는 성 안나와 성모 마리아의 신체는 발만 따로 그려져 있지만, 몸은 거의 하나가 된 상태, 즉 융합된 듯이 보인다. 이것은 레오나르도의 전 생애를 통해서 어머니적 형상을 통합한 것이라고 한다.

〈모나리자〉의 모델인 조콘다 부인은 어릴 때 헤어진 어머니를 회상케 하기 때문에 모나리자의 모습은 실은 레오나르도의 어머니 형상에 가깝다고 했다. 어머니의 미소를 베꼈다고도 한다. 어머니적 형상으로서의 생모, 젊은 계모, 그리고 아버지와 같은 권위와 가치를 지닌 할머니는 더욱 프로이트가 신중하게 인용한 피스터(Pfister)의 그림에서 보듯이, 성모마리아의 의복의 윤곽 속에, 대머리 독수리를 표현하고 있다고 생각되는 수수께끼 같은 이미지가 무의식 속에 감추어 그려져 있다는 것이다. 그리고 그 대머리 독수리의 꼬리는 예수 그리스도의 입술을 향하고 있다.

프로이트는 끝에 가서 전기적 자료가 귀하다는 것을 인정하고, 레오나르도의 인생을 정신분석적 설명으로 보완하려 했다. 1912년에 프로이트는 라이프치히에서 잡지 『이마고』를 창간하고, 정신분석을 인문과학에 응용하려고 했다.

근래에 와서 한 정신분석가는 피카소가 3세 때 대지진을 만나고, 그의 어머니가 미숙아 누이를 낳은 외상적 경험이 〈게르니카〉의 탄생과 관계가 있다는 논문을 발표하기도 했다.

2. 셰익스피어

셰익스피어는 평생 38편의 희곡을 썼고, 자기 자신이 배우 노릇까지 했다. 프로이트는 셰익스피어의 작품을 정신분석학적 방법으로 분석해서 논문으로 발표한 바가 있다. 그중 대표적인 몇 작품만 소개하겠다.

베니스의 상인

그 유명한 『베니스의 상인』의 무대인 베니스(이탈리아어로 베네치아)는 지금은 아드리아해의 북단에 있는 이탈리아의 세계적 관광지이지만, 이미 7세기 말부터 영주를 시민들이 선거로 뽑은 민주적 도시국가였다. 르네상스 이후 14세기 전성기에는 유럽과 소아시아, 흑해까지 무역을 통제하였다. 그래서 이탈리아의 부가 베니스로 몰려들었다. 이때 유럽 각국에서 추방당한 유대인들이 베니스에 많이 와서 장사를 했다.

11세기부터 13세기까지 여덟 차례나 십자군이 파견되면서 유럽인들이 유대인을 미워하기 시작했고, 특히 스페인에서 활개를 치고 다니던 유대인을 대대적으로 추방하기 시작했다. 유럽 각국에서 대금업 이외의 전문직은 가질 수 없어서 특히 고리대금업을 많이 했다고 한다. 그래서 셰익스피어는 고리대금업을 하는 유대인 샤일록을 주인공으로 한 희곡을 쓴 것이다. 물론 유대인을 공격하기 위한 것이 목적이 아니고 인간의 운명에 관한 이야기를 한 것이다.

이야기의 줄거리는 이렇다.

안토니오는 친구인 바사니오로부터 돈을 좀 빌려달라는 부탁을 받는다. 바사니오는 벨몬트에 사는 아름답고 돈 많은 포샤라는 여성에게 청혼 중이었는데, 그녀에게는 품격 있는 다른 남성들도 청혼하고 있었다. 바사니오는 그중 포샤에게 가장 호감을 주는 남자였다. 안토니오는 돈을 빌려주고자 했으나 자기의 재산이 바다에 떠 있는 무역선에 다 묶여 있어서 현금으로 빌려줄 수가 없었다. 그래서 샤일록이라는 유대인 고리대금업자에 가서 돈을 빌리기로 했다. 무이자로 빌려주기로 하되 샤일록은 안토니오가 크리스찬(가톨릭)이고 자기네 유대인과 오랫동안 원수 관계로 있었고, 정당하게 번 돈으로 번창하는 자신을 이익만 추구하는 수전노라고 욕을 하고 다니는 안토니오에게 '유대인의 저주가 있을지어다'라고 하면서 약속 기일 내에 빚을 못 갚을 경우에는 골탕을 먹여주려고 엉덩이 살 1파운드를 떼어주겠다는 계약을 하자고 했다. 안토니오에 대한 샤일록의 증오에는 또 다른 이유가 있었다. 안토니오의 친구 로렌조가 그의 도움으로 샤일록의 딸 제시카와 사랑의 도피를 한 것이다. 제시카는 아버지의 돈과 보석을 훔쳐 달아났다.

안토니오는 샤일록의 제안을 농담으로 취급하며 동의했다. 그사이 바사니오는 포샤를 만나려고 벨몬트로 갔다. 벨몬트에서는 바사니오가 포샤의 아버지의 뜻에 따라 수수께끼를 풂으로써 세 사람의 청혼자끼리의 경쟁에서 승리하여 포샤의 손을 잡게 된다. 수수께끼는 금, 은, 납이 든 세 개의 상자 중에서 금이 든 상자를 고르는 것이었다. 포샤는 바사니오에게 반지를 건네주면서 만일 그 반지를 잃어버린다면 "우리의 사랑의 끝을 의미하는 것"이라고 경고한다. 이에 바사니오는 포샤에게 죽음에 이를 때까지 그 반지를 끼고 있겠다고 맹세한다.

그런데 이 연인들의 기쁨은 안토니오의 배가 행방불명되면서 그의 채권이 모두 몰수당하게 되었다는 뉴스로 인해 갑자기 소멸되고 만다. 포샤는 샤일록에게 갚아야 할 빚의 세 배를, 필요하다면 포샤의 재산을 털어서라도 지불하라고 바사니오에게 말한다. 바사니오는 베니스로 떠나고, 포샤는 파두아에 있는 유명한 법률박사 벨라리오에게 메신저를 보낸다.

그동안 샤일록은 안토니오의 살을 어떻게 벨 것인지를 생각하고 있었다. 그는 베니스 공작이 재판을 주재하는 법정에 안토니오를 잡아끌고 들어와 여러 유대인 앞에서 호소한다. 바사니오는 샤일록에게 이 채무의 10배를 갚겠다고 제안하지만 샤일록은 양보하지 않는다. 안토니오의 살을 베기로 하니 안토니오는 호된 시련을 겪을 준비를 한다.

그때 포샤가 법률박사의 복장으로 위장하고 나타나, 안토니오에게 자비를 베풀어달라고 재판장에게 호소한다. 샤일록이 왜 자비를 베풀어야 하는지 물으니까 포샤는 장황하게 설명한다. 그러나 샤일록은 포샤에게 "마치 다니엘(구약성서에 나오는 선지자)이 재판하러 온 것 같다. 안토니오가 살을 1파운드 양보해야 한다"고 고집한다. 안토니오는 친구 바사니오에게 작별 인사를 하고, 바사니오는 친구의 생명을 구하기 위

예술과 함께하는 심리학

해서라면 자기와 아내의 일생을 희생할 수도 있다고 맹세한다. 이때 포샤는 "당신의 아내가 옆에서 당신의 제안을 듣는다면, 그 일로 조금 감사해하지 않을지도 모르겠소"라고 말한다.

포샤는 "채권증서에 따라 1파운드의 살은 허용하지만 만일 피가 한 방울이라도 흘리면 법에 따라 샤일록의 토지와 재산을 몰수해야 된다"고 주장한다. 그 주장을 들은 샤일록은 살 1파운드 대신 현금 상환을 요구한다. 그러나 포샤는 "살만 취해야 하고, 그것도 1파운드 이상도, 이하도 안 되며, 그렇게 하지 못한다면 샤일록의 생명과 전 재산을 법에 의해 몰수해야 한다"고 주장한다. 샤일록이 채권을 포기하고 법정을 나가려고 하니, 포샤는 베니스 시민의 삶에 반하는 모의를 하는 외래인(샤일록이 유대인임을 암시함)은 그의 재산의 반을 희생자(안토니오)에게 주고, 반은 국가에 헌납해야 한다고 지적한다. 안토니오는 샤일록의 재산은 제시카(샤일록의 딸)와 나누고 그의 아버지의 재산 상속자가 되어야 한다면서 자비로움을 보여준다.

안토니오와 바사니오는 포샤에게 크게 감사를 표하지만 포샤는 변호의 대가로 안토니오의 장갑만 받기로 하고, 바사니오에게는 반지를 요구한다. 잃어버리지 않겠다고 맹세했던 그 반지이다. 포샤의 몸종 네리사는 수행서기로 위장해서 봉사하고 있었는데, 그녀 역시 안토니오와 바사니오의 또 다른 친구 그라티아노에게 반지를 대가로 달라고 요구한다.

벨몬트로 돌아온 포샤와 네리사는 바사니오와 그라티아노에게 각각 자기들이 준 반지를 어떻게 했느냐고 묻는다. 다른 여자에게 준 것이 아니냐고 추궁하면서 그들을 놀려댄다. 드디어 가면은 벗겨지고 연극은 해피엔드로 끝난다.

리어 왕

셰익스피어의 4대 비극 중 하나이다. 아들이 없는 리어 왕은 세 딸에게 왕국을 나누어주고, 여생을 가장 사랑하는 막내딸 코델리아와 함께 안락하게 보내고자 마음먹고 있었다. 딸들의 효성을 시험해본즉 큰딸 코널리와 둘째 딸 리건이 애정을 과장한 것에 비하여 코델리아는 딸로서의 당연한 의무를 다할 뿐이라고 했다. 이에 실망한 늙은 왕은 노발대발하여 코델리아에게는 한 푼도 주지 않고, 구혼자인 프랑스 왕에게 넘겨준다.

큰딸과 둘째 딸의 감언에 속은 왕은 왕국을 두 사람에게 나누어주었으나 그들은 오래지 않아 본성을 드러내어 완고한 아버지를 귀찮아하며, 심지어 학대까지 하게 된다. 왕은 마침내 미쳐버리고, 폭풍우 속의 광야를 헤맨다. 이 사정을 안 코델리아는 남편인 프랑스 왕을 달래어 리어 왕 구출을 위한 군사를 동원하나 불행히도 아버지와 함께 영국군의 포로가 된다. 사랑하는 딸과 함께 지내는 감옥은 오히려 그에게는 천당인 양 즐거운 것이어서, 리어 왕의 실성도 나아지는 듯 보였으나 옥중에서 딸이 교살되는 것을 보자 그는 충격 끝에 죽는다.

이러한 본 줄거리에 더해서, 리어 왕과 마찬가지로 서자인 에드먼드의 아양에 속아 착한 장남 에드거를 불행 속에 빠트리고, 자신마저 에드먼드에게 배반당한 끝에 두 눈이 뽑히고 만 글로스터 백작의 비극을 곁줄기로 병행하여 이야기를 전개시키고 있다.

미친 듯이 휘몰아치는 폭풍우 속의 광야를 무대로, 실성한 늙은 왕과 그의 은혜에 보답하려는 광대, 그리고 미치광이를 가장한 에드거 등이 등장하는 장렬한 장면을 중심으로 한 이 작품은 4대 비극 중 가장 격렬한 감정을 치솟게 한다. 이 극에서 셰익스피어는 인간의 정신의 뿌리에는 무엇이 일어나고 있는지를 파악하려고 했다. 리어 왕, 광대, 에드거

예술과 함께하는 심리학

가 표현하는 세 가지 광기의 세계 속에 정상적 인간으로서는 통찰하지 못하는 거짓 없는 인간성이 잘 드러나 있다.

『베니스의 상인』과 『리어 왕』, 셰익스피어의 이 두 작품은 공통된 구조를 가지고 있다. 두 편의 드라마에 나오는 인물은 남자가 세 사람, 여자가 세 사람이다.

『베니스의 상인』에서 남자는 샤일록을 제외하고 안토니오, 바사니오, 그라티아노이고, 여자는 포샤, 제시카, 네리사이다. 극에서는 포샤의 아버지가 포샤의 청혼자 세 사람에게 금, 은, 납이 든 상자 중 금이 든 상자를 고르면 딸을 주겠다고 약속한다. 이것이 줄거리다.

그런데 여기서 심리학은 좀 다르게 본다. 프로이트는 꿈속에 나타나는 여러 이미지는, 다른 의미를 가진 상징성을 띤다고 했다. 그중에서 성적 상징성을 띠는 것이 있는데, 우산, 막대, 지팡이, 장대처럼 길고 가늘고 뾰족한 것들이 남성 성기의 상징이고, 구멍, 그릇, 구덩이, 상자 등과 같이 안에 뭔가를 넣을 수 있는 것들은 여성 성기를 상징한다고 했다. 또 풍경은 여성의 음부를 상징하고, 춤, 승마, 등산과 같은 율동적인 운동은 성행위의 상징이라고 했다. 그래서 포샤의 아버지가 내민 것은 세 개의 상자이지만, 그것은 세 명의 여자를 상징한다. 포샤의 아버지가 사윗감을 고르는 것이 아니라, 세 명의 여자(포샤, 제시카, 네리사) 중에서 바사니오가 포샤를 고르는 것이다. 그러니까 이야기는 반전된다. 그리고 여기서 선택받은 여성은 제시카나 네리사가 아니라 가장 성숙한 포샤이다.

『리어 왕』에서는 세 딸이 표현한 애정의 깊이로 재산을 분배한다. 그중 한 딸과 여생을 보내려고 한다(선택). 미사여구를 늘어놓은 두 딸에게 재산을 나누어주고 막내딸을 추방하나, 결국은 막내딸과 감옥에 갇혀 죽는 비극으로 끝나는 것이 원래 줄거리다.

그런데 원래는 두 딸이 아니라 딸 하나만을 고르게 되어 있었고(왕국의 계승자), 선택된 여성은 가장 정신적으로 성숙한 여성이어야 한다. 그래야 지도력을 감당할 수 있으니까. 그러나 운명은 죽음으로 마무리하게 되었다. 처음에 선택되지 못한 것이나 비극적으로 죽음을 맞이한 것은 운명이었고, 다른 한편 운명에 항거하는 인간을 표현하고 있다. 즉 코델리아가 그 역할을 했다.

『베니스의 상인』의 포샤도 그렇고, 『리어 왕』의 코델리아도 그렇다. 그러나 포샤는 이겼고, 코델리아는 졌다. 이것은 운명인가? 두 드라마의 주인공, 샤일록과 리어 왕의 공통점은 화려함과 요설(饒舌)이 아니라 침몰과 죽음이었고, 운명은 받아들여야 한다는 것을 암시한다. 그러나 한편으로는 욕망 역전으로 운명에 항거하려는 인간을 표현한다. 안토니오와 코델리아가 그러한 인물이다.

3. 루소

루소의 인생도 기구한데, 그가 교육론 『에밀』과 『사회불평등』 등에서 표명한 사상과 자신의 실제 삶 사이에는 모순이 너무 많다.

루소의 『참회록』의 내용을 분석해보자. 루소는 26세 때, 원인을 알 수 없는 병에 걸렸다. 그는 "어느 날 아침, 보통 때보다 몸의 상태가 그리 나쁘지 않아서 작은 테이블을 큰 받침대에 붙이려고 하고 있는데, 갑자기 전신에 이유를 알 수 없는 큰 격통을 느꼈다. 굳이 비유한다면, 혈액 속에 폭풍이 일어나서 삽시간에 몸 전체로 퍼져나간 것 같았다. 동맥은 격렬하게 요동치기 시작했고, 그 소리가 들리기까지 했다. 특히 경동맥

쪽이 심했다. 더욱이 이명(耳鳴)이 심해서 3중, 4중의 소리 울림이 생겼다. 이에 대한 놀람과 두려움이 극심했다. 나는 죽는 줄 알았다. 쿵 하고 바닥에 쓰러졌다."라고 적고 있다.

의사의 왕진을 받고 치료를 받았으나 괴로울 뿐이고, 특별한 효과가 없다고 생각되어 치료를 중단하고, 독서를 하거나 밭일을 하면서 매일매일 시간을 보냈다. 그래도 건강은 조금도 회복되지 않았다. 도리어 눈에 띄게 쇠약해졌다. "죽은 사람처럼 창백하고 해골과 같이 여위어갔다. 맥박은 격렬해졌고, 가슴 뛰는 것은 더욱 심해졌다. 끊임없는 이런 압박으로 인해 쇠약해져서 몸을 가눌 수 없을 정도가 되었다. 발걸음이 조금만 빨라져도 숨이 찼다. 몸을 굽히면 어지러웠다." 이 밖에도 그는 심한 불면증과 우울증에 시달렸다.

그 당시 프랑스의 몽펠리에 의과대학은 유럽 제1의 의과대학으로 알려져 있었으며, 뛰어난 의료진이 있었다. 루소는 이 병원의 훌륭한 의사에게 진찰을 받으려고 몽펠리에로 향하는 여정에 올랐다.

여행 도중, 그는 라르나즈 부인이라는 당시 45세의 여성과 알게 된다. "라르나즈 부인은 사람들로 둘러싸여 있지 않아서 그분을 위해 여행 중에 부인을 위로해주기를 고려치 않을 수가 없었다. 그런 까닭으로 이 부인이 나를 사로잡으려고 들었다. 그래서 가엾은 장 자크 루소도 모두 어딘가로 떠나고 없었다(자기를 망각했다는 뜻이다)."*

"그녀 곁에 있으면 이것저것 모두 없어져버린다(즐거웠다는 뜻이다). 이런 즐거운 생활이 4, 5일간 계속되었다." 그러는 동안 "나는 가장 감미로운 일락(逸樂)에 취해 있었다. 내가 맛본 일락이란, 순수하고 열렬한 것이

---

* 루소는 자기의 병의 원인은 심장근육이 제대로 발달되지 않아서 그렇게 되었다고 생각했다(한 정신과 의사의 말).

었으며, 아무런 고통도 섞여 있지 않았다. 이것이 이런 정도로 맛볼 수 있었던 최근의, 최초의 유일한 일락이었다. 내가 관능적 즐거움을 알지 못한 채 죽는 것을 피하게 된 것은 라르나즈 부인의 덕분이었다."

그는 여행 도중 자기의 병 걱정은 잊고 있었다. 그것도 몽펠리에에 도착하자 생각이 났다. 우울증은 나았지만 다른 병은 그대로였다.

그는 몽펠리에에서 그곳 교수로부터 진찰을 받았지만, 의사는 신경 때문이라고 하면서 광천수, 우유, 발한제를 처방해주었다. 그래서 루소는 의사가 돈만 노리고 처방한다는 낌새를 알아차리고 몽펠리에를 떠났다.

이와 같은 『참회록』의 내용에서 추리컨대, 루소는 스스로, 요즘 말로 류머티스성 심내막염이 아닌지를 의심했으나 그것은 아닌 것으로 판정되었고, 여기서 중요한 것은 여행 중 라르나즈 부인과 바람을 피우는 동안 병이 나아버렸다는 사실이다. 심장이나 갑상선 이상일 때에는 이러한 증상이 일어날 수 없단다. 도리어 악화될 염려가 있다고 한다. 그렇다면, 이것은 불안발작 또는 심장 신경증(신경 순환성 쇠약증)이 아닌가 한다는 것이 정신분석자의 의견이다. 즉 노이로제의 일종이었던 셈이다.

그가 왜 노이로제를 앓게 되었는가를 두고 그의 전기를 분석한 전문가는 또 다른 여성인 바랑 부인과 성관계를 가지면서 중절성교를 시도했기 때문에 노이로제가 되고, 라르나즈 부인과 바람을 피웠기 때문에 노이로제가 나았다고 분석한다. 바랑 부인과의 성관계 과정에서 생긴 중절성교로 인한 욕구좌절이 불안증을 일으켰고, 라르나즈 부인과 바람을 피운 것이 성욕의 돌파구가 되었기 때문에 불안이 고쳐졌다는 것이다. 프로이트는 이것을 성과 불안의 관계가 깊다는 것을 보여준 사례라고 보았다.

덴마크의 실존주의 철학자 키에르케고르나 독일의 정신의학자 크레치머도 성과 불안의 관계가 크다고 주장했다.

4. 샤를 보들레르

프랑스의 유명한 시인이자 비평가인 샤를 보들레르(1821~1867)는 파리 태생으로 6세 때 늙은 아버지를 여의고, 이듬해 그가 7세 때 그의 젊은 어머니는 군인과 재혼한다. 이 사건은 그에게 커다란 충격이 되었고, 이때부터 샤를의 불행은 시작되었다. 의부가 엄격한 규율로 그를 교육시키려 했음에도 그는 문학가를 지망했다. 방종한 생활 때문에 의부의 노여움을 산 그는 1841년 스무 살 때 남해로 여행을 떠난다. 그는 의부를 심하게 증오하였고, 어머니에 대한 애착에서 벗어날 수가 없었다.

그는 어머니에게 고착(固着)**되어 버린다. 이 말은 그가 20세 때 발표한 시 「발코니(Balcon)」를 보면 알 수 있다.

> 1. 추억이신 어머니여, 가장 사랑하는 연인이여
>   당신, 내 기쁨의 모든 것! 당신 내 속박의 모든 것!
>   생각해보세요. 그때의 애무의 달콤함
>   즐거운 화롯가, 저녁 무렵의 꿈같은 기분

** 고착은 프로이트가 찾아낸 정신분석의 기본 개념의 하나로, 환자의 정신 분석 과정에서 발견한 것이다. 리비도라는 심리적 · 성적 욕구가 어렸을 때 정상적으로 채워지지 않고 불안 상태로 있다가 어떤 대상(신체 부위나 사람)에게 고착되어 떨어지지 않고 있어서 어른이 되어서도 해결되지 않는 상태를 말한다.

추억이신 어머니여, 가장 사랑하는 연인이여!

2. 열화(烈火)와 같이 밝게, 빛나는 저녁이여
   또한 장밋빛깔의 안개로 덮인 난간이 모여 있는 저녁이여
   당신의 가슴의 그 달콤함이며, 마음의 온화함이여
   …

3. …
   당신이 곁으로 다가오면, 오오 가장 사랑하는 연인이여
   당신의 냄새를 맡으려는 그 기분, 내게 있도다
   …

4. 밤의 어두움은 벽과 같아, 깊어갈수록 길을 막고
   내 눈길, 이 어둠에도, 당신의 눈동자 알아요
   내가 들이쉬는 숨, 당신의 숨결, 오오 감미로워,
   오오 독이요!
   당신의 발, 내 손아귀에 안겨서 잠자시오
   …

5. 나는 알아, 지나간 날의 행복 되불러들이는 그 솜씨
   당신의 무릎에 엉겨서 지나온 세월을 다시 보네
   사랑스러운 당신의 몸과, 다정한 당신의 마음을
   곁에 두고 그 나른한 당신의 아름다움을
   찾는 건 보람 없음이여
   …

6. 그 맹세의 말, 그 향기, 한동안의 입맞춤이여
   …
   바다의 저 깊은 곳에 잠기어 목욕하고
   …

예술과 함께하는 심리학

이 시를 읽으면 우선 느끼게 되는 것은 어머니에 대한 사랑이 관능성을 띠고 있다는 점이다. 마치 젊은 남녀의 애정 표현과도 같은, 그것도 상당히 에로틱한 사랑으로 표현되는 그런 사랑의 감정을 느끼게 된다. 즉 어머니가 애인과 같은 존재라는 점이다. 어릴 때 어머니로부터 받은 애무, 어머니의 가슴에 안겼던 일, 어머니의 사랑으로부터 받은 입맞춤, "지나간 날의 행복했던 시간"을 영구히 간직하고 싶은 그런 감정을 표현하고 있다.

프로이트의 해설에 의하면, 인간은 일생 동안 두 번 애인을 선택한단다. 첫번째 애인으로 남자아이에게는 어머니, 여자아이에게는 아버지이다. 그러나 보들레르처럼 고착을 일으키지 않는 한 양친과의 애정 관계는 나중에 소멸되고, 이때 처음으로 아버지나 어머니가 아닌 생판 남을 애인으로 선택한다. 그런데 고착을 일으키지 않아도 두 번째 애인은 첫사랑의 대상이였던 아버지나 어머니의 이마고(imago)에 따라서 선택된다. 이마고란 프로이트뿐 아니라 독일의 정신의학자인 크레체머도 강조한 개념인데, 이상화된 다른 인물의 이미지를 말한다. 가깝게는 아버지나 어머니, 어렸을 때 획득된 어떤 본능을 자극하는 대상이 후일까지 무의식 속에 유지되어온 인물이다. 즉 자기도 모르게 어머니 같은 아내, 아버지 같은 남편을 고르기 쉽다는 것이다.

따라서 보들레르의 「발코니」는 어머니에게 고착된 채 헤어나지 못한 아들의 애정시이다. 보들레르는 스무 살이 되자 여행을 떠났다가 이듬해 의부가 사망하자 유산을 물려받았다. 그는 그 재산을 연인과 문단의 보헤미안들과의 교우에 탕진하고 1860년 39세에 치매 증세로 병을 얻게 되고 빚에 쪼들리게 되었다. 실어증으로 고민하다가 46세로 세상을 떠났다. 그가 남긴 걸작은 처음이자 마지막인 시집 『악의 꽃』인데, 위고는 그 시집을 보고 "프랑스 시에 새로운 공포를 도입했다"고 평했다. 19

세기 프랑스의 3대 서정시인의 한 사람으로 꼽히며, 그의 영향은 상징주의를 거쳐 근대 시단에까지 미치고 있다.

그의 또 다른 시로「마음의 여명」이란 작품이 있다. 어머니에 대한 유아기의 사랑의 고착 때문에 무척 갈등한 사실을 그 시에서 읽을 수 있었다.

> 몸을 물어뜯는 이상(理想)을 수반하고
> 탕아(蕩兒)의 가슴에 어렴풋이 새벽 빛이 비춰 올 때
> 신비한 응징자(膺懲者)의 손에 의해 흔들려 깨워지고
> 이 졸린 듯한 짐승 안에 천사가 눈을 뜬다

이렇게 어머니에 대한 고착 현상이 심해서 보들레르는 정애(情愛)와 관능, 사랑과 성의 분열로 인해 심하게 고뇌했고, 이와 같은 시를 즐겨 읊었다고 한다.

그런데 이러한 감정과 갈등으로 인해 가장 천한 여성에게서는 마음껏 관능을 발휘했다. 그는 사라라고 하는 못생긴 유대인 처녀와의 성적 관계를 이렇게 읊었다(일본어 번역에서 중역).

> 심히 중대한 결점은 그녀가 덮어쓴 가발이며
> 그 아름다운 검은 머리카락이여,
> 하얀 목덜미보다 더 아름다워
> 사랑의 입맞춤은 그녀의 문둥병의 비밀보다
> 털이 빠진 이마에 비 뿌리듯 씻어 내려갔다.
>
> 나이 스물이 지났어도 젖가슴은 이미 처져 있고
> 양쪽 가슴에 표주박처럼 매달려 있다
> 하지만 나는 젖먹이 아기처럼

밤새 곁에 매달려 젖을 빨고 물어뜯었어

...

그는 후일 "나를 사랑한 사람들은 세상으로부터 경멸당한 사람들이었고, 품위 있게 말한다면, 경멸해야 할 사람들이었다."라고 말했다. 이 말은 "성의 대상(성욕의 상대)을 경멸해야 할 조건이 구비될수록 관능(성욕)은 자유로이 발휘되고, 중대한 성행위와 고도의 쾌감을 맛볼 수 있었다."라고 한 프로이트의 말과 일치한다. 그래서 보들레르에게 있어서 '경멸의 조건'은 매춘부, 불결, 육체의 빈약함, 질병(나병이나 매독)을 가진 사람들이라고 했다.

옆길로 좀 빠졌지만, 나는 이 글을 쓰면서 한동안 루소와 보들레르의 세계에 감정이 묶여 있었다.

5. 그 외 예술작품에 대한 정신분석

일본의 시인 다카하시 신키치(高橋新吉, 1901~1987)가 쓴 시 「폭발(爆發)」을 읽어보면 시 속에서도 무의식이 배어나온다는 것을 알 수 있다. 무의식은 꿈이나 환각 상태에서만 나타나는 것이 아니다. 그는 이 시 속에 그런 낌새를 잘 보여주고 있다.

다카하시는 일본의 에히메현에서 태어나 중학교 졸업 전 16세에 처음으로 시를 발표했고, 19세에 잡지에 시가 실려서 시인으로 활동한다. 20세 때 한국에서 등사판으로 시집을 냈다. 20대 초에 일본에 다다이즘을 도입해서 그 대표적 시인이 되었으나 끝까지 가지는 않고 나중에는 절에 들어가서 참선을 하고 선시를 쓰기 시작해서 선시인이 되었다. 이에 관한 논평은 대체로 이렇다. "다다이즘은 초보적인 선의 아류이다. 과거를 그대로 끌어 안아 승화시키고, 다다이즘이 가미된 깨달음에 주목해보아야 한다. 그는 고독한 일탈적 자유인이었다."

그의 시 「폭발」을 보자.

나는 사고 능력을 상실한 개(犬)다
하수(下水) 위를 흐르는 구름이다
죽음으로 파손된 고양이다
꽃을 부패하게 하는 비(雨)다
나는 눈을 감고 콧구멍을 부풀리고 있다
원자재(原子灰)로 오염된 공기를 마시고 있다

나는 반멸(半滅)될 때까지 10억 년이 걸리겠지
당신의 골수에 밀착해서 침투해서
나는 여생을 즐기고 있소

피(血)라든가 마음이라든가 하는 것은 나에게는 어디에도 없소
이미 핵 분열을 해서 원소에 지나지 않는 나이다

폭발해서 일체의 공간을 무(無)로 돌리고
거기서 나는 달려 나온다

"나, 다카하시 신키치는 다카하시 신키치이지 그 이외의 다른 어떤 것도 아니다."라고 선언하면서도, 이 시인은 이 시에서 나는 개이고, 구름이고, 고양이고, 비이고, 원소이고, 그리고 더욱이 공기를 마시는 인간이다라고 말하고 있다. 이런 일은 실제로는 있을 수 없는 불합리한 일이다. 그러나 이런 논리는 무의식의 세계에서는 성립이 된다. 이것은 일종의 '압축' 형상의 예이다.

예술과 함께하는 심리학

그의 작품 중 비슷한 것으로 「물고기」가 있다.

어느 곳에서
물고기가 헤엄치고 있었다

그곳은 바다와 강이나
그 외의 물속은 아니었다

거기는
돌 속이었다

화석된 물고기는
돌과 함께 헤엄치고 있었다

등뼈만 남고
살은 사라진 상태였다

억 년 동안
돌의 평면은 보존되었으나
이윽고 그 선도 사라질 것이다

현상은 어디서나
뚝뚝 잘라진다

우리의 기억 속에서만
물고기는 지느러미를 움직여
헤엄치고 있다

다카하시는 11세에 어머니와 사별하고 계모와 갈등하면서 살다가 21

세에 남동생을 잃고 난 후 신경증에 걸리게 된다. 계속 방황하다가 26세에 정신분열증에 걸려 격리 수용당하기도 했고, 아버지로부터 심한 학대를 받았다. 이 시를 보더라도 "물고기"로 상징된 자기 자신의 모습을 그렸다. 그것도 화석이 된 물고기다. 그는 정신분열증을 앓으면서 한동안 골방에 갇혀서 지냈다. 그 속에서는 시간은 의미가 없다. 삶과 죽음의 갈림길에서 심리적 시간은 억만 년이 지나가고 있었다. 여기서 물고기는 자기 자신이다. 지느러미로 헤엄칠 수 없는 형해화(形骸化)된 물고기다. 시에서는 대체로 이런 압축과 상징화가 잘 쓰여진다.

독일의 작가 루트비히 베히슈타인(1801~1860)은 독일의 전설을 모아서 크게 출판하였다. 그가 수집한 옛날 이야기 속에 뱀과 관련된 이야기가 있다.

옛날 어느 곳에 세 딸을 둔 남자가 있었다. 어느 날, 이 남자가 시장에 갈 일이 생겼다. 그래서 그는 세 딸에게 '선물을 사 가지고 올 테니 뭐든 갖고 싶은 것이 있으면 이야기해라'라고 말했다. 그랬더니 큰딸은 금으로 된 물레를, 둘째 딸은 은으로 된 물레를 원했다. 그런데 막내딸 오다는 '귀갓길에 아빠의 수레를 가로질러 가는 것을 갖다주세요'라고 했다. 아버지가 시장에 가서 위의 두 딸이 원하는 물건인 물레를 샀다. 그리고 귀갓길에 올랐다. 집으로 돌아가는 도중 뱀 한 마리가 수레 밑을 지나갔다. 그걸 본 아버지는 그걸 잡아서 수레에 싣고 집으로 가져왔다. 그리고 문턱에 놓아두었다.

오다가 집 밖으로 나오려니까 뱀이 말했다. '오다 양, 내가 현관 안으로 들어가면 안 될까요?' 그래서 오다는 그 뱀을 현관 안으로 들어오게 했다. 그러고는 자기 방으로 돌아가려고 하는데 또 뱀이 '오다 양, 오다 양, 나를 오다 양의 침실 입구까지 좀 데려다줄 수 없어요?'라고 부탁했다. 오다는 뱀이 부탁한 대로 했다. 오다가 뱀을 자기 침실의 문앞에 놓아두고 방 안으로 들어가려고 하는데, 또 뱀이 '오다 양, 오다 양, 나를 오다 양의 방 안으로 좀 들여보내 줄 수 없어요?'라고 부탁했다. 오다는 이렇게 대답했다. '우리 아버지는 어째서 당신을 우리 집 현관 문에까지 데리고 왔을까요? 또 내가 왜 당신을 우리 집 현관 안으로 들여보내기도 하고, 또 내 침실 밖에까지 데리고 왔을까요? 그 위에 또다시 당신은 내 방 안으로 들어오고 싶다고 하니, 그래 들어오고 싶으면 들어오세요. 다만 잠자코 앉아 있어야 돼요.' 뱀을 방 안으로 들여보내고는 자기는 옷을 갈아입고 침대로 들어가려고 하는데 또 뱀이 외쳤다. '오다 양, 오다 양, 나를 당신과 같이 잘 수 있게 해줄 수 없나요?' 오다는 이 말을 듣고 화를 냈다. '그건 심한 말이지요. 아버지는 당신을 집 현관까지만 데리고 왔고, 나는 당신을 내 침실 안으로까지 들여보냈잖아요?' 오다는 잠시 생각하더니 '지금 그대로면 당신은 얼어 죽을 것이니, 그래 좋아요. 내게로 와요. 여기로 들어와요. 내가 당신을 따뜻하게 해줄게요.' 친절한 오다는 부드러운 손을 뻗어 차가워진 뱀을 침대로 끌어들였을 때, 뱀은 젊은 왕자로 변신했다. 왕자는 그동안 마법에 걸려서 뱀이 된 것이다. 마법에서 풀려난 왕자는 친절한 오다와 결국 결혼을 했다.

　이 민담에서 뱀이란 어디까지나 남성의 상징이다. 프로이트는 꿈의 해석에서 뱀을 남성 성기의 상징으로 보았다. 그러나 이 이야기에서는 뱀을 남성의 상징으로 보는 것으로 족하다. 그러나 뱀이 계속 서서히 오다를 유혹해 들어가는 과정을 보면 남성의 성 충동과 관계가 있어 보인다.

　이런 사정을 감안하면 독일 소설가 메리케가 쓴 「소녀의 첫 사랑의 노래」라는 기묘한 시도 이해가 된다.

　　둥지 안에 있는 것은 무엇?

한번 보고 또 보고 싶어도 좀 떨떠름해
내가 붙잡은 것은
미끌 미끌한 장어인가, 길가의 뱀인가
연인은 눈먼 여자 사냥꾼
사랑에 빠졌다고 할 수 있겠군
그때에는 아이들에게 물어보는 것이 좋겠군
어디서 내가 그걸 잡을 수 있었겠느냐고
그건 내 손 안에서 펄떡펄떡 튕기며
꾸불꾸불 휘저어 가면서
내 가슴속을 기어 다녀
아아! 슬프도다. 아아! 기쁘도다
그것이 나를 물고
대담하게도 내 피부를 찢고
내 가슴을 갈래갈래로 찢어
오오 연인이여! 오오 놀라워라, 오오 무서워라
뭘 하고 있나? 뭘 꾀하고 있나?
이 무서운 것
그것이 내 속에 있다면
몸을 서리고 있다면 진정되리라
나는 독을 맞은 것이 분명해
이제 그 독이 퍼지기 시작했어
나는 황홀해지고
그리고 드디어 나는 쓰러지다

　이 시에서 뱀 혹은 장어는 남성의 상징인 동시에 남성 성기의 상징으로도 볼 수가 있다.

　종교 용어에 오지(orgy)라는 말이 있다. 이것은 고대 그리스 신화에 나오는 디오니소스 신앙의 하나의 의식을 말한다. 디오니소스 신앙에서는 신자들(주로 여성)이 집을 버리고, 도시를 버리고, 새끼 사슴의 껍질로 몸을 싸고, 영장(靈杖, 영적인 지팡이)을 짚고, 소(牛)의 모습을 한 디오니소스를 따라서 횃불을 들고, 밤의 산야에서 광란의 춤을 추는 의식을 한다. 오지라는 것은 이와 같은 대소동과 그 사이의 비의(秘義)를 뜻하던 것인데, 지금은 그런 대소동 자체를 문제 삼는 것이 아니라, 이런 행위가 사회적 질서와 인간의 이성과 대치되며, 도리어 그것을 파괴한다는 점을 중요시한다.

일체의 상식, 수치, 겉치레, 도덕, 법률을 무시한 야단법석을 보통은 '오지'라고도 한다. 그리스 시대에는 오지가 술의 신 디오니소스 제사 때 행해졌다. 그러나 시대가 바뀜에 따라서 그것이 종교적 제의라는 의미는 상실하고 차츰 바보들의 행진처럼 되어버렸다. 기독교에서는 서기 743년에 그것을 이교적인 것, 비도덕적인 것으로 간주하고 폐지시켰다. 그러나 오지를 부인한 것으로 알려졌던 기독교가 그것을 사육제(카니발)***라는 이름으로 부활시켰다.

중세에 와서 이날은 최대의 자유가 허용되고, 어떤 비도덕적인 행동을 해도 상관없었다. 예컨대 벌거벗고 다녀도, 동물 흉내를 내도 허용되었다. 사람들은 이날에 일상적으로 울적했던 성 충동, 공격 충동, 기타 반사회적 경향을 발산시키고 다음 날 인습과 속박에 매인 봉건사회로 다시 돌아간다. 즉 오지는 안전판 역할을 한 셈이다. 그야말로 오지라는 제도를 폐지할 수 없는 것은 이와 같은 사회심리상의 이유에서다.

위대한 혁명가였던 레닌은 오지가 가지고 있는 반혁명적 성질을 뚜렷이 파악하고 있었다. 그는 1920년 가을, 독일의 공산당원이고 독일 국회의 여성 의원이었던 클라라 체토킨에게 이렇게 말했다. "혁명은 개인 또는 대중의 힘의 집중, 힘의 고양(高揚)을 필요로 합니다. 혁명에서

***기독교에서 사순절이 시작되기 3~7일 동안 행하는 축제 의식.

는 오지의 상태를 허용할 수는 없습니다. 성생활의 방종은 부르주아적인 것으로서 타락의 표현입니다. 프롤레타리아트는 만조(滿潮)와 같은 계급입니다. 프롤레타리아트는 자본주의 수치, 불결, 야만을 결코 잊지 않을 것이라고 생각합니다. 프롤레타리아트는 그 계급적인 입장에서 공산주의 이상에서 투쟁에서 가장 강한 자극이 주어질 것입니다. 프롤레타리아트는 제정신이어야 합니다. 정신을 차려야 합니다. 되풀이해서 말씀드리지만, 힘이 약해지거나, 힘을 낭비하거나, 힘이 없어지거나 해서는 절대 안 됩니다."

오지에서는 성 충동이나 공격 충동이 순간적으로 폭발해서 반사회적 행동으로 옮겨갈 수가 있는 것인데, 이것과는 정반대로 생각하는 것이 승화이다. 인간 속에 도사리고 있는 이런 원시적 충동이 반사회적 힘으로 작용해서는 결국 사회질서를 파괴하고 정치체제를 무너뜨릴 수가 있으니, 사회적으로 인정될 수 있고 가치 있는 것으로 그 에너지의 모습을 바꾸어가게 하는 작용이 승화이다. 따라서 오지를 원자폭탄으로 비유할 수 있다면 승화는 원자력의 평화적 이용이라고 볼 수 있다. 레닌은 프롤레타리아트 혁명은 매우 근엄하고 도덕적인 것이라고 하고 싶었던 것이다. 혁명이 가져올 폭력적 사태를 합리화하고 싶었을 것이다. 혁명은 도덕적으로 하자가 없다는 말이다. 이것이 승화이다.

북한의 체제가 바로 그런 정책을 시행하고 있다. 당의 정책은 뭐든 선한 것이고, 자본주의적 행태는 모두 악이라는 생각을 인민들에게 심어주고 있다.

8장

예술을 이해하는 심리학적 틀

심리학 쪽에서는 예술을 창작하는 사람, 그것을 시민들에게 중개하는 사람 그리고 그 예술을 감상하고 구경하고 듣는 사람, 즉 감상자, 향유자, 소비자, 구경꾼으로 나누어 다룰 수가 있다. 창작자에 대해서는 작품 창작의 원동력, 동기, 과정, 그 작품의 성격 등을 따져보는 것이고, 중개자에 대해서는 그 작품의 가치를 평가해주고 소개해주고 콜렉션하는 문제를 따져볼 수 있고, 감상자에 대해서는 작품에 접했을 때나 그 후 그 작품에서 받은 감동, 감정의 변화, 나아가 삶의 태도나 방식의 변화 혹은 행복감의 경험 등이 있었는지를 알아보는 것이다.

이러한 3자의 입장에서, 심리학이 각기 영역에 어떻게 개입해서 예술작품을 더 잘 이해하고 사랑하게 되는지를 따지는데 다섯 가지 정도의 다른 입장이 있음을 소개하려고 한다.

1. 정신분석학과 예술의 만남

쾌락원리를 넘어서

과거 약 100여 년간 발전해온 정신분석학이라는 학문 분야가 심리학 쪽에서 보면 예술과 가장 깊은 관계를 가지고 있는 분야인 것 같다. 특히 작품 창작자의 창작 과정과 작품 내용에 대한 설명에서 독보적인 해석을 내놓고 있다.

먼저 간단히 정신분석학이란 무엇인지를 들여다보자. 이것은 인간의 정신의 구조(짜임새)와 기능(하는 일)에 관한 이론의 하나이다. 우선 인간의 정신, 특히 성격은 세 개의 층으로 구성되어 있다고 한다. 맨 위에는 인간의 양심과 도덕률, 명령과 금기를 수행하는 초자아(超自我, super ego)라는 층이 있고, 그 밑에는 현실 세계의 제도나 법을 지켜가면서 살게 하는, 깨어 있는 자아(自我, ego)라는 의식의 층이 있고, 맨 아래에는 온갖 욕망, 충동, 본능 등으로 채워져 있는 이드(id)라는 무의식 층이 있는데 이것이 항상 자아나 초자아와 갈등을 일으킨다고 한다.

이 이론에서 핵심적인 점은 바로 이 무의식 세계가 인간의 행동을 대부분 결정한다는 이론이다. 프로이트가 창안한 이 이론에 따르면 이 무의식 층이 인간 정신의 9분의 8 정도를 차지하고, 의식 세계는 9분의 1 정도밖에 차지하지 않는다. 마치 바다에 떠 있는 빙산과도 같다고 한다. 수면 위(의식)로 드러난 빙산의 용적이 수면 밑(무의식)의 9분의 1밖에 안 되듯이. 그러니 우리의 일상적 행동은 거의 무의식적인 행동이 대부분인 셈이다. 그러나 무의식 속에 있는 위험한 내용물(욕구, 충동, 억압되어 잘 드러나지 않는 본능)들이 있어서 자기가 불편할 때마다 밖(의식 세계)으로 자꾸 튀어나오려고 하는 것을 초자아와 자아가 억누름으로써 다행히 우리가 무사히 살아가는 것이다. 이 무의식이 언제 터져 나오느냐

하면 꿈, 자유연상, 실수 등에 나타나고, 신경증이나 정신장애에 걸렸을 때 잘 드러난다. 정신병 환자가 되면 이 억압하는 힘이 거의 없어지기 때문에 원시적 욕망이 그대로 드러나게 된다.

이런 성격의 구조 속에서 인간의 예술 활동과 가장 관계가 깊은 것이 바로 무의식의 세계라는 것이 정신분석학의 입장이다. 예술가들의 창작 동기와 창작 과정을 깊이 파고들 수 있고, 또 작품 해석을 위해서도 좋은 프레임을 제공해준다고 본다. 작품이 갖고 있는 이성적 논리 구조나 표명된 내용의 뒤 혹은 그 밑에 깔려 있는 정신적 함의(含意)를 찾아내자는 것이다.

프로이트의 이론 중 이 예술작품 창작 과정과 관련해서 제시한 명제에 이런 것이 있다. 즉 "예술가들은 초자아에 의해 재갈이 물리고, 그로 인해 억제되었던(윤리·도덕적 규범 때문에 표현의 의지가 제약을 받는다는 뜻) 인간의 무의식적 욕망과 방어 기제를 승화시켜 그것들을 상징적 형태로 표현한다"는 것이다. 즉 "도덕적으로나 사회적으로 용인되고 존경받는 형태로 표현한다"는 것이다.

1922년 프로이트가 『쾌락원리를 넘어서서』라는 책을 썼다. '쾌락원리'란 인간이 원시적 욕망 충족을 위해서 행동하는 것을 말하고, 이에 대비해서 현실 세계와 타협해서 행동하는 것을 '현실원리'라고 했다. 이 책이 나오자 1950년대까지도 많은 정신분석가들이 예술작품에 명시적으로 표현된 내용과 그 속에 숨겨져 있는 잠재된 의미, 즉 작가의 무의식적 동기라든가 외상적 경험(트라우마), 심적 갈등 사이의 관계를 파헤치는 연구를 아주 많이 했다. 작가가 현실원리만 쫓으면 창조적 작업을 할 수 없고, 쾌락원리만 쫓으면 사회에서 도태당할 위험이 있기 때문에 이 양자 사이에서 눈치를 봐야 한다는 것이다.

예술작품이란 보여진 대로가 전부가 아니고, 읽혀진 대로도 전부가 아니다. 그 속에 숨겨진 비밀이 많다는 것이다. 소설이나 시뿐만 아니라 그림, 조각, 건축, 음악, 무용에 이르기까지 다 같은 원리가 숨겨져 있다. 이른바 '콤플렉스'라는 심리적 메커니즘이 있다는 것은 알려진 이야기인데, 열등감 콤플렉스, 오이디푸스 콤플렉스, 디아나 콤플렉스, 카인 콤플렉스, 우월감 콤플렉스 등등 많다.

아이들의 그림 중에 진수성찬을 차린 식탁을 그려놓는 아이는 가난한 집안 어린이일 가능성이 많다. "나도 이런 것 먹고 싶어"를 표현한 것이기 때문이다. 『구약성서』 창세기에 형 카인이 동생 아벨을 죽인 이야기가 나온다. 이것은 인간의 영원한 잠재의식인 형제 간 권력 경쟁을 말한다. 현대 아랍 국가에서도 가끔 이런 사건들이 일어나고 있지 않은가? 조선조 이방원(태종)이 그랬고, 북한의 김정은이 그랬다. 도스토옙스키(Dostoyevsky)의 『카라마조프가의 형제들』에는 살부(殺父) 콤플렉스가 그려져 있다. 친부 살인과 치정과 돈으로 얽힌 이야기 속에는 인간의 보편적인 약점이 다 드러나 있는 것이다.

예술 경험으로 얻는 감동의 근원

여기서 이런 질문을 던지고 싶다. "도대체 예술의 감상자와 수용자(需用者)가 예술적 경험에 접했을 때 얻는 즐거움이니 감동이니 하는 것의 근원은 무엇인가?"

여기에 대한 정신분석학의 입장은 이렇다. 학술적으로 말하면 고착과 억압이라는 개념을 들고 나온다. 물론 이것은 일종의 가설이다. 좀 어려운 질문이니까 설명을 하겠다.

모든 어른들에게는 어린 시절에 겪었거나 과거에 겪었던 어떤 정신적 고착 현상이 남아 있다고 보는 것이다. 프로이트식으로 말하면, 인간은 태생적으로 성적 욕망을 가지고 있는데, 이것은 육체적 사랑의 에너지의 일부이다. 굳이 말하자면, 어른들이 말하는 성욕과 똑같은 것은 아니고 '쾌감'과 같은 개념이다. 에로스적 사랑의 감정과 더 관계가 깊은 욕망을 말한다. 갓 태어나면서부터 아이들은 약 두 살경까지 엄마의 젖꼭지를 빨면서 자란다. 프로이트는 이때에 아이들이 입술에서 성적 쾌감 같은 것을 느낀다고 하고, 이것을 구강적 리비도라고 했다.

그다음에 2~3세 사이가 되면, 자기 스스로 배설을 결정할 수 있게 된다. 이때 배설을 하면서 항문의 점막을 통해서 쾌감을 느끼게 된다는 것이다. 이것을 항문적 리비도라고 했다. 이때 아기들은 정신적 긴장을 배변을 통해서 해소한다. 이 리비도의 만족은 배설과 항문 점막의 자극에서 얻어지고 그 자극은 배설을 참음으로써 더 증가된다. "나는 배설물을 내보낼 수도 있지만 내가 마음 먹으면 뱃속에 담아둘 수도 있다"는 자신감 때문에 배설물은 양가성(兩價性)을 갖는다. 즉 배설물은 내 몸이 만든 생산물이기 때문에 '내 것'이고, 동시에 함부로 배설하다가는 청결을 강요당하기 때문에 어른들의 제지를 받게 된다. 그러니까 내 항문의 괄약근은 내가 조절해야겠다는 일종의 사디즘에 빠지게 된다. 이와 같은 배설의 파괴적 경향과 청결에 대한 압력을 동시에 배우면서 다음 단계로 넘어간다.

다음 단계는 3~5세 사이쯤 되는데, 남근기(男根期)라고 한다. 이 시기는 성기에 성감대가 생기고, 마치 어른들의 연애 감정과 같은 것이 생겨서 아들은 엄마를, 딸은 아버지를 사랑의 대상으로 느끼게 된다. 흔히 아들들이 "난 엄마하고 결혼할 거야"라고 한다든가, 딸들이 "나는 아빠하고 결혼할 거야" 하는 시기이다. 이때 아들이 느끼는 콤플렉스를 오이디푸스 콤플렉스라고 하는데, 왜 콤플렉스냐 하면, 아들이 엄마를 사랑함으로써 아빠와는 경쟁자가 되고 자칫하면 거세를 당할지도 모른다는 복잡한 심리로 인해 불안해지기 때문이다. 반대로 딸이 아빠를 좋아하고 엄마를 경쟁자로 생각하게 되는데 이 콤플렉스를 엘렉트라 콤플렉스(융이 명명함)라고 한다. 이런 갈등은 5, 6세가 지나면 사라진다. 그 후에도 리비도가 어떻게 발달하는지에 대한 이론은 있지만 여기서는 생략하고, 예술작품을 중심으로 이야기하려고 한다. 리비도란 자생적·정신적 에너지인데 성 충동과 관계 있는 에너지이다.

이런 리비도의 발달 단계를 거치면서 그 리비도의 만족을 누리고자 했던 과제는 해결되지 않은 채 어른이 되면 여러 가지 정신적 문제에 부딪히게 된다. 예컨대 젖먹이 시절 엄마 젖꼭지를 물고 젖을 빨 때 입술 점막에 쾌감을 얻지 못하고 자라서 어른이 되면, 구강기 성격이라고 해서 세상에서 얻을 수 있는 애정의 결핍증에 걸리기 쉽고, 구강(입과 입술)을 통한 공격성이 강화된다는 것이다. 그래서 남을 호되게 비판하고 남을 물어뜯기를 좋아하고, 욕을 잘하고, 술을 많이 마시고, 담배도 즐기는 사람이 되기 쉽다고 한다. 그게 다 구강기에 입술의 접촉 쾌감을 맛보지 못했기 때문이란다. 이런 성향이 굳어져 있어서 어른이 되어도 그 성향이 남는다. 우리는 이런 충족되지 못한 리비도의 불만족감을 주로 문학작품을 통해서 대리 충족할 수 있다는 것이다.

고착에 대해서는 오이디푸스 콤플렉스 같은 것이 좋은 예이다. 원래 이것은 고대 그리스 신화에 나오는 오이디푸스 왕 이야기에서 따온 말인데, 오이디푸스 왕은 친아버지인 줄도 모르고 아버지를 살해하고는 자기 친어머니인 줄도 모르고 그 아내와 결혼을 했다. 프로이트는 3~7세경의 남근기 남자아이가 어머니를 사랑하고 아버지를 경쟁자로 여기고 미워하지만 아버지로부터 거세를 당할까 봐 겁에 질려서 아버지를 경원시하는 심리를 오이디푸스 콤플렉스라고 했다. 이 오이디푸스 콤플렉스가 계속되어 어른이 되어서도 어머니를 애인처럼 여기고 아버지를 좋아하지 않는 심리가 지속되는 현상도 고착이라고 한다.

이와 같이 어릴 때 가졌던 원시적이고 유치한 리비도적 욕구가 충족되지 않으면 무의식의 한쪽 구석에 남아 있다가 항상 밖으로 삐져나올 기회를 엿보고 있다. 이런 콤플렉스가 밖으로 나오지 못한(표현되지 못한) 이유는 어른이 되면서, 사회적 규범·도덕·윤리·법률·제도 등의 압력 때문이다. 어른이 되어서 그동안 이 리비도적 욕구를 만족시키지 못해서 간직하고 있던 콤플렉스를 예술가들이 작품에 드러내주기 때문에 예술작품을 감상하는 과정에서 감상자는 자기도 모르게 정신적 만족감과 즐거움을 얻게 된다. 그래서 예술작품이란 그런 만족감 획득을 위한 간접적이고 환상적인 수단이 되는 것이다.

이런 대리 만족감 획득의 메커니즘은 꿈이나 백일몽(day-dream)에서도 똑같은 예를 볼 수 있다. 프로이트는 꿈이란, 욕망이나 충동의 충족이나 욕구(needs)의 성취, 의식 세계에서 억압당해 무의식 속으로 매몰된 기억물이나 사고(생각)의 대리 기능을 하는 것이라고 보았다. 꿈을 반대로 풀어가면 자기의 욕구, 욕망이 무엇인지를 알 수가 있다. 그러나 꿈이란, 의식하고 있을 때의 욕구나 욕망을 그대로 나타내는 것이 아니고, 검열 작용과 변형, 극화(劇化) 작업을 통해서 다른 모습으로 상징화된다. 그래서 꿈을 읽을 때에는 이 상징성을 잘 해석해야 한다. 상징화뿐 아니라 정서, 감정의 위치 바꿈, 정반대 쪽으로 전환시키는 점, 왜곡과 위장술로 인해서 꿈의 의미가 바뀐다. 이런 변형과 왜곡을 통해서 작가는 자기 무의식 속의 이루지 못한 꿈을 이루게 된다. 대개 그 꿈이란 현실적이지 않고 환상적이다. 달리와 뭉크의 회화가 이런 메커니즘을 잘 보여준다. 이광수의 작품「꿈」(1947)이 그런 사정을 아주 잘 보여준다.

8장 예술을 이해하는 심리학적 틀

작품 속에 숨겨져 있는 의미

그래서 예술작품 속에 숨겨져 있는 내용이 밖으로 나타난 내용(글이나 그림)과는 다르게 위장된 것이 많다. 예술작품 감상자들의 입장에서는 이러한 작품 내용에 잠재되어 있는 의미를 확인해보는 것이 중요하고 재미도 있다. 그러면 작가와 작품을 더 잘 이해하고 사랑하게 된다. 나는 그래서 도스토옙스키를 좋아한다. 그의 작품은 거의 심리학 교과서와 같다. 도스토옙스키는 위대한 심리학자라고 생각한다. 나는 그의 작품 중 『죄와 벌』(1866), 『백치』(1868), 그리고 『카라마조프가의 형제들』(1879~1880) 등을 읽었다. 감상자 스스로도 억제되어 온 욕구를 활성화시켜 의식에 떠올려 크게 확산시킴으로써 더 큰 만족감을 느끼게 된다. 문학작품은 그런 요소를 다분히 간직하고 있다.

작품의 감상자들은 작품의 숨겨진 의미를 접하게 되면, 그 내용과 동일화(同一化)되고 자기의 무의식적 노력을 여기에 투사한다. 그래서 사회적 처벌(비난 혹은 퇴출)과 같은 제약을 받지 않고, 작품 속으로 뛰어들어갈 수가 있다. 작품의 주인공이 되는 것이다. 예컨대 『레 미제라블』을 읽으면서 독자는 스스로 장 발장이 된다. 공연히 자베르 경감이 미워지고, 미리에르 신부의 관용과 위트에 경의를 표하게 되지 않는가? 소설의 내용과 자신은 아무런 혈족 관계에 있지도 않은데, 괜히 흥분한다. 셰익스피어의 『리어 왕』을 읽으면서는 막내딸 코델리아가 되어 언니들에게 복수하고 싶어진다. 이런 허구(fiction)가 살아 있는 현실로 다가와서 독자의 마음을 움직이게 하는 것이다.

감상자가 예술과 접해서 얻는 이득이란, 인간의 욕구를 승화된 형식으로 충족시켜 준다는 점이다. 즉 그 경험은 아무리 많이 쌓아도 대체로 무해한 경험이고, 반면에 즐길 요소가 많은 문화적인 경험이다. 요즘은 사람들이 다 80세 넘게 살다 보니 남는 여가 시간 처리가 고통스러울 정도이다. 하루 종일 TV만 쳐다볼 수가 없고, 그렇다고 도시에서는 나가려면 교통비도 필요하고, 대중교통 수단이 노인들에게 유리하게 되어 있지 않다. 그래서 젊어서 하지 못했던 아코디언이나 기타 배우기, 서예, 춤, 그림 그리기, 사군자(四君子) 치기, 사진 찍기 등을 시작하는 노인들이 굉장히 많이 늘었다. 왜냐하면 예술은 하면 할수록 즐겁고 재미있기 때문이다. 이 즐거움은 다른 어떤 즐거움보다 더 영속적이고 깊이가 생기는 즐거움이다. 숙달이 되면 될수록 더욱 성취감이 커지고, 몰두하게 만든다. 그러는 사이 시간 활용도 의미가 있어지고 보람도 느끼고 즐거움도 더해가니 1석 3조이다.

예술적 활동 경험은 순수하고, 부드럽고, 잠정적인 마취제와 같은 중독성이 생기는 경험이어서 직장 생활이나 여행이나 스포츠보다도 돈은 덜 들고 만족감은 더 높아지는, 이른바 가성비가 큰 활동이라고 할 수 있다. 그리고 그것은 불안증과 같은 신경증이나 정서장애, 집중력 부족, 불면증, 비사회성과 같은 개인의 정서적·사회적 문제 치유에도 효과가 크다. 그러니 관객은 연극이나 무용이나 뮤지컬을 보기만 해도 정신적으로 스스로 치유되는 것이다. 대형 콘서트나 대형 음악 페스티벌에 갔다 오기만 해도 마음이 후련해지고 상쾌해지고 개운해진다.

예술이 고통을 경감시켜줄 수 있는가?

예술에 접하면서 얻는 가장 큰 이득의 하나는 구경꾼들(여기서는 예술 감상자를 모두 구경꾼으로 표기하겠다)의 정신적 문제, 즉 정서·사회적 문제로 인해 겪는 고통을 줄여준다는 점일 것이다. 이 기능이 예술치료적 기능인데, 물론 인간의 초자아에 상처를 주지 않고(양심에 거리낌없이도),

자아에 동의하면서(현실에 적응하면서), 그 상황(내가 겪고 있는 불편한 상황을 극복하고 얻고 있는 즐거움으로 행복하고 만족한 상황)을 내가 자유로이 통제하고 지배할 수 있을 때 그 치유 효과는 커지게 된다.

예술을 통한 만족감의 획득이라든가 정신적 치유의 효과는, 현실적 수준에서 보면 어떤 정신적 만족감을 얻으려고 애쓰는 사람들에게는 힘겨운 현실적 노력의 수고를 덜어줄 수 있다. 카운슬링을 받는다, 병원에 다닌다, 약 처방을 받는다, 기도원에 간다, 템플 스테이 프로그램에 참여한다는 등의 수고를 안 하고도, 집에서 혼자서 조용히 혹은 그 반대로 트로트 경연 대회장에서 시끄럽게 예술적 활동을 즐기다 보면 여러 정신적 문제가 스스로 해결되는 예는 얼마든지 있다. 이런 현상을 카타르시스(정화작용)라고 한다. 마음속의 응어리를 씻어준다는 말이다. 예술적 표현이나 감상에는 이런 정화작용이 있다. 즉 마음속에 갇혀 있던 부정적인 심적 내용을 제거하거나, 씻어주거나, 배설하게 하는 작용인데, 고대 그리스에서 비극을 통해서 관객의 마음을 씻어준다는 뜻에서 사용하던 말이다. 지금은 정신과 치료에서 사용한다. 정신과 전문의도 이때 음악이나 연극을 통해서 이 응어리를 제거하는 기법을 쓰고 있다.

2. 정신분석이 예술에 끼친 영향

상징을 주목하라

정신분석이 탄생하고 120년의 시간이 흐르는 동안 오늘날 교육학이나 심리학처럼 자기 분야와는 관계없이 보이는 분야에도 널리 응용되고 있다. 인간과학, 사회과학, 교육학, 그리고 예술 분야에까지 걸친다. 프로이트 자신은 정신분석학의 이론을 문학, 예술, 종교, 신화학, 민속학, 사회학 등에도 응용하였다. 토템(totem, 민속적 상징물, 예컨대 솟대 같은 것)이라든가 터부(taboo, 금기)에 관한 그의 논문을 보면 아주 놀랍다. 그는 앞에서 말했지만, 오이디푸스 콤플렉스라는 개념으로 사회 생활과 여러 종교의 기원을 재구성하였다. 즉 어느 날, 형제들 한 무리가 동시에 존경하기도 하고 미워하기도 한 아버지에 대해서 양극적인 감정을 갖고 있다가 반란을 일으켜 아버지를 살해한다. 토템이 상징하는 살해 금지는 그들의 죄책감과 부친과의 화해의 요구에서 파생된 것이라고 해석한다.

근친상간(近親相姦)의 금지는 형제 간의 성적 경쟁심과 형제 살해의 경향을 완화시켰다. 유인원의 세계에도 이 근친상간 금기가 있다. 숫놈이 사춘기가 되면 아비가 아들을 무리에서 쫓아낸다. 그들의 내심은 여전히 아버지에 대한 양극적인 태도였다. 즉 존경하기도 하지만 미워하기도 하는 태도이다. 토템에 대해 제의(祭儀)를 차리고 행사를 하는 제도는, 따지고 보면 이런 살부의 금기와 근친상간의 금기를 종족적으로 그 약속을 지켜낸 것을 기념하기 위한 일종의 승리의 상징이라는 것도 프로이트가 찾아냈다. 이와 같은 오이디푸스 콤플렉스의 개념으로 토템의 의식과 이족 간(異族間) 결혼제도를 동시에 설명할 수 있게 되었다는 것이다.

문학이나 예술작품은 창작과 감상 과정에서 직관에 의존하는 경우가 많다. 뭔가를 꼭 논리적으로 설명해야 되는 것이 아니다. 그래서 상징성에 대한 인간들의 상식과 민속과 역사를 바탕으로 해서 그런 작품 내용을 설명할 수가 있는 경우가 많다.

고대 이집트나 인도 사람들은 다신교 신들의 모습을 기린이나 페가수스와 같이 압축적으로 나타냈다. 예컨대 머리는 사슴, 얼굴은 소, 몸통은 사람, 꼬리나 발은 말식으로 압축해서 표현한 것이다. 날개가 달린 말인 페가수스도 압축 현상이다. 인도의 신 비슈누는 인어(人魚)와 같이 어류의 꼬리를 가진 인간으로 그려져 있다. 오늘날 정상적인 인간의 의식으로는 이러한 압축을 경험하지 못하지만, 무의식이나 꿈이나 또는 히스테리와 같은 정신장애를 갖게 되면 여전히 나타나는 환각의 일종이다. 무의식이란 이렇게 보면 옛사람들의 사고나 의식의 흔적이 아니겠는가 하고 생각하게 된다. 이것이 집단무의식이다.

나중에 이야기하겠지만, 예술가의 성격이나 인격과 작품 사이의 관계에 대한 관심은 예로부터 있어왔다. 그러나 이론적인 근거를 가지고 이 일을 할 수 있게 된 것은 전적으로 정신분석학의 덕택이다. 그리고 예술의 발생 기원에 대한 흥미도 고조되어 예술가의 전기적 자료(일기, 편지, 자서전, 평전, 의료기록, 학교기록부 등)를 이용하지만, 그 자료의 신빙성 때문에 한계가 있다. 예술작품에서 자아(ego)의 상태, 즉 사고 형태, 이념, 사상적 기반, 현실적 생활대응 태도 같은 것을 연구하려고 했지만, 그건 성과가 별로 없었다. 무의식의 세계(즉 영어로는 id, 독일어로는 es의 세계)를 탐구하기 시작했다. 이 이드(id)는 원시적 욕망의 세계로서 문장이나 언변이나 그림 속에 드러나 있지는 않지만 감추어져 있는 속내이다. 이 이드의 기능이 자아의 현실적 힘 때문에 의식 세계 속에서는 잘 드러나지 않지만, 작품 내용의 상징성을 분석해보면 그 욕망의 본질과 양태를 파악할 수가 있다고 한다.

그러다가 인간의 이 이드라는 원시적·무의식적 세계 속에는 개인의 삶의 흔적과 가치, 정서, 억압당한 욕망, 꿈, 정신적 에너지가 충만해 있음을 알아차렸다. 그래서 이 부분을 파헤쳐야 예술가의 진면목을 이해할 수 있다고 해서 꿈의 분석, 상징성 이해, 자유연상법과 같은 방법으로 정신 신경증 환자의 정신분석·치료뿐 아니라 예술가들의 작품과 그들의 성격도 분석했다. 비유컨대, 이 이드는 에너지 탱크여서 폭발할 기회만 엿보는 테러분자 같다. 자아(에고)는 좀 냉철하고 현실적이고 조용한 편이고, 초자아(슈퍼에고)는 근엄하다고 할 수 있다. 이 세 층의 힘이 한 몸 속, 한 사람 속에서 동시에 작동하고 있는 것이다. 그런데 이 세 층으로 이루어진 구조상의 힘의 균형이 깨지면 정신적 장애나 신경증이나 성격상·행동상의 문제로 드러나게 된다.

원래부터 정신분석은 반이성적인 개념으로 되어 있기 때문에 논리보다 감정에 가까운 말이 많다. 예컨대 충동이니, 욕구니, 욕구불만이니, 방어기제니, 공상이니, 퇴행이니, 무의식이니, 불안이니, 투사니, 고착이니, 승화니 하는 개념들로 되어 있다. 이 말들은 모두 정서 논리로 되어 있어서 이성 논리로는 해답이 안 나오는 개념들이다. 그런데 왜 정신병 환자나 신경증 환자를 다룰 때 쓰던 용어를 정상적인 사람이나 사회·종교 문제를 해결하고 실명하는데도 쓰려고 하느냐가 문제가 된다. 이 말은 정상인을 다룰 때에도 정신과 전문의의 시각으로 다룬다는 것을 시사하는 것이다.

3. 개(個)의 특수성 속의 전(全)의 일반성

도스토옙스키는 『카라마조프가의 형제들』이라는 소설에서 욕심 많고 음탕한 아버지 표도르를 비롯해서 비정상으로 보이는 아들 4형제들, 모두가 좀 이상한 사람들이지만 그들의 행동 형태는 모든 인간의 본성 속에 숨어 있을 가능성이 있다는 것을 내비치고 있다. 도스토옙스키는 "만인은 만인에게 유죄다"라고 했다. 모든 사람들은 모든 사람 앞에서, 모든 일에 있어서 죄를 짓고 있다, 즉 인간의 원죄를 말하는 것이다. 더구나 반인륜적인 최악의 범죄인 '아버지 죽이기'를 저질렀으니 카인이 아벨을 죽인 것을 연상하게 한다. 그는 이 소설에서 '삶과 죽음', '사랑과 증오', '선과 악', '인간의 본성'을 이야기하고 있다.

개(個)의 특수성 속에서 전(全)의 일반성을 읽게 하는 이 도스토옙스키의 소설을 읽고 보면, 도스토옙스키가 위대한 작가인 동시에 위대한 심리학자로 보일 정도로, 이 작가는 인간의 심층을 파고들었다. 나는 한때 도스토옙스키에 빠져서 이것저것 그의 단편들도 많이 읽었다.

이러한 작품의 내밀한 속내까지를 분석하는 것이 바로 정신분석학이다. 동물적 속성, 인간적 속성, 천사적 속성, 그리고 신성(神性)까지 지닌 인간을 이해하기란 얼마나 어려운가? 미국의 통계를 보면, 정신과 전문의 중 약 4분의 1 정도는 정신적 과로로 인해 약물 과용으로 죽는다고 했다. 우리나라의 유명한 정신과 교수인 이근후 박사는 한번 이런 이야기를 들려주었다. 정신과 병동에서는 오전에는 의사와 환자의 관계가 제대로 돌아가다가 오후가 되면 반전된다는 것이다. 의사는 녹초가 되어 환자가 되고, 환자는 오전에 치료받아 호전되기 때문이란다.

한 번은 오후에 회진을 끝내고 자기 사무실로 돌아왔는데 담당 환자가 자기 의자에 앉아 있더라는 것이다. 그리고 자기를 보더니 "니 왜 왔노? 어디 아파?"라고 했다던가. 이 에피소드는 참 역설적이다. 의사는 환자를 다루는 동안 그의 영혼 속으로 파고들어가야 하니 "미치겠고", 환자는 의사의 멀쩡한 영혼 속으로 들어가게 되니 "깨끗해지는 것인가?"

영국의 동물학자요 지질학자인 로이드 모건(1852~1936)은 '모건의 법칙'이란 것을 발표했다. 그의 저서 『비교심리학 입문』에 이런 대목이 있다. "어떤 경우에도, 심리적 척도(심리적인 발달·성숙의 정도)에서 아래쪽에 속하는 존재(쥐나 토끼 등)가 수행하는 행동이라고 해석할 수 있을 때에는 더 높은 정신적 척도 위에 있는 존재(예컨대 인간)의 수행한 행동의 결과로 해석해서는 안 된다."

이 말이 무슨 뜻이냐 하면, 쥐나 개의 행동을 설명할 때 인간의 속성인 증오심이니 사랑이니 하는 말로 해석해서는 안 된다는 것이다. 요즘 TV에서 재롱을 떨어 각광을 받는 반려동물이 있는데, 그들의 행동에다가 사랑이니 질투심이니 애틋함이니 하는 말을 써서는 안 된다는 것이다. 그 이유는, 각기 종(種)마다 고유한 행동 양식이나 본능적 반응이 있기 때문이고, 그들은 제각기 자기 종의 유전자가 시키는 대로 하고 있기 때문이다. 그래서 비슷한 행동도 의미가 다르다. 또 동물에게 느낌이 어떠냐고 물어볼 수도 없지 않은가? 동물의 공통적인 행동 동기는, 어디까지나 본능적인 자기보호 본능과 방어를 위한 공격성이다.

군이 이 말을 하는 까닭은, 인간의 행동을 해석할 때에는 쥐나 고양이의 행동을 설명하는 말로 해도 괜찮다는 말이다. 왜냐하면 동물에게 인간적 속성을 부여하는 것은 불가능하나 인간에게 동물적 속성을 부여하는 것은 가능하기 때문이다. 인간의 뇌에는 변연계라고 하는 구피질(舊皮質, 원시인의 뇌와 그 이하의 유인원의 뇌)이 있는데 그건 다른 동물에게도 있다. 구피질의 역할은 동물적 속성을 담당하는 일이다. 그러나 다른 동물에게는 대뇌피질이라는 신피질이 거의 없다. 왜냐하면 신피질이라는 조직은 진화의 최종 단계에서 생겨난 것이기 때문이고 또 그것은 지적 활동을 담당하기 때문이다. 이 신피질로 인해서 인류적인 문명을 만들어낸 것이다. 인류와 DNA가 90% 정도 유사하다는 유인원에게조차도 문명이란 것은 없지 않은가?

이 이야기는 어린아이의 행동을 설명할 때 어른에게 주로 해당하는 말을 사용해서는 안 되지만(예컨대, 지성이니 비판력이니 관용이니 참회니 하는 말 등등), 반대로 어른의 행동을 설명할 때 어린이에게 해당하는 말을 써도 된다는 말이다. 본능이니, 퇴행이니, 치졸성이니, 자기 중심성이니 하는 말은 어른에게도 해당된다. 그 이유는 어른이 되기 위해서 어린아이 시절을 거쳤기 때문이다. 어른의 심성과 행동 속에는 그가 과거에 학습한 결과가 숨겨져 있다. 그러니까 복잡한 것 속에는 많은 단순한 요소가 들어 있지만, 단순한 것 속에서 복잡한 것을 찾기는 어렵다.

"진리는 단순한 데 있다"라는 말은 진리이다. 그러나 그 진리를 깨우치려면 얼마나 어려운가? 평생을 걸고도 못 깨우치는 것이 진리이다. 북한산 도봉산 천축사에 무문관(無門關)이라는 선방이 있다. 2평 남짓한 크기에 문은 밖에서 잠겨 있고, 배식구 외에는 바깥과 소통이 안 된 채 무언(無言)으로 3년 혹은 10년씩 수행한다. 거기서 몇 년씩 참선하고 나온 스님에게 기자가 물었다. "스님, 무엇을 깨달았습니까?" 스님이 대답했다. "아침 되니까 해가 뜨고 저녁 되니까 해가 지더라." 그 짧은 문장을 발견하는 데 몇 년씩이나 걸린다고? 불교에는 고(苦)·집(集)·멸(滅)·도(道)의 사성제(四聖諦)와 정견(正見)·정사유(正思惟)·정어(正語)·정업(正業)·정명(正命)·정념(正念)·정정진(正精進)·정정(正定)의 팔정도(八正道)가 있어서 해탈해서 도를 깨닫기까지는 여덟 가지 올바른 수행을 해야 한다. 이 일이 얼마나 어려운 일인가?

모건의 법칙에 따르면, 소수에 속하는 정신장애자들의 이상행동은 정상인의 행동 방식이 아니라 더 낮은 단계의 어린아이들의 행동으로 설명할 수 있다. 정신분석학은 바로 그런 법칙 위에서 성립되어 있다. "내가 왜 이런 유치한 짓을 하고 있지?" 내 속에 아직 어린아이가 살아 있기 때문이다.

예술과 함께하는 심리학

4. 게슈탈트 심리학과 예술

게슈탈트의 개념

요즘 방송에서 "게슈탈트가 붕괴됐다"라고 말하는 것을 자주 들었다. 이 말을 어떤 의미로 쓰는가 하고 보니 "전체적인 분위기 파악이 안 된다"거나 "어떻게 돌아가는지 도무지 감이 안 잡힌다"거나 "전모의 파악이 안 된다"는 식으로 쓰여지는 것 같다. 일부는 맞고 일부는 안 맞다.

여기서는 '게슈탈트'라는 말 자체가 매우 중요하다. 게슈탈트는 독일어인데 Gestalt라고 쓴다. 사전에는 형태니, 모습이니, 형상이니 하는 뜻풀이가 달려 있다. 20세기 초 독일 베를린대학의 심리학 교수들이 본격적으로 연구하기 시작한 개념이다. 사람들이 뭔가를 알아차리려면 먼저 보거나 듣거나 맛보거나 만지거나 하는 감각적 경험이 있어야 한다. 그 경험에서 "아하! 이게 바로 안익태의 애국가구나"라든가 "이게 이래서 아름답구나"라든가 더 나아가서 "그게 그런 것이 아니고 전체적으로 보면 전혀 다른 뜻이 있어"라거나 하는 심리적 현상을 지각(知覺)이라고 한다. 감각은 우리가 의식하지 못하지만 지각은 의식할 수가 있다.

그다음에 인식(심리학에서는 인지라고 함)이 성립된다. 그 인식 내용이 기억장치에 들어가고, 기억장치 속에 보존됐다가 필요할 때 창고에서 불려 나온다. 그 불려 나온 정보가 제대로 맞는 것이냐를 확인한다. 이런 과정을 거쳐서 우리는 비로소 어떤 지식이나 인식에 이르게 된다. 이 과정에서 게슈탈트와 깊은 관계가 있는 과정은 지각 과정이다. 즉 감각적 경험을 해석하거나 거기에 의미를 붙이는 과정이다. 우리가 뭔가를 안다고 하는 것은 바로 이 지각 과정에서다.

이 게슈탈트 현상을 실험을 통해서 밝혀낸 것은 심리학자 베르트하이머이다. 1912년에 실험실에서 가현운동(假現運動)의 원리를 찾아낸 것이다. 영화의 원리가 여기서 출발했다. 실제로 움직이지 않는데 움직이는 것처럼 보이는 현상을 가현운동이라고 한다. 이들 게슈탈트 심리학자들은 나치에 쫓겨서 모두 미국으로 망명했다.

게슈탈트 심리학이라는 이 형태심리학의 이론은 "지각의 세계에 있어서, 어떤 성질을 가진 대상(물건, 사람, 사건, 현상, 상황 등)이, 그것을 구성하는 요소와 부분의 합(合)을 넘어서는 새로운 전체적 형태와 구조를 갖는다고 본다. 또한 그 전체적 새로운 형태는 단순히 그 요소나 부분들로는 설명할 수 없는 것이다"라고 하는 입장이다.

재미있는 예를 하나 들겠다. 악기를 가지고 C, D, E, C / C, D, E, C(도레미도/도레미도)라는 멜로디를 보통 속도로 연주했다고 하자. 우리는 그 멜로디가 무슨 노래인지를 금세 알아차릴 수 있다. 프랑스 민요 〈Frére Jaque, Frére Jaque, Dormez Vous, Dormez Vous〉라는 노래이다. 그런데 만일, 이것을 키를 바꿔서 F, G, A, F/ F, G, A, F라고 키를 바꿔서 같은 속도로 연주해도 앞의 것과 같은 노래임을 쉽게 알게 될 것이다. 부분은 바꿔도 전체적 형태 그대로 유지되고 있기 때문에 알아차릴 수가 있는 것이다.

그러나 E, D, C, C / E, D, C, C라고 연주하면, 처음 연주했던 멜로디와 구성 요소는 같은 음표이지만 보통 속도로 연주를 해도 〈Frére Jaque…〉와는 다른 노래로 인식하게 된다. 〈세 마리 장님 쥐(Three Blind Mice)〉가 된다. 첫 번째 곡과는 전체적 소리 '형태'가 달라졌기 때문이다. 그뿐 아니라, 같은 멜로디라도 연주하는 속도를 ♩=120으로 했을 경우와 ♩=60으로 했을 경우에는 전혀 다른 음악이 된다. 아무리 구성 성분이 같다 하더라도 구성 방법(요소의 결합 방식)에 따라서 전체적 '형태'가 달라진다는 것이다.

이런 이론을 만든 독일 학자들은 처음부터 미학을 연구하려고 시작한 연구자들이 아니었다. 게슈탈트 심리학 자체가 미학 연구가 목적이 아니었기 때문이다. 처음에 연구를 시작할 때에는 멜로디에 대한 지각과 재인(再認)에 관한 논쟁을 해결하기 위한 상황에서 시작한 것이다. 이 이론의 주장자들은 베를린대학의 심리학과 교수였던 쾰러, 코프카, 베르트하이머 등이다. 이들이 주장한 이론의 핵심은 "전체(whole)는 부분 (part)의 합계(sum) 이상이며, 부분들 사이의 관계의 합보다도 더 크고 다른 것이다"라는 것이다. 그들이 처음에는 지각에서 일어나는 게슈탈트 현상에 대해서 연구하기 시작했다. 베르트하이머가 가현운동의 실험에서 이 현상(게슈탈트 현상)을 확인하게 되었던 것이다.

가현운동이란, 실제로는 움직임이 없는데도 움직이는 것처럼 지각한다는 이론이다. 두 자극을 다른 모양으로 몇 센티미터 떨어트려 제시한다거나 두 자극을 아주 짧은 시간 쉬었다가 이어 제시한다거나 하면, 두 자극은 움직이는 것처럼 보인다는 것이다. 이것은 우리가 대상 물체를 지각하는 과정에서 나타나는 착시현상의 하나이다. 실제로는 움직이지 않는 자극들이 우리의 눈에 들어와서는 움직이는 대상으로 지각되는 현상이다. 이 현상은 서로 떨어진 공간 사이에서 자극들이 차례로 우리의 눈에 입력될 때 나타난다. 실제로는 두 자극 사이에는 아무런 다른 자극이 존재하지 않지만, 우리의 눈에 이 자극들이 입력될 경우, 우리는 하나의 자극이 한 공간 안에서 다른 공간으로 이동하는 착시를 경험한다. 이런 가현운동은 실생활에 매우 많이 이용되는데, 애니메이션과 네온사인 광고판 등이 대표적이다.

1912년에 베르트하이머가 이에 관련된 실험을 했다. 두 시각 자극물 (전구 같은 것)을 몇 센티미터 떨어뜨려놓고, 각각 50밀리 초(1000분의 50초) 동안 노출시킨 다음, 제3의 자극을 이 두 자극 중간에 25밀리 초(1000분의 25초) 동안 노출시키면 그 자극들은 빤짝거리는 하나의 자극으로 지각되는 것이다. 그러나 중간에 제시하는 자극을 400밀리 초 노출시키면 1번과 3번 자극은 전혀 다른 별개의 자극으로 지각한다.

이런 착시현상이 왜 일어나는가? 이것은 인간의 지각 메커니즘과 관계가 있다. 우리는 자극물 속에서 될 수 있는 대로 '의미 있는 전체상'을 보고 싶어 하고 듣고 싶어 하기 때문이다. 영화나 애니메이션이 그 좋은 예이다.

영화는 1초에 정지화면으로 24프레임이 지나가게 되어 있다. 그러나 사람들은 그 화면이 움직인다고 본다. 그 이유는 사람의 지각 메커니즘은 그 24개 프레임의 그림을 하나하나 따로따로 보려고 하지 않고, 흐름의 전체에서, 거기에 뭔가 의미가 있으려니 하고 보기 때문에 움직이는 그림으로 본다는 것이다. 그리고 20밀리 초(1000분의 20초)씩 연속적으로 자극을 노출시켰을 때에는 우리는 그 자극이 같은 자극일 것이라고 지각한다는 것이다. 이런 현상을 '게슈탈트 현상'이라고 하고, 그렇게 지각 대상 사물을 보고 듣게 만드는 지각적 원리를 '게슈탈트 원리'라고 한다. 게슈탈트 원리를 설명하자면 다섯 가지 법칙을 찾아낼 수 있다.

①근접의 원리 : 시간적으로나 공간적으로 가까이 있는 것(지각 대상)을 함께 지각하려고 한다.

②유사성의 원리 : 지각은 비슷한 것끼리 묶고, 다른 것은 배제하려는 경향이 있다.

③폐쇄의 원리 : 불완전한 것을 보거나 소리를 듣게 되면 잘 마무리된 것으로 지각하려는 경향이 있다. 아이들이 동그라미를 그릴 때 꼭 닫히게 안 그리면 어른들이 꼭 닫히게 마무리를 해준다.

④배경-전경의 원리 : 사물을 지각할 때 배경과 전경(前景)을 구분해 보고 싶어 한다.

⑤좋은 형태의 원리 : 여러 대상들을 지각할 때, 좋은 연속을 만들어 지각하려고 한다. 구름이 흘러가는 것을 보고도 사람의 얼굴, 신령님, 도깨비 등으로 지각하려는 경향이 있다.

작품의 감상과 게슈탈트

예술작품을 감상할 때에 감상자에게 일어나는 경험의 변화를 설명하기 위한 게슈탈트 심리학자들의 공헌은, 예술작품의 여러 요소들을 어떻게 하나의 통일된 전체로 변용해서 감상하게 되며, 상대적으로 나쁜 게슈탈트가 우리에게 어떻게 긴장감을 일으키며, 여러 요소 간의 상호 관계는 어떻게 이루어지며, 한 예술작품에서 각각의 요소가 어떤 역할을 하며, 그 요소들이 전체적 위치에서 보면 어떤 위치에 속하는지를 이해하는 데 큰 공헌을 했다.

인간은 뭔가를 지각할 때 될 수 있으면 주어진 환경 속에서 가능한 한 가장 좋은 형태로 지각하려는 경향이 있다. 이것을 '게슈탈트 압력'이라고 한다. 그러니까 우리가 영화를 관람했을 때, "뭐가 뭔지 도무지 모르겠어! 그게 영화야?"라는 반응을 제일 싫어한다. 그렇다고 너무 뻔한 것은 외면당하기 쉽다. 왜냐하면 새로운 정보가 없기 때문이다. 사람에게는 정보 갈망욕이라는 욕구가 있고, 어떤 지각 대상이 많은 정보를 품고 있으면 호기심을 더욱 많이 유발할 수 있다. 그러나 그 정보라는 것도 내가 이미 가지고 있는 정보와 별 차이가 없으면 호기심은 줄고, 이미 내가 가지고 있던 정보와 너무 동떨어진 것이어도 마찬가지로 호기심은 떨어진다. 이런 현상을 인지심리학에서는 '인지의 협화(協和) · 불협화(不協和)' 현상이라고 한다.

미학과 관련해서 보면, 아른하임을 비롯해서 많은 게슈탈트 심리학자들이 예술 감상자의 경험(음악을 듣거나 회화 작품을 보거나 할 때, '좋다'거나 '싫다'거나 '아름답다'거나 '감동을 받았다'거나 하는 것)을 결정하는 지각적 조직(감상의 심리)의 역할에 대해서는 많은 것을 밝혀냈다. 그들이 주로 공헌한 점은, 예술작품을 이루는 여러 요인(선, 형태, 면, 색채, 음, 움직임, 리듬, 화성, 속도, 강약 등)들이 어떻게 감상자의 경험 속에서 통일된 하나로 묶여지는지를 밝혀냈다는 점에 있다. 또한 그들은 나쁜 게슈탈트가 감상자에게 어떻게 긴장감이나 불쾌감을 유발하며, 예술작품 속의 여러 요소들 사이의 상호 관련성이 작품의 전체성 속에서 각각의 역할과 위치를 통해서 어떻게 가장 잘 이해되는지도 밝혀냈다.

그렇게 해서 게슈탈트 심리학자들이 미학적인 입장에서 성취한 주요한 공헌은, 예술작품의 형식적 측면이나 요소들인 선, 면, 색채, 형, 음 또는 음색, 형체, 조화, 리듬 등이 어떤 효과를 나타내는지를 밝혀낸 데 있다. 이 학자들은 처음에는 이런 요소들이 갖는 효과나 의미, 영향력 같은 것을 하나씩 하나씩 실험적으로 연구했다. 그러다가 게슈탈트 원리라는 것을 발견하게 된 것이다. 여기에 대해서는 뒤에 자세히 설명하겠다.

이와 같이 형태주의 학자들이 예술의 내용에 대해서 갖고 있는 흥미의 대상이 주로 이런 형식적 측면이나 요소들이었는데, 이것은 주로 외관상(外觀上)의 지각(知覺)과 관계가 있다. 그러나 실제로 우리가 예술작품을 감상할 때에는, 이런 형식적이고 부분적이고 디테일한 측면보다는 전체적 지각이 먼저 일어난다는 것을 알게 되었다.

또한 우리가 예술작품을 감상할 때, 지각 현상만 일어나는 것이 아니라 감정, 정서도 같이 유발된다는 사실에도 주목하게 되었다. 그러니까 지각 현상에는 감정, 욕구, 감상자의 심리적-사회적 배경, 과거의 경험도 끼어든다. 예컨대 유럽의 도시 대광장(piazza grande)에 세워진 말을 탄

장군의 조각상을 보는 순간, 경탄의 소리를 먼저 지르고 난 후, "저게 누구지?" "누가 조각했을까?" 하고 묻고 그 다음에 조각상의 세부를 들여다본다. 이렇게 지각과 정서적 반응이 통합되는 과정, 즉 아는 과정과 느끼는 과정이 동시에 이루어지는 이 과정은 마치 선이니 색채니 음색이니 하고 지각할 때와 똑같이 아주 직접적이고, 중개인자가 없는 과정이다.

지각심리학자이며 게슈탈트 이론가인 루돌프 아른하임은 지각 과정에 감정이 개입한다는 것을 강력하게 주장했다. 그는 이 두 가지 기능이 통합될 때에는 이 둘 사이에 아무것도 개입하지 않는 직접적인 과정이다. 이 말은 우리가 예술작품을 감상할 때 아주 빠르게, 추론의 개입 없이, 자연스럽게, 보는 즉시, 듣는 즉시, 뭔가를 알아차리면서 동시에 느낀다는 뜻이다. 그림 속의 색채 효과를 보기 위해서나 음악 연주를 듣고 화음을 감상하기 위해서는 무슨 다른 도구가 필요하지 않다. 지각이나 정서는 직접적인 경험이기 때문이다. 그러나 사고(思考)하는 과정은 다르다. 언어나 숫자 같은 기호가 중개해야 한다.

감상에서 정서가 먼저 발동하느냐, 지각이 먼저 발동하느냐를 따진다면, 정서가 우선이라고 할 수 있다. 로마 바티칸의 시스티나 대성당에 그려져 있는 미켈란젤로의 프레스코 천장화 〈천지창조〉를 보는 순간 가슴이 뛰었다. 좀 과장해서 말한다면 까무라칠 뻔했다. 그 그림을 보는 순간, 감동, 경악, 흥분, 신비감 속에 빠져들었다. 그리고 한참 있다가 그림의 내용을 뜯어보고, 카탈로그의 설명을 읽어보고, 내용을 파악하고, 이해에 이르게 된다. 정서적 반응이 먼저 온다는 말이다.

그런데 예술작품을 보고 들을 때, 색채니 선이니 소리를 듣고 즐거워할 수도 있으나 우울해지기도 하고, 슬퍼지기도 하고, 또 차분해질 수도 있을 것이다. 이때 지각 과정에서 혹은 감정이 하나가 되는 경험을 하는데, 이런 것을 '공감각(共感覺)'이라고 한다. 여러 감각기관이 동시에 작동해서 인식이나 정서를 유발하는 것을 말한다. 어디 맛집에 가서 음식을 맛보았더니(미각 경험) "어머니 생각이 나더라"(시각적 이미지) 하거나 "엄마의 냄새(후각적 반응)가 나더라"라고 한다면 이것이 공감각인데, 그런 경험 중에 단 한 가지 요소(된장 맛)만으로도 여러 가지 다른 감각적 반응을 유발한다.

그림을 볼 때에도 그 그림이 주는 공감은 색채가 주도하기도 하고 형태가 주도하기도 하지만, 그 전체가 다 좋아서 좋은 것이 아니다. 그런데 계속 감상하다 보면 감상자의 감각 수준이 향상되어서 전에는 못 보던 이미지가 보이고, 못 듣던 소리도 들리게 된다. 진화가 일어나고 수정이 계속되는 것이다.

예를 들면 프랑스의 인상주의 화가 클로드 모네(1840~ 1926)는 인상주의 회화 운동의 선구자인데, 그는 같은 풍경도 하루의 다른 시간대에 그리면 다른 그림이 된다고 했다. 풍경이란 햇빛에 따라 인상이 변하기 때문이다. 그래서 풍경화를 한 점 완성하려면 똑같은 시간에 똑같은 장소를 몇십 번을 왔다 갔다 하면서 채색을 해야 한다. 그의 작품에 〈루앙 성당〉이란 작품이 있다. 그는 이 작품을 완성하기 위해서 파리서 루앙까지 여러 번 왔다 갔다 했다.

예술과 함께하는 심리학

첫인상과 전체적 지각

"첫인상이란 변하는 것이니까, 만일 직접적으로 받는 첫인상이란 것이 확고한 의미를 갖게 되려면, 그 작품이 차지하는 적절한 맥락(context)이 있어야 한다. 즉 주변의 조건이 같아야 한다는 말이다. 그렇지 않으면 직접적인 외관상의 인상은 수정되고 변화될 것이 틀림없다." 미술사학자 곰브리치(1909~2001)의 말이다.

'전체적' 지각이라는 것에 관한 게슈탈트 심리학이 제공해주는 시각만으로는 예술작품에 대한 감상자의 복잡한 심리적 반응 문제를 해결하는 데는 아무런 도움이 되지 않는다고 곰브리치는 말하고 있다. '전체적 지각'이란 첫인상에 영향을 많이 받는 과정이기 때문에 확고한 것이 아니다. 같은 예술작품이라도 예컨대 연극에서 〈리어 왕〉은 연출자마다 해석이 달라진다. 나는 〈리어 왕〉을 여러 번 보았다. 연출자도 다른 〈리어 왕〉을 본 것이다. 〈리어 왕〉도 그렇고, 〈오델로〉도 그렇다. 김의경의 〈리어 왕〉과 김우옥의 〈리어 왕〉과 오태석의 〈리어 왕〉이 다 다르다. 그런 깊은 의미까지는 이 게슈탈트만 가지고 설명이 어렵다는 것이 곰브리치의 주장이다.

오스트리아 출신이고 영국의 런던대학에서 가르친 에른스트 곰브리치가 1950년에 쓰고 20판 가까이 수정 증보판을 낸『서양 미술사』서문의 첫 문장은 다음과 같다. "미술의 역사는 기술적인 숙련에 관한 진보의 이야기가 아니라, 인간의 변화하는 생각과 요구에 관한 것이다. 아트(Art)란 존재하지 않는다. 다만 아티스트(Artist)들이 있을 뿐이다." 왜냐하면 예술가는 생존해 있는 이상 계속 새로운 것을 만들어내지만 작품이란 작업을 할 때마다 다 다르기 때문이다. 나는 〈백조의 호수〉나 〈호두까기 인형〉이나 〈바야데르〉등을 여러 번 봤다. 그러나 공연마다 다다르다. 왜냐하면 안무가가 다르고 같은 안무가도 공연 때마다 새로운 춤을 보여주고 싶기 때문이다. 베토벤이 9개의 교향곡을 남겼고, 21개의 피아노 협주곡을 남겼지만 다 다른 곡이다. 비슷한 곡이 없다. 예술가가 똑같은 작품을 만들어내면 그것은 창조성이 결여된 복제품이 되고 만다.

곰브리치는 "게슈탈트 심리학은 '전체' 지각에 관한 일반적인 설명은 잘 해주었지만 회화나 무용이나 그런 류의 작업 속에 나타나 있는 표상 (表象, representation)에 관한 문제라든지, 혹은 도대체 예술작품이 왜 모두 그런 표현의 3차적 특징(예컨대 디테일이라든가, 전체적 외관, 그 작품의 테마가 갖는 의미 이외의 또 다른 의미를 가진 무엇)을 넘어선 어떤 의미심장한 또 다른 내용들을 간직하고 있는지를 설명해주지 않는다"라고 꼬집었다.

그러니까 정신분석학에서 보면 이 게슈탈트 이론은 인간의 심층은 못 건드리고 표면적인 분석에 그쳤다는 입장이다. 그래서 비슷한 시기에 오스트리아와 독일에서 각각 태어난 이 두 이론 중 정신분석은 인기를 끌었으나 게슈탈트 이론은 크게 인기를 끌지 못했다.

게슈탈트 심리학자들은 근본적으로 인간의 감정과 의지에 관련된 문제, 즉 정의적(情意的) 문제에는 별로 관심이 없었던 것이다. 지각의 세계란 1차적으로 인식의 세계와 관련이 깊고, 정의적 세계와는 관계가 깊지 않다. 그래서 지각에 있어서는 외관적 인상(physiognomic impression)이 중요하다. 이렇게 '전체성'을 지나치게 강조하다 보니, 한때 히틀러가 그의 국가전체주의 사상의 이론적 근거로 '게슈탈트' 개념을 이용했다는 오해가 있었다. 전체는 개체보다 더 의미 있고, 새로운 가치를 갖는다는 말에서 큰 힘을 얻었을 것이다. 그러나 베를린대학 심리학 교수들이 2차 세계대전 전후하여 대거 미국으로 망명을 해서 그 오해는 풀린 것 같다.

5. 행동주의 심리학과 예술

정신분석학과 형태주의 심리학이 예술적 경험을 이해하는 기본적인 이론과 개념을 제공해준 것은 사실이다. 반면에 이 영역에서 행동주의와 연관된 연구들은 근래까지도 아주 좁은 실험적 연구에 제한되어왔다. 물론 '행동주의'라고 해도 모든 실험적 연구를 여기에 포함시킬 수는 없다. 여러 가지 예술작품 중에서도 감상자의 기호와 그런 기호를 결정하는 요인들을 밝혀내고, 감상자의 생리적 반응을 연구하는 데 행동주의가 기여한 바는 크다. 행동주의 심리학이란 인간의 행동을 자극에 대한 반응으로 보는 입장이다.

선호와 그 요인들의 연구, 그리고 작품 감상과 생리적 반응의 연구는 행동주의가 발동하기 전에도 있었던 것이나 행동주의가 실험과 방법적 정교성을 지킨 점은, 일찍이 없었던 대규모 연구를 세련시키고 확대하는 데 기여하였다. 이런 연구의 흐름은 심리 측정적 방법론의 적용을 확대해서 개인차 연구에 박차를 가했으나 이와 같은 스타일의 연구는 결국 개인의 미적 취향이나 기호를 측정하는 좁은 영역의 연구에 그친다는 한계점을 가지고 있었다.

행동주의자들은 감상자의 예술적 경험을 단지 선호도와 그 선호도 판단의 개인차 문제로 귀결시킨 혐의가 있다. 그뿐더러 그 선호도를 결정하는 요인들을 불연속적인 요인으로 보고, 개별적으로 다룸으로써 예술작품을 하나의 전체로서 평가하는 데는 실패하였다.

물론 실험과 방법론의 엄격성에 대해서 행동주의 학자들이 철저히 강조함으로써 연구를 세련되게 하는 데 공헌한 것은 사실이다. 1960년대에 들어와 행동주의적 틀 안에서 미학 연구에 이론적으로 큰 진전을 이룬 학자는 벌린이다.

그는 예술작품이 가지고 있는 가장 특징적인 특색은, 사람들에게 각성(覺醒, arousal)를 불러일으키고 차츰 그 각성도를 줄여가는 것이라고 했다. 각성이란 원래는 생리적 현상을 말하는 것이었다. 망양체(網樣體)의 활성 시스템에 자극을 주어서 흥분도를 높여 맥박을 빨리 뛰게 한다든지, 혈압을 높인다든지, 피부 전류를 교란시킨다든지 하는 생리적 사인으로서, 자극에 더 잘 반응하고 민첩해지는 상태를 말한다. 각성 상태가 고조되는 이유는, 예술작품이란 것이 대개 '비교·대조적인 자극 변수'를 간직하고 있기 때문이라고 했다. 즉 이 말은 예술작품은 일반 사물과 달리 신기성, 복잡성, 모호함, 요소 간의 이질성, 경탄을 자아내게 하는 요소 등 많은 특징을 가지고 있기 때문이라는 것이다. 그가 1963년에 발표한 논문을 보면 "신기함, 모호함, 불일치성, 놀라움 등과 관련된 자극의 속성이 각성에 영향을 미치고, 사람들로 하여금 그 대상을 탐구하게 하는 동기를 갖게 한다"고 했다. 이런 이유 때문에 사람들이 그 대상(예술작품)을 더 깊이 탐구하게 되는 것이다.

이런 요소들 때문에 감상자들은 여러 가지 주위 반응에 갈등을 일으킨다. '저걸 볼까? 이걸 볼까? 이게 좋은 건가? 저게 좋은 건가? 저게 더 아름다운가, 이게 더 아름다운가?' 하고 고민하게 된다고 한다. 그리고 작품의 해석을 할 때에도 분분해지고 의견이 다양해지는 계기가 된다고 한다. 그러니까 역설적으로 말하면, 예술작품이 너무 뻔하면 재미가 없고 관심을 끌 수 없다는 말이다. 〈모나리자〉에 대해서는 몇백 년이 지난 지금까지도 왈가왈부하고 있다. 아직도 해결되지 않는 정보가 많기 때문에 더욱 우리의 각성을 부추기게 된다. 셰익스피어의 작품도 그렇다.

그런데 각성력을 감소시키는 요인들이 있다. 사람들이 계속 예술작품에 노출되거나 감상할 기회가 많아질수록 감상하는 기술에 일정한 틀이 생기게 마련이다. 자극들(예술작품의 구조, 구성요소, 경향성 등)을 양식화해서 감상하게 되고, 그동안 경험한 갈등을 해소하고, 불확실성을 줄이는 동안 장황스러움이나 균형에 대한 지각이 향상된다. 이런 경험들이 장기적으로는 결국 각성력을 줄게 되고 '늘 보아왔던 것'이라고 생각하는, 즉 데자뷔 상태에 빠지게 된다.

벌린은 예술적 경험이란 "처음에는 부드럽게 각성되면서, 즐거움이 찾아온다. 한동안 각성은 도취 상태가 되었다가 곧 각성 상태는 줄고, 지루함이 수반되면서 각성이 곧 무관심으로 변한다"고 설명한다. 각성이란 부드럽게 일어나는 것이 좋다는 것이다. 그것이 도리어 '보상체계'를 활성화하는 데 도움이 된다고 했다. 기대가 크면 실망도 크기 때문인가?

벌린의 이 방면에 대한 공헌은, 예술적 경험과 각성 사이의 관계, 그리고 비교 대조적인 자극 변수들에 의해 야기되는 호기심과 탐구심과의 관계를 밝혀주는 데 있다. 그는 행동주의 학자이기 때문에 재미있다거나 흥미롭다거나 하는 것을 조작적(操作的)으로 정의해서, '복잡성의 정도'라든가, '즐거움'과는 구별되는 객관적 자극의 질이 곧 예술적 경험의 중요 요인이라고 했다.

그러나 '재미있다' '흥미롭다'라는 반응은 우리의 주의를 끌고 그 주의를 지속시키는 수단임에는 틀림없다. 그러나 이것은 예술작품의 지각된 형식적 질이나 내용의 요체(에센스)라기보다는 각성의 단 한 가지 결정 요인에 불과하다고 했다. 더욱이 벌린은 심미적 쾌락주의자가 아니다. 비교 대조적인 자극의 특질이란 것이 꼭 예술에만 있는 것이 아니기 때문에, 그의 이론이 특정 예술 장르의 성격을 설명해줄 수 있는지, 예술과 유머, 연극, 혹은 과학과 구별하는 데 도움이 되는지 어떤지는 의문이다.

6. 정보이론

정보이론이란 원래는 정보가 전달되는 시스템을 설명하고, 연구하는 수학적 개념 내지 규칙이었다. 그것이 곧 심리학 등 10여 가지 다른 분야로 널리 적용하게 되었다. 여기에 기초가 되는 주된 테마는 '불확실성'과 '정보'라는 개념이다.

몇 가지 똑같이 선택될 가능성이 있는 옵션이라는 개념으로 이해되고 있는 '불확실성'이란, 지각하는 사람(예술 감상자)이 상황이 애매모호하기 때문에, 기대가 크게 어긋나자 불쾌해지고, 욕구불만에 찰 수도 있는 상태를 말한다. 정보를 양적 개념으로 이해하자면, 어떤 옵션은 선택의 기회를 배제하고, 어떤 옵션은 선택의 확률을 높여서 불확실성을 줄여주므로 긴장을 줄이고, 즐거움을 더해주는 원천이 된다는 뜻이다.

정보란, 전적으로 우리가 기대한 바이고, 너무 장황스럽지 않고 또 양이 너무 많아서 처치가 곤란하지 않으면, 바로 그런 역할을 잘 해내게 된다. 만일 정보가 너무 장황스럽다면, 예컨대 동의 반복하듯이 똑같은 패턴이나 비슷한 요소가 계속 되풀이 제시되면, '듣기 좋은 노래도 한두 번'이라는 말이 있듯이, 감상자들은 그 예술작품을 너무 단조롭다고 보고 곧 싫증을 내게 될 것이다. 만일 장황스러움이 참신해 보인다면, 감상자는 그 자극에 압도당하고 혼란스러워질 것이다. 너무 비슷한 것을 반복해도 안 되지만, 너무 낯선 것을 거창하게 갑자기 제시돼도 사람들은 혼란스러워한다. 그런 반응을 불러오는 이유는, 감상자가 이미 갖추고 있는 정보의 종류나 양과 관계가 있기 때문이다. 기존 정보(인식)와 협화적이냐 불협화적이냐에 따라서 반응이 갈라진다.

이 이론을 주장한 레온 페스틴저는 만일 정보 사이에 불협화가 있으면, 사람들은 긴장감을 일으키고, 다음과 같은 세 가지 정보 활동을 하게 된다고 주장한다. ① 내가 가지고 있는 인식을 바꾸는 것("아! 그게 아니었구나!") ② 불협화적인 내 인식의 중요성을 줄이는 것("더 중요한 것을 찾아봐야지!") ③ 새롭게 정당화할 수 있는 인식을 첨가하는 것("그건 내가 몰랐던 건데?") 등이다.

강석희 교수는 서울대학교 음대를 나와(1960) 독일 하노버 음대, 베를린 음대, 베를린 공대 등에서 공부했고, 서울대 음대 명예교수이며 예술원 회원이었다. 그는 한국에 최초로 전자음악을 도입한 작곡가이다. 그가 독일에서 전자음악, 특히 현대음악을 공부하고 귀국해서 발표회를 열었을 때 나는 몇 번 청중으로 갔던 적이 있다. 그의 음악에는 우선 오선지 악보가 없고, 바가지 긁는 소리, 빨래 다듬이질하는 소리, 절의 범종 소리, 개울물 소리, 바람 소리 등 자연음을 이용한 음악이 많았다. 현대의 온갖 음악 기법이 다 동원되고 여러 가지 양식이 공존한다. 우연성의 음악에 더 가깝다. 그의 제자에 진은숙이라는 세계적인 현대 작곡가가 있다. 한때 서울 시향의 전속 작곡가이다.

강석희의 음악을 들으면 "그게 음악이야? 소음이지"라는 반응도 있고(이것을 인지 불협화라고 한다), "아 또 그거야? 그 다듬이 소리?" 하기도 한다(이것은 '인지의 장황스러움' 현상에 속한다). 현실적으로 말하면, 감상자에게 있어서는 새로운 감상 대상이란 호기심을 유발할 수 있고, 정보 욕구를 유발할 수 있는 매력을 지녀야 한다는 말이 된다. 너무 생소하고 낯설어도 호기심을 유발하기가 어렵다. 너무 진부한 것이어도 좋지 않다. "응, 그것 이미 봤어, 다 알아!"라는 반응이면 감상의 가치는 떨어진다. 그래서 정보이론에서는, 새로운 정보의 학습전략을 짤 때 학습자가 이미 지니고 있는 정보의 질과 양이 새로 학습해야 할 정보의 질과 양과의 격차가 적절한가를 확인해야 한다고 한다. 서울대 교수였던 김호권 박사의 '완전학습이론'이 여기에 해당된다.

이 말을 정리하면 이렇게 된다. 한 예술작품은 감상자에게 두 가지 기대감을 유발할 것으로 전제한다. 한쪽에서는 "응, 그건 내가 과거부터 이미 알고 있던 것이야!"라는 기대감, 동시에 다른 한쪽에서는 "그 예술작품이라는 자극 속에 있는 요소들과 양식들을 보면 내가 뭔가를 새롭게 배우게 될 거야!"라는 기대감이다. 이들 기대감이 좌절되었을 때, 불확실성이 높아진다. 불확실성이 생긴다는 말은, 아무것도 새로이 알게 된 것이 없다는 말이다. '이미 알고 있었다'거나 '봐도 뭐가 뭔지 모르겠다'는 반응은 불확실성이 매우 높다는 말이다. 이렇게 기대감이 확실히 입증되면, 때로는 기대하지 않던 비상한 방식으로, 즐거움이 만들어지기도 한다.

미학에 있어서, 정보이론은 컴퓨터화한 '종합적' 예술작품을 새로이 생성해내는 훌륭한 도구가 될 뿐 아니라, 예술적 스타일을 장황스럽다든지 확률이 높다거나 낮다거나 하는 식으로 분석하고 확인하는 도전적인 도구라는 것도 증명되었다. 이런 식의 응용은 대체로 미학적 형태론의 노선에 따른 것이 주류이다. 또한 정보이론은 예술적 경험 중에서도 특히 음악적 경험을 설명하는 데 사용되어왔다.

정보이론의 장점은, 예술작품 속의 어떤 자극 조건이 그것으로 인해 불러일으켜지는 심미적 반응과 경험 사이의 상관관계를 해명해줄지도 모르고, 그런 자극이 없어도 일어날 수 있을지도 모를 뿐 아니라, 그런 예술작품 속에 내보여지는 연속적인 반복진행 상황(sequence)이나 역동적 발전에서 느끼는 반응과 경험 사이의 상관성에 대해서도 알아볼 수 있게 해준다는 것이다.

구조니 스타일이니 하고 막연하게 설명하는 것은 조작적 개념과 자극의 양적 범주화로 대치되어야 하고, 그것을 확실히 구체적으로 잡힐 수 있는, '정보의 내용'과 '장황스러움'과 '놀라움'이라는 말로 대체해야 한다는 것이다. 무슨 뜻이냐 하면, 구체적으로 파악할 수 있는 말로 바꾸어야 한다는 것이다. 예컨대 예술작품을 감상하면서 '놀라움'을 경험

했다면, "맥박이 빨라졌다"든가, "호흡이 빨라졌다"든가, "동공이 크게 열렸다"든가 "손발이 떨렸다"든가, "하품이 났다"든가 "졸렸다"든가 하는 말로 바꾸어야 그런 경험을 만드는 요인들을 잡아낼 수가 있다. 예술작품이란, 카시러 등의 철학자들이 말했듯이 '의미 소통의 수레바퀴'이다. 그러나 여전히 정보이론은 의미를 연구하는 데는 너무 제한적이고 단일 차원적인 수단에 불과하다. 정보이론은 기껏해야 예술작품의 형식적 구조를 분석하는 데는 적절할지 모르나 테마 속에 숨겨 있는 의미는 잘 알 수가 없다는 약점이 있다.

7. 발달심리학적 이론

피아제와 가드너의 발달이론

여기서는 두 학자의 이름을 거론하겠다. 한 사람은 스위스 태생의 장 피아제(1896~1980)이다. 그는 스위스의 뉴샤텔대학에서 생물학 박사학위를 받고 파리에 나와서 소르본대학에서 알프레드 비네에게서 심리학을 배웠으며, 1963년까지 파리대학 교수를 역임했다. 그 후 제네바대학 교수직을 지냈다.

그의 주된 연구 테마는 "아이들이 어떻게 해서 지식을 얻게 되는가?"였다. 재미있는 에피소드가 있는데, "선생님의 저서와 논문을 다 읽으려면 몇 년이나 걸립니까?" 하고 누가 물으니까 "내 나이가 될 때까지 살아야 될 것이오"라고 했단다. 그만큼 업적이 많은 심리학자이다.

또 한 사람의 학자는 미국 하버드대학 교육대학원의 심리학 교수인 하워드 가드너(1943~)이다. 그의 혁신적 이론의 하나는 1983년에 발표한 '다중지능이론'이다. 언어 등 8개의 독립된 지능과 1/2의 종교, 실존적 지능 등, 8과 1/2 지능이론을 발표해서 학계가 80년 동안 지켜오던 일반지능이론을 뒤집었다. 그는 다수의 저서를 집필했으며 2000년 초에 한국에도 왔었다.

여기서 우리가 관심을 갖는 점은 이 두 발달심리학자들이 예술심리학과 무슨 관계가 있느냐이다.

피아제는 어린아이들의 인식(지식의 획득)의 발달을 임상실험적 방법으로 연구하고 체계화했다. 철학자들의 인식론은 도그마였다. 그것을 관찰과 자료 수집이라는 객관적인 방법으로 파악함으로써 검증이 가능하고 반론도 받아들이는 열린 태도로 연구를 했다. 인식의 문제는 결국 인간의 행동의 문제이다. 행동의 문제인 이상 과학적으로 접근할 수 있다.

인식론에 있어서 근본적인 문제는 인식의 주체와 인식의 대상과의 관계의 문제이다. 이성주의에서는 인식의 주체(사람)의 역할을 중시한다. 한편 경험주의의 입장에서는 인식 대상(사물, 관념)의 역할을 강조한다. 이 두 입장은 영원히 대립적일 수밖에 없어 보였다. 그런데 피아제는 주체와 대상(넓은 의미의 환경) 간의 상호작용을 강조함으로써 그 두 입장의 총합을 시도했다. 그리고 이 룰 사이의 논쟁을 중단시켰다.

인식의 발달이라는 입장에서 보면, 외부의 대상은 어떤 범위 안에서는 결정적인 역할을 한다. 어린아이들이 놓여 있는 환경이나 겪는 경험은 어린아이들의 발달에 분명히 영향을 준다. 그러나 어린아이들도 어떤 정신적 구조(이것을 피아제는 인식적 셰마(schéma:불어)라고 했다)를 가지고 인식한다. 즉 과거의 경험을 축적한 틀 속에서 경험 대상을 파악해내려고 한다. 그 틀은 발달 단계마다 다르기 때문에 발달의 단계에 따라 그 대상의 의미도 달라진다. 4세 아동의 인지 구조가 다르며, 14세 아동의 인지 구조가 다르다. 주체가 변화·발달하기 때문에 그 인식 대상도 달라지며, 똑같은 대상에 대해서도 이해하고 파악하는 양상이 달라진다.

인간의 정신적 발달이란, 주체(사람)와 외부 세계(환경)가 끊임없이 상호작용하면서 동화(同化)와 조절(調節)이라는 생물학적 기능(나중에 정신적 기능도 같은 모드로 움직인다고 했다)으로 선행하는 단계의 여러 특징들을 연장해서 받아들이면서, 그 선행하는 것을 새로운 평면에서 통합하고 재구성해서 차츰 광범위하게 그 모두(선행 조건과 후속적 변화)를 초월하는 새로운 구조를 만들어가면, 인식은 더욱 깊어져 간다는 것이다.

여기서 인식 발생, 즉 인지 발달의 메커니즘은 이해했다고 하자. 그러면 다른 발달 영역은 어떻게 설명할 것이냐가 문제이다. 피아제는 정의적·사회적 발달 영역도 양상은 다르지만, 그 메커니즘은 동일하다고 했다.

첫째로, 인지 발달에서처럼 각 발달 단계의 구조에서 다음 단계의 구조로 변환하는 데 있어 계기(繼期)의 순서(즉 사건이 일어나는 순서)는 일정하다고 한다.

둘째로, 정의 면(정서와 주관적 감정), 사회 면(사회화와 여러 가지 문화전달의 역학 등)의 발달, 그리고 모든 가치의 세계, 개인 간 사회적 기능도 모두 새로운 가능성을 향해서 주체가 적합해 간다는 것이다. 사회화도 하나의 구조화이기 때문에 개인은 그 사회화의 영향하에 놓이게 되지만 개체도 사회화에 기여하게 된다. 그리고 인간의 여러 감정은 생활 경험을 통해서 다양화되고, 개인 상호 간, 내지 사회적 교섭에 의해서도 풍부해진다.

셋째로, 이들 인지, 정의성, 사회성 등이 똑같이 하나의 지향성을 가지고 발달하는 것이 아니다. 예컨대 만 5세경에 이미 기본적 정서 표현 능력을 갖게 된다. 그리고 그 후의 생활 경험을 통해서 서서히 변화하고 풍부해진다. 다만, 여러 감정은 개인 상호 간이나 사회적 교섭으로 풍부해지기도 하지만, 가지가지 갈등과 위기와 재균형화가 이루어지기도 한다는 것이다.

피아제의 발달이론에서 보면, 인지와 정의성, 사회성은 서로 비환원적이지만 불가분의 관계를 가지고 있다. 따라서 예술과 관련해서 보면 예술의 이해적 측면과 감정적 측면은 발달의 원칙에서는 동일하지만 서로 비가역적이다. 그러나 어느 면에서든 예술적 이해 능력이나 공감 능력은 사회적 상호작용의 영향을 크게 받는다는 점에서 참고할 만하다.

피아제의 발생인식론은 종전의 철학적 인식론의 논쟁을 일부 잠재웠을 정도로 설득력을 가진 과학적 이론이 되었다. 단순히 어린이의 사고 발달에 관한 일반론이 아니라 그 이상으로 구조주의적이며 과학적인 인식론이다.

그전까지는 이론적인 아동학자들 중 특히 엄격한 학습이론가들이나 행동주의 심리학자들은, 어린아이들은 경험이 부족하다든지, 덜 복잡하고 단순하다든지 하는 이유 이외에는 어린아이가 어른과 질적으로 다르다는 것을 인정하지 않았다. 심지어 비주나 베어 같은 학자도 "어른에게서 관찰되는 모든 사실상의 행동의 잠재력은 신생아에게서도 볼 수 있다."라고 했을 정도이다. 어린이는 어른을 축소한 것이나 마찬가지이고, 어른에 비해서 상대적으로 미발달체임으로 어른보다 양적인 면에서 열등할 뿐이지 어른과 똑같은 방식으로 사고하고 문제를 해결한다고 보아온 것이다.

피아제는 이와 같은 종전의 발달심리이론을 뒤집고, 아이들은 어른과는 질적으로 전혀 다른 방식으로 사고하고 인식하고 문제를 해결한다고 주장했다. 그의 이론을 간단히 요약하면 다음과 같다.

0~2세까지는 언어 이전의 지능을 실용적으로 작동시키기 때문에, 표상이나 언어의 개입이 없는 활동의 감각 · 운동적 협응에 의해서 현실을 인식하게 된다(지식을 얻는다). 2~4세까지의 전조작기는 표상에 의한

사고가 시작되는 시기로서 자기-중심성의 지배를 받는다. 모든 인식이 지금, 여기, 자신에게 중심화되어 있다. 7세부터 11세경까지의 구체적 조작기는 구체적 사실에 대한 논리적 사고가 가능해지는 시기인데, 보존과 가역적 변환이 가능해진다. 11세 이후에는 구체적 사물이 현존하지 않아도 형식 논리적 사고와 가설 연역적 사고가 가능해진다. 이 단계가 되면 비로소 어른의 사고와 같은 사고 수준에 이른다.

그러나 피아제는 후일, 자기 이론의 일부를 수정하면서 다섯 번째 단계(그 후 일생 동안)로서 변증법적 사고가 가능해지는 단계를 설정했다.

피아제와 예술

예술과 관련지어 피아제의 인식발생론에서 어떤 논의가 가능할까? 인식 능력이나 인식 방법은 예술에 대한 지적 이해와 관련 있고, 정의성은 예술작품에 대한 감정적 반응과 관련이 있다. 그래서 아이들은 발달 단계에 따라 세계와 개념을 인식하는 지적 틀이 다르기 때문에 그 구조에 어울리는 교육이 필요하다는 말이 된다. 인지는 동화-조절이라는 메커니즘으로 발달된다.

인지 면의 발달과 감정, 정서 면의 발달 사이의 관련성을 살펴보자. 행동의 인지 면은 행동을 구조화(이해)하는 역할을 하는 것이고, 정의 면은 행동에 에너지를 부여하는 측면을 가지고 있다. 그런데 이 두 가지 면이 서로 환원할 수 없음과 동시에 불가분의 관계이고 상보적이다. 따라서 각기 영역의 발달 사이에는 평행선을 볼 수 있다. 즉 '이해한다고 감동하는 것이 아니고, 감동했다고 이해한 것이 아니다'라는 말이다. 인간은 이원적인 정신 구조를 갖게 되어 있다는 것이다.

피아제는 인간의 정신적 발달에 관여된다고 볼 수 있는 네 가지 요인이 있다고 했다. ① 기질적 성장과 신경계 및 내분비계에 의해서 형성되는 복합체의 성숙, ② 연습 및 활동을 통해서 얻어지는 경험의 역할, ③ 사회적 여러 가지 상호작용과 전달, ④ 발달의 내적 합목적성 내지 균형화라는 내적 메커니즘이 그것이다.

이 네 가지 요인이 설명하는 것은 본질적으로 어린아이들의 지적·인지적 발달의 구조에 관해서다. 이 경우 정의성이나 동기화의 발달은 이것과 별개의 것이라고 생각하기 쉽지만, 이런 역동적인 요인이야말로 정신적 발달의 열쇠이다. 지능 자체는 원래부터 인간이 성장하려는 욕구, 자기주장을 하려고 하는 동기, 사랑을 갈구하는 동기, 다른 사람으로부터 평가받기를 원하는 욕구에서 비롯하는 인간적 욕구가 그 동력이라고 피아제는 결론했다. 그래서 피아제는 인식이라는 차가운 논리 욕구뿐 아니라 사랑과 같은 따뜻한 정의적 동기가 결국 성장의 원동력임을 가르쳐주었다.

그래서 이와 같은 인지적·정의적 발달에 관한 구조적인 해석에 비추어볼 때, 인간의 예술에 대한 이해와 예술 감상(향유 내지 소비)에서 받는 감동과 엑스터시는 반드시 가역적인 것이 아니라는 점을 증명해주었다. 예술교육의 입장에서 보면 이 이론은 상당한 교육적 함의를 내비치고 있다.

가드너의 이론

또 한 사람의 발달심리학자는 예술에 대해서 직접적으로 주장하고 증명도 해서 보여준 하워드 가드너이다. 2000년대 초에 한국에 와서 이화여대에서 강연도 했다. 그는 예술에 관해서 두 권의 책을 썼는데 하나는『예술, 정신, 두뇌』(1982)이고, 또 하나는『예술과 인간 발달』(1994)

이다. 그는 발달심리학적 관점에서 예술과 인간 발달의 관계를 연구했다. 그는『예술과 인간 발달』에서 소제목으로「예술의 발달적 연구」라는 테마를 제시하고, 발달에 대한 틀 속에서 예술을 논의할 수 있다고 했다.

3부

작가와 감상자 사이

9장
작품으로 이해하는 작가의 정신세계

1. 예술작품으로 정신분석이 되는가?

예술가의 작품은 그 자신을 드러내는 매체이지만 동시에 시대정신도 반영한다. 아주 좁게 말하면 개인 사정(실연, 가족과의 이별, 질병, 차별과 학대 등)을 쓰거나 그리는 경우도 있고, 거창하게 말하면 예술가란 인류가 안고 있는 고뇌를 자기 안에서 외치는 사람이란 말이 있듯이 인간의 보편적인 사회적 · 정신적 문제를 다루기도 한다.

톨스토이는 인류 보편적인 문제를 다룬 대작 소설『전쟁과 평화』를 36세에 쓰기 시작해서 6년간에 걸쳐 완성했으며, 그 밖에『부활』이니 『안나 카레니나』같은 대작을 남겼다. 그는 귀족임에도 끊임없이 빈민, 농부, 행복, 신앙의 문제 등을 다루었던 것이다.

그런가 하면, 19세기 중엽에 활동한 프랑스 소설가 조르주 상드는 당시 유명한 극작가요 시인인 알프레드 뮈세와 염문을 뿌렸고, 쇼팽과도 동거한 이력이 있다. 그녀는 뮈세와의 연애 사건을 소설화해서『그 남자와 그 여자』라는 제목으로 출판했다. 주로 자기 변명을 하기 위한 것이었고 뮈세를 난처하게 하는 그런 내용이었다. 그러자 뮈세의 동생이 이걸 읽고 화가 나서 『그 여자와 그 남자』라는 제목의 소설을 써서 상드에게 역공격을 했다. 이런 작품들은 극히 사적인 문제를 다룬 것으로, 인류적인 고뇌를 쓴 작품은 아니다.

예술가를 돋보이게 만드는 것은, 우리 모두가 가지고 있는 '고통'이라는 소재를 잘 정리해주는 힘에 있다. 영국의 유명 작가 오스카 와일드가 "예술의 목적은 드러내는 데 있고, 예술가는 감추는 데 있다"라고 했다. 작가가 전면으로 너무 나서면 상업성의 함정에 빠질 위험이 많고 오해도 생길 뿐 아니라, 그 자신이 권력이 되기도 하기 때문이다.

예술가는 작품을 통해서 말하고 주장하는 것이지 자기를 너무 내세우지 않는 것이 바람직하다. 소비자들은 그의 작품을 사랑하는 것이지 작가를 사랑하는 것이 아니다. 작가 사인회에서 사인을 받으려고 줄 서서 기다리는 것은 기념하기 위한 것이거나 때로는 돈을 벌기 위해서지 (손흥민이 사인해준 티셔츠가 한 시간 후에 인터넷에 450만 원에 매물로 나온 일이 있듯이) 반드시 작가를 존경하기 때문이 아니다. 작가도 사람인지라 개인적으로 허물이 드러나기 쉽기 때문이다. 요즘 같은 세상은 그런 비위가 있다면 실시간으로 유튜브에 올라온다.

몇 년 전의 사건이지만, 출판사가 작가와 짜고 책을 사재기해서 베스트셀러에 등극시킨 일이 있었다. 또 우리나라의 유명 여류 작가가 표절 문제로 한동안 절필한 일이 있었고, 유명 원로 시인이 후배를 성추행한 일로 재판을 받았다. 작가는 숨는 것이 좋다. 톨스토이는 가정, 평화, 사랑, 신앙, 진리, 이런 주제를 많이 다루었지만 만년에 부인과의 사이가 나빠져서 시골 간이 역사에서 쓸쓸히 혼자서 죽었다.

과학자는 예술가와 다르다. 예술가는 개인의 창조성과 개성을 드러

예술과 함께하는 심리학

내는 것이 중요하지만 과학계에서는 누구누구의 이론이라고는 해도 검증되기 전까지는 '가설'일 뿐이다. 증명되기 전까지는 법칙이 아니다. 어떤 과학적 이론을 주장하거나 과학적 업적을 내도 그 속에 과학자의 성장 과정이나 이상, 고뇌, 심리, 성격, 감정 등을 말하는 구석은 아무 데도 없다. 그러나 예술작품은 그렇지 않다. "예술이란 인류의 운명을 자신의 내면에서 체험하는 자들이 고뇌에 차서 지르는 고함 소리다." 쇤베르크가 한 말이다. 그뿐 아니라, 에밀 졸라도 이렇게 말했다. "나는 여기 있고, 크게 소리 지르면서 살기 위해서 이 세상에 왔노라." 작가란 공공연하게는 작품을 통해서는 큰소리로 외치지만, 개인의 사생활까지 그렇게 자신 있게 사는 것은 아니다. 작가란 피와 땀, 잉크, 이 세 가지로 되어 있는 사람이다. 작품에는 그의 피, 땀이 배게 되어 있다. 예술가란 결국 자기 자신의 작품을 통해서 자서전을 쓰는 셈이다. "그들은 언제나 혁명가처럼 불만에 차 있고, 그 불만으로부터 작품의 정수를 뽑아낸다." 에릭 호퍼의 말이다. 문학 작가나 화가나 무용가나 작곡가나 극작가나 다 똑같다.

"인간이 만드는 모든 작품, 그것이 문학이든, 음악이든, 회화든, 건축이든, 또 다른 것이든 간에 언제나 자기 자신의 초상화였으며, 더욱이 그것을 숨기려고 하면 할수록 더 엄격히 그의 성격이 드러나게 되는 것이 모든 예술작품이다." 영국의 작가요, 화가요, 음악가인 새뮤얼 버틀러의 말이다. 괴테의 『파우스트』가 그렇고, 헤밍웨이의 『노인과 바다』가 그렇다.

이런 점을 감안할 때 작품의 성격에는 두 가지 측면이 다 드러나게 된다는 것을 이해할 수 있다. 즉 인간적 문제의 보편성과 개별성이다. 과학에서는 다만 보편적인 법칙이나 원리를 추구하지 개인의 고뇌나 인류의 정신적 삶의 문제를 다루지는 않는다.

예술작품에는 이런 내면적이고, 사적이고, 정서적인 문제들을 다루는 것이 많아서 자연히 정신분석학이나 성격심리학자들이 관심을 가지고 들여다본다. 그래서 여기서는 일부 예술가의 작품을 분석해보고, 그 결과를 가지고 논의해보려고 한다. 정신분석학은 프로이트가 창시한 것이지만 그 후 많은 전문가들이 임상적으로 연구해서 많은 자료를 축적해 놓았다.

2. 음악도 정신분석한다

음악을 가지고 이야기해보자. 집합적으로 보면 음악은 비록 민속적으로는 다양하지만, 요즘 보듯이 퓨전 음악도 성하고, 젊은 뮤지션들의 국제적 교류도 활발해져서 음악에 있어서는 종족과 국경을 넘어서는 시대가 되었다. 'K-Pop 신드롬'이 그 좋은 예이다. 국경과 종족의 한계를 넘어서 상호 소통하는 시대가 된 것이다.

그러나 좀 더 따지고 들어가보자. 소리의 세계란 주로 개인의 청각적 경험으로 점재(占在)되어 있어서 무척 개성적인 성격을 띤다. 인간의 감각 중에서 가장 보수적인 감각이 청각이다. 엄마의 배 속에서부터 아기는 소리를 배운다. 그 소리의 패턴은 일생을 간다. 청각장애자 중에는 출생 시 정상인으로 태어났음에도 부모 양쪽이 청각장애자라서 자연히 장애자가 되는 사례가 있다. 어렸을 때의 소리 경험의 결정판이다.

음악가(작곡가)들은 자기가 만들어내는 독창적인 소리의 배치로써 사람들이 바라는 혹은 좋아하는 쾌락, 황홀지경, 긴장, 행복감, 즐거움, 이해, 흥미, 공감을 고조시키려고 한다. 여기서 중요한 것은 인도 음악이 있고, 유럽(서양) 음악이 있고, 중국 음악이 있고, 한국 음악이 있고,

아프리카 음악이 있기는 해도, '인간이 자연물의 하나'이듯이 음악도 자연물의 일종이어서 객관적으로 관찰하고 이해할 수가 있다는 사실이다. 아무리 종족 음악이 다양하다 해도 소통이 가능하다. 서양의 오케스트라와 한국의 시나위가 합주를 한다거나 한국의 사물이 서양의 재즈나 록과 컬래버레이션을 하는 것을 보면, 거기에는 음악을 만든 사람들 사이의 공통된 기본적인 감정과 이해가 바탕에 깔려 있다는 것을 알 수 있다.

음악을 만들어내는 과정이 극히 심리적인 것이기 때문에(요즘은 AI가 음악도 만들지만) 객관적인 이해가 어렵다는 의견도 있으나, 지금 세계를 들썩거리게 하고 있는 음악의 트렌드를 보면, 아프리카 음악이 어디에서나 통하고, 한국의 K-Pop도 글로벌하게 통하고, 전 세계의 젊은이들을 울리고 불리고 하고 있다. 음악으로서의 공통된 기호가 있기 때문에 그럴 수 있다고 이해해야 한다. 그 바탕은 바로 리듬이다. 아프리카 음악의 멜로디는 잘 기억하지 못해도, 봉고를 두들기는 리듬은 기억한다. 리듬은 멜로디보다 훨씬 우리의 청각에 큰 영향을 주게 되어 있다.

그러나 서양 음악의 경우, 음악사나 명곡 해설집을 보면 어떤 특정 곡이 태어난 배경에는 극히 개인적이고 특수한 상황이 있었던 경우가 상당히 많다. 프랑스의 정신분석학자 앙드레 미셸의 『음악의 정신분석』은 이렇게 시작하고 있다.

> 아마추어가 얼핏 보기에는 예술작품이란 것이 제멋대로 만들어진 것같이 보이지만, 만들어지는 과정에 개입되는 법칙을 보면, 그 밑바닥에는 인간의 보편적이고 필연적인 기반이 존재한다는 것을 알 수 있다. 비평가(평론가, 분석가)들은 이런 필연적인 기반이 무엇인지를 찾기 위해서 인간의 무의식 세계 속으로까지 파고 들어가려고 한다.

261

9장 작품으로 이해하는 작가의 정신세계

인류적인 보편성에는 의식의 세계보다 무의식 세계가 더 깊이 관여되어 있다. 왜냐하면 의식 세계는 현실 제도와 밀접하기 때문이다. 소리 구조의 현재적 의도(지금 드러나 있는 의도) 밑에 숨겨져 있는 무의식적 의도까지 밝혀내려고 한다는 말이다.

비평이란 무미건조하고, 감동을 죽이는 분석이 아니라, 가짜 신비주의자들의 감정 숭배로 인해서 수많은 인명이 희생되고(예를 들면 1978년 인민사원의 집단 자살 사건이나 우리나라의 오대양 사건), 미쳐버리는 사건이 종종 일어나는 현상 때문에 금기로 여기고 있었던 인간의 감정의 영역까지 분석의 칼을 들이대게 되었다. 이것은 완전히 새로운 눈길이라고 할 수 있다. 즉 소리의 구조에서 인간 정신의 심층을 파고 들어가 보자는 것이다. 굉장히 전문적인 작업이며 시도하기 쉬운 일이 아니다.

3. 예술을 비판적으로 보는 시각

예술을 보는 데는 아마추어적 입장, 즉 평범한 감상자의 입장이 있고, 비평가들이 보는 전문적 입장이 있다. 감상자의 입장에서는 감정이나 행동상의 반응으로 나타내는 것이고, 비평가의 입장에서는 전문적인 분석을 통한 언어적 표명이 될 것이다. 말하자면 평론이 된다. 우리나라는 비평이란 말 대신에 평론이라고 한다. 문학평론과 함께 연극평론이 제일 먼저 발달했고, 다음으로 음악과 미술, 무용 순으로 비평이론이 발달해왔다.

비평이론은 여러 갈래가 있으나 여기서는 그런 골치 아픈 이야기는 빼고 감상자의 입장에서 작품에 대한 이해를 높이고 예술적 경험에서 얻는 즐거움을 더하는 방법에 대해서 이야기하려고 한다.

심리학적인 입장에서 보면, 문예(문학·예술) 비평에는 여섯 가지 정도의 관점이 생긴다.

① 객관주의적 관점 : 대개 보편타당하다고 믿어온 어떤 규준이나 원리에 따라서 작품의 가치를 평가하는 입장이다. 서양에서는 고전주의적 입장이라고 한다. 아리스토텔레스의 『시학』 등에서 제시되어 있는 '정신적 오락성' '영혼의 정화' 등을 예술의 목적이라고 보고, 거기에 합당한 정도로 가치를 평가하려고 하는 입장이다. 그러나 문예의 목적은 시대에 따라서 바뀌고 진화하기 때문에 보편적인 규준 같은 것이 있을 수 있겠는가 하는 문제가 있다.

② 귀납적인 비평 : 성급한 독단적인 평가를 피하고 작품을 있는 그대로 객관적으로 관찰하고 해석하려는 입장이다. 텍스트(text)를 객관적으로 충실히 분석하고 해석하고 비평한다는 입장이다. 그 방법은 자연과학적 방법론과 통한다. 그래서 귀납적 입장이라고 한다. 가령 어떤 문학작품을 분석하는데, 그 작품 속에 구사된 명사나 동사와 기타 수식어(형용사, 부사 등)의 비율을 따져서 그 작품이 그리는 정서성(情緖性)을 평가한다든지 하는 방법이다. 수식어가 상대적으로 많으면 사실성보다는 낭만성이 높다고 보는 것이다.

③ 과학적 비평 : 이것도 귀납적 방법을 사용하기는 하지만, 작품 자체를 두고 분석할 때, 그 작품 제작에 미쳤을 역사적 맥락, 시대정신과 그 영향, 인종적 갈등이나 그 영향, 종교의 영향, 정치적 환경의 영향 등을 종합적으로 분석해서 관찰하고 해석하는 입장이다. 셰익스피어의 『베니스의 상인』과 테네시 윌리엄스의 『욕망이라는 이름의 전차』, 사뮈엘 베케트의 『고도를 기다리며』, 2019년 노벨 문학상을 받은 페터 한트케의 『관객 모독』을 이해하려면 그 시대적 배경을

알아야 한다. 위의 작품들은 모두 한국에서 공연된 바가 있다.

④ 인상 비평 : 평가의 객관적 규준을 부인한다. 객관적 분석이나 귀납적 방법을 쓰지 않고, 오로지 비평가의 주관적 철학이나 인상을 단적으로 표현하는 방법이다. 대개 음악평론이 여기에 속한다. 세계적 대가가 전날 공연을 했는데 이튿날 아침 조간을 보면, 큰 신문마저도 칼럼을 쓴 기고가마다 다 평이 다르다.

⑤ 감상자적 비평 : 실제적인 이해를 초월하며 겸허하게 작품의 아름다움을 감상하고 칭송하는 입장이다. 작품에 대한 전문 지식이 부족한 경우나 작품 자체가 이해하기 퍽 어렵고, 난삽한 경우에는 이런 태도가 바람직하다.

⑥ 미학적 비평 : 심미적 비평이라고도 번역한다. 작품이 가지고 있는 미적 특성에 대해서 분석하고 작품이 주는 즐거움이나 효과의 원천이 무엇인지를 분석하는 입장이다. 그것이 왜 아름다운지를, 혹은 왜 보기(듣기)에 좋은지를 다각적으로 살피는 입장이다.

위에서 ①~③은 객관적 비평 방식이라고 할 수가 있고, ④~⑥은 주관적 비평 방식이라고 할 수 있겠다.

비평 혹은 평론이란, 예술작품을 읽거나 듣거나 보거나 하는 향수(享受)와 감상(鑑賞)에 바탕을 두고, 그 작품에 대한 평가를 하는 것을 말한다. 평가란 작품의 예술적 가치, 작품의 구성 배경, 작가의 의도 등에 관한 정보와 의견을 독자들에게 호소력 있게 전달하는 일이다.

위에서 언급은 안 했지만 '신비평'이라는 이론이 있다. 특히 문학에 적용하는 비평이론이다. 이것은 작품을 읽고 감상할 때 작가의 의도가 무엇인가, 역사적·문화적 관련성이 무엇인가, 혹은 독자의 반응은 어떤가와 같은 것에는 관심을 두지 않고, 오직 텍스트를 충실히 읽고(close reading), 작품 속에 무슨 증거가 없다면 언급하지 않는다는 입장이다. 이것도 일종의 객관적 비평의 하나이다.

이와 같은 비평의 여러 갈래의 입장이 있지만 궁극적으로는 작품(공연예술의 경우는 공연 그 자체)과 향수자와의 관계가 가치를 결정하는 것이다.

4. 예술비평의 새 지평

이런 여러 갈래의 문예비평의 입장에 차이가 있는 가운데, 20세기 초에 예술가나 미학자가 아닌 정신분석학자인 프로이트가 나타나서 문학·예술작품을 이해하는 새로운 시각을 보여주었다. 그는 정신과 의사였다. 빈 의과대학을 나와서 그 대학 생리학연구소의 에른스트 브뤼케 교수 밑에서 연구를 했다. 브뤼케 교수는 "모든 생명 과정은 궁극적으로는 물리학과 화학으로 설명할 수 있다"는 신념을 지닌 학자였다.

프로이트는 그의 영향을 받아 일생 동안 인간의 "감정, 사고, 공상과 같은 정신 활동을 포함한 모든 생명 현상은 인과 관계를 가지고 있으며, 과학적 법칙으로 설명할 수 있다"라는 신념을 갖게 되었다. 이런 생각은 그의 정신분석학 이론에 속속들이 스며 있다. 모든 생명 현상이 인과성과 여러 법칙에 의해서 결정될 뿐 아니라, 정신의 형성 과정에도 이와 같은 인과성이 존재한다고 보았다. 즉 예컨대 누가 "인생에는 별 의미가 없다"라고 주장했다면 반드시 그렇게 생각하게 된 원인, 이유가 존재한다고 믿었다. 그는 정신-인과론자였다. 그 후 그는 빈 종합병원의 의사로서 내과, 정신과 등에서 근무하면서 새로 개발된 약품인 코카인의 효과를 연구던 중 자기 자신의 코카인을 진정제로도 쓰고, 마취제로도 사용하였다. 그러나 그는 코카인 사용으로 인해서 발생하는 중독성 때문에 비난을 받기도 했다.

그 후 파리로 나와서 당시 신경학의 권위자였던 샤르코 밑에서 연구했다. 특히 히스테리 환자를 비롯해서 신경증 환자의 치료에 집중하게 되었다. 그때까지만 해도 히스테리 같은 신경증을 기질적(器質的)인 질환으로 보았다. 즉 신체에 이상이 있어서 생기는 병으로 보았다는 말이다. 히스테리 증상은 감정을 갑자기 폭발시킨다든지, 정신이 몽롱해진다든지, 피암시성이 강해진다든지, 마비 증세를 보인다든지, 연극적인 행동을 보인다든지, 의식의 분열 현상을 보인다든지 한다. 그런데 프로이트는 신경증 문제가 단순히 신체상의 이상이 있어서 생기는 것이 아니라 그 증상 속에 심리적 문제가 존재한다는 데 눈뜨게 되었다.

그는 정신과 전문의로서 개업을 하고 안나라는 히스테리 여성을 치료하게 되었다. 검사 결과 안나라는 이 여성 환자에게는 아무런 신체상의 이상, 즉 기질상의 이상이 발견되지 않았다. 이 일로 프로이트는 히스테리의 병리적 메커니즘은 기질적 장애 때문이라고 할 수가 없고, 히스테리는 심리적 요인으로 인해서 발생하는 신경증이라는 확신을 갖게 되었다.

히스테리 환자의 신체 증상을 보니 가끔 환각 상태에 빠지기도 하고, 심한 기침, 언어장애, 기억상실, 공포증, 건망증 등의 정신 증상을 보였다. 그는 이 히스테리 증상이란 실제로는 신체적 손상 때문이 아니고 정신적 갈등이 신체적 증상으로 전환된 것이고 심리적 외상(트라우마) 때문이라는 결론을 얻게 되었고, 행동과 사고를 결정하는 "알기 어려운 동기, 즉 무의식적 동기"가 있다는 사실에 주목하고, 그 무의식 속에 무엇이 있는지를 탐구했다.

이런 계속된 연구 끝에 찾아낸 것이 무의식 속의 억압된 본능, 그 본능이 표상하는 소망, 사상, 이미지, 기본적인 욕구, 콤플렉스 등인데,

예술과 함께하는 심리학

이것들에게는 직접적으로 접근할 수가 없다. 그러나 꿈이라든가 환상, 자유연상, 실수 등을 통해서는 알아낼 수가 있다. 이렇게 해서 프로이트는 차츰 정신분석 이론을 정리해갔고, 그 첫 신호탄이 1900년에 나온 『꿈의 분석』이다.

이런 식으로 정신의 내면세계에 접근한 프로이트는 인간의 정신적 장치는 의식과 무의식과 그 중간에 있는 전의식으로 만들어져 있다고 믿었다. 인간의 정신구조는 의식을 주관하는 자아, 무의식을 주관하는 이드(원시적 충동), 그리고 의식과 무의식 양쪽에 걸쳐서 자아를 감시하고 통제하면서 심판자 역을 하는 초자아의 세 부분으로 이루어져 있다고 보았다. 또 인간의 행동은 거의 80~90%는 무의식이 결정한다는 생각을 하게 되었다.

무의식은 일상생활 중 건강하고 유연한 정신 상태를 유지하기 위해서 의식과 자아를 보호해주고 있다. 그러나 어떤 사람도 자기 무의식의 내용을 자기 스스로는 완전히 의식화할 수가 없다. 분석 전문가의 도움을 받아야 된다. 자기가 그것을 캐내기에는 방해하는 조건들이 너무 많기 때문이다. 꿈을 해석하려 해도 꿈이 가지고 있는 검열 작용, 압축성, 극화 형태, 상징화라는 방해 작용이 있어서 그걸 본인은 풀기가 어렵고 전문가의 도움을 받아야 한다.

프로이트는 이와 같은 정신의 구조와 기능을 감안해서, 문학·예술 작품을 가지고 작품 제작 시 작가의 숨겨진 의도나 심리적 갈등 문제 등을 풀어보려고 했다. 우선 무의식 속에 감추어져 있는 본능, 욕구, 충동 분노, 소망, 목표 등을 찾아내는 데 관심을 가졌었고, 작품의 구조나 구성, 이야기 줄거리, 형식(form), 양식(style), 색채, 주인공의 특징, 결말 등, 말하자면 작품의 창작 과정을 분석했다. 무의식 중에서도 가장 깊은 곳에 숨겨 있는 인간 본성적인 욕구, 공격성, 충동 등 문화적인 간섭이 별로 없는 세계를 분석하는 데 관심을 두었다. 이것을 제1차적 과정의 분석이라고 한다. 그러고 난 후에 문화의 영향을 받는 2차 과정을 분석하였다.

인간의 정신이 작용하는 타입에는 이 1차 과정과 2차 과정, 두 가지가 있다. 프로이트는 원리에 따라 문학·예술작품을 분석하거나 이해하려고 할 때에도 이 두 가지 측면을 다 고려했다. 이것이 정신분석적 비평·해석 방법이다.

5. 옌젠의 「그라디바」 분석

왜 예술가의 작품 분석에 정신분석학이 동원되느냐 하면, 정신분석학은 인간의 마음의 비밀을 캐내는 방법이기 때문이다. 마음의 비밀에 접근하기 위해서는 인간의 마음을 구성하고 있는 여러 층 중 가장 밑바닥, 아래 쪽에 있는 내밀한 층으로 접근해야 하는데, 그것이 바로 '무의식'이라는 세계이다. 이 무의식 세계 속에는 많은 마음의 비밀이 숨어 있다. 그런데 특히 예술가들은 그런 내밀한 마음의 상태를 자기도 모르게 작품 속에 끌어내서 표현한다는 것이 정신분석학자들의 이야기다. 분석가들은 대개 의식의 세계가 아니라 이른바 무의식과 전(前)의식 세계(기억을 집중해서 찾아낼 수 있는 정신 내용물)를 탐구하는 것에 주목을 두고 있다. 그들은 원초적 본능, 충동, 꿈, 욕망, 갈등, 이루지 못한 소원, 적대감, 성적 충동, 콤플렉스 등을 알고 싶어 한다.

프로이트는 골동품 수집가였고, 1929년 노벨 문학상을 받고 나치 정권에 의해 추방되어 미국으로 이주한 독일 작가 토마스 만(1875~1955)과는 아주 친하게 지냈고, 또한 괴테상을 받을 만큼 뛰어난 문장가였

예술과 함께하는 심리학

다. 그는 시, 소설, 조각, 희곡 등에도 큰 관심을 가지고 있어서 유명 작가의 작품을 많이 분석하였다. 그의 주장의 근거에 흐르는 사상은 "예술의 창조성은 일상생활의 세계에서는 채우지 못한 여러 가지 욕망이 그 원동력이다."라고 한 점이다. 예술은 유아기나 어렸을 때 억압되었던 오이디푸스 콤플렉스나 성애적(性愛的) 욕망을 채워가는 하나의 유효한 수단이라고도 했다.

창조는 정신분석의 과정과 흡사하다. 프로이트는 독일의 작가 빌헬름 옌젠(1837~1911)의 「그라디바」라는 소설을 분석했다. 소설의 주인공은 젊은 고고학자인 노르베르트 하놀트인데, 그가 어느 날 한 부조(浮彫)에 새겨진 여성에게 매력을 느껴 복제품을 구입했다. 거기에 '그라디바'라는 이름을 붙였다. 그는 서기 1세기 때 이탈리아 남부의 고대 로마 시대 도시인 폼페이에서 그녀를 만나는 꿈을 꾸었다. 그 후 실제로 폼페이 여행을 하게 되어 거기서 그녀와 닮은 여성을 만나게 되었는데 알고 보니, 베르트강이라는 소꿉친구였다. 그래서 두 사람은 결합한다.

프로이트가 주목한 것은, 옌젠이 이야기 전개에서 정신분석과 같은 기법을 사용하였다는 점이다. 하놀트의 꿈에서는 옛날의 폼페이에서 그라디바와 함께 있었지만, 그것은 베르트강이 그와 같은 마을에 살았고 지금도 그가 그녀를 좋아한다는 메시지가 의식의 '검열'에 걸려 변형된 것으로 보았다. 즉 자기가 알고 있던 소꿉친구 베르트강을 직접 떠올리는 것에 약간 죄책감이 들어서 '검열'이라는 과정에서 꿈에서만 나타나도록 한 것이다. 하놀트는 베르트강에게 호감을 가지고 있다는 감정을 '억압'하고 학문에만 골몰한다는 이야기로 되어 있다. 부조의 그라디바는 사실 베르트강인 것이다. 부조의 모습을 보고 같은 마을에 사는 베르트강에 대한 강한 성적 에너지의 분출에 스위치가 켜진 것이다. 즉 베르트강과 동침하고 싶은 성적 욕망을 나타낸 것이다. 한편 베르트강도 하놀트에게 호감이 가서 그와의 대화를 통해서 그라디바가 되어 그가 좋아하는 것은 그라디바가 아니라 자기라는 것을 확인하게 된다. 이런 식으로 작품을 분석하면 주인공의 진정한 내심과 작가의 의도와 구상을 읽을 수가 있단다.

6. 작품 정신분석의 유용성

정신분석학은 오늘날 의학적으로나 교육학적으로, 도덕적으로, 심미적으로, 또는 종교적으로, 정치적으로 인간의 모든 활동 영역에 대해서 설명하고 이해하는 데 강력한 방법론이 되었다. 의학에서는 정신치료에, 교육에서는 상담 즉 카운슬링에, 도덕의 문제에서는 양심과 사회적 규범과 가치 문제에, 심미적으로는 문학이나 예술작품의 이해와 해석에, 종교적으로는 유대교나 기독교의 오이디푸스적 갈등, 신화, 민속 등에, 정치적으로는 정치 체재와 통치자의 성격 분석 등에 응용한다.

심리학의 분야에서는 미국의 행동주의가 휩쓸면서 한동안 정신분석학이 좀 시들했었는데, 프로이트가 죽은 지(1939년 사망) 50년이 지난 후에도 프랑스의 대표적인 현대 철학자요 정신분석학자인 자크 라캉(1901~1981)이 "프로이트에게로 돌아가자"고 주장하고 나설 정도로 정신 분석은 생명력을 회복·유지하고 있다. 라캉은 특히 언어를 통한 인간의 욕망을 분석한 학자인데, 스스로 프로이트의 계승자로 자처했다. 그의 저서는 한국말로도 번역되어 있다.

우리가 성자로 부르는 사람들은 의식적 노력을 통해서 성충동을 종교 감정으로 승화(昇華)시킨 것이라는 해석이 있다. 즉 그들은 금욕(특히 가톨릭 성직자의 독신주의)과 난행(難行), 고행(苦行)을 통해서 성충동이나 기타 일체의 반사회적 행동 경향을 서서히, 신을 향한 순수한 사랑, 신의 모습의 직관력, 신과의 법열적(法悅的) 합일에까지 이르기 위해 끊임없이 수행을 거듭해왔다. 이것이야말로 마르틴 루터가 말한 "존엄한 신에게로의 등반"이라 할 만하다.

또 한 가지 다른 예를 들겠다. 영국의 종교학자이자 종교심리학자인 스타벅은, 19세기 끝 무렵 광범위한 조사를 통해서 회개*의 시기가 사춘기에서 24.5세경에 일어난다는 것을 알아냈다. 이 사실로 미루어 종교적 감정은 일종의 성충동의 승화라고 단순하게 단정 짓기는 어렵지만, 어쨌든 종교 감정이 싹트는 시기와 사랑에 눈뜨는 시기가 합치한다는 정도의 결론은 매우 흥미로운 일이다. 그래서 이렇게 설명하면 종교인을 모독한다고 할 수 있지만, 지금(2020년대) 세계적으로 가톨릭 성직자 중 성추행으로 문제가 되어 파문되거나 법의 심판을 받고 있는 사람이 1,000명이 넘고, 심지어 뉴욕 교구에서는 사제들의 성추행 문제로 피해자들에게 몇억 달러의 위자료를 물어준 적이 있다. 신교 쪽에서도 서울의 대형 교회를 이끌고 있는 유명한 목사가 성폭력으로 재판을 받는다는 엄연한 사실은 어떻게 설명해야 할까?

정신분석이 모든 정신적 문제의 해답은 아니다. 그러나 사회문제부터 많은 인간적인 문제를 상당 부분 설명해주고 있다. 마음(mind)과 행동(behavior)은 여러 가지 이론으로 설명되고 있지만, 속마음과 이상행동은 분석적으로 보는 것이 좀 더 도움이 된다.

문학을 포함한 모든 예술작품은 현재적 텍스트(원본)로 일단 읽되, 그 속에 감추어져 있을 내용이나 의미는 정신분석적 방법으로 추리해볼

---

* 회심. 마음속에 변화가 일어나 신을 새로이 믿거나 참회하는 일. 즉 종교에 입문하거나 중도에 참 종교인이 되겠다고 신에게 맹세하는 일.

수 있다.

예를 들면 시에 있어서, 개인적 꿈과의 유사성, 무의식에 의해서 보존되어 온 유아기의 기억 같은 것이 마치 영구히 충전된 배터리처럼 아주 오랫동안 우리들의 무의식 속에 보존되어 있다가 예술적 표현 속에 슬쩍 드러나게 되는 것이다. 그 드러나는 양상은 극적 변형, 상징화, 은유 등의 형태로 나타나는 것이기 때문에 작품의 이해에 있어서는 이 과정을 역으로 거슬러 올라가서 분석하면 된다.

우리들의 일상의 사건은 여러 가지 관념의 연쇄(chain)가 되어 잠재의식 속에 모습을 감추고 있다가 그것이 오랫동안 축적된 강한 전하(電荷, 전기 에너지)를 띠게 되면 밖으로 드러나게 된다. 꿈속으로, 행동의 실수로, 작품 속의 표현으로, 관념의 연상으로 드러나게 된다는 것을 정신분석 기법으로 파악이 가능해진다. 즉 무의식 속에 잠재해버렸다가도 자극의 신기성, 강렬한 변화, 경악성, 불명확성, 비통일성, 모호성, 지속성 등으로 인해서 자극을 받게 되면 문득문득 드러난다. 그걸 잡아내는 기술이 바로 정신분석이다.

7. 작품 속의 무의식적 표상

어떤 예술작품이 우리의 마음을 감동시키는 것은, 작가가 무의식적으로 표상(表象)하면서(글이나 그림으로 나타낼 때) 우리의 감정적 부하(負荷)를 빼앗아가기 때문이다. 즉 원시적 충동의 이미지를 세련된 심볼로 표상함으로써 감상자의 감정적 부담을 줄여준다는 말이다. 감정의 질에서 보면, 그 무의식적 표상과 은연중 어울리는 표상을 선택할 수 있었기 때문이다. 여기서 표상이란 말은 재현(再現)이라는 현상이다. 우리가 뭔가를 알게 되려면 감각 자극이 들어와야 한다. 눈으로 보거나 귀로 듣거나 해야 한다. 그러나 그런 현재적 자극이 없어도 들었던 것, 보았던 것을 청각 이미지나 시각 이미지로 떠올릴 수가 있다. 물론 기억 장치가 도와주지만 기억은 입력과 출력까지만 하고 그걸 이미지로 나타내지는 않는다. 확인할 뿐이다. '그러니까, 이것이 바로 그것이야 하고 재인(再認)'까지만 한다.

가령 1, 2, 3 하는 아라비아 숫자는 뭔가를 나타내는 것이다. 하나, 둘, 셋과 같이 이름을 붙여 명사로 사용하기도 하고, 한 개, 두 개, 세 개 하는 사물의 개수를 의미하기도 하고, 첫째, 둘째, 셋째 하는 순서를 의미하기도 한다. 어떤 모양의 이미지(시각·청각)가 다른 여러 가지 의미를 포함하게 되면, 이것도 재현 혹은 표상이라고 한다.

또 다른 예를 들면, 음표는 그냥 있으면 아무 소릿값이 없다. 오선지 위의 어딘가에 위치하면 소리 높이가 결정된다. 또 그것이 8분 음표냐, 4분 음표냐에 따라서 음의 길이가 정해진다. 그런 것이 몇 개가 연달아 기록되면 멜로디가 만들어진다. 그러면 초견(初見) 시에도 시창(視唱)이 가능해지고, 입속으로 흥얼댈 수가 있다. 이런 현상이 표상이다. 어떤 사물이나 대상이 다른 특수한 방법으로 그것에 상응되는 이미지로 표현되는 것을 말하니까, 무의식 속의 내용물들이 다른 시각 이미지나 청각적 이미지나 혹은 운동 이미지로 다시 나타날 경우, 이 모두가 표상 현상이다.

그래서 예술가라고 하는 사람들은 감각과 지각력이 매우 예민하고, 통찰력과 직관력이 강해서, 보통 의식적으로는 알지 못하는 경로를 거쳐 작가 자신의 무의식을 수용자(감상자)의 무의식에 연결해주는 여러 가지 표상(이미지)이나 상징이나 말이나 소리, 선, 형태(폼), 색채 등을 선택하는 데 특별한 적성을 갖춘 사람들이라고 할 수 있다. 보통 사람들보다 이와 같은 감추어진 능력이 뛰어난 사람들이 곧 예술가이다.

같은 이치로 작곡가의 무의식, 따라서 작곡가의 유소년 시절의 과거사가 작곡 시 주제 선정이나 음악 양식의 선택을 한정해주는 것인데, 그 한정의 성격이 작곡가의 마음을 가장 특징적으로 나타내 주는 음색에까지 영향을 미치게 된다.

어떤 여류 피아니스트가 이런 고백을 한 적이 있다. "내가 어렸을 때, 병을 앓으면, 아버지가 여러 가지 노래를 불러주셨다. 내게 있어서는 그 노래들이 내가 부모님의 성관계 중에 들었던, 둔하게 억제하는 듯하고 숨 막히게 하는 신음 소리와 같은 음가(音價)를 가지고 있었고, 그런 분위기에서 자랐다. 그때부터 아버지에게 노래를 불러달라고 하는 것은 적어도 나에게는 어머니가 누리고 있었던 성적 쾌감을 재현하는 수단이 되어버렸던 것이다."

만일 우리가 백일몽을 꾸고 있거나 정서적으로 초점 없이 멍해져 있을 때, 모차르트 음악이나 바로크 음악을 10분 내지 15분 정도 배경음악으로 틀어놓는다면, 어떤 변화가 있을까? 실험에 의하면, 의식적 각성 상태를 높일 수도 있고(정신이 더 또렷해진다), 정신적 조직력(지적 사고력)을 높일 수도 있다는 것이다.

반면에 아주 신경이 예민해져 있거나 어떤 정신적 문제에 부딪혔을 때, 아무리 꼬치꼬치 따지고 해도 즉석에서 해결되지 않는다고 낭만적인 음악, 재즈나 신세대 음악을 듣는다면 어떻게 될까? 효과는 앞의 경우와는 정반대가 된다는 것이다. 좌뇌에서 우뇌로 지각성(知覺性)이 이동해서 정신을 도리어 이완시켜버릴 것이라고 한다. 정신이 또렷해지는 것이 아니라 약간 멍멍해진다는 것이다.

사람의 심장박동은 소리의 진동수와 특별히 잘 호응하게 되어 있다. 왜냐하면 우리 몸은 모두 리듬으로 구성되어 있기 때문이다. 맥박, 호흡, 수면, 식이, 배설, 이 모두가 생명현상인데, 리듬에 따라 일어난다. 이것을 바이오리듬이라고 한다. 우리의 몸은 소리에 즉각 반응하는 체제로 되어 있으며, 특히 리듬이 있는 소리에 대해서 그렇다.

1. 감정이입

비평언어를 보자

감정이입(感情移入)이란, 말 그대로 감정이 옮아간다는 말이다. 한 사람의 감정이 다른 사람에게로 옮아가려면, 조건이 갖추어져야 하지 않겠는가? 유명인사 중에도 부부 간의 성격 차이로 몇십 년을 같이 살다가 헤어진다는 뉴스를 가끔 본다. 같이 산다고(혹은 같이 있다고) 감정이 서로 통하는 것은 아니다. 하물며 낯선 사람끼리 감정이 통하려면 뭔가 특별한 조건이 맞아야 한다고 생각한다.

모든 과학 학술논문에는 감정적 표현이 배제된다. 사실과 법칙, 원리가 주로 다루어지기 때문에 형용사나 부사가 별로 필요 없다. 물리학의 노벨상 수상 논문 중에는 1페이지짜리도 있다고 들었다. 진리는 단순하니까, 그래서 자연과학 쪽 학술논문은 명사와 동사를 주로 쓰고 수식어가 적다. 모 대학의 무용학 박사논문 심사를 한 적이 있는데, A4 용지로 무려 400페이지짜리가 있었다.

그러나 예술 관계 문서, 예컨대 문학이나 음악, 무용 등의 예술 장르의 평론을 읽어보면 형용사와 부사가 많이 쓰인다. 왜냐하면, 예술 활동에는 감성적 표현이 위주가 되기 때문이다.

내가 여기저기 신문에서 음악 연주평을 쓴 것을 스크랩해보니 이런 말들이 쓰이고 있었다. "깊고 중후한, 극적이나 힘 있는, 날카롭게 풍자하는, 본연의 색을 고스란히 간직한 유화(油畵)와 같은 기교, 날카로우면서 명확한 해석, 맑고 깨끗한 아름다운 소리, 감성적이었다, 디테일을 섬세하게 실린 명 연주였다, 청중의 가슴을 울리고 마음과 마음이 닿는 순간, 사람들을 절망에서 일으켜 세운, 강렬하고 극적인 힘, 정신적 여유를 보여준, 내적 감동을 자아낸, 조용하고 평화에 찬, 우아한 매력을 보여준, 화려하고 애처로운" 등등.

야수적인 색채, 간결한 구도, 날카로운 선의 교차로 되어 있다. 역동적이되 무표정한 광대를 통해서 (…) 덧없음을 은유하고 있다. 허무를 관통하고 있는 작품이다.

뷔페는 이렇게 말했다. "내가 피카소의 대항마라고? 내겐 의미 없는 말이야."
— 베르나르 뷔페전을 보고

박서보는 이렇게 말했다. "그림 그리기는 선비가 사군자 치듯이, 오염된 정신을 정화하는 작업이야" 라고.

음양의 조화를 이루며, 하나의 우주를 완성하는…
— 김환기 작품에 대한 논평

무용평론을 할 때는 "열정의 이미지로 승화된, 거룩한 삶의 축제, 해방된 에로스와 풍자, 장난스러움과 경쾌함, 일상의 삶을 깊고 높게, 관객의 상상력 안에서 발표, 충만감을 느끼게 하는, 마니아들의 탄식을 자아냈다. 천민 콤플렉스를 잘라내고…" 등의 말을 사용했다.

오데트는 표정부터 손끝-발끝까지 처연함이 묻어나는 섬세한 감정 연기 (…) 객석을 압도했다.

그 외에 사진에 대해서는 "상상을 찍는 작가이다. 상상의 풍부함, 표현의 섬세함, 사진 이상의 세계를 보여준다"라고 했고, 음악 연주에 대해서는 "갈피를 못 잡을 정도로 들쭉날쭉하고, 앞뒤 조리가 닿지 않는다…" "화려하면서도 직선적인 해석으로 낭만파 음악 레퍼토리로서의 감정을 보였다" "세련된 감각과 힘과 날렵함을 겸비한 기교로…" "바리톤은 깊고 중후한 소리와 극적인 힘 있는 소리를 모두 내어…"와 같은 문장으로 평론을 했다.

확실히 과학적 어법은 아니다. 뭔가 느끼게 하는 용어들이다. 여기서 예술과 과학의 차이를 엿볼 수 있다.

우리가 극장에서 셰익스피어의 4대 비극 중의 하나인 〈맥베스〉를 관람했다고 하자. 나는 남산의 드라마센터에서 이 연극을 본 적이 있다. 연출자가 오태석이었는지 김우옥이었는지 잊었다. 나는 그 연극을 보는 동안 계속 호기심이 발동했지만 불안에 싸여 있었다. 맥베스의 운명 때문이기도 하지만, 그가 계속 마녀 할멈의 예언에 휘말려 들어가는 것이 몹시 안타까웠기 때문이다. 스코틀랜드의 한 봉건영주로 있던 맥베스가 노르웨이 침입자와 전투에서 이기고 돌아오는 도중, 히드 관목 숲에서 돌연 세 사람의 마녀 할멈이 나타나 맥베스에게 예언을 들려준다.

"첫째로, 현재의 글래미스주의 영주로서 계속 있을 것이며, 그다음에는 더 크고 높은 지위인 코도르주의 영주가 될 것이며, 마지막으로 당신은 스코틀랜드의 왕이 될 것이오." 무서운 예언이다. 이 예언을 같이 전투에 나섰던 동료 장군 뱅쿠오가 알고 있었다.

그들이 돌아오자 궁전에서는 스코틀랜드의 왕 던컨을 비롯해서 여러 대신들이 크게 환영을 해주었고, 왕은 그를 코도르주의 영주로 승진시킨다. 궁정 신하인 로스와 앤거스가 마녀 할멈의 예언의 첫 번째 증인이 되었다.

왕이 자기 장남을 후계자로 지명하자 맥베스는 마지막 예언을 믿고 권력욕이 강하게 발동하여 왕의 자리를 노린다. 아내의 독촉과 계책대로 암살자를 고용해서 왕을 암살하고 혐의를 경호병에게 뒤집어 씌우고 경호병을 죽인다. 그리고 마녀 할멈의 예언을 알고 있을 뱅쿠오와 그의 아들을 죽이려고 암살 시도를 했으나 아들은 도망가고 뱅쿠오만 죽였다. 그리고 맥베스는 스코틀랜드의 왕이 된다. 예언은 완성되었다. 그러나 뱅쿠오의 혼령이 밤낮으로 나타나 그를 괴롭힌다. 그래서 맥베스는 다시 숲으로 가서 마녀들에게 상담을 한다. 마녀들은 왕의 충신인 맥더프를 조심하라고 경고하나, 또한 "여자가 낳은 자는 결코 맥베스를 죽일 수 없으며, 버넘 숲이 움직이지 않는 한 맥베스가 망하지 않는다."라고 확신을 준다.

그러나 그는 전제군주가 되어 전 스코틀랜드를 압박하고 있다. 그러자 던컨 왕의 옛 충신이었던 맥더프가 원수를 자기 손으로 갚겠다고 맹세하고 나서자 말콤 왕자가 그에게 군대를 붙여주어서 맥베스가 있는 성을 공격하게 한다. 이때 맥더프의 군대는 버넘 숲의 나무를 베어 그 나뭇가지로 위장하고 공격해 왔으므로 마치 버넘 숲이 쳐들어오는 것처럼 보였다. 맥베스가 직접 나와 칼을 들고 맥더프와 1대 1로 싸우다가 드디어 맥더프에게 항복한다. 이때 알게 된 것은 맥더프는 어머니의 배를 가르고 태어났다는 사실이었다. 여자가 낳은 자가 아니었던 것이다. 맥더프가 맥베스의 목을 베고 그 머리를 던컨 왕의 아들 말콤 앞으로 가져온다.

맥베스는 마녀들의 예언을 완성했다. 그러나 예언을 믿은 것이 탈이었다. 마녀 할멈들의 예언을 철석같이 믿고 싸웠으나 결국 허사로 돌아가고 그는 비참한 최후를 맞았다. 그의 아내도 자결하고 만다. 이것이 권력욕과 악마의 유혹에 빠져 최후를 맞은 맥베스의 이야기다.

이 연극에서 나는 여러 번 감정의 소용돌이를 느꼈다. 히드 숲에서 마녀 할멈들을 만나서 듣는 예언부터가 으스스하고 불길한 감정을 갖게 한다. 전투에 승리한 장군으로서 당연히 뭔가 크게 환영받고 포상이 있겠지만 "왕이 될 것이다"라는 예언은 결국 왕과 싸우거나 왕을 암살해야 한다는 것을 의미하기 때문이다. 그 마지막 예언이 적중되어가는 과정에서 불안하고, 초조하고, 음산하고, 역겨운 감정의 소용돌이 속으로 계속 빠져들게 된다. 그리고 그 예언이 맞아떨어질 것 같은 장면이 가까워오면 한숨을 쉬거나 눈을 가리거나 고개를 돌린다. 끔찍한 장면이 연출될 것이기 때문이다.

무대에서는 자기들끼리 노는 건데(연극을 영어로 play라고 하지 않는가?) 왜 내가 안타까워해야 하는가? 나는 셰익스피어와 아무런 관계가 없고, 연출자와도 관계가 없지만 내가 그 연극 속에 빠져들어 허우적거리고 있다니 나 자신도 이상한 것이다. 이야기 내용도 허구이고, 연기자도 다 가짜다. 그들은 시나리오에 따라서 연기를 할 뿐이다. 그런데 내가 왜 그런 허구에 휘말려서 허우적거리느냐는 말이다.

이것이 바로 감정이입 현상인 것이다. 작가가 원했건 연출자가 원했건 아니면 기대하지 않게도 관객은 뭔가의 감정적 반응을 보이게 된다. 물론 작가가 원하는 대로, 연출자가 노리는 대로 관객이 공감해준다는 보장은 전혀 없다. 그러나 어쨌든 구경꾼들은 제각기 자기 나름대로 정서적 반응을 보이면서 카타르시스도 느끼고, 감정적 문제도 해결하고, 지식도 넓히고, 안목도 키우는 경험을 하게 된다.

2. 감정이입의 복잡함

물리적 에너지에서 출발한다

보거나 듣거나 하면 광선이나 음파가 우리의 감각기관을 통해서 뇌로 전달되어 사람이 알아차릴 수 있는 정보로 변한다. 이 과정을 지각 과정이라고 한다. 이 과정이 세 가지 다른 반응으로 나타난다. 하나는 인식 과정 즉 뭔가를 알아차리는 과정이고, 두 번째는 느끼는 과정 즉 감정으로 반응하는 과정, 세 번째는 몸의 운동기관 즉 팔다리의 움직임으로 나타난다. 이 중에서 감정이입은 이 세 가지 반응이 다 관여하는 복잡한 반응이다. 예컨대, 음악 공연을 감상할 때, 우선 "응! 저것 누구 노래지?" 다음으로 "괜찮은데! 흥겨워" 다음으로 팔다리를 움직여 떼창을 한다. 이 과정이 모두 감정이입이다.

밖에서 귀로 들어가는 음파(소리)는 외이-중이-내이를 거쳐 고막을 두들기고, 진동을 일으키면 그 진동이 증폭되어서 달팽이관으로 연결된다. 달팽이관에서는 그 진동이 전기 에너지로 바뀌어서 연수를 통하고 다음에는 시상부를 거쳐서 중추신경의 피질로 전달되면 비로소 그게 무슨 소리인지를 지각하게 된다. 이때 시상부에서 그 소리의 성질에 따라서 그 정보를 중추의 다른 피질 영역으로 보낸다. 소리의 질(음색), 진동수, 강도, 의미 등을 분간한다. 시상부에서는 첫째로 소리의 진동수를 분간해서 반응하는 청각 피질로, 두 번째는 소리의 강도에 따라 반응하는 피질로 정보를 전달하는데, 이 피질은 화음이라든가 리듬, 멜로디와 같은 소리의 음악적 특징을 정보 처리하는 중요한 역할을 한다. 세 번째는 복잡한 소리에 반응하는 청신경 피질로 정보를 전달한다. 이 영역은 소리의 전체적인 인상을 종합하는 피질이다. 소리의 의미라든가 소리의 질을 판단해서 정보 처리하는 피질로 그 정보를 보낸다. 이렇게 정보를 입수한 중추기관이 정보를 분류해서 감정중추로 그 정보를 다시 분배한다. 뇌신경 조직에 관한 공부를 하다 보면 우리 인간의 뇌에 대해서 고맙게 여겨야 될 이유를 발견하게 된다. 음악을 감상하는 행위가 이렇게 복잡하고 미묘하고 정교한 줄은 미처 몰랐다. 그러니까 대뇌는 물체나 공기의 진동에 불과한 소리를 중추신경 조직이 아주 섬세하게 그 성질을 분간해서 각각 분업적으로 반응한다는 것을 알게 되었다. 음악뿐 아니라 모든 예술의 창작과 감상 과정도 뇌 속에서 일어나는 과정은 매우 복잡하고 정교하다.

예술은 정서와 깊은 관련이 있는 문화 영역인데, 원래는 정서란 무의식적 심리 과정이었고, 뇌의 변연계(원시적 중추)에 관계가 깊다. 그러다가 인간의 진화 과정에서 정서가 의식화되면서 대뇌피질의 통제를 받게 된 것이다. 지금도 정서와 감정이란 신비로우며 무의식에 속한 부분이 많다. 보통은 의식하지 못하고 안으로 느끼게 되는 경우가 많다.

정서니 감정이니 하는 것은 온몸의 감각기관뿐 아니라 온 신경조직도 여기에 관여하는 복잡한 정신 기능이다. 몸의 여러 통로를 통해서 들어가는 정보가 일단 변연계의 시상부로 모이면 시상부에서 중추기관의 여기저기에 정보를 분배한다. 그러면 각 기관에서 의식적으로 생각도 하고, 울고불고, 화내고, 애통해 하고, 겁먹고, 실망하고, 한탄하고,

질투하고, 증오하고, 환희하고, 행복해하고 하게 된다. 그래서 감정이 입도 그만큼 복잡한 과정에 속한다.

예술 감상 과정에서 경험하는 감정이입은 무의식적으로 이루어지는 부분이 많아서 자기 스스로도 통제하기 어렵다. 그러나 중요한 것은 감정이입을 경험하고 싶으면 몰입해야 한다는 것이다.

물리적 에너지가 정신을 만든다

여기서 묻고 싶은 점은, 그런 물리적 성질의 소리가 사람의 귀로 들어와서 어떻게 사람을 울리고 웃기고 감동하게 하느냐, 즉 감정이입을 하게 하느냐이다. 감정이입이란 다른 사람의 감정과 정서를 내 것으로 받아들이는 능력이다. 같은 교향곡을 듣고도 사람에 따라 연주자(오케스트라)의 음악에 반응하는 깊이는 다 다르다. 그것은 1차적으로는 개개인의 청각 능력과 관계가 있다. 귀가 얼마나 좋은가와 관계가 있다는 말이다.

오스트리아의 수도 빈에서는 매년 신년에 대극장에서 음악회를 여는데, 이때 요한 슈트라우스 1세의 〈라데츠키 행진곡〉을 꼭 연주한다. 라데츠키는 오스트리아의 육군 원수인데, 그를 위해 슈트라우스가 작곡해서 헌정한 곡이다. 오케스트라가 이 곡을 연주할 때면, 관객은 모두 일어나서 발을 구르고 박수를 친다. 왜일까?

영화 〈007〉의 주인공 제임스 본드가 적에게 잡혀 살해되기 직전, 스스로 헤쳐 나온다든지, 구조팀에 의해서 구조받는다든지 해서 다시 살아났을 때 옛날에는 사람들이 그런 장면을 보고 박수를 치곤 했다.

세기의 명작 영화 〈벤허〉를 보면 예루살렘의 귀족 출신인 유대인 벤허(찰턴 헤스턴 분)가 로마의 반역자로 몰려 체포되고 노예 신분으로 전락했다가, 금의환향하여 복수를 계획한다. 이 영화의 클라이막스는 벤허와 로마 장군의 전차 경주 장면이다. 경기 막바지에 이르면 영화 관객들은 오줌을 지릴 정도로 긴장하고 흥분한다. 자기와 벤허와는 아무런 관계도 없는데 벤허를 응원하고 벤허가 전차 경주에서 이기기를 간절히 소망한다.

이렇듯이 영화에서 위험한 장면, 잔인한 장면, 에로틱한 장면에 관객이 자동적으로 어떤 감정적 반응을 하게 되는 것은 무슨 이유에서일까? 소설을 읽던 독자가 주인공이 죽음에 이르는 장면에서 슬픔에 빠지고, 때로는 소리도 지르고, 무릎을 치기도 한다. 텔레비전 드라마의 주인공이 빨리 죽으면 안 되니까 시청자가 작가에게 편지를 보내서 이야기를 더 끌라고 독촉하는 예도 있다. 배용준이 주연한 드라마 〈겨울연가〉도 그런 류에 속한다. 시청자들은 주인공과는 아무런 이해관계가 없는데 주인공이 교통사고로 혼수상태에 빠져 병원에 입원한 장면에서 주인공을 살려내라고 야단이다.

갤러리에서 유명 작가의 작품 앞에 선 관객이 거기 걸려 있는 초상화를 보고, 그림 속 인물이 당하는 신체적 고통에 공감하여 그 초상화 주인공이 아파하는 부위와 같은 위치에 자기도 모르게 통증을 느끼기도 한다.

서울 광화문광장에 서 있는 이순신 장군과 세종대왕의 동상을 보면 그분들의 표정에는 큰 차이가 있다. 이순신 장군 동상에서는 장군으로서의 힘과 위엄이 느껴지고, 세종대왕 동상에서는 왕으로서의 자비로움과 위엄이 엿보인다. 그 동상 앞에서는 사람들이 자연히 엄숙해진다. 손가락으로 가리키기가 어색해지기도 한다. 왜 그럴까?

무용수가 '꽃'을 표현하는 동작을 취하면 관객이 바람에 날리는 꽃잎처럼 가벼움을 경험하게 되는 것은 무슨 까닭일까?

예술작품 속에서 연출되는 모든 사건이나 운명은 실제로는 나의 행복과는 아무런 관계가 없는데도 왜 그런 예술작품에 접하게 되면 내 내면의 감정이 동(動)하는 것일까? 이런 현상을 해명하는 것도 심리학의 몫이다.

이런 감정적 경험에는 뭔가 중간에 개입하는 것이 있는 것일까? 그러니까 예술작품 자체는 대개는 작가 자신의 정신적 작업을 통해서 만들어진 소산물이므로 작가가 그 작품에 대해서 직접적으로 책임질 일이고, 그 작품이 미치는 영향력(그것이 긍정적이든 부정적이든)과 힘(power)에도 작가의 정신이 배어 있는 것이니까 고객(감상자, 독자, 구경꾼, 관객)이 책임질 일은 아니다. 그런데 우리는 왜 거기에 빠져서 정신적으로 반응하게 되는가? 연극의 어떤 대목에서 꼭 울어줘야 하는 것은 아니지만, 클라이막스나 하이라이트에서 사람들은 울거나 박수를 친다. 작품 자체가, 혹은 작가가 이 작품을 보거나 듣거나 읽거나 구경하는 사람들이 꼭 이렇게 감정적으로 반응해야 된다고 주문하거나 또 그런 의도로 만든 작품이 아님에도 우리 관객은 그런 반응을 하게 된다. 감상자는 결국 그 작품 속에 반영되어 있거나 표상되어 있는 정서를 자기 마음속에 반영한다는 것을 가정하고 만든 말이 '감정이입'이다.

감정이입은 영어로 "정감 속으로 들어간다"라는 말이다. 독일어로는 "느낌 속으로"라는 뜻이다. 그 뜻 그대로 감정이입은 나도 모르게 마음속에서 분출하는 정서이다. 단지 예술작품의 감상에서만 나타나는 심리적 현상이 아니라 심리치료(psychotherapy), 집단역학(집단의 구성원 사이의 힘의 관계), 교육, 사회심리학, 예술치료 등에서도 빈번히 사용되는 말이다. 작가(작품)의 감정이 감상자의 감정으로 옮겨가서 공감을 불러일으킨다는 말이다. 그러나 그 공감은 감상자마다 같은 것은 아니다. 심지어 오케스트라 지휘자마다 좋아하는 작곡가가 따로 있다. 지휘자라고 모든 작곡가의 곡을 다 좋아할 수는 없다. 자기의 가슴을 울리는 음악이 따로 있는 것이다.

요즘은 이 말을 다른 사람의 마음을 이해하는 능력으로 쓰기도 한다. 특히 심리치료 과정에서 그렇다. 즉, '공감하는 능력'으로 보는 것이다. 상대방의 마음을 정확하게 읽고 이해하고, 그의 행동을 적절하게 예측하는 능력으로 발전했다. 그러니까 다른 사람의 감정을 자기의 감정처럼 느낄 수 있는 일종의 동정심(sympathy)과도 같으나 동정심은 감정이입의 일부이기는 하지만 온전히 상대방 감정 속으로 들어가는 것은 아니고 자기의 감정을 다른 사람의 감정에 맞추려는 노력의 한 단면이다.

그러나 감정이입은 다른 사람의 감정을 자기 것으로 받아들이는 경험이란 점에서 동정심과 다르다. 그렇게 받아들이려면 상호 작용하고 소통하려는 열린 태도가 있어야 한다. "난 죽어도 그런 꼴 못 봐줘" 한다거나 "꼴도 보기 싫어" 한다면 이런 감정이입이나 동정심 같은 감정은 일어나지 않는다.

영어에 emphasize란 말이 있다. 강조한다는 뜻인데, 이 단어를 옥스퍼드 영어사전에서 찾아보면, 예술작품 같은 데서 뭔가 강조하고 싶은 인간의 기본적 성향이나 능력과 관계가 있다고 한다. 강조하고 싶은 것에 대해서는 다른 사람들의 공감을 더 얻고 싶어질 것이다.

예술작품을 감상할 때나 하고 난 후라도 무덤덤하게 반응한다면, 그런 것은 감상자로서는 하나 마나 한 것이 아닐까? 물론 개인차야 있겠지만 "별로"라든가 "관심 없어"라는 반응도 일종의 반응이니까 무관심한 것보다는 낫다. 1980년 명보극장에서 〈미워도 다시 한번〉이라는 영화를 보았다. 그 영화를 아내와 함께 보고 있는데 계속 아내는 손수건으로 눈물을 닦고 있었다. 남자들은 그런 광경을 보고 히죽히죽 웃고 있었지만, 여성들에게는 엄청난 공감을 불러일으키는 그런 영화였다. 그 영화는 당시 요즘 말로 대박을 쳤다.

예술과 함께하는 심리학

3. 감정이입의 두 가지 입장

아는 만큼 감동한다

감정이입에 대한 심리학적 이론이 두 가지 있다. 하나는 "아는 만큼 보인다"거나 "아는 만큼 들린다"라는 입장이다. 이것은 먼저 작품에 대한 지식이 얼마나 있느냐 하는 문제이다. 미술가들의 작품 전시에서 가끔 관객이 "이게 뭡니까? 뭘 표현한 것입니까?" 하고 작가에게 물으면 "그냥 보세요. 자꾸 보면 보여요"라고 대답하는 경우가 있다. 그러니까 음악이 되었든 미술이 되었든 연극이 되었든 무용이 되었든 구경하고, 듣고, 보고 감상하는 빈도만큼 그 예술에 대한 이해가 깊어지고, 이해가 깊어질수록 공감의 폭도 커진다는 입장이다.

자기가 이미 지니고 있는 지식이나 정보에 바탕을 두고, 거기에 필요한 만큼의 디테일을 더해서 상상적으로 "아하, 그렇구나!" 하거나 "바로 그거야!"라거나 "좀 다른데?"라고 지각하게 된다. 본바탕 지식이 없이, 스페인의 알함브라 궁전, 이집트의 피라미드, 이라크에 있는 바빌로니아 시대의 하늘 탑, 피카소의 〈게르니카〉, 뒤샹의 〈샘〉, 일본 도다이지(東大寺)의 세계 최대 철불을 제대로 보거나 이해할 수가 없다. 이런 것은 교육의 힘으로 이루어지거나 어릴 때의 체험 학습 같은 것이 바탕이 되면 몸에 익게 된다. 그래도 "야, 굉장한데!" 정도는 누구나 느낀다. 그것마저 체험하지 못하는 경우도 있다. 실물을 감상할 생각은 안 하고 사진만 찍는다. 외국 여행 했다는 '인증샷'을 만들기 위한 것이다.

내가 그리스를 한 달가량 여행한 일이 있었다. 도처에 신전과 야외 극장의 흔적이 산재해 있었다. 우연히 델포이 신전 앞에서 옛 친구를 만났는데 그 친구는 폐허가 된 델포이 신전을 먼저 보고 내려오는 중이었고 나는 올라가는 중이었다. 내가 "뭐 볼 것 많아?" 하고 물었더니 그

친구 왈 "돌삐이(돌. 경북 북부지방의 사투리) 천지야, 가는 곳마다 돌밖에 없어!" 하는 대답이었다. 맞는 말이다. 그런데 친구는 그 돌삐이 속의 의미를 안 읽은 것이다. 가는 곳마다 무너진 돌무덤 천지지만 다 다른 의미가 있다. 그리스의 역사와 고대 문화가 숨어 있는 것이다. 아는 만큼 보인다는 말은 진실이다. 내가 가이드더러 이 폐허는 전쟁 때문이냐 하고 물으니까 거의 지진 때문에 무너진 것이라고 했다. 플로스라는 해변 도시에서 점심을 먹었는데 그 도시도 1980년대에 지진으로 큰 피해를 입었다고 했다. 그리스가 지진대에 올라앉아 있다는 것이다.

이런 역사적 유적을 보면 뭔가 느낌이 다를 것이다. 그럴 때 자연히 "야, 굉장한데!" 정도는 누구나의 입에서도 터져 나오게 된다. "동구권에 가려면 나라도 많고 복잡하니 폴란드만 보면 다른 나라들은 보나 마나 대강 알 것 아니냐?"라고 한다거나 "유럽은 북쪽에서 한 나라, 남쪽에서 한 나라만 보면 모두 다 비슷해"라고 한다면 이것은 큰 오해다.

〈어서 와~ 한국은 처음이지?〉라는 TV 프로그램이 요즘 인기인데, 세계 여러 나라에서 오는 여행객의 한국을 보는 시선이 다 달랐다. 그들은 자기네 문화를 안고 와서 그대로 보고 감상했다. "한국은 아파트가 발달되어 있는데 왜 모두 모양이 똑같지?"라든가 "한국 겨울 추위는 혹독해" 하던 폴란드 여성이 검은색 롱 패딩 일색을 보고 한 말이다. "왜 한국 사람들은 겨울에 이불을 덮어쓰고 다녀?" 한 독일인 멤버는 경주에 가서, 보통은 불국사의 대웅전, 두 개의 탑에 관심을 보이는데, 지금은 통행이 금지되었지만, 절로 올라가는 두 개의 계단 청운교와 백운교에 관심을 보이는 것이었다. 그 친구의 심미감이 예리했다. 그 계단이 굉장히 아름답다는 것이었다. 이 친구야말로 훌륭한 감상자이다.

예술작품에 접하면 자기의 과거의 지식을 검색 비교해보고 과거에 겪었던 경험에 대한 기억을 되살리고, 그 기억을 인출해서 지금의 작품

예술과 함께하는 심리학

과 비교 검토하게 된다. 그래서 그때의 경험을 되살리면서 감정적으로 공감에 이르게 된다. 이것은 문화양식, 문화행정, 교육 시스템과도 관계가 있다. 그리고 상상력도 필요하다. 과거에 어떤 영화나 연극을 보고 웃었는데, 경험을 쌓고 보니 웃을 일이 아니고 엄청난 비극이 그 뒤에 숨어 있더라는 것이 아닌가? 찰리 채플린의 무성 영화 〈모던 타임스〉는 원래 코미디지만 그 속의 비극이 숨어 있다. 생산 기술은 발달하며 대량생산이 가능해졌지만 기계 조직에 밀려 하나의 부품과 같은 존재가 된 인간의 퇴락성(頹落性) 무기력을 보여주는 영화이다.

감정으로 돌입한다

두 번째 입장은 감정의 도가니 속으로 뛰어든다는 이론이다. 한 문학 평론가의 글을 읽은 적이 있다. 한 독자가 "선생님, 시를 쓰려면 무엇부터 배워야 합니까?" 하고 물으니까, "목동이 소꼴 먹이고 저녁이 되어서 소등에 올라타고 피리를 불면서 귀가하는데 마침 해가 서산으로 기울면서 아름다운 붉은 노을을 서쪽 하늘에 물들여놓았다고 하자, 그걸 보고 목동이 '와아! 저 산들이 붉은 해를 삼키고 있잖아!'라고 했다면 그게 바로 시요"라고 대답했다. 예술에 접했을 때, 처음부터 분석적으로 부분부분을 따지고 디테일을 보는 것이 아니라, 전체적인 모습, 구성, 형태, 인상 같은 것을 먼저 보고 느낀 후 디테일로 가게 되어 있으므로 우선 느끼는 것이 앞서는 것이라는 입장이다.

'아는 만큼 보인다'는 입장은 "다른 사람(작가, 연출자, 연기자)의 감정은 그 사람의 것이고, 나와 같을 수가 없다. 그 사람은 슬프게 연기하고 슬픔을 느낄지 모르지만, 나는 슬프지 않다"라는 입장인 데 반해, 이 감정 속으로 돌입한다는 입장은 감상자가 일찍이 경험하지 못한 감정으로 들어가는 것이다. 아주 신기하고, 새롭고, 이상하고, 감동적이고, 충격적이고, 그 자리에서 벌떡 일어서게 만드는 감격 같은 것이 우선한다는 것이다.

헨델이 작곡한 〈메시아〉라는 오라토리오를 1784년 런던에서 초연했을 때, 영국의 왕 조지 2세를 초청하였다. 이 음악의 중간에 〈할렐루야〉라는 합창이 나온다. 이 노래의 앞부분에 "왕의 왕, 주의 주(king of king, lord of lords)"라는 구절이 나온다. 합창이 시작되자 조지 2세가 자리에서 벌떡 일어났다고 한다. 왜 그랬을까? 일화에 속하는 이야기지만, 조지 2세는 '나는 왕 중의 왕은 아니다, 세상에는 왕이 많다'고 생각했을지도 모른다. 그 당시만 해도 영국에 왕이 여럿이 있었다. 분봉왕이지만 스코틀랜드, 웨일스, 아일랜드, 잉글랜드에 왕이 따로따로 있었다. 그러니 좀 민망했을까? 예수 그리스도는 온누리를 지배하는 왕중왕임에는 틀림이 없는데! 그렇게 생각했을 법하다. 어쨌든 조지 2세는 〈메시아〉 초연에 초청되어 〈할렐루야〉에서 감동받았을 것이다.

예술과 함께하는 심리학

4. 구경꾼 입장에서의 감정이입

구경꾼은 1차적으로 재미를 추구한다

예술작품에 접했을 때, 미술관의 큐레이터나 박물관의 학예사나 예술 관계 평론가처럼 작품을 객관적으로 분석하고 논평하는 직업을 가진 사람들은 아무래도 이성적으로 되기 쉽다. 여기서는 구경꾼의 입장에서 예술을 다루려고 한다. 그러니까 자연히 주관적이고 감성적이 되기 쉽다.

클래식 음악, 비상업 미술, 발레나 현대무용 등, 이른바 정통 예술이라

일컬어지는 문화 장르가 발달되어 있는 유럽 선진 국가에 가보면, 일반 시민의 예술적 감수성이 높다는 것을 피부로 느낄 수가 있다.

스톡홀름에 2주간 머물고 있는 사이에 로열 오페라 공연을 두 번 구경했다. 그중 하나는 마스카니의 오페라 〈카발레리아 루스티카나〉였고, 한 번은 오케스트라의 공연이었다. 오페라 구경을 하는데 정장하고 가야 한다고 해서 체구가 큰 처남의 저고리며 바지며 넥타이를 빌려 차려입고 갔다. 관람객은 대부분이 부부 동반이고, 50대 이상의 고연령층이었다. 오페라가 원래 유럽에서 발달했고, 고대 그리스 연극의 부활 형식으로, 전통이 있는 새로운 음악과 연극의 결합으로 시작된 장르다. 그래서 우리 말로 번역할 때 가극(歌劇), 즉 노래하는 연극이란 뜻으로 쓰이고 있다. '좋았던 옛날' 생각에서인지 관객들 모두 정장을 하고 나타나서 나는 아내와 어색한 차림으로 구경을 했다.

관객들은 공연이 끝나자 박수를 3분가량 치고 일어나 나오면서 홀에서 모두들 뭐라고 뭐라고 떠들면서 법석이었다. 나중에 처남에게 물어보니까, 오페라 공연에 대한 논평, 의견, 소감을 이야기하는 것이라고 했다. 우리네 같으면 한두 마디로 끝날 말을 장황스럽게 한다 했더니 거기 스톡홀름 시민들은 1주일에 한 편 정도씩 공연을 볼 만큼 예술에 젖어 있다고 했다. 그래서 그만큼 조예가 깊다는 이야기이다.

우리는 서양 음악에 접하게 된 역사가 100년 정도밖에 안 되어서 민속음악과 가깝게 지내왔다. 그러다가 근래에 와서는 서양 대중음악을 휘어잡으며 'K-Pop'이라는 새로운 대중음악 양식을 창조해내기까지 했다. 어릴 때 오페라 공연이나 심포니 콘서트에 갈 때에는 정장을 하고 가야 한다는 것을 학교에서 배웠다. 요즘은 점점 달라져서 캐주얼 스타일로도 공연을 보러 가는 일이 많아졌다. 세상이 대중화되어 가고 있다는 증거이고, 예술도 공급자 위주가 아니라 수용자, 소비자 중심으로 바뀌어가고 있다는 이야기가 된다. 심포니 오케스트라의 지휘자가 터틀넥 차림으로 지휘한 사례까지 있지 않은가?

민속예술에서는 감정이입이 더 쉽다

우리나라의 민속음악인 판소리는 일종의 1인 오페라인데, 서민들의 음악이어서 그런지 분위기는 서양과 사뭇 다르다. 주된 관객도 중산층과 서민층이다. 그래서 서양처럼 격식에 매이거나 엄숙하지 않다. 우리 음악 중 종묘제례악과 문묘제례악 같은 아악과 가곡 같은 정악 이외에는 모두가 민속음악인데, 민속음악의 주요 특징은 연주자와 관객 사이가 매우 가깝다는 점이다. 즉 관객도 발림과 추임새 등을 통해서 연주에 참여한다. 연주자와 구경꾼이 혼연일체가 되면 신명이 난다. 신명의 기본은 '후련함'이다. 서양 말로 하면 카타르시스(정화작용)다. 김덕수 교수의 말이다.

유럽에는 귀족음악(궁중음악), 서민음악이 따로 없다. 구조가 똑같기 때문이다. 그러나 우리나라의 경우는 아악(정악)과 향악(민속악)의 구조가 상당히 다르다. 민요는 어느 나라나 다 있어서 19세기 초부터 유럽에는 국민음악이라는 흐름이 생겨서 자기네 나라의 전통적 멜로디와 리듬으로 작곡하는 풍이 생겨났다. 그래서 민속음악을 중심으로 한 새로운 음악을 만든 작곡가가 상당히 많다.

이 풍조는 처음에는 러시아에서 불기 시작했다. 차이콥스키를 비롯해서 글린카, 보로딘, 무소르그스키 등등이 있었고, 차츰 체코(드보르자크와 스메타나)로, 다음에 스칸디나비아의 스웨덴, 덴마크, 핀란드(시벨리우스), 노르웨이(그리그) 등으로 번져갔다. 헝가리 작곡가 졸탄 코다이는 85세까지 산 작곡가인데(1882~1967), 2차 세계대전 후까지 헝가리 민요

예술과 함께하는 심리학

를 중심으로 한 민족음악을 가지고 오페라도 작곡하고, 교향곡도 만들고, 칸타타도 작곡하며 현대음악의 흐름에 한 줄기 영향을 끼쳤다. 차이콥스키는 러시아적 민족성을 기반으로 하지만 독일의 고전파와 낭만파의 형식을 사용했다고 한다. 그런데 흥미로운 것은 그의 교향곡 제6번 B minor, 일명 〈비창〉으로 알려진 곡이 있다. 그의 교향곡 중에서도 최대의 걸작으로 꼽히는 곡인데, 제2악장에 들어가면, Allegro Con Grazia D장조로 바뀌고 4분의 5박자짜리 프레이즈가 나타난다. 이런 박자는 흔하지 않다. 민속춤 리듬에서 빌려온 것이다.

스위스의 수도 베른엘 갔었는데, 저녁에 거리로 나가봤더니 노인네들이 부부동반으로 팔짱을 끼고 산책을 하고, 여기저기 카페 노천 테이블에서는 중년 신사들이 알프스 목동 모자를 쓰고 알프스 호른을 붙들고 요들송을 불고 있었다. 그건 일종의 민요이지만 음악적 구조가 똑같다.

우리나라에선 해방 이후 지금까지도 중·고등학교 음악 교과서에 나폴리 민요인 〈산타 루치아〉〈오 나의 태양〉, 스코틀랜드 민요 〈고향의 하늘〉, 아일랜드 민요 〈따스한 봄날에〉, 독일 민요 〈이별〉, 미국 민요 〈언덕 위의 집〉 등을 실어서 가르치면서 정작 우리나라의 민요나 판소리, 시조, 가곡, 단가 등은 안 가르친다. 몇 가지 민요가 교과서에 실려 있어도 음악교사가 대부분 양악을 공부한 사람들이라 잘 못 가르친다.

왜 이런 말을 장황하게 하는가? 서양 음악은 어디서 배우든 다 통한다. 12음계 음악이기 때문이다. 그러나 극동의 한중일 세 나라와 인도 등의 음악은 모두 동양 음악이라고 해도 다 달라서, 자기 나라 음악을 배웠다고 아시아의 다른 나라 음악을 할 수가 없다. 선법(旋法), 리듬, 음계 등 문법(樂典)이 다 다르기 때문이다. 한국 음악을 배웠다고 일본 음악을 할 수 있는 게 아니고, 중국 음악을 배웠다고 한국 음악을 할 수 있는 게 아니다. 악기는 서로 비슷하나 문법이 다 달라서 안 된다.

중국의 경극(京劇) 발성을 한국인이 흉내 내기가 어렵고, 일본의 가부키(歌舞伎) 발성을 중국인이 잘 낼 수가 없으며, 마찬가지로 중국인이나 일본인이 판소리 음을 내기 어렵다. 그만큼 음악의 성격이 다르기 때문이다. 그래서 다른 나라의 음악을 들어도 공감하기가 쉽지 않다.

5. 기대감과 준비성

이스라엘의 텔아비브대학의 한스 크라이틀러 교수에 따르면, 소리에 반응하는 혹은 시각 자극에 반응하는 예술 감상자들의 감정(정서)의 틀이 각각 다르기 때문에 똑같은 장면에서 똑같은 작품을 감상해도 사람마다 다 다른 반응을 보인다고 한다. 자극이 수용기(감각 기관)를 건드리는 것은 완전히 전기·화학적 임펄스(impulse, 충격) 현상이다. 예컨대 빛(광선)이 동공을 통과해서 수정체를 지나 망막에 도달하면, 망막에 모여 있는 시신경 조직(간상체나 추상체)에 전기·화학적으로 에너지를 만든다. 간상체는 명암을 구별하게 하는 신경세포이고, 추상체는 색깔을 구별하게 하는 신경세포이다. 그러면 그 에너지 정보는 시신경조직을 통해서 뒤통수에 있는 시각 중추로 전달된다. 거기서 비로소 이게 뭔가를 알게 되고(지각 현상), 일부는 전두엽에 있는 인지 중추로, 일부는 변연계와 시상부에 있는 정서 중추로 전달된다. 개인마다 과거의 경험이란 바탕 때문에 그 자극이 전달되는 경로가 다를 수도 있고, 자극의 전기적 부하의 강도에도 차이가 있을 수 있다. 그러니까 '아! 그게 뭐였구나' 하는 인식의 수준에서 끝나는 사람이 있는가 하면, 공연히 감동해서 눈물을 흘리는 사람도 있을 것이다. 이런 차이를 정서의 틀이라고 한다.

같은 예술작품이라도 다른 맥락에서 접하게 되면, 또 다른 감정이 유발된다. 같은 작품이라도 일상적인 장면에서 접했을 때보다 콘서트홀이나 갤러리나 극장 무대에서 접했을 때 더 감정적으로 다가온다. 이러한 이유는 무엇인지, 그런 경험의 차이를 만드는 것이 감정적 틀이다.

한국 사람들은 사람이 죽으면 곡을 한다. 옛날에는 초상집에서 곡하는 사람을 고용하기도 했다. '줄초상'이란 말도 있다. 3일이나 5일간 밤낮으로 빈소를 지키던 외아들 상주가 장례를 치르고 난 후 과로로 죽었을 때 줄초상이란 말을 한다. 줄줄이 사람이 죽어간다는 말이다. 지금은 병원 영안실이나 지자체가 운영하는 장례식장에서 장례를 치르기 때문에 잘 울지 않는다. 일본인은 장례식에서 절대로 울지 않는다. 손수건으로 눈물만 닦는다. 무척 절제되어 있다. 우리는 그 절제력이 약하다. 옛날에는 마음 놓고 땅을 쳐가면서 곡을 했다. 특히 시집간 딸들이 친정 부모 장례에 오면 그랬다. 일본인은 친절하고 겸손하지만 의외로 냉정한 데가 있다. 이런 것을 '정서적 틀'이라고 한다.

스페인이나 이탈리아 사람들, 중남미 사람들은 독한 술을 마시고 유쾌하게 잘 떠들고 잘 웃는다. 이 라틴계 사람들은 비슷한 정서를 가지고 있다. 〈어서 와~ 한국은 처음이지?〉라는 방송에 스페인 친구들이 나온 적이 있다. 그들은 연신 즐겁게 놀 수 있는 탐방을 하였다. "야, 인생은 축제야! 즐거운 것이야!"가 그들의 소신이었다.

한 20년 전 '소년한국일보' 사장을 지낸 김수남 선생은 우리나라에서 시 낭송으로는 제일 유명한 분이었다. 그는 신문사 사장으로 있으면서 전국 순회 시 낭송회를 열었다. 내가 한 번은 궁금해서 물어보았다. "김 사장, 도대체 몇 수나 암송하시오?" "에이, 뭐 한 600수쯤 되지요." "그걸 다 언제 외웠소?" 하니까, 위암 수술로 병원에 입원해 있을 때 매일 시 암송을 연습했다고 대답했다. 그는 술 한잔하는 자리에서 얼근하게 취하면 의례의 시를 암송했는데, 분위기에 맞게 시를 읊었다. 더듬거리는 법이 없었다. 완벽했다. 심훈의 「그날이 오면」을 암송할 때에는 일어나서 몸짓까지 했다. 박두진의 「해」를 읊을 때에는 두 팔을 벌려 하늘을 쳐다보듯이 하면서 암송했다.

그래서 내가 『샘터』 잡지에 김수남에게 문화 훈장을 줘야겠다는 글을 실었다. 그리고 몇 달 후 김 사장을 만났더니 "선생님 때문에 훈장이 안 날아갔심꺼?"라고 했다. 그는 경남 김해 출신이다. "왜? 나 때문이라니?" "샘터 잡지에 선생님이 저에 관해서 쓴 글을 읽은 문화부 사무관이 연락해서, 무엇 때문이냐고 물어보니까, '사장님을 문화 훈장 심사위원으로 위촉하기로 했습니다' 하지 않겠습니까? 그것 때문에 저는 훈장 타기 글렀구나 했습니다. 내가 나를 추천할 수 없어서요." 그러면서 우리는 웃었다.

김 사장은 '전국 시 낭송자 모임'을 이끌고 있었는데 매년 연말이면 남산의 국립극장에서 시인 초청 시 낭송회를 열었다. 매번 초대되어 구경하러 갔었는데 한 번은 박두진 선생이 나오신다고 해서 갔다. 선생은 본인의 「해」를 낭송하셨다. 김수남 사장이 낭송할 때보다 감동이 적었다. 시인이 자작시를 낭송하는데 시 애호가가 낭송하는 것보다 감동이 적은 이유가 무엇일까? 이것이 곧 '기대감'과 '준비성'이란 개념으로 설명할 수 있는 문제이다.

기대감

교향악단의 연주를 감상한다든지 미술관에서 전시 작품을 감상할 때, 제3자 즉 감상자나 소비자의 입장에서는 자기의 전문 분야가 아니니까 잘은 모르지만, 상당한 기대감을 가지고 보고 듣고 하는 경우가 많다. 그러나 전문가가 그 연주나 그 전시의 작가에게 기대하는 수준은 다르다.

한번은 내가 어느 유명한 화가의 작품전을 감상하러 갔었는데(나는 대학 정년 후 서울 종로구 인사동에서 10년 동안 창의성연구소를 운영했다), 거기서 모 유명한 미술관 관장을 만났다. 나는 한번 작품을 쭉 훑어보고 작품을 높이 평가하는 쪽으로 내 감상을 이야기했다. 그랬더니 그 관장이 "별로인데요" 하지 않겠는가? 내가 무식한 건가 아니면 보는 관점의 차이인가가 헷갈렸다. 이런 괴리는 감상자의 기대감의 차이에서 오는 것이다. 그러니까 예술작품에서 감상자는 모두가 이런 기대감이란 하나의 틀을 가지고 대한다. 어떤 작가의 단편집이 나와서 그걸 한 권 얻어 읽어보고 이야기하려는데, 평론가가 "이번 소설은 삼류야" 하는 것을 들었다. 심리학에서는 이런 현상을 인식의 불협화라고 한다. 작가가 어떤 아이디어를 가지고 작품을 만들었는데 평론가로부터 몰매를 맞는 경우를 자주 보았다. 그 작가에 대한 기대감의 수준에서 말하는 것이다. 초년병, 즉 갓 등단한 작가 같으면 그냥 넘어갈 일도 좀 더 엄격한 잣대로 보는 것이다. 기대한 인지 수준과 현실과의 괴리가 클수록 작품에 대한 평가는 떨어진다.

준비성

다음으로 준비성이란 개념에 대해서 생각해보자. 앞에서 말한 기대감은 작가 쪽의 책임과 관계가 있고 준비성은 구경꾼 쪽의 책임과 관계가 있다. 루브르 박물관엘 가든, 시스티나 성당엘 가든, 그리스의 야외극장엘 가든, 관객의 눈에 무엇이 어떻게 비치느냐는 문제는 개인적인 역량에 속한다.

내가 1970년에 미국에 공부하러 갔었는데, 거기 뮤직홀에서 세계적 기타 거장 세고비아의 제자 중 한 사람이 공연을 한다기에 구경하러 갔다. 물론 정장을 해야 된다고 해서 한여름인데 넥타이까지 매고 갔다. 공연이 끝나고 나오려는데 현지에 오래 살고 있었던 고향 후배가 무대 뒤로 가서 연주자한테 인사하자고 권하지 않겠는가? 그렇게 해본 일이 없어서 안 가겠다고 하니, '악수하고 간단히 한마디만 해주면 된다'고 해서 따라갔다. 나는 그 후배가 하라는 대로 따라 했다. 후배는 음악을 공부하는 사람이었다. "Oh, maestro ×××." 그리고 악수하면서 몇 마디 건넸다. 나보고는 이렇게 말하라고 시켰다. "I almost forgot myself by your playing." 내가 그의 손을 잡고 이렇게 말했더니 너무도 기뻐해주었다. '나를 잊어버릴 뻔했다'니, 공감의 극치가 아닌가?

정서의 발달이란 인생 초기에 거의 완성되기 때문에 '정서적 틀'도 어른이 된다고 해서 별로 변하지 않는다. 행동이나 의사결정력의 속도, 정확성, 계획성의 유지, 목표 설정의 방향, 일 처리의 완성도 같은 것도 어렸을 때의 정서 발달이나 성숙도와 관계가 있다.

그래서 예술에 관계해서 말한다면, 시 지각의 정확성, 시야의 넓이, 명암이나 색채에 대한 민감성, 주변의 시각적 환경 변화에 대한 반응력, 그리고 그런 것을 통해서 경험하는 정서적 반응 등은 어렸을 때의 체험이 영향을 준다. 그래서 대체로 디자이너는 도시 출신이 많은데, 시골 출신들이 디자인 능력에서 떨어지는 이유는 어렸을 때의 시각적 경험의 내용과 관계가 있다. 이탈리아에서 각 분야의 디자이너가 많이 배출된 까닭은 이탈리아의 역사적·문화적 환경이 큰 자산이 되고 있기 때문이다. 즉 2,500년 전부터 내려오고 이어져 온 로마 문화가 아직도 많이 유적으로 남아 있고, 창문만 열면 보이는 것이 모두가 놀라운 디자인 학습 재료이기 때문이다. 2019년 8월 한국관광공사에서 K-Pop, K-Food, K-Fashion 프로그램으로 세계 여러 나라의 젊은 세대를 초청해서 여행을 시켰다. 패키지 프로그램이 끝나고 프랑스 여학생에게 소감을 물었다. "프로그램이 참 좋았다. 서울은 참 멋있는 도시 같다. 파리는 집 모양이 다 똑같고 높이도 똑같지 않은가? 서울은 집의 크기나 모양도 다양하고, 옛것, 새것이 섞여 있고, 재미있는 곳이 많다." 듣고 보니 그럴 듯하다. 우리에게는 다양성이라는 것이 자산이 되고 있다.

『대학(大學)』에 "心不在焉이면, 見而不視요, 聽而不聞이요 食而不知 其味라"는 대목이 있다. 진지한 마음의 준비가 없으면 봐도 뭔지 모르고, 들어도 무슨 소리인지 모르고, 음식을 먹어도 그 맛을 알 수가 없다는 것이다. 이런 이치로 따지면 어릴 때부터의 체험학습이 중요한 것이다. 『대학』의 이 가르침은 요즘 말로 지각 현상을 제대로 설명해주는 격언이다. 우리가 보고 듣고 하는 예술작품도 내게 준비 상태가 마련되어 있지 않으면 뭐가 뭔지 분간이 안 간다. 그 준비 상태를 흔히 '안목'이니, '식견'이니, '교양'이니, '조예'니, 혹은 '기본'이라고 말하는데, 어쨌든 경험과 교육이 바탕이 되어 있어야 한다는 말이다.

여기서 '기대감'과 '준비성' 간에 묘한 관계가 존재한다는 것을 알아차릴 수 있다. 즉 기대감이 클수록 실망감도 클 수 있다. 이 두 요소 사이에 괴리가 멀면 두 가지 현상이 생긴다. 하나는 긍정적으로는, 모르니까 더 알고 싶어지는 호기심이고, 다른 부정적인 면은 포기하거나 무시하는 반응이다. 그러니까 기대감과 준비성 사이에는 적당한 괴리가 있으면 좋다. 감상자의 시선, 혹은 청능(聽能)에 영향을 주려면 이 두 요소 간에 적당한 간극이 필요하다. 그러면 공부도 되고, 이해도 되고, 사랑하게도 된다.

반면에 기대감과 준비성이 딱 일치하면 처음에는 만족감이 오지만 시간이 지날수록 데자뷔 현상이 나타날 가능성이 커진다. "아하! 그것!" 이런 반응은 심리학에서 '장황성(redundancy)'이라고 하는 반응으로 나온다. 하품과 졸음을 유발한다는 말이다.

한 가지 예를 들면, 세계적 작곡가의 음악에 비교적 많이 접하는 한국에서도 쇤베르크는 연주가 잘 안 된다. 그 이유는 그의 음악이 너무 독특하기 때문이다. 무조주의(無調主義)에다가 표현주의에다가 12음법을 사용하기 때문에 기존의 고전주의 음악이나 낭만파 음악과는 너무도 다른 음악이어서 들어도 뭐가 뭔지 모르겠다는 것이 일반의 반응이다. 기대감과 준비성 사이의 괴리가 너무 큰 것이다.

기대감에 대한 실험

예술에 대한 기대감을 실험적으로 연구한 사례들이 있다.

심리학자 라자루스가 동료들과 영화를 가지고 실험을 했다. 피험자를 세 그룹으로 나누고, 출혈을 보일 만큼 일을 하다가 사고를 당한 작업현장을 찍은 다큐멘터리 영화를 짧은 시간 동안 보여주는 실험이다. 영화를 보여주기 전에 세 그룹에다가 각각 다른 정보를 주었다.

① 첫째 그룹 : 그 영화에 관해 간단한 줄거리만 알려주었다. 그러니까 별로 흥분할 만한 정보는 아니다

② 둘째 그룹 : '이 영화는 부주의로 인하여, 때로는 일어날 수 있는 사고에 대해서 허구적으로 보여주기 위하여 대강대강 연구하고 제시한 영화이다' 라고 일러주었다.

③ 셋째 그룹 : 내용에 대해서 암시를 좀 주고, 근로 조건에 대한 사회심리적 관찰을 하기 위해서 분석적인 태도로 볼 수 있게 유도했다.

실험자는 피험자의 심장박동수와 피부 전류 전도율을 조사했다. 이

예술과 함께하는 심리학

것은 피험자가 영화를 보는 동안 정서(감정)적으로 얼마나 동요되었느냐를 보기 위한 것이다.

① 첫째 그룹(사전에 줄거리를 알려준 그룹)이 맥박 수도 올라가고, 피부 전류 전도율도 제일 많이 올라갔다. 즉 감각이 가장 예민해졌다는 증거이다. 이 그룹이 제일 감정이 격한 상태가 된 것이다.
② 둘째 그룹(부주의로 인한 사고라고 알려준 그룹)은 첫째와 셋째 그룹의 중간 정도를 보였다.
③ 셋째 그룹(사회 고발적인 내용이라고 알고 본 사람들)은 가장 침착한 반응을 보였다.

그러니까 '저건 현실에 언제나 있는 거야' 하는 생각으로 보는 사람과 '분석적으로 냉정하게 파고드는 사람'보다, '아무런 기대감 없이 줄거리만 간단하게 아는 사람'의 감정이 제일 많이 고조된다는 말이다.

예술작품에 대해서도 대충 알고 가서 듣거나 보거나 하면 긍정적이든 부정적이든 감정의 변화가 많고, 사전에 많이 알고 있거나 분석적으로 보는 사람(예컨대 평론가)들에게는 감정의 변화가 별로 없을 것이란 말이다.

또 하나, 스토틀랜드라는 학자가 다음과 같은 흥미로운 실험을 했다.
피험자를 세 그룹으로 나누고, 피험자 모두에게 실험자와 사전에 약속한 한 친구를 대상으로 그 사람의 행동을 관찰하도록 했다. 그 친구가 감정적으로 중립적인 상태를 보일 때(무표정), 뚜렷이 기뻐할 때, 확실하게 고통스러워 할 때의 표정과 행동을 관찰하도록 한 것이다. 피험자들을 세 그룹으로 나누어 첫 번째 그룹에게는 "그냥 보세요"라고 지시했고, 두 번째 그룹에게는 "그 친구의 감정을 상상해보세요"라고 지시했다. 그리고 세 번째 그룹에게는 "친구의 자리에 서 있다고 생각해보세요"라고 지시했다.

실험을 하는 동안, 피험자가 땀을 흘리는 정도, 혈관 수축 정도, 피험자가 본 인상을 말로 표현한 것 등을 종합해본 결과는 이렇다.

① "그냥 보라"고 지시받은 그룹은, 그 실험 대상 인물(친구)이 중립적인 상황이나 정서가 실린 상황에 있을 때와 똑같이 반응했다. 대상이 무표정하면 자기도 무표정하고, 대상 인물이 슬퍼하면 자기도 슬픈 듯이 반응했다.

② 반면에 다른 두 그룹은, 감정적으로 중립적인 상황과 감정이 실린 상황에 놓인 경우를 보았을 때, 첫 번째 그룹과는 다르게 반응했다. 즉 대상 인물의 감정을 상상해보라고 지시받은 두 번째 그룹의 반응은, 대상 인물의 자리에 자기가 서 있다고 생각해보라고 지시받은 세 번째 그룹보다 반응이 약했다.

즉 이 실험은 관찰 대상 인물의 정서(감정)를 상상해보는 것보다는 그 사람의 입장에서 그 사람의 상태 속으로 들어가는 감정이입이, 실험실 같은 별 쓸데없는 환경 속에서도 유발될 수 있다는 것을 보여준다. 감정이입과 비슷한 말인 동정심은 타인의 고통에 동참하고 도움을 주려는 감정이고, 연민은 타인의 감정을 나누어 갖되 불쌍히 여기고 부드럽게 대하는 감정이다. 그러니까 동정심이나 연민도 포괄적으로 보면 감정이입이지만, 타인의 입장에 서서 그와 함께 감정을 나누어 갖는 것이 여기서 말하는 감정이입이다.

이 실험의 결과를 예술에 대입하면 이렇게 된다. 즉 문학과 미술은

예술과 함께하는 심리학

독자나 감상자가 작품에 직접 전하는 장르이기 때문에 감정이입은 독자나 감상자의 몫이 된다.

음악은 작곡가와 연주자 사이에서, 연극은 극작가와 연출자 사이에서, 무용은 창작자(무보 작가나 음악 작곡가)와 안무가 사이에서 1차적으로 감정이입의 문제가 생긴다.

음악은 다음으로 연주가와 감상자 사이에서, 연극은 연출자와 관객 사이에서, 무용은 안무가와 관객 사이에서 감정이입 문제가 2차적으로 발생한다. 그러니까 음악과 연극 같은 것은 관객이 직접 작가의 입장 속으로 들어가기 어렵다. 연주자마다 작품 해석이 달라지기 때문이다. 감상자는 연주자나 연출자의 해석을 통해서 비로소 작가와 만나는 것이다.

지휘자 토스카니니는 밀라노 라 스칼라의 음악감독으로 시작해서 동시대의 최고의 지휘자가 되었고, 미국의 NBC 심포니 오케스트라는 그를 위해 1937년도에 만들어진 교향악단이었다. 그는 작곡가의 원본의 기호에 충실했고 작곡가의 의도에 헌신한 것으로 유명하다. 자의적 해석을 피했다는 말이다. 그러니까 오케스트라 멤버들은 지휘자의 의도대로 따라 연주하는 것이고, 더욱이 자기 마음대로 곡을 해석해서는 안 된다. 토스카니니가 연주할 때 단원들에게 늘 한 말이 있다. "sing, sing, sing". 개개인의 악기 연주자들은 음악이 재미없을 수도 있다. 그러나 그런 감정을 극복하기 위해 개개인의 악기 연주자들도 "노래하듯이" 연주하라고 했다. 그래야 지휘자와 공감이 이루어진다는 것이다.

연극의 연출자도 같은 입장이다. 나는 여러 종류의 〈햄릿〉 〈리어 왕〉 〈맥베스〉를 보았다. 나는 연출자와 감정이입을 하는 것이다. 연출자는 극작가와 감정이입을 하는 것이다.

"그 사람의 감정 속으로 들어가"라는 메시지는 예술 감상에 중요한 언표이다. "그 사람의 감정 속으로 들어가려고 한다면" 나의 정신 태세

(mind set)도 그쪽으로 변하고, 육체적 경향성도 준비를 그쪽으로 바뀐다는 말이 된다.

실험적 평가

작가가 창작한 예술작품을 일반적인 실험적 관점에서(평론가가 아니라) 평가할 수 있다. 그 작가의 명성이 얼마나 영향을 주는지에 대한 실험도 있다. 판스워드와 미수미라는 두 학자가 피험자에게 8개 작품(미술)의 질을 판단하라고 요구했다. 그중 네 작품은 다빈치, 렘브란트, 라파엘, 루벤스 등의 작품이고, 나머지 네 작품은 잘 알려져 있지 않은 화가의 작품이었다. 기대한 대로 피험자는 명성이 높은 작가에게 많은 점수를 주었다.

번버그라는 학자가 그림을 가지고 비슷한 연구를 했고, 셰리프라는 학자는 시를 가지고 비슷한 연구를 했다. 그러나 명성이 높은 작가는 그 작가의 이름이 언론에 자주 언급이 된다든지, 유명한 비평가가 높이 평가했다든지, 또 다른 유명 인사가 칭찬을 했다든지 하는 것이 작품 평가에 영향을 주었다는 것이다. 당연한 결과라고 생각되지만, 이때 중요한 점은 작품 자체의 질에 관한 평가가 명성에 가려진다는 점이다. 거장의 작품 중에도 타작(駄作), 즉 시원찮은 것이 있을 수 있지 않은가? 베토벤과 모차르트가 아무리 악성(樂聖)이라고 평가받아도 그들의 작품 전체가 다 연주되는 것은 아니다. 기록으로만 남아 있지, 무관심하게 잊힌 곡도 많다. 명성 때문에 그의 작품이 높이 평가받는 현상을 '후광효과(halo effect)'라고 한다.

이러한 연구 결과는 조직적이 아닌 우리의 일상의 생활에서 얻는 인상을 지지해주는 셈인데, 널리 알려진 이름, 유행, 사회적 표준뿐 아니

예술과 함께하는 심리학

라 시장 원리에 따른 소비 성향, 예술의 일반적 효용 가치, 즐거움을 주는 원천, 개인의 심리적 만족감 등이 평가에 작용한다. 특히 미술작품의 가치는 지금 '옥션'이라는 시스템으로 인해 경매시장에서의 거래 가치가 상당히 영향을 준다. 그러나 그 경매시장에서의 거래가가 갑자기 떨어지는 수도 있다. 작가에 관한 스캔들 때문이다. 위작 논란이 자주 등장하지 않는가?

18세기가 끝나갈 무렵, 오스트리아의 혁명적인 황제 합스부르크가의 요제프 2세(1765~1790)는 입장료 없는 공개 콘서트를 후원했으나, 음악에 관한 그의 특권을 내세우지도 않았고, 음악 양식에도 손상을 주지 않았다. 그러니까 후원을 하지만 간섭하지는 않았다는 말이다. 1787년 모차르트가 요제프 2세 궁정 소속의 작곡가가 되었으니 바로 모차르트와 동시대 황제였다. 빈 시민들은 그들이 존중하는 것이면 그것을 사랑하는 것을 배웠고, 훌륭한 음악가들을 배출하는 밑거름이 되었다. "한번 방송 타더니 이튿날 아침에 일어나니까 스타가 되어 있더라"라는 작가의 사회적 평판과 언론의 중요한 역할을 새삼 인식하게 된다.

6. 작품은 공공물이다

발표된 작품은 언제든지, 아무데서나 만난다

2018년 겨울 검은색 롱패딩이 유행을 탔다. 상당한 매출이 있었을 것이다. 〈어서 와~ 한국은 처음이지?〉에 나온 폴란드 여성이 "한국 사람들은 왜 이불을 덮어쓰고 나와?"라는 말을 했는데 그 여성도 그 이튿날 똑같이 검은 롱패딩을 입고 좋아서 거리에 나왔다. 예술작품도 일종의 상품이다. 일단 작가의 손을 떠나면 공공의 문화가 된다. 그래서 요즘 말로는 '입소문'이란 것이 상업적 거래에는 치명적인 요소이다.

앞에서도 예술의 평가에는 작가 쪽에 대한 기대감과 소비자 쪽의 준비성이 영향을 미친다는 이야기를 했는데, 여기서는 준비성에 대해서 좀 더 깊이 다루어보고자 한다. 유행과 같은 사회적 증거들이 있지만, 그 외에 감상자 쪽의 전문성이나 준비 정도도 문제가 된다. 그것이 곧 "아는 만큼 보인다"거나 "아는 만큼 들린다"의 원리이다.

그 작품이 좋으냐 나쁘냐와 같은 평가는 유치하지만, 좋아하느냐 싫어하느냐 하는 질문은 할 수 있다. 이런 것은 개인적인 취향이고, 그 작품이 얼마나 예술적 가치가 있느냐는 문제는 꽤 전문성이 요구되는 질문이다. 작가는 어떤 사람인가, 경력과 과거의 업적에 대한 평가, 평론가의 논평, 명성 등을 고려해서 판단할 것이나, 이런 평가는 사회적 분위기를 많이 탄다. 왜냐하면 작품이 어떤 물리적·사회적 상황에서 전시되고 발표되느냐의 문제를 절대로 놓쳐서는 안 되기 때문이다. 한 가지 예를 들면, 1997~1998년경 이른바 민중미술 작가들이 걸개그림을 많이 발표했다. 나는 그중 대표적 작가 몇 사람을 잘 알고 있다. 그리고 그 당시는 플래카드처럼 전봇대에다가 걸기도 해서 구청 직원의 단속 대상이 되기도 했다. 그러나 그 그림들은 한 시대의 민중의 아픔을 표현한 작품들이어서 최근(2019)에 한 수집가가 그것들을 소중히 간직하고 있다가 전시를 했다. 역사적 의미를 담은 작품들이다. 물론 예술적 가치가 있느냐, 상업적 가치가 있느냐 없느냐는 별개의 문제이다.

가령 같은 작곡가의 작품 연주를 정장을 하고 콘서트홀에 가서 감상했을 때와 이삼십 명 집에 모인 하우스 콘서트에서 캐주얼 차림으로 연주를 감상했을 때 효과에 차이가 있다는 연구가 있다.

미국의 심리학자 매즐로와 민츠 박사가 연구한 흥미로운 결과를 소개하겠다. 연구자들은 아름답게 치장한 전시장에 그림을 걸어놓고, 관

예술과 함께하는 심리학

람이 끝난 후 관람객들에게 소감을 물었다. 그랬더니 "작품에 에너지가 넘쳐 보인다"라든가, "행복감을 느꼈다"라든가, "감동을 받았다"든가 하는 반응을 보인 사람이 많았다. 반면에 낡고 좀 지저분한 창고 같은 곳에 똑같은 작품을 걸어놓고 전시를 한 후 관객들에게 소감을 물었다. 그랬더니 "피곤하다"라든가 "불쾌했다"라는 반응을 보인 사람이 많았다. 예술작품은 일단 아름다움을 자아내고 자극하는 문화양식이기 때문에 분위기를 많이 타는 것은 사실이다.

전통적으로 서양은 '오페라 극장' 하면, 화려하게 장식을 하는 것이 상례이고, 또 대극장이나 왕립극장은 말할 것도 없이 장식이 요란 찬란하다. 세계적인 박물관이나 미술관(서양에서는 미술관도 art museum이라고 한다)은 엄숙한 분위기를 자아낸다. 파리의 한 미술관(피카소 미술관)에서는 1990년대 한때 한국인 관람객의 출입을 금지한 적이 있다. 미술관에 들어와서 큰 소리로 떠들고 작품을 만지고 해서 관람 분위기를 해치기 때문이라고 한다.

오케스트라의 멤버들은 보타이에다 연미복 등 공식화된 의상을 걸치고 연주를 한다. 오페라 갈라 콘서트 등에서는 여성 성악가들이 화려한 드레스를 입는다. 그러한 의상이 노래의 질을 결정하는 것이 아니라 분위기를 고조시키는 효과가 있다. 우리는 조수미의 공연 때는 으레 앙드레 김의 의상을 떠올리게 된다. 또 미술작품의 정교한 액자, 명저의 가죽 장정에 금박 로고는 책의 역사적 가치를 높인다. 이런 요소들은 식견이 높고, 품위를 따지고, 연륜이 지긋한 관람객들에게는 호감을 불러일으키는 조건이 된다.

공연에 참여하는 태도에 따라서

이스라엘의 텔아비브대학 공연예술학과 교수들이 연구한 것을 보면 흥미롭다. 사람들이 극장으로 연극 공연을 보러 갈 때 사전에 어떤 준비를 하는지 조사한 것이다. 대부분의 사람들은 사전에 여러 가지 특별한 준비를 한다는 것이다.

텔아비브의 세 개의 극장 중 한 군데에 들어가는 관객들 중 무작위로 남녀별 각각 50명씩 뽑아 인터뷰를 했다. "이 공연을 보기 위해서 본인 스스로 어떤 준비를 합니까?"라는 질문을 한 것이다. 이 질문에 88%의 여성과 62%의 남성이 옷을 새로 갈아입었다고 대답했다. 43%는 그 연극에 대해서 리뷰를 읽었고, 친구들에게 극의 내용과 질에 대해서 물어보기도 했단다. 28%는 그냥 쉬거나 잠을 잤고, 11%는 극의 대본을 읽거나 시를 읽었다고 했다. 4%만이 특별히 목욕재계를 하였다고 대답했다. 이러한 연구의 결론은 극장에 가서 공연을 관람하기 위해서는 여러 가지 준비를 한다는 것이다.

그러나 최근의 경향은 그냥 터틀넥에다가 청바지 입고 간다. 미리 대본을 숙지하지 않아도 무대 앞 전광판에 나오는 시놉시스를 읽으면 되고, 사회자가 작품을 소개하기도 하고, 오케스트라 지휘자가 작품 해설도 해주니 특별한 준비가 필요 없는 세상이다. 여기저기 고객 서비스가 우선이다. 또 인터넷을 검색하면 내용, 줄거리, 작가, 감독, 연출자, 지휘자의 배경 등이 모두 소개되어 나오니 사전 준비가 그리 필요한 것은 아니다. 문제는 마음의 준비이다. 내가 그 작품에 대해 과연 관심이 있느냐, 그것을 좋아하고 사랑하느냐, 아니면 시간 보내기 위한 수단으로 여기느냐의 차이는 반응에 큰 차이를 만든다.

예술작품에 대해서 사람들(감상자, 구경꾼)이 어떤 특정한 정서를 갖게 되는 것은 아니고, 서로 다른 문화권에는 다른 '정서의 틀'이 있다(예컨대 한국 사람들은 잘 운다든지, 스페인 사람들은 잘 웃는다든지 하는). 또한 일정한 작가나 작품에 대해서 갖는 감정적 반응이 굳어져 있는 것이 아니므

예술과 함께하는 심리학

로 일률적으로 평가하기는 어렵다. 천경자와 이우환의 위작 논란을 보면서 한 사람의 시민으로서는 당황스러울 뿐이다. 왜냐하면 그런 스캔들이 명성에 손상을 주기 때문이다. 피카소의 입체화는 본인의 고백대로, 아프리카 원시 목 조각과 어린이의 그림에서 영감을 얻었다는 점에 경이로움을 느낀다. 위의 여러 실험 결과 등을 토대로 결론을 내보면;

① 예술 창작자와 감상자(구경꾼, 관객, 소비자)와 스폰서와 공연 등을 관리하는 조직의 책임자(큐레이터, 예술감독, PD, 연출자, 감독) 등은 모두가 각기 그 예술 장르마다의 특수한 '정서적 틀'이 필요하다는 것은 인정하고, 또 그 점이 그 장르의 특수성이란 점을 인정한다. 음악이 주는 감동과 연극이 주는 감동과 문학이 주는 감동이 다르다는 점을 이야기하는 것이다. 음악과 연극, 무용 등은 시간 예술이어서 시간이 흐르면 감동의 흔적이 쉽게 사라진다. 그러나 미술과 문학은 여전히 흔적이 남아 있다. 경험의 재생이 용이하기 때문이다. 정서가 관여한다는 점에서 그것들 사이에는 차이가 있다. 그러나 공통점은, 예술적 경험이 인간에게 즐거움을 주고 인간을 행복하게 하는 기능을 가지고 있다는 점이다.

② 예술 장르 사이에서도, 적어도 신비적 경험(감탄, 공감, 황홀감, 만족감)을 유발하는 유리한 조건이 다르다.

③ 이러한 '정서적 틀'이 심미적 자각(아! 저게 아름답구나 하는 의식적 경험 같은 것)과 정서적 관여(그걸 보고 듣고 감정상의 변화를 일으키는 것)를 강하게 향상시켜준다.

미술교육과 음악교육과 연극교육 방식은 서로 특별히 다른 차원을 가지고 있어서, 예술적 경험에 접했을 때의 소비자로서, 감상자로서, 관객으로서의 태도와 자세도 자연히 달라지게 된다.

그렇다면, 사전 준비가 없으면 예술에 접근할 수 없느냐는 의문이 생긴다. 그러나 역시 문명사회와 후진 원시사회를 비교해보면, 교육을 통해서 우리는 예술에서 훨씬 더 깊은 감동과 공감과 만족감과 엑스터시를 맛볼 수 있다. 물론 원시사회는 예술과 생활이 하나지만, 그들의 예술은 창조적이 아니고 전래적이고 전통적이기 때문에 변화가 없고, 형식과 내용이 고정되어 있다. 그러니까 그들의 예술은 아무래도 축제와 제례 의식의 범주를 벗어나기 어렵고, 여가 선용, 창의성 향상, 문화발전과는 관계가 없기 때문에 논외로 하기로 한다.

감상자가 창작자의 감정 속으로 들어가서 그 감정을 들여다보고 느낄 수 있다면 행복한 것이다. 그러나 그럴 때 전이(轉移)라는 무서운 심리적 · 정신적 · 병리적 문제에 부딪힐 수가 있다.

예술과 함께하는 심리학

11장
창작자와 구경꾼 사이

1. 작품이란 작가의 자서전이다

　예술에 대한 사람들의 반응과 경험을 따지려면 사람을 두 가지 역할 측면에서 다루어야 한다. 한 가지는 예술 창작자로서의 역할에 대한 것이고, 다른 한 가지는 예술의 관객, 청중, 구경꾼, 감상자, 소비자, 향수자의 반응과 역할에 대한 것이다. 여기서는 주로 예술을 심리학 쪽에서 이해하려는 입장이므로, 대대적(代對的) 입장에서 이 두 측면을 모두 다루려고 한다. 대대적 관계란 견제하면서 협조하는 관계이다. 구경꾼들은 예술작품이나 작가들을 좋아하면서도 비평하지 않는가?

　특히 예술 창조의 과정에 대해서는 오스트리아 출신의 영국 학자, 런던대학교 예술교육학 교수이고 프로이트 심리학자인 안톤 에렌츠바이크(1908~1966)의 이론을 빌려보기로 한다. 그가 쓴 책『예술 창조의 심리학』을 내가 번역하기도 했는데, 그는 그 책의 머리말에 이렇게 쓰고 있다.

예술 창조의 원동력은, 원초적이며 악마적인 요소를 지닌 샤머니 즘과 신화 속에 있다. 이 두 요소가 인간의 내적 세계의 숨겨진 질서 이다. 예술 창조란 어떤 의미로 본다면, 인간 정신의 저 깊은 밑바닥 에 혹은 가장 안쪽에 숨겨져 있던 비밀의 현재화(顯在化)라고 할 수 있다. 즉 밖으로 내보이고 고백하는 과정이고 또한 그 결과라고 할 수 있다.

어렸을 때 우리는 친구 집에 모여 귀신 도깨비 이야기를 하고 놀았 다. 한 친구가 처녀귀신 이야기를 하면, 다른 친구가 달걀귀신 이야기 하면서 재미있게 논 기억이 지금도 생생하다. 어떤 친구가 이야기를 시 작해서 이야기가 기승 단계를 지나 전결로 넘어갈 때 "…그런데 말이 야, 그만…" 하는 식으로 이야기의 흐름을 바꾸어놓곤 했다. "그런데 말 이야, 그만…"이 바로 이야기의 비밀이 숨어 있는 곳이다. 이렇듯 모든 예술 장르의 창작 에너지는 무의식 혹은 심층 의식의 깊은 곳에서 샘솟 는다는 말이다. 멀쩡한 의식 상태란 한계가 있다. 무의식·심층으로 들 어가면 한계를 못 느낀다.

아이돌 그룹 BTS의 기획사 CEO인 방시혁이 2019년 서울대학교 졸 업식에서 선배(미학과 1991~1997)로서 졸업식 축사를 했다. 그는 작곡가 이고 음악 PD 출신인 연예인이다. 연예인이 서울대학교 졸업식에서 축 사를 한 예는 일찍이 없었다. 이 자리에서 그는 후배들에게 "현실에 안 주하지 말고 부조리에 맞서라"는 메시지를 던졌다. 그리고 한 언론과 인터뷰하는 가운데 자기의 예술 창조 활동의 원동력은 "꼰대들에 대한 분노에 있다"고도 했다.

여기서 그가 말하는 부조리는 무엇이고, 분노는 무엇인지를 묻고 싶 다. 그냥 하는 치사(致辭)가 아니고 진심이 담겨 있는 것 같다. 그는 아직 40대 후반이고 BTS를 세계 팝음악계의 최정상에 올려놓은 장본인이기

예술과 함께하는 심리학

도 하다. 아무래도 분노니 부조리니 말을 하는 것을 보니 저 정신의 심층 속에 감추어놓은 무엇인가가 더 있는 것 같다. 그게 그를 움직이게 했다니, 분노란 개인에 대한 것이면 복수심을 일으키는 감정이지만 체제나 사회의 부조리에 저항하는 분노면 〈분노할 일에 분노하라〉라는 프랑스 영화처럼, 개인의 존엄과 행복을 위한 것만이 아닌 공분(公憤)일 것이다.

방시혁은 2020년 6월 '2020 인디 파워 플레이어스'라는 상을 받았다. 이 상은 미국 빌보드가 선점하는 상으로서, 미국의 3대 메이저 레이블인 유니버설 뮤직 그룹, 소니 뮤직 엔터테인먼트, 워너 뮤직 그룹을 제외하고 세계 음악시장에서 독자적인(그래서 인디 파워이다) 성과를 낸 레이블과 유통사 인사들에게 주는 상이다.

2020년은 세계의 음악시장이 된서리를 맞은 시즌이다. 코로나 바이러스−19가 사람 모이는 모든 사업과 행사에 치명적 타격을 안겨다 주었다. 그럼에도 위기가 기회라, BTS가 6월 14일 온라인으로 공연을 했는데, 107개국의 팬 75만 명이 90분간 관람을 하고 260억 원의 수익을 안겨주었다. 과연 인디 파워 플레이어답다. 온라인 콘서트로도 비즈니스가 가능하다는 것을 입증한 중요한 사건이다. 방시혁의 창의성에 경의를 표하고 싶다.

2019년 11월 중순 내한한 헝가리 피아니스트 언드라시 시프는 자기가 창단한 오케스트라와 협연하였다. 그는 베토벤 해석의 최고 권위자로 알려져 있다. 이번 공연에서는 주로 베토벤의 피아노 소나타를 연주하였다. 그는 "베토벤의 소나타는 한 인간의 장대한 일생을 음표로 그려낸 자서전과 같다. 그중에서도 내 마음을 크게 움직인 건 제4번이다"라고 했다. 4번은 연주 시간 28분의 비교적 긴 서정적인 곡이다. 그래서 일명 'Grand Sonata'라고도 한다. 작곡가가 그려놓은 음표는 곧 그의 자서전이라고 한 시프의 말은 에렌츠바이크의 의견과 통한다. 작품은 작가의 자서전이다. 에렌츠바이크는 스스로 프로이트 학파라고 선언하지는 않았지만 프로이트의 이론을 따르고 있는 학자이다.

예술심리학자들은 예술에 관여하고 있는 두 축의 역할 모두에 관한 연구가 학자들이 해야 할 일이라고 보고 있다. 창작자 쪽에 관심을 집중한다면, 창조의 동기 혹은 동력에 관한 연구, 창조와 표현의 과정에 관한 연구, 표현의 스타일에 관한 연구들을 많이 한다. 그리고 창작자의 성격이나 병리적 증후군이나 작품의 내용과의 연관성 여하도 따져보려고 한다.

예술적 창조성이 다른 분야의 창조성(예컨대 과학)과 그 성격이 같은 것인지 다른 것인지를 따지기 위해서 예술의 천재와 과학의 천재를 비교 연구하기도 하고, 창조성 개발에 교육은 과연 어떤 역할을 할 수 있는지도 연구하게 된다.

근래에 와서는 어떤 예술 분야에서 특별한 훈련을 받지 않은 아마추어들의 예술적 표현이나 정통 예술가들의 작품을 조직적으로 감상하는 것이 그들에게 어떤 심리치료적 효과를 가져다주는지를 연구하고 실천하는 전문가 그룹들이 많이 생겨났다. 이른바 예술치료 전문가 그룹이다. 이 분야에 관한 정보는 한국에서 한참 활발하게 쌓여가고 있다. 여기에 대해서는 다른 데서 좀 더 자세히 이야기하겠다.

다른 한편, 감상자, 관객, 구경꾼의 입장에서 보아, 그들이 예술적 경험에 접했을 때(보고 듣고), 그들의 내심(감정이나 동기, 욕구 인식)에 어떤 변화가 일어나는지, 외형적으로는 어떤 행동상의 변화를 나타내는지, 또이런 변화가 예술에 접했을 때만 독특하게 일어나는 현상인지, 다른 문화적 경험(과학이나 종교)에서는 일어나지 않는지도 연구해볼 만하다. 좀

예술과 함께하는 심리학

더 직접적이고 장기적인 관점에서 그런 경험의 내용, 경험의 발전 과정
도 연구할 수 있다.

　그러나 철학 쪽에서는 예술 창조와 예술 관찰(감상)을 구별하지 않
았다. 미국의 교육학자이며 사상가인 존 듀이는『경험으로서의 예술』
(1958)이란 책에서 그렇게 입장을 밝혔다. 즉 창작자의 경험과 감상자
의 경험이 겹쳐질 것이라는 이론이다. 또 미국의 임상 심리학계의 세계
적 권위자인 칼 로저스도『창조성과 그 개발』(1959)이란 책에서 "창작자,
퍼포머(공연자)와 그들의 예술작품을 감상하는 관객은, 적어도 어떤 면
에서, 어느 정도로는, 양쪽에서 모두 공유할 수 있는 동기(動機)로 작동
되어야 하고, 공통된 보상 가치에 의해서 강화되어야 한다"라고 전제
했다. 이 말은 적어도 감상자들이 느끼는 공감은 창작자들 의도의 일부
로 존재해야 한다는 것이다. 그 전형(典型)은 사회주의 국가의 예술을 통
한 선전 · 선동 정치를 들 수 있다. 즉 그 예술 활동의 의도하는 바가 인
민들에게 먹혀들어갈 것이라는 가정과 비슷하다. 그러나 탈북자 중에
는 탈북 전날까지 선전 · 선동 반에서 열렬히 김정은을 찬양하는 행사
를 하고, 그 이튿날 탈북한 사람도 있다. 선전 · 선동의 허구성을 여실
히 보여주는 사례이다. 창작자의 경험과 감상자의 경험이 정반대일 수
도 있다는 것을 보여주는 증거이다. 어린아이들에게는 효과가 있고, 어
른들에게는 효과가 없거나 때로는 정반대의 효과로 비칠 수도 있다.

　더욱이 지금까지 우리가 알고 있기에는, 예술 관객(감상자)이 비록 예
술 창작 과정에 협력자로서의 역할은 하지만(평론가들의 입을 통해서 소비
자의 견해를 전달하거나 작품 소비 성향을 통해서 간접적으로 전하기도 한다), 창작
자와 관객 사이에는 별로 상응성(相應性)이 없는 것처럼 생각해왔었다.
그뿐 아니라, 창작자가 작품을 만들 때 반드시 감상자나 소비자의 입장
을 고려하거나 그들에게 불러일으킬 수 있는 자신의 의도나 감정과 공

통된 경험을 상정하고 창작한다고 말하기는 어렵다. 단, 주문 생산이나 상업적 안목을 위주로 작품을 만들 경우는 예외이다. 그 반대도 진실이다. 즉 감상자가 경험하는 바가 창작자의 경험과 동일하다고 가정하기에도 문제가 있다.

공통된 보상가치란 말은, 다음과 같은 경우에 비교적 명확해진다. 예컨대 대중음악가들이 대형 공연장에서 청중을 몇만 명씩 모아 공연을 할 때, "우리는 하나가 되었소!"라든가 "we are the world" 하고 외친다. "하나가 된다"라는 말은 공연자나 청중이 같은 보상가치를 공유했다는 말이다. 그 공유가치란 무엇일까? 그것은 음악에서 느끼는 '아름다움'은 물론이고 '행복감' '엑스터시─절정감' '정서적 충만감' '갈등으로부터의 해방감' '해탈(解脫)'과 같은 것일 게다. 한 가지 다른 것이 있다면, 구경꾼은 돈을 내는 쪽이고, 연주자는 돈을 버는 쪽이라는 점이다.

문제는 음악이 되었든 미술이 되었든 작가와 감상자가 같은 정서 상태나 인식 수준에 이른다고 하기는 곤란하다는 데 있다. 그만큼 예술은 복잡한 문화 양식이기 때문이다. 원래 예술적 표현은 극히 개성적인 것이고 때로는 상징성을 많이 띠기 때문에 전문 교육을 받지 않은 아마추어가 거기에 따라가기에는 한계가 있다. 예술가들은 개성을 드러내는 데 관심을 두기 때문에, 예술을 '개성 기술적'이라고 한다.

2. 창작자와 관객은 어디서 만나나?

북한의 작가들은 국립 창작소를 통해서 사회주의식 사실주의를 바탕으로 실물, 실경과 똑같이 재현하고, 그 속에 작가의 창의적 아이디어 따위는 절대로 개입하게 해서는 안 되게 되어 있다. 그들의 재현 기능은 뛰어나서 그런 사실성을 선호하는 국제시장에서는 인기가 있고 장식성도 있으나 창작품은 아니다. 그 사회에서는 평론이란 것이 없고, 물론 평론가라는 직업군도 없다. 다만 당이 그 역할을 대신한다. 을지로 롯데호텔에서 북한 미술작품 전시를 본 적이 있는데 기량은 뛰어나지만 어딘지 허전한 느낌이 들어서 생각해보니까 상품성에 주안점을 두고 만든 작품이구나 하는 것을 알게 되었다.

'좋은 작품'이란, 간단하게 말하면 후속 작품 제작과 다른 작가에게 영감을 주고, 구경꾼들에게 계속 생각하게 만들고, 사상적으로 공감하는 애호가 그룹이 생겨나게 하는 그런 작품들이다. 그런데 이런 전체주의나 사회주의 국가의 작가가 제작하는 예술작품은 내용이나 양식이 천편일률적이지만 스토리텔링은 뛰어나다. 그들은 눈곱만 한 소재를 부풀려서 혁명 가극(오페라)을 만든다. 현재의 북한의 예술이 바로 이 범주의 중심에 있다. 이 경우에야말로 창작자와 감상자의 내적 경험은 완전히 공유된다. 감정이입이 최고조에 이른다. 음악, 무용, 연극, 영화, 화술(구현법)이 다 그렇다. 당의 선전 선동 목적과 인민들이 경험하는 내적 감정 반응이 거의 일치하는 것이다. 그러나 이런 예술은 세계 시장에서는 높은 평가를 받지 못한다. 왜냐하면 기량은 뛰어나지만 창작자의 창조 정신과 개성, 독창성 따위는 결여되어 있기 때문이다.

이것과 대조되는 또 한 부류의 작가군이 있다. 다소 상업주의적 목적이 앞서기는 해도 창조성이 뛰어나다. 이들도 집체작업을 하기는 해도 생산되는 작품에는 독창성이 넘친다. 언제나 새롭고 신선하다. 창작의 모든 과정이 비즈니스와 연결되기는 해도 소비자를 위한 서비스 면에서는 단연 모범생이다. SM 회장 이수만 씨가 만든 말인데 CT(문화기술)라는 전략을 앞세워 예술문화 상품을 생산한다. 지금은 집단적 사고와 감성으로 창작을 한다. 대개는 대중예술가 그룹들이 여기에 속한다. 음악, 미술, 뮤지컬, 패션, 공예품 등등. 대표적으로 우리나라의 K-Pop이 이 범주에 속한다. 2020년 불기 시작한 트로트 프로그램에서 뛰어난 아티스트를 뽑는 경연 시스템을 보면, 한국의 CT 기술과 능력이 탁월하다는 것을 발견하게 된다.

이런 예술작품은 대중성과 장식성이 높고, 일종의 소비문화로서의 가치를 지닌다. 대중음악의 경우에는 물론 유행 사이클이 있어서 10년 정도의 생명력을 지니는 것이 보통이다. 물론 리바이벌도 있다. 그래서 유행가라고 하지 않았는가? 요즘은 그런 말을 쓰지 않지만, 2020년은 트로트 리바이벌의 해이다.

우리가 300년, 400년 전의 서양 고전음악을 지금도 감상하는 상황과는 사뭇 다르다. 대중음악을 만드는 작가들의 작품은 대중성을 띠기 때문에 한동안은 소비자의 인기를 모을 수 있다. 그래서 동세대 사이에 공감대가 아주 넓다. KBS의 유명한 장수 TV 음악 프로그램인 〈가요무대〉 〈콘서트 7080〉 〈열린 음악회〉가 어느 정도 세대별 취향을 반영하고 있다. 일정 기간 동안 일정 지역 내에서는 공감의 영역이 아주 넓어지고 깊이도 깊어지게 된다. 창작자와 소비자는 한 정신으로 묶인다. 한마음이 되는 것이다. 2018~2019년 사이의 한국의 아이돌 가수 그룹인 BTS나 슈퍼 M의 인기가 바로 그런 상황을 잘 설명해준다.

연구자들은 작가의 작품을 분석하는 방법으로 자서전이나 전기물, 인터뷰, 기사, 일기, 편지 같은 것을 시용할 수 있지만 이들 자료는 그 신빙성에 문제가 있다. 허위, 과장, 왜곡, 변형 등등의 조작이 가해졌을 가능성이 있기 때문이다. 따라서 창작자의 작품 제작의 의도나 배경, 창작 과정의 심리적 동기 같은 것을 캐낸다는 것은 쉬운 일이 아니다. 그 자료들은 객관성과 과학적 가치를 지니지 못하거나, 또 통제되지 않는 자기 마음속의 생각이나 느낌에 의존하기 때문에 가치 면에서나 접근성에도 문제가 있다. 그러나 감상자의 반응을 과거의 어느 시기 때보다 쉽게 동일한 규준으로 확인할 수가 있다. IT 기술의 발달과 시민들의 정보 욕구 때문이다. 그 대표적 도구가 트위터 같은 SNS이다. 방송이나 인터넷 프로그램이 일단 나가면 실시간으로 댓글이 달리고 반응이 공개되는 세상이다.

3. 양자 간의 공통된 심리 과정

칼 로저스의 말을 다시 인용한다면, 창작자와 관객 사이에 공통된 심리적 과정이 있어야 한다는 것인데, 그게 과연 쉬운 일인가? 서양 고전음악의 연주와 감상에는 항상 좀 난삽(難澁)한 문제가 개입한다. 가령 세계적 교향악단 지휘자가 유명 작곡가의 작품을 연주했다고 하자. 그다음 날 언론에 나온 평을 읽어보면 평론가마다 제각각이다. 평론의 문장에는 공통점이 별로 없는 경우도 있고 정반대의 논평을 하는 경우도 있다. 그렇다면 작곡가와 연주가 사이에도 공통된 이해(공감)가 없고, 연주가와 관객(평론가) 사이에도 공통된 이해가 없을 수도 있다는 말도 된다. 과연 그들이 공유할 미의식이나 가치란 것이 존재할 수 있는 것일까?

가끔 세계적으로 명성이 높은 음악 콩쿠르에서 상위 입상한 젊은 연주자가 공연 전 언론 인터뷰 등에서 "작곡가의 의도를 충분히 살리겠다"라고 다짐하는 경우가 있다. 그런데 문제는 그 '작곡가의 의도'란 것을 어떻게 아느냐이다. 똑같은 악곡이라도 연주의 효과는 연주가가 선택하는 세 가지 요소에 의해서 달라진다. 연주 시간, 강약, 파워이다. 음의 높낮이는 연주자가 마음대로 바꿀 수가 없으니 그 조건은 똑같다. 피아노의 경우, 똑같은 키를 치면서 ① 얼마나 시간을 길게 끌 것인가

(연주 시간) ② 어느 프레이즈에 가서 얼마나 힘 있게 두들길 것이냐(강약) ③ 전체적으로 팔에 힘을 얼마나 줄 것인가(파워), 즉 파워풀하게 연주할 것인가 부드럽게 연주할 것인가를 결정해야 한다. 이런 결정은 연주하면서 연주자가 얼마나 몰입하느냐에 따라 수시로 바뀔 수도 있고, 그날의 컨디션에 따라 달라질 수도 있다. 사실 따지고 보면 오케스트라 지휘자가 현란하게 몸을 흔드는 것도 속도와 강약을 결정하는 것이다. 이것으로 음악의 질이 달라진다.

대중적으로 인기 있는 베토벤의 〈바이올린과 관현악을 위한 로망스 제1번 G major op.40〉은 아주 매력적이고 낭만적인 곡인데, 정경화도 녹음을 했다. 내 개인적인 경험을 잠시 삽입하면, 로망스 1번과 2번의 멜로디를 나는 정확하게 기억한다. 내 장인(서울시향 비올라 주자)과 처남(스톡홀름 로열 심포니의 악장, 바이올린)이 모두 음악가여서 이 곡을 수없이 많이 들었기 때문이다. 음반가게에 가면 이 곡이 들어 있는 CD를 여러 종류 살 수 있다. 그래서 나는 정경화의 연주뿐 아니라 다른 연주자 서너 사람의 CD도 사서 비교해서 들어보았다. 연주자마다 음악이 다 같은 것이 아니다. 결국 속도, 강약, 파워에서 차이가 난다. 같은 곡이어도 소리만 들어도 연주자가 누군지를 짐작하게 한다. 그만큼 연주에도 개성이 들어가는 것이다. '그러니 작곡가의 의도를 안다'는 말은 결국 자의적인 해석을 말하는 것이다.

그렇다면 창작자와 감상자가 어디서 만나게 되는 것일까? 이런 말을 장황하게 하는 까닭은, '연주자(연출자, 영화감독 등)도 제2의 창조자다'라는 말을 하기 위해서이다. 회화는 성격이 좀 다르지만, 조각과 건축, 연극과 영화도 음악과 유사한 성격을 띤다. 설계자, 디자이너, 연출자, 감독, 안무가에 따라서 작품의 성격이 달라진다. 만일 모든 고전 발레를 모두 조지 발란신처럼 똑같이 안무한다면 발레학교는 모두 문을 닫아

예술과 함께하는 삶이학

야 하고, 안무가 양성도 필요 없고, 발란신의 영상물을 VOD로 틀면 된다. 그러면 발레는 죽는 것이다.

수백 가지의 〈리어 왕〉이 있을 수 있고, 수백 가지의 〈백조의 호수〉가 있을 수 있다. 수십 가지의 〈춘향전〉이 있다. 북한도 〈춘향전〉을 영화로 찍었다니 그럴 수밖에 없다. 북한이 이 영화에서는 춘향과 이몽룡의 애정보다는 변 사또의 횡포를 부각시킴으로써 권력에 의한 인민들의 고초를 더 강조했다. 왜냐하면 북한에서는 남녀 간 애정 표현에 한계를 두고 있어서 그쪽을 강조하기 쉽지 않기 때문이다.

더욱이 대형 건축물은 설계자가 집을 짓는 것이 아니고 시공자가 따로 있어서 그들이 짓기 때문에, 같은 설계도라도 누가 시공하느냐에 따라서 건물이 달라진다. 스페인의 바르셀로나에 지금 계속 짓고 있는 성당 '사그라다 파밀리아'는 설계자는 이미 세상을 떠난 지 오래된 안토니오 가우디(1852~1926)이고, 100년째 계속 공사를 하고 있지 않은가? 시공자는 음악의 연주자와 같은 역할을 한다. 설계자가 감리를 못 하게 되어 있지 않은가?

그리고 보면 창작자와 구경꾼, 이 두 축이 완벽하게 공유할 수 있는 가치가 반드시 존재하지는 않는 것으로 인식된다. 이 점에서 칼 로저스의 논리에는 무리가 있다. 더욱이 프로이트식으로 작품을 해석하면, 작가와 독자 사이에는 건너뛸 수 없는 심연(深淵)이 가로놓여 있음을 발견하게 되는 경우가 있다는 점도 알게 된다.

다시 본론으로 돌아가서 이렇게 작가의 생각과 구경꾼의 경험이 반드시 상응하지는 않는다는 것을 전제한다면, 작가의 작품이란 일단 생산되고 나면 그것은 그로부터 떠나서 독립적 가치를 지난 문화(인격체)가 되는 것이다. 서양 중세, 근세의 유럽 성당 건축물이 그렇고, 르네상스 이후의 회화가 그렇다. 건축물 중에서는 지금도 100년째 짓고 있는

'사그라다 파밀리아'는 이미 세계인의 소유가 되었다. 매년 몇백만 명의 관광객이 관람한다. 구경꾼들의 내적 경험은 오히려 작가에게서 나오는 것이 아니고 구경꾼들 사이의 소통에서 나온다. 5세대 통신시대에 살고 있는 오늘, 세계인은 시간과 공간을 넘어서서 많은 가치를 공유한다. 특히 SNS를 통해서다.

4. 모차르트의 창작 노트

예술 창조의 과정을 알아낸다는 것은 매우 어렵고, 예술가 자신들조차도 언표(言表)하기가 어려운 경우가 대부분이다. 더욱이 창조 과정을 통제된 실험적 상황에서 탐구하기란 실제로 불가능하기 때문에 이 방면의 연구가 많지 않은 것은 사실이다. 단편적이고 일화적인 스토리를 창작자들이 간혹 수필 형식이나 일기 형식으로 남겨놓기는 한다. 그나마 불확실하고 과장된 경우가 많다. 그래서 연구가 더욱 어렵다. 예컨대 모차르트가 친구에게 편지로 보냈다는 자기의 창작 과정에 관한 일화가 남아 있다. 여기에 그 일부만 실어둔다.

> 내가 완전히 나 자신이 되었을 때, 또한 기분이 좋을 때—이를테면 마차를 타고 여행을 하든가 음식을 잘 먹고 산책을 하든가, 잠을 이룰 수 없는 밤이라든가—그러한 경우에 악상이 가장 풍부하게 유동합니다. 그것이 어디서 어떻게 생기는 것인지 알 수 없을뿐더러, 억지로 생기게 할 수는 없습니다. 나는 내게 좋게 생각되는 악상을 어떻게 이용해서 하나의 맛 좋은 요리로 만들 것인가, 즉 어떻게 대위법에 잘 맞도록, 또 여러 가지 악기의 특성에 잘 어울리도록 만들 것인가 하는 생각이 곧 떠오르게 됩니다.

이러한 모든 과정을 지나는 동안 내 정신은 불타오르고, 누가 방해만 하지 않으면 소재가 저절로 확대되어 조직화되고, 선명해집니다. 그리하여 마음속에 그 전체가 길지는 않지만 거의 완전하고 완성된 모습으로 나타나서 좋은 그림이나 아름다운 조각을 보듯 한눈으로 그것을 바라볼 수 있게 됩니다. 또한 상상 속에서 각 부분을 차례차례로 하나씩 하나씩 따로 듣지 않고 동시에, 한꺼번에 듣습니다. 그것이 얼마나 환희에 넘치는 일인지 말로 할 수가 없습니다. 이 모든 창조·제작은 달갑고 경쾌한 꿈속에서 진행됩니다. 그러나 물론 실제로 전체의 앙상블을 듣는 것이 가장 즐겁습니다. 그렇게 해서 만들어진 것은 쉽게 잊히지 않는데, 아마도 이것이 나를 만드신 신에게서 받은 최선의 선물인가 싶습니다…….

악상을 기록하려 할 때, 나는, 좀 우스운 말이지만, 내 기억의 자루 속으로부터 앞에서 말한 것과 같은 방식으로 모아두었던 것들을 끄집어냅니다. 그렇기 때문에 종이 위에 기록되는 일은 무척 빨리 끝냅니다. 앞에서 말했듯이 모든 것이 다 이미 완성되어 있었기 때문입니다. 종이에 기록한 것이 내 상상 속에 있던 것과 달라지는 경우는 거의 없습니다. 그러므로, 이때에는 누구의 방해를 받아도 무방합니다. 내 주위에서 무슨 일이 생기고 있든 간에 나는 기록을 하면서 이야기까지 합니다. 그러나 이야기라야 단지 닭이니 계사니 또는 그레텔이나 베르벨이나 그 비슷한 사실에 관해서뿐입니다. 그러나 내 작품들이 어찌해서 내 손으로부터 '모차르트적'이라는 특수한 형식과 스타일을 가지게 되고, 다른 작곡가의 작품과 다르게 되는지, 그 이유는, 내 코가 그리 크고, 매부리 같고, 요컨대 모차르트의 코이고 남의 코가 아니지 않는가 하는 이유와 같은 것이겠습니다. 사실 나는 독창력을 따지려는 게 아닙니다…….

— 에드워드 홈즈, 『모차르트의 생애』 중에서

어떤 전문가는 이 편지는 과장되었거나 가필되었을 것이라고 평하기도 해서 그 편지의 진위에는 의문이 남는다. 여기에 재미있는 일화 하나를 소개하겠다.

예술가의 진실성에 대한 이야기다. 영국의 유명한 연극 연출자와 친한 목사 사이에 이런 말이 오갔다. 목사가 말했다. "나는 교회에서 아무리 진실된 이야기를 해도 감동해서 눈물을 흘리는 사람이 없는데 당신들은 거짓 이야기를 가지고 사람들을 울리니, 그 이유를 알 수가 없군." 하고 말했다. 그러자 연극 연출자가 대답했단다. "우리는 가짜 이야기 (fiction)를 가지고 마치 진실인 것처럼 연기를 하지만, 당신들 성직자들은 진실을 가지고 마치 꾸며낸 이야기처럼 말하니까 그렇지."

어쨌든 이런 고백적인 일화도 참고는 되나, 다른 곳에서 설명되겠지만, 정신분석학적 방법으로 작품에 숨겨져 있는 작가의 창작 동기, 정신적 비밀, 병리적 증후들을 찾아내려는 시도나 노력은 지금도 계속되고 있고, 그런 노력이 무익한 결과만을 낳지 않았다. 특히 정신분석가나 정신의학자, 정신과 전문의, 임상심리학자들의 탐구에는 좋은 성과가 많다. 그러나 창조 과정 자체는 파악하기가 어렵지만, 창작에 앞섰던 경험과 사건이 작품 속에 어떻게 스며 있고, 작품 제작의 동기는 무엇이었을 것이라고 추론하는 기법이 비록 어렵기는 하나 정신분석가들의 수고로 상당히 발달해 있다.

반면에 예술 감상자들이 예술에 접했을 때의 경험 속에 은밀히 관여하게 되는 지각, 의미 부여, 동일화 등의 과정에 관한 정보는 많다. 특히 시지각 과정에 관해서는 아른하임의 연구가 가장 두드러진다. 그가 저술한 『시각적 사고』(이대 출판부)가 크게 도움이 된다.

4부

예술교육 이야기

12장
아이들의 예술성

1. 아이들도 예술가이다

신동과 예술가

미국 하버드대학의 가드너 박사는 어린이와 예술의 관계에 대해, 『예술과 인간 발달』에서 "예술가로서의 어린이(children as artist)"란 말을 사용했다. 그는 기성 예술가에게 물론 예술가(artist)란 말을 쓰지만, 지금까지는 어린이들에게는 예술가란 말을 쓰지 않았다고 하면서 어린아이가 아무리 그림을 잘 그리고 노래를 잘해도 예술가란 호칭은 사용하지 않는다는 것을 그도 인정한다. 그저 우리식으로 '신동(神童)' 정도를 붙이는 것이 고작이다. 예술가의 가(家)는 일가를 이룬다는 뜻이다. 일가를 이루려면 지도력이 있어야 하고, 도제(徒弟)로서 그를 따르는 사람이 있어야 진짜 예술가이다. 그래서 아무나 예술가라고 붙일 수가 없다.

19세기 이후 서양에서는 어린아이들이 자라는 모습을 상세히 기록하기 시작했는데, 기록으로 남아 있는 중요한 문서 중에는 찰스 다윈의 것도 있다. 그가 진화론을 연구하면서 인간의 성장 발달에 대해서도 관심을 가졌던 것이다. 그리고 그 기록이 출판도 되었다. 20세기 초에 들어와서는 미국 예일대학 임상심리학 교수이자 소아과 의사인 아널드 게젤이 아이들의 행동이나 능력이 태어나서 몇 년 몇 개월 되면 어떻게 나타난다는 식으로 섬세하게 관찰해서 기록한 결과를 출판했다. 그의 저서 중 몇 가지를 나는 대학에서 교재로 사용하기도 했다.

이렇게 아동의 능력이나 행동 발달에 대해서 아주 세밀하게 관찰하고 또 실험적으로 연구하는 흐름이 활발해지면서 행동주의 심리학자나 학습이론가들은 어린이들이 질적으로 어른과 다르지 않다는 입장을 내세우기 시작했다. 그러자 심리학계는 큰 충격을 받았다. 어른과 어린이의 차이는 건너뛸 수 없는 차이가 아니고 경험이 많다거나 적다거나 하는 양적인 차이일 뿐이다, 질적이고 근본적인 차이는 아니라고 아주 단순하게 본 것이다. 이들은 모든 행동은 학습된 결과라고 했다. 그리고 학습의 가장 중요한 조건은 강화(强化)라는 보상체계(성공한 행동에는 상이나 칭찬을 주는 방식)라고 보았다.

아이들이 뭔가를 새로 학습하게 될 때 당연히 몇 번의 시행착오 끝에 드디어 학습하게 된다는 이론을 내세웠다. 이런 이론으로 보면, 아이들은 나이가 들면서 한 가지씩 한 가지씩 실수를 해가면서 새로운 학습을 해서 그 결과로 인해서 다른 모습을 보여준다는 것이다. 그것을 '성장'이라고 했다.

이들 학자들은, 아이들에게 특별히 창조적 재능이 있어서가 아니라, 어떤 내용을 학습하는 과정에서 심리적 보상(칭찬과 격려, 혹은 성적 점수 향상)이나 물질적 강화(상금, 용돈, 선물 등)를 준다고 하면, 그 학습이 재미있어지고, 동기가 더욱 강화되어 더 집중하게 되고, 그래서 성취의 결과가 더욱 뚜렷하게 나타난다고 말한다. 그런데 혼자서, 좋아서, 배우고 싶어서, 부모나 교사 몰래, 자기주도적으로 공부해서 뛰어난 실력을 갖게 되는 경우도 물론 있다. 이런 경우는 내발적(內發的) 동기가 강하게 작용해서 내심으로 성취에 대한 만족감이나 보람을 맛보게 되면, 그런 학습효과로 인해서 성장이 뚜렷이 나타날 수 있다. 또 하필이면 왜 그 일에 매달리느냐 하면, 뭔가를 배우고 싶은 욕망은 큰데 부모가 적극적으로 도와주지 않기 때문에 마음속에는 상당한 긴장감과 욕구불만이 생기고, 그 욕구불만을 채우기 위해서도 그걸 열심히 배우려고 노력하게 되는 것이다.

심리학적으로 보면, 강한 의욕은 행동의 동기가 되지만 조건이 안 될 경우 욕구의 좌절을 느끼게 됨으로 이 욕구 수준을 낮추기 위해서는 적절한 대책이 강구되어야 한다. 이때 속도를 조절하거나 바람직한 다른 유인 조건을 내세워 그것에서 만족감을 얻도록 하는 방법도 있다. 예를 들어 굳이 판소리를 하겠다는 아이가 있는데, 아무래도 체격이나 성대가 약하다면 가야금이나 다른 기악으로 대체하는 방법을 권할 수도 있을 것이다.

교육과 환경은 천재성보다 중요하다

발달심리학자들은 대체로 어린아이들의 예술적 재능과 잠재력에 대해서 낙관적이고 희망적인 입장을 가지고 있다. 교육과 환경의 조성으로 누구라도 원하기만 하면 잠재 능력을 키울 수 있다고 보는 입장이다. 왜냐하면 아이들에게 잠재적으로 무슨 능력이 숨어 있는지 아무도 잘 모르기 때문이고, 기회를 주어보기 전에는 그 재능의 낌새를 알 수가 없기 때문이다. 그러니까 어릴 때에는 여러 가지 경험을 체험학습 형식으로 시켜보는 것이 무엇보다도 중요하다.

예술 창작 작업에는, 반드시 바람직한 것은 아니지만, 굳이 따진다면 네 가지 측면의 작업 내용이 있을 수 있다.

① 주제 : 작가가 나타내려고 하는 인간과 사회에 대한 어떤 중심사상 혹은 아이디어
② 내용 : 작품 속에 구현될 주제들, 스토리나 줄거리
③ 스타일 : 작가가 만들어놓은, 작품 속에 남겨져 있는 작업의 흔적
④ 형식 : 작품의 가장 일반적인 성격으로서, 사용한 매체의 종류나 표현양식

여기서 이야기하려고 하는 것은 어린이의 그림, 특히 5~7세 사이의 어린이의 그림에 이 모든 요소가 다 들어 있다는 사실이다. 특히 형식(form)이라는 심내적(心內的) 리듬, 부분과 부분 사이의 관계, 절정점(絕頂點, peak)의 위치, 변화의 포인트, 연속성, 작품 속의 대비 등이 여기에 포함된다. 이런 고려가 아이들의 그림 속에도 모두 나타나 있다는 말이다. 놀랍고도 대단하지 않은가?

한편 각 예술 장르마다 형식(예컨대 시니 회화니 음악이니 하는 것)이라는 나름대로의 주제가 있다. 예술이라고 해도 시와 음악의 주제가 다르고, 회화와 연극의 주제가 다르다. 장르마다 선호하는 주제 선정의 경향이 다르다는 말이다.

시나 음악에 형식이 있고, 회화에서는 초상화 형식이 있듯이, 예술의 각 장르마다 가지고 있는 형식을 이 나이의 아이들이 파악하고 있다는 점이 놀랍지 않은가? 물론 모든 아이들이 다른 사람의 작품을 보고 '그런 형식이 있었구나' 하고 알아차리는 것은 아니지만, 특히 5~7세 사이에서 예술가적 센스가 엿보인다는 것이 놀랍다는 말이다. 그리고 그 나

예술과 함께하는 심리학

이 이후가 되면 기술적 솜씨가 발전되며, 작품 주제에 대한 인식과 친숙성도 더해가게 된다.

프랑스의 화가 앙리 마티스(1869~1954)의 말이다. "예술가란, 그가 어린아이였을 때 인생을 본 것처럼, 그렇게 인생을 보아야 한다. 만일 그가 그런 능력을 잃어버린다면 그는 자기 자신을 독창적인 방법으로 표현할 수가 없다. 즉 개인적으로 말이다." 누더기 같은 눈곱이 끼인 눈으로 세상을 보면 그 세상은 이미 오염되어 있어서 거기서는 아무런 감동도 받지 못한다. 네댓 살짜리 꼬마가 보는 세상은 매일, 매순간이 새롭다. 그래서 계속 질문을 한다. 앞으로 전개될 세계는 모두가 새로운 세계이다. 나이가 들수록 세계는 진부해진다. "그것 봐서 뭣 해?" 하거나 "그게 그거지 뭐" 한다면 이미 그 눈은 진부함으로 혼탁해져 있을 것이다. 『이상한 나라의 앨리스』나 『오즈의 마법사』의 세계에 들어가봐야 뭔가가 나온다.

아이들이 어렸을 때 어른들의 지시대로만 자랐다면(사실 어른들의 지시가 모두 정당한 것은 아니다), 우리는 당연히 천재들만 갖게 되었을 것이다. 그러나 인간의 성장이란 것은 단순한 양적인 발전이 아니다. 한동안의 시간이 지난 후에는 이들이 어렸을 때 보였던 재능의 흔적을 볼 수 없게 되고, 역량의 발전도 볼 수 없게 되는 예가 많다. "어른들에게는 심각하고 때로는 몹시 힘들고, 순종적이고, 하인과 같이 머리와 눈을 훈련받아 온 도제 교육 과정이 어린이들에게는 단순한 즐거움에 불과할 때가 많다." 볼프강 괴테의 말이다.

피카소는 "내 그림의 원형은 어린이의 그림과 아프리카 원시 목 조각에 있다"라고 쓴 것이 있다. 러시아의 문호 레오 톨스토이는 자서전에서, 자기의 문학적 능력의 원천은 어린 시절에 있다고 말하고 있다. 즉 "지금까지 나에게 유지되고 있는 모든 것들이 어린 시절에 획득된 것이 아닌가? 나는 그때, 그렇게도 많이, 그렇게도 빨리, 그 능력을 획득했기 때문에 그 후 여생 동안 나는 그전의 100분의 1도 안 되는 것을 획득했을 뿐이다. 다섯 살짜리로서의 나 자신으로부터 지금의 나에 이르기까지, 단 한 걸음밖에 내딛지 못하였다. 그러나 어린이로서의 나와 지금의 나 자신의 거리는 엄청난 것이다." 그 한걸음에 폭발적인 잠재력이 숨어 있었던 것이다.

왜 이런 대가들이 어린 시절 예찬을 하는가? 아직은 때묻지 않은 신선한 감각을 소유하고 있기 때문이다. 동화『벌거벗은 임금님』에서 아이들의 눈은 속일 수가 없었듯이, 아무런 바깥의 압력이나 제약에 개의치 않고 표현하는 단순함과 진솔함의 위력을 그들은 소유하고 있는 것이다. "어린이, 그의 이름은 오늘"이란 워즈워스의 시구가 생각난다.

2. 아이들이 그림 속에서 외치고 있다

그림 한 장? 그까짓 것

옛날 내가 어렸을 때 가을 운동회에 맞추어 부모님이 새 운동화를 사주셨다. 그때 기뻐했던 생각을 하면 지금도 행복을 느낀다. 명절 때 받은 새 옷, 새 학기에 받은 교과서와 공책, 모두 나를 기쁘게 했고 행복하게 했다.

어린이들은 새로운 것을 발견한다든지, 뭔가 새롭게 알게 된다든지 할 때 속으로 큰 행복을 느낀다. 그건 예나 지금이나 같다. 아이들이 자발적으로 그림을 그릴 때에도 운필(運筆, stroke)을 할 때마다 순간순간 즐거움을 느끼면서 한다고 한다. 그림을 그릴 때에 아이들은 팔의 운동을 느끼면서 한다고 한다. 팔을 움직임으로 쾌감을 느낀다고 한다. 그림의 결과에 대해서는 별로 신경을 안 쓴다. 팔의 운동에서 쾌감을 느낀다는 이론은 독일의 여류 심리학자인 샬로테 빌러(1893~1974)가 주장한 것인데, 즐거워지기 위해서 팔을 움직이는 것이 아니고 팔의 운동을 계속하다 보면 즐거워진다는 이론이다. 그래서 아이들이 그림을 그리면서 행복함을 느끼게 되는 것은 운동 자체도 즐거움의 원천이 되고 결과적으로 그림도 그려지기 때문이다. 이런 현상을 '기능적 쾌감'이라고 했다. 우리의 일상에서도 경험하는 현상이다. 그러니까 그림을 완성한다는 목표보다 그림을 그리는 과정에서 쾌감을 느낀다는 것인데, 행복을 추구하려는 동기보다 그 과정에서 되려 더 많은 행복을 느끼게 되는 경우가 그런 경우이다.

아이들의 경우, 그림을 그리는 동안 팔의 운동으로 팔의 긴장을 풀고, 똑같은 운동을 반복함으로써 더 큰 쾌감을 느낀다. 왜냐하면 뇌는 리듬이 있는 운동에 약하기 때문에 금세 즐거움을 느끼는 것이다. 아이들은 그런 느낌을 모른다. 그림의 완성이 목적이 아니라 그리고 싶은 욕구 충족 자체가 목적인 것이다. 특히 긁적거리기(亂畵, scribble)라고 하는 이 동작은 놀이이기 때문에 여기서 희열을 느낀다.

이런 관점에서 보면 어린이와 예술가에게는 제한적이지만 공통점이 있다. 즉 자기가 표현하고 싶은 것을 표현하려는 경향과 그런 표현 활동에서 즐거움을 느낀다는 점이다. 그러나 우리는 아이들에게 '예술가 아무개'라고 부르지는 않는다. 그들은 '예술가적'일 뿐이기 때문이다.

정의성(情意性), 즉 감정과 정서, 행복감, 슬픔, 공포, 분노와 같은 주관적으로 경험하는 감정과 뭔가에 대해서 정보를 획득하고, 이해하고, 분석하고, 정리하는 인식 능력은 어린아이에게 있어서 구별은 되지만, 아는 것과 느끼는 것이 한 덩어리로 뭉뚱그려져 있다. 어린이와 예술가 사이에는 친족 관계가 성립된다. 그러나 아는 것과 느끼는 것이 자주

충돌한다. 지금까지 가지고 있던 세계에 대한 이해가 계속 바뀐다. "아이고, 이게 아닌데!" "전에는 안 그랬는데!" "어라? 내 뜻대로 안 되는 것도 있구나"를 배워가기 때문이다. 그리고 발달의 측면에서 보면, 감정의 발달이 인식의 발달보다 빨리 이루어지고 인식 능력보다 일찍이 정착된다. 또한 그 감정 구조는 일생 그대로 간다. 그래서 아는 것과 느끼는 것이 계속 충돌을 일으키고 갈등하게 된다. 변증법적인 갈등이다.

아는 것과 느끼는 기능 이 두 영역은 서로 대립되기도 하고 협응하기도 하는 사이다. 왜냐하면 느낌(감정)이란 것은 원래 변덕스러워서 이랬다 저랬다 하는 속성이 있기 때문이다. 인식의 세계는 언제나 논리, 법칙, 원리 같은 것을 좋아하기 때문에 차갑고, 정서의 세계는 원래 뜨거운 것이 돼서 후끈 달았다가도 금세 식는다. 감정과 정서의 영역 속으로 깊이 파고들어가 보면, 인간의 원초적 · 동물적 · 악마적 속성과 맞닥뜨리게 된다. 그것이 카인 콤플렉스(원죄 의식), 살부 콤플렉스(『카라마조프가의 형제들』), 네로 황제의 정신병리적 증상이 되기도 하고, 히틀러의 광적 종족우월주의와 유대인 집단 살육 행위로 나타나기도 한다.

질투, 증오, 시의(猜疑, 시기와 의심), 공포, 분노, 흥분, 경쟁 의식 같은 것이 극한에 달하면 엘살바도르와 온두라스가 축구 때문에 전쟁을 했듯이, 완전히 비인간적인 행동으로까지 번지게 된다. 이 두 세계가 아주 완벽하게 조화를 이루고 있는 세계가 있다. 그게 바로 어린아이들의 그림(描畵)이다. 변증법적 정-반-합(合, synthese)에 이르는 결과물이다.

어린아이들의 그림을 분석해보면, 아는 것과 느끼는 것이 그림 속에 녹아서 표현되고 있음을 발견하게 된다. 즉 쉽게 말하면, 아이들(여기서는 대략 3~9세 정도까지)은 아는 바와 느끼는 바를 혼효(混淆)하고 있다.

그림 속에서 발견되는 아는 것과 느끼는 것

사례 1 : 인간에게는 팔이 두 개가 있다는 것은 안다. 그런데 그림에 보면 두 팔의 길이가 똑같이 그려지는 경우는 드물다. 한쪽이 더 길다. 거기에는 기술상의 서투름도 물론 있지만 자세히 들여다보면 다른 이유가 또 있다. 한쪽 팔은 옆으로 늘어지게 정상적으로 그렸는데, 다른 한쪽 팔은 앞에 서 있는 다른 친구 혹은 인물의 뒤통수까지 뻗어 있다. 그건 이치상 맞지 않는다. 그런데 그린 아이의 감정은, 저 녀석이 날 늘 괴롭혀서 한 대 갈겨주고 싶은데, 평소에는 내가 힘이 모자라니까 때려줄 수 없고, 그림에서 복수하는 것이다. 그러니까 팔이 상대방 뒤통수까지 자유자재로 돌아간다.

사례 2 : 요즘 아이들은 사람 얼굴을 그리면서 귀를 안 그리거나 아주 작게 그리는 경향이 있다. 아이들 자신은 왜 그렇게 그렸는지를 의식하지 못하는 경우가 대부분이다. 귀가 두 개 달려 있다는 것은 사실이지만 귀가 별 필요가 없다는 이야기다. 그래서 아이와 이야기를 나누어보면 가정 사정들이 들통나게 된다. 부모님이 사이가 안 좋다든지, 형이나 누나가 귀찮게 한다든지 하는 내용이다. 왜 귀를 작게 그리느냐? 이유는 간단하다. "나는 듣기 싫소" 하는 호소이다. 부모의 잔소리가 너무 많다든지 자기에게 따지고 추궁하는 말을 많이 한다든지 하면 귀를 막는 것이다. 요즘 5세 아동의 그림을 보면, 약 20%는 사람 얼굴에 귀를 안 그린다. 일화 한 가지를 소개하자면, TV 연예 프로에 모 지상파 방송사의 아나운서가 사람 그림을 그리라고 했더니 귀를 안 그려서 화제가 된 일이 있다. 너무도 많은 청각 자극을 차단하고 싶다는 신호이다.

12장 우아들의 예술성

사례 3 : 한국 아이들은 그림의 대상이나 그림에 등장하는 모든 형상에 검정이나 남색으로 윤곽을 친다. 그래서 이웃한 대상과 그 윤곽선으로 구별한다. 거의 모든 대상들이 그렇다. 그러나 유럽 아이들은 대상에 검은색 윤곽을 거의 그리지 않고, 면(面)의 색으로 구별한다. 이런 현상은 1980년대에 '세계 아동 미술전'을 여러 해 개최하고 그중 우수한 그림들을 뽑아 모아 출판한 서양화가 최덕휴(전 경희대학교 교수)가 주재한 미술전에 가보고 또 출판한 그림 모음을 기증받아 분석한 결과로 얻어진 것이다.

왜 한국 아이들은 그림 내용에서 대상물의 윤곽을 반드시 검정으로 그리느냐? 그 이유는 1차적으로 어른, 부모, 선생님들의 교육 탓이라고 할 수 있다. 두 번째로 우리 아이들은 서양 아이들에 비해서 자기가 느끼는 것보다는 자기가 알고 있는 것은 뭐든 다 그려야 한다고 생각하기 때문에 그림 내용이 잡다해진다. 그러자니 내용물들 사이에 경계선을 그어야 하는 것이다. 물론 자유 묘화의 경우다. 과제화의 경우는 당연히 달라진다.

아이들의 그림이란, 자기 고백적이고, 자기의 자아 개념을 잘 드러내는 매개물이다. 자기가 어떤 아이라는 것을 그림으로 나타낸다. 열등감이 많은 아이는 사람을 아주 작게 그린다. 자기과시를 즐기는 아이들은 사람의 얼굴을 크게 그린다. 하고 싶은 말 대신에 그림으로 나타내려는 경향이 많다.

아이들의 그림은 환경에 대한 인식을 잘 드러내고 있으며 자기를 둘러싸고 있는 세계에 대해서도 어떤 인식과 감정을 노출시킨다. 그림을 통해서 우리는 아이들의 요구, 성격, 정신적 갈등과 고민, 병리적 증상 등 여러 정신적 문제의 단서도 찾아낼 수가 있다.

이와 같이 아이들의 그림 속에는 굉장히 많은 정보가 들어 있는 것이다. 나는 30년 동안 어린이의 그림만 2만여 건을 분석하고 연구해서 책도 여러 권 썼는데, 그림 분석을 통해서 아버지로부터 성추행을 당하고 있는 사례도 발견했고, 폐 침윤을 앓고 있는 아이도 찾아냈고, 치아가 몽땅 썩어가는 아이도 찾아낸 일이 있다. 야뇨증을 앓고 있는 아이도 찾아냈고, 아버지가 바람을 피우고 있다는 사실도 알아냈다. 아이들은 그림 속에서 뭔가를 호소하고 있는 것이다.

그림 속의 상징성을 읽어야 한다

어느 화가의 작품 전시장에 어린이의 그림을 작가의 작품과 함께 걸어놓고, "이 중 어린아이가 그린 그림이 몇 점이 있는데, 감상하시는 분들은 그것을 가려내 보십시오" 하는 실험을 했다. 그는 어린이의 그림과 유사한 소재와 데생과 색채를 이용해서 그림 그리기를 잘하는 작가였다. 의도적으로 실험을 위해서 조작한 것이 아니고 그의 평소의 작풍(作風)이 그랬다. 그랬더니 대부분의 관람자들은 거의 그것을 가려내지 못했다. 이는 화가로부터 필자가 직접 들은 이야기다.

하버드대학 가드너 박사는 『예술가로서의 어린이』라는 책에서 아이들의 그림의 가장 중요한 요점으로 아이들이 상징 사용에 아주 능숙하다는 점을 강조했다. "상징(象徵, symbol)이란, 일반적으로 기호나 표징(sign)으로 어떤 사물이나 내용을 지시하고 표현하고 의미하는 감각적 형상"을 말한다. 열십자만 그으면 기독교를, 여자가 검은 히잡을 머리에 두르고 있으면 무슬림(이슬람교도)임을, 왼쪽 오른쪽 손가락으로 하트 모양을 만들면 '사랑'을 표시한다. 어떤 한 대상을 나타내는 데 바로 그 자체를 드러내지 않고 다른 제3의 언어나 표현방식이나 동작이나 기호로서 나타내면 그것이 상징이고, 그런 표현방식을 시나 회화에 사용하는 작가의 유파를 상징주의라고 한다.

3~4세 아이들을 보자, 아빠 모자를 쓰고는 "나 아빠야" 한다거나, 빗자루를 사타구니에 끼우고는 "이랴 어서 가자" 한다. 이런 경우 모자는 아빠 상징이고, 빗자루는 말이 된 것이다. 사금파리가 접시가 되고, 큰 동그라미 안에 세 개의 작은 동그라미를 그려놓고 "우리 엄마야" 하는 것이 모두 상징에 의한 작용이다. 아주 쉽게 말하면, 어떤 한 대상을 표현하거나 의미하려고 할 때 다른 대상을 내세우는 것이 상징화이다. 집에서 엄마가 검지를 꼭 다문 입술 위에 갖다 대고 눈을 크게 뜨면, 아이들은 조용히 하라는 신호로 알아듣는다.

아이들은 상징화(象徵化)의 천재다. 그걸 발견한 사람은 정신분석학자인 프로이트와 아동 묘화 전문 연구가인 로웬펠드, 구디너프, 켈로그, 치세크, 일본의 아사리, 후카다 등이다. 이들은 아이들의 그림을 볼 때에는 어른 기성작가들의 작품을 보는 눈으로 보아서는 안 된다고 말한다. 그 이유는 상징화 때문이다.

다음에 아이들의 그림 속의 상징성에 대해서 소개해두겠다.(2~12세경)

- 산봉우리 하나 → 아버지, 봉우리 두 개 이상 → 어머니
- 배, 비행기, 자동차, 바다, 소, 코끼리, 고래, 말, 뱀 → 어머니
- 깃발, 삼각 지붕의 집, 비행접시, 탑, 호랑이, 시계, 태양 등 → 아버지
- 개나 강아지, 개미, 돼지, 탱크, 모자 쓴 남자, 고릴라 → 본인
- 무지개 → 추억
- 두 그루의 소나무 → 양쪽 귀
- 권총, 대포 → 본인의 공격성
- 소나무 → 기다림

- 많은 수의 과일 모둠 → 돈
- 강한 파도 → 생활의 불편함
- 미로 → 생활의 곤란
- 나비 → 왕래, 사람의 죽음 예고 등등

이러한 상징 기능을 피아제는 '기호적 기능'이라고 했는데, 이런 기능은 이미 생후 한 살 반에서 두 살 사이에 나타난다. 이 기능은 장래의 여러 가지 행동의 발달에 있어서 근본적으로 중요한 하나의 기능이다. 그 나이에도 뭔지는 몰라도 어떤 것, 예를 들면 물체, 바깥세상에서 일어나는 일들, 머릿속에 떠오르는 생각들을 말이라든가 동작, 표정 등으로 나타내는 능력이 있다. 이런 능력은 넓게 보면, 인간의 모든 정신적 능력의 바탕이다. 즉 이 기호적 기능 또는 상징적 기능은 후일 회화 · 무용 · 연극 · 음악 등 예술 활동의 기초가 된다.

3. 상징적 기능의 예

이런 기초적 기능을 두 살만 되면 갖게 된다니 놀라운 일이 아닌가? 상징적 기능이 나타나는 예를 몇 가지 들겠다.

첫째는 모방 능력이다. 두 살만 되면 아이들은 지금 당장 눈앞에서 벌어지는 광경(어른들의 몸짓 같은 것)을 보고 그대로 따라 하는 것이 아니라, 그 광경이 사라지고 난 한참 뒤에도 몇 시간 전, 혹은 며칠 전에 있었던 일들을 며칠 후에도 흉내 낼 수가 있다. 이것은 아주 중요한 사건이다. 아이들은 한 번 경험한 것이어도 그것이 비교적 인상적인 것이면 기억 창고 속에 담아둘 수가 있다는 말이다. 그리고 그것을 재현(심리학에서는 표상(表象)이라고 한다)할 수가 있다. 이런 능력을 지연모방(遲延模倣)이라고 한다. 두 살배기에게도 이런 능력이 있다.

둘째는 묘화(描畵) 능력이다. 처음에 그리기나 긁적거리기는 놀이에 불과하다. 자기의 배설물로도 긁적거린다. 이때는 팔의 자연스러운 운동의 결과물로서 그림이 나타난다. 아이들은 팔을 움직일 때마다 쾌감을 느낀다. 이런 기능적 쾌감은 어른들에게도 있다. 골프나 테니스를 처음 배울 때에는 근육의 피로감 때문에 힘들지만 계속 연습을 하다가 보면, 팔이 이상하게도 골프 스윙 자세가 되고, 테니스 스트로크 자세가 나온다. 왜냐하면 기분이 좋기 때문이다. 아이들에게는 천성적으로 표현 충동이 있다. "태초에 표현이 있었느니라."

그리고 또 중요한 것은 아이들에게도 이미 머릿속에 어떤 이미지가 생긴다는 점이다. 시각 이미지일 수도 있고, 청각 이미지일 수도 있다. 이것을 심상(心象, 정신적 이미지[mental image])이라고 한다. 그러니까 아이들을 우습게 보아서는 안된다. 아빠와 엄마 싸운 것도 다 안다. 머릿속에 기억으로 저장된다.

어떤 유치원에 강연을 갔다가 원장으로부터 들은 이야기다. 아이들에게 소꿉놀이를 하게 했단다. 여자아이는 엄마로, 남자아이는 아빠로 연기하도록 하고, 집을 꾸미고 집기를 배치하고, 여자아이는 집에서 아빠(남편)를 기다리는 장면을 연출하게 했단다. 아빠 역할을 하는 남자아이가 울타리를 친 담장 밖에서 대문 두드리면서 "문 열어" 하자, 엄마 역할을 맡은 여자아이가 대문을 열려고 나갔다. 아빠는 겉저고리를 벗어 등에 걸치고 서 있었다. 엄마의 첫 반응은 이랬다. "또 술 자셨구면." 얼마나 웃기는 일인가? 그런데 이것이 학습된 반응인 것이다.

셋째로, '상징 놀이'라는 것이 있다. 실은 아이들의 놀이의 대부분은 상징성을 띤다. 아이들의 모든 소꿉놀이는 상징적이다. 무엇이든 다른 무엇인가가 되는 마술적 능력을 가지고 있다. 그 아이들에게는 경험한 세계보다는 앞으로 전개될 세계가 무한히 넓다. 그러니까 고정관념이란 것이 없다. 아이들이 손에 쥔 나무젓가락 하나를 수평으로 날리는 자세를 취하고 움직이면서 "위이잉" 하고 소리를 내면 '비행기'가 되고, 앞으로 내밀면서 찌르는 자세를 하면 '칼'이 되고, 사타구니에 끼우고 "이랴!" 하고 외치면 말이 되고… 회초리도 되고, 지휘봉도 되고, 뭐든 된다. 큰 아이들이나 어른들에게는 단지 식사 도구일 뿐인 젓가락이 아이들에게서는 무한하게 변신한다. 이런 능력 자체가 예술적 능력이다.

넷째는 언어이다. 대개 2세부터 6세 사이에 아이들은 인생을 살아가는 데 필요한 언어의 약 50%를 배운다. 미국의 목사인 로버트 풀검이 『내가 정말 알아야 할 모든 것은 유치원에서 배웠다』라는 책을 썼다. 언어도 그때까지 약 5,000개의 낱말을 듣고 이해하거나 사용한다는 것이다. 인간의 지혜는 굉장히 빨리 자라는 것이다.

그러나 아이들이 과학자가 되기는 불가능하다. 과학자가 되려면 비연속적인 몇 가지 단계를 거쳐야 한다. 왜냐하면 과학은 법칙, 원리, 공식 이런 것을 찾아내는 일이기 때문에 수학·논리적 사고능력을 갖추어야 한다.

대한민국 역사상 가장 지능이 높다는 김웅용(IQ 210으로 기네스북에도 올랐다)이라는 천재가 있었는데 특히 수학에서 뛰어난 재능을 보였다. 8세에 콜로라도대학에서 핵물리학으로 학사, 석사 학위를 받고 미국 NASA의 연구원으로 들어가서 10년간 근무하고 귀국했다. 그는 그 후 충북대학교에서 토목공학 박사학위를 받고 교수가 되었다. 당시만 해도 국내에는 이런 영재를 키울 기관도 없었고, 5, 6세의 어린아이를 대학생으로 받아 교육할 수 있는 대학도 준비가 안 되어 있었다. 만 5세 때 일본 후지TV의 쇼에 출연하여 도쿄대학 수학과 교수가 현장에서 직접 출제한 복잡한 미적분 문제를 풀어 보였다. 나는 그 장면을 TV로 직접 보았다.

또 한 사람의 과학 천재가 있었는데 6세에 상대성 원리를 설명할 수 있을 정도로 뛰어났다. IQ 187이었고, 8세에 인하대학교에 입학했다. 박사학위 논문심사에서 불합격하자 다른 대학으로 옮겨서 학위를 취득했으나 그 후의 뉴스는 새로운 것이 없다. 과학은 예술보다 훨씬 까다롭다.

그러나 예술적인 상상력과 표현력은 과학적 능력보다 더 일찍이 발달하고 또 이런 재능을 키워주는 여러 가지 후원 시스템도 있다. 예술에서는 자유로운 상상력의 발휘, 창의성, 독창성, 개성 같은 것을 중요시하지만 과학에서는 관찰력, 객관적 판단, 법칙 발견, 논리적 사고 능력 같은 것을 더 중요시하기 때문에 훈련과 시간이 필요하다. 가드너 박사는 아이들의 예술적 재능이란 것은 보다 일찍이 발달하기 시작해서 더 오래 지속된다고 했다. 일찍 꺼지는 것이 아니다.

4. 어린이와 예술가의 차이점과 공통점

반은 태어나고 반은 만들어진다

예술가란 어떻게 만들어지는가? 예술이론이 발달한 서양에서조차도 이 문제에 대해서는 수세기 동안 거의 논의되지 않았다. 왜냐하면 예술가가 되는 길이 뻔했기 때문이다. 대개는 어릴 때 천부적 재능이 있다고 소문이 돌고, 또 많은 사람들과 특별히 구별되는 어떤 재능을 가지고 있다는 것이 널리 인정되면 그 길로 가게 되어 있었다. 물론 무명이었던 사람이 나중에 명장이나 대가가 된 일도 있고, 죽은 후에야 그 사람의 실체가 확인된 경우도 적지 않다.

그러나 대개 흐름은 있다. 제도적 학교가 생기기 전에는 도제교육을 받게 된다. 그 지방에서 알려진 전문적 능력을 가진 지도자로 인정받고 있는 선생에게 가서 개인 지도를 받는다. 기초 기능과 원리에 대해서 배운다. 그다음으로 숙련공이 되고, 그다음으로 전문가, 다음에 최고의 장인(마이스터, 명장)이 된다. 지금과 같이 제도적 학교교육이 발달되어 있어도 그 흔적은 남아 있다. 개인 지도와 레슨이다. 특히 국악과 전통 예능에서는 이 도제 제도가 살아 있다. "누구누구의 제자" "어느 유파의 후계자" 등으로 불리면서 상당히 오랜 시간을 훈련생, 연습생으로, 전수자로 반복 훈련을 받아야 하고, 특히 전통 공예는 일생을 스승과 같이 기거하면서 배워야 한다. 국악이나 전통공예에서는 전수자들이 등록되어 수당도 받는다.

시카고대학의 불룸 교수가 쓴 『재능』이라는 책은 국제적 피아노 콩쿠르에 상위 입상한 30세 미만의 젊은이 22명을 추적 연구한 보고서인데 저자는 이 연구 대상자들에 관해서 흥미로운 점을 몇 가지 발견했다.

첫째, 피아노의 경우, 5, 6세 때 우연히 아이가 피아노에 흥미를 보여서 가까운 학원에서나 개인 지도로 얼마 동안 지도한 결과 진보가 굉장히 빨랐다.

둘째, 2, 3년간 그런 식으로 지도하다가 아이가 계속 흥미를 보이면, 그 도시에서 이름 있는 지도자에게 지도를 받는다. 그러다가 그 또래들의 경연대회 등에서 좋은 성적을 받으면 조금 더 큰 도시의 지도자(州나 道)에게 레슨을 받는다. 그러다가 성과가 좋으면 세 번째로, 전국적인 유명 지도자를 찾아서 지도를 받는다. 그 결과 국내대회에서 우선 좋은 성적을 얻으면 국제대회에 도전한다. 그러니까 국제적인 콩쿠르에서 우수한 성적을 얻기 위해 적어도 세 번 정도 지도자를 교체했고 점점 더 높은 레슨비를 지불했다고 한다. 또 아이를 위해 이주를 해야 하고 후원자도 구해야 하는 책임을 부모가 졌다고 한다. 이러기를 평균 18년이 걸렸단다. 그러니까 5세에서 출발했다면 23세쯤 되어야 국제적 콩쿠르에 나가서 상을 탈 수 있다고 한다. 기나긴 여정이다.

세 번째 조건은, 18년간 보통 하루에 6~7시간을 연습했다고 한다. 그렇게 하고도 다 국제적인 연주자 대열에 들 수 있는 것은 아니다. 이와 같은 사실은 비단 미국만의 현상이 아니다. 우리나라의 음악가 명문인 정명훈 씨 형제들도 다 똑같은 과정을 거쳤다. 결국 세계적인 명성을 얻는 연주자(예술가)가 되려면 오랜 시간과 돈과 인내심과 건강과 좋은 선생을 만나야 하는 것이 필수적인 조건이다.

그리고 또 다른 의외의 조건 하나가 더 있다. 이들 22명의 부모의 직업을 조사해보니 음악에 관련된 직업을 가진 사람은 22명 중 단 2명밖에 없었다. 그러니까 현대에 와서는 가계상 예술가 집안이었다든가 가정의 예술적 분위기, 부모의 재능과 같은 영향은 점점 줄고 주위나 학교교육의 영향이 더 커지게 되었다는 점을 반영한다.

그리고 콩쿠르에 상위 입상했다고 바로 출세하는 것이 아니다. 계속 연주 요청이 있거나 음반을 내서 잘 팔리거나 아니면 콘서트의 표가 많이 팔려서 평론가들로부터 호평을 받아야 하는 숙제가 남는다.

음악 외의 다른 장르도 마찬가지다. 문학, 미술, 무용, 연극도 마찬가지다. 어느 예술 장르에 있어서도 그 과정은 비슷하다. 힘들고 긴 세월이 요구되는 험로를 거친다.

작곡의 경우를 보자. 우리나라 작곡가는 주로 가곡을 지어서 유명해졌다. 교향곡이다, 소나타다, 콘체르토다, 오라토리오다, 오페라다 하고 좀 거창한 큰 곡을 만들어 명성을 얻은 사람은 몇 사람 안 된다. 안익태, 현제명, 김성태, 이흥렬, 김동진, 윤이상, 강석희, 진은숙 같은 작곡가가 널리 알려진 분들이다. 왜 우리나라는 세계적인 연주자는 많은데 작곡가는 안 나오는가? 결론은 돈 때문이다. 거창한 곡을 만들어도 연주자가 연주를 해주어야 하고, 녹음을 해서 시장에 내놓아야만 널리 알려지는데, 몇 달씩 오케스트라를 훈련시키는 비용은 누가 대나? 설령 훈련을 시켜서 공연을 하게 되었다고 하자. 입장권이 안 팔리고, 팔렸어도 콘서트의 평이 안 좋으면 그 곡은 영원히 사장되어버리고 만다. 그간의 비용이 제일 문제다. 그래서 작곡가가 잘 배출되지 않고, 경영학과 대학생(김효근의 〈눈〉)이 작곡한 곡이 가곡집에 실릴 정도로, 가곡에만 집중되어 있어서 대작은 거의 작곡이 불가능하다.

중앙 일간지의 신춘문예에 수차례 투고했다가 실패한 사람들이 있고, 개중에는 당선되어서 중앙에 진출을 하기는 했어도 후속 작품 발표가 여의치 않아서 오랜 시간을 그렇게 기다리는 사람들도 많다. 문학도 예전에는 추천으로 등단한 예가 많았는데, 요즘은 신춘문예의 경우를 보면, 대학의 문예창작과나 문과 출신이 단연 많아졌고 석박사 학위를 가진 사람도 있다. 문학계에서는 자비 출판도 많다. 더욱이 대박을 칠 것 같은 것이 아니면 출판사가 외면하기 때문이다.

예술은 가르칠 수 없는가?

건축교육가 발터 그로피우스는 "예술은 가르칠 수 없다"고 주장했다. 그는 독일 출신의 미국인으로 1919년에 독일 바이마르에 미술학교와 공예학교를 합병해서 조형학교 바우하우스(Bauhaus)를 창설하여 형태와 기능을 통합하는 새로운 건축철학을 만들어 20세기 조형예술계에 큰 영향을 끼친 사람이다. 물론 그의 말에는 깊은 뜻이 있으나, 종합적 형태로서의 건축이 살롱 미술로 전락하는 일을 막아야 한다고 주장한 것이다.

　그의 말대로라면 예술가를 과연 교육을 통해서는 길러낼 수 없을까? 한 번은 한국의 TV 방송의 기자가 미국의 유명한 바이올린 교육자 줄리어드의 도로시 딜레이 교수를 만나려고 학교 연구실을 찾았다. 그분은 50년 이상 그 학교에서 가르치고 있었는데, 제자 중에는 이츠하크 펄만, 길 샤함, 김지연, 그리고 줄리어드 교수인 강효 등 쟁쟁한 세계적인 연주자들이 많다. 이 교수 밑에서 공부하는 한국 학생이 많아서, 기자는 "한국 학생들의 능력이 어떠냐?"라고 물었다. 딜레이 교수 왈 "한국 학생들은 기능은 뛰어나서 다른 학생들보다 정확하게는 연주를 하는데 한 가지 부족한 것이 있다. 음악성이 약하다. 활을 그을 때 그 소리에서 뭔가를 느껴야지 그냥 긋는단 말이야." 아주 중요한 충고이다. 예술에는 감성이 따라야 한다. 그런데 기교는 얼마든지 가르칠 수 있지만 가슴의 울림이 안 따라간다는 말이다. 이 음악성은 가르치기가 어렵다. 다분히 타고나거나 처음 음악을 배울 때부터 몸(청각과 뇌)에 익혀야 하는 문제이다.

　어렵게 어렵게 몇 단계를 거쳐야 예술가의 반열에 올라설 수가 있는데, 어찌 몇 살 안 되는 어린아이들을 감히 '예술가'라고 하느냐, 하고 반문할 수 있다. 그러나 어린아이들의 예술성은 훨씬 원초적인 능력이다. 어린아이와 예술가 사이의 관계는 그리 멀지 않다. 100년 전, 스위스의 교육학자인 로돌프 퇴퍼와 프랑스의 유명한 시인 보들레르가 '어린아이와 예술가의 관계'를 처음으로 언급했을 때에는 세상이 무시했지만 지금은 가부간에 논의가 계속되는 상황이다. 오늘날의 모더니스트적인 에토스(시대정신)하에는 '예술가로서의 어린이'와 '모든 예술가 속의 어린이(동심)'라는 문제를 거론할 수 있는 분위기가 되었다. 요즘은 언제 예술가가 되느냐라는 문제보다는 어린아이들의 작품이나 솜씨와 예술가들의 작품과 그 솜씨 사이의 차이와 유사성에 관심이 더 많아졌다.

가드너의 책에 의하면, 파울 클레나 호안 미로의 단순한 형태(form), 잭슨 폴록이나 프란츠 클라인의 추상적인 선(line)을 보고 값진 작품으로 간주하는 우리들이, 과거에는 올챙이 같은 그림, 긁적거림(scribble)과 비슷한 그림 따위는 완전히 무시했었는데, 이제는 그럴 수가 없다. 왜냐하면, 그런 대가들의 작품도 표면적으로는 어린아이들의 그림과 별반 차이가 없다는 것을 발견하게 되었기 때문이다. 이 대가란 작가들은 다 20세기 미술 운동의 흐름을 주도한 작가들이 아닌가? 피카소도 여기에 들어간다. 즉 아이들의 그림에 대해 새로운 시각이 생겨난 것이다. 미국 교양잡지 『디스커버(Discover)』에 어느 해인가 침팬지가 그린 그림 여러 장이 게재됐다. 아마추어로서는 전혀 구별을 할 수가 없을 정도로 놀라웠다. 마찬가지로 어린아이들의 그림 작품도 새롭게 조명을 받기 시작한 것이다.

우리는 가끔 아이들의 흥얼거림 속에서 새로운 멜로디를 엿듣게 되기도 하고, 거짓말 같은 이야기를 하다가 아빠 엄마에게 야단맞는 일도 보았다. 그 아이는 새로운 이야기 창조자이다. 거짓말이 아니라 새로운 심상(시각 이미지)을 말로 옮겼던 것이다. 그는 스토리 메이커이다. 꿈에서 본 같은 이야기, 머리에 떠오르는 영상을 말로 옮긴 것인데 거짓말로 들리기 쉽다. "엄마, 펭귄 무리가 가요!" 하고 엄마를 부르길래, 내다보니 수녀들 한 무리가 수도복을 갖추어 입고 지나가고 있었다. 만 세 살짜리가 말한다. "엄마, 난 마법사야." "어째서?" "내가 눈을 감으면 전기가 나가고 눈을 뜨면 전기가 오거든. 달님도 내가 가는 대로 따라와." "엄마, 저거 좀 봐, 하늘이 피를 토하고 있잖아!" 저녁노을을 보고 한 말이다. 꼬마 시인이다. 그들의 상징화는 뛰어나다.

그런데 이상하게도 이런 유아기 어린아이들의 작품에서 볼 수 있었던 작품의 독창성, 창의성, 매력 같은 것이 학교에 들어가면서 슬슬 사라지고 만다. 대개 10세 전후해서 아이들의 그림의 양과 질이 그 이전보다 떨어진다. 그 이유는 아이들에게 밀어닥친 '사실주의(realism)'에 대한 압력 때문이다. 교사, 부모, 사회의 기준이란 것을 배우기 시작하면서 그런 예술적 매력이 줄어들게 된다는 것이 전문가들의 공통된 견해이다.

프로이트 학파인 에렌츠바이크 교수도 같은 의견인데, 그는 6~11세 사이에 리비도라는 성적 에너지가 잠복하고, 정신적 에너지가 학교교육, 사회화 등으로 분산되기 때문에 창조적 에너지는 안 보이게 된다는 이론을 폈다.

프로이트뿐 아니라 아동화를 연구한 많은 전문가들의 공통된 의견은, 묘화가 질적으로나 양적으로 아동기가 그전 단계의 아동에 비해서 열등하다는 것이다. 이런 현상은 물론 기준의 문제도 있지만 아이들의 언어 발달과도 관계가 있다. 언어가 발달할수록 아이들은 자기 작품을 설명해야 한다고 생각하기 때문에 부담을 느끼게 된다. 이것도 사실주의와 관계가 있다면 있으나 다분히 사고의 구체성과 논리성의 발달과도 관계가 있다. 묘화가 논리성을 앞세우면 창의성과 독창성은 떨어진다. 이와 같은 추세로 사춘기에 들어서면서 확실히 사실주의가 굳어졌다가 그 시기가 지나야 비로소 반추상, 추상, 표현주의적으로 나가며 자기의 작품이 되는 것이다.

오스트리아 출신의 미술가이자 미술교육가 프란츠 치제크(1865~1943)는 아동미술 교육에 혁명적 방법을 채택한 위대한 교사였다. 직접 저술한 책은 없지만 동료가 남긴 기록과 그가 남긴 몇 편의 논문들에 그가 아동미술의 가치에 대해서 언급한 것들이 있다. 그는 어린이의 내부에 숨겨져 있는 창조력의 강력한 옹호자였다. 그는 유아들의 놀라운 상상력에 언제나 경의를 보내며 그들의 오염되지 않은 상상력은 풍부하고 자연스럽고 소박하다고 했다. 그들의 그림이야말로 미술적 창조의 최초이자 또한 가장 순수한 원천이라고도 했다.

1990년에 파리대학 출판부에서 나온 필립 발롱(심리학자 앙리의 종손자) 등의 『어린이의 그림이란 책』을 보자. "어린이의 그림은 자기가 누군지를 말해준다. 그림은 인격의 표징이고, 대상의 표현이다. 주체적 세계 즉 인격의 내면의 세계와 주체에 속하지 않는 세계, 즉 외적 세계를 매개하고 전달하는 수단 중에서도 가장 친근한 수단이다. 아이들의 그림은 표현주의적이다. 왜냐하면 강하게 자기를 표현하기 때문이다. 그들의 그림은 또한 상징주의적이기도 하다. 왜냐하면 대상의 표현은 상징적 의미를 띠기 때문이다."

학자들은 이런 흐름으로 어린이의 그림의 가치를 주장하고 있다. 이런 증언과 다른 많은 언급과 연구결과들을 보면, 어린이와 예술가는 제한적이지만, 뭔가 어떤 예술적 특징을 공유하고 있는 것이 아닌가 하고 생각하게 된다.

지금까지 예술가와 어린이 사이의 관계가 매우 자주 언급돼왔기 때문에 어린이를 연구하는 것이 결국 예술에 대해서 뭔가 자연스럽게 통찰을 얻게 되는 원천이라고 보는 것 같다.

형태심리학 교수였던 루돌프 아른하임(1904~2007)도 "어린아이들의 작품 속에서 그 씨앗이 확인되지 않는 예술이나 예술 창작의 본질적인 요인은 생각할 수조차 없다"라고 했다. 즉 아무리 위대한 예술가라 하더라도, 또 그들의 작품이 위대하다 하더라도, 이미 그 속에 그의 어린 시절의 경험과 꿈과 표현, 욕구의 원형 등, 창조적 요소가 숨어 있었다는 것이다. 정말 어린이는 위대하다. 그러니 영국의 시인 윌리엄 워즈워스가 "어린이는 어른의 아버지(child is father of the man)"라고 읊지 않았는가?

옌쉬(1883~1904)도 "어린이들의 성격구조에 가장 가까운 것은 논리학자적 정신구조가 아니라 예술가적 정신구조이다."라고 말했다. 이 역시 예술과 어린이의 관계를 잘 말해주는 명제이다.

노벨 문학상을 받은 독일의 소설가 토마스 만(1875~1955)은 "예술가란, 정열적으로 어린아이 같고, 장난기를 소유한 존재"로 보고 있다. 나는 이 말에 천상병의 어린아이 같은 순진한 미소를 떠올리게 된다.

13장
예술적 천재성

1. 예술적 천재란 있는가?

천재? 가리기 어렵다

예술 중에서도 음악의 천재는 많은 것 같다. '천재' '천재' 하는데 도대체 '천재(天才)'란 무엇인가? 천재란 글자에 하늘 천(天) 자를 쓰니 하늘이 내린 재간이란 뜻이다. 하늘이 내렸다는 말은 또 무슨 뜻인가? 엄마의 배 속에서부터 가지고 나왔다는 뜻이다. 그러니까 그 아이의 유전자 속에는 음악적 재능을 결정하는 인자(염기[鹽基]라고 한다)가 이미 있었다는 말인데, 불행스럽게도 유전학에서 그런 인자를 아직 찾아내지 못했다. 여기서 문제가 되는 것은, 만일 그런 인자가 있었다면 엄마나 아빠의 어느 한쪽이라도 유전자 속에 그런 재능 인자가 있어야 한다는 점이다. 그건 아직 증명할 수가 없다.

나는 유전학자가 아니라서 자신 있게 내세우지는 못하지만, 아마도 음악을 잘하는 그런 인자가 있는 것이 아니라 소리에 예민하게 반응하는 감각기관과 그 소리 자극을 종합적으로 잘 처리하는 중추신경계가 존재하리라고 가정할 뿐이다. 그것이 유전될 것이라거나 선천적일 것이라고 인정하는 것은 아니다. 함부로 말하기 어려운 문제이다.

천재란 아주 간단히 정의하면 "특출한 지능이나 능력을 지닌 사람, 또는 그런 능력 자체"를 말한다. 심리학에서 제일 먼저 천재의 기준을 정한 학자는 1900년대 초 미국 스탠퍼드대학의 심리학 교수였던 루이스 터먼 박사였다. 그는 프랑스 소르본대학의 심리학 교수 비네와 의사 시몽이 개발한 '비네-시몽 척도'를 미국에 도입해서 그것을 가지고 인종과 성별에 따른 차별을 배제한 지능검사 '스탠퍼드-비네 지능검사'를 만들었다. 터먼에 의하면, IQ 130 이상이면 천재라고 했다. 이런 천재는 100명 내지 200명 중에 한 사람 정도 나온다고 했다. 출현률이 0.5% 정도 된다는 것이다. 보통 사람들 200명이 모여 있으면 그 속에 한두 사람 정도는 천재라는 것이다. 이런 지적 천재는 과연 유전된 것이냐 환경이 만든 것이냐는 아직도 논쟁 중이나, 지금까지 대체로 합의에 이른 점은 아버지나 어머니의 IQ 평균과 아이의 IQ 사이의 상관계수가 0.7 정도 된다고 하는 연구이다. 상관계수의 제곱을 예언계수라고 하는데, 이 예언계수로 따지면 아이들의 IQ의 약 50% 정도는 부모의 IQ로 설명할 수 있다는 것이다. 나머지 50%는 환경이나 교육의 영향이 아니겠는가 하고 판단한다.

그런데 예술적 천재, 예컨대 음악, 미술, 무용 등의 천재적 재능이 어떻게 만들어지느냐에 대한 연구는 지적 천재 연구보다 훨씬 어렵기도 하고 미흡하다. SBS에서 방송한 〈스타킹〉이나 〈영재 발굴단〉 등은 각 방면의 천부적 재능을 가진 아이들을 찾아내는 프로그램이다. 천부적(天賦的)이란 말이 무슨 뜻인지는 알아도 증명하기는 불가능하다. 어쨌든 '그런 아이의 재능'이 현실적으로 존재하는 것은 사실이다. 타고났거나 길러졌거나 무슨 영향을 크게 받았거나 셋 중의 하나일 것이다. 놀랍게도 그런 아이들의 부모들이 "자기 혼자서 컸어요"라는 대답을 할 때가 있는데, 해명하기 제일 난처한 경우이다. 이에 대한 설명은 이렇다.

첫째는, 예술적 천재성은 타고난다고 믿는 것이다. 그래서 태교를 했다느니, 음식을 가려 먹었다느니 하고 증언하기도 하는데, 이는 증명하기 어렵다. 앞에서도 말했지만 유전인자가 있느냐는 문제는 해결하기가 요원하다. 요한 세바스티안 바흐의 집안에는 대대로 음악적 재능이 유전된다고 주장하는 사람이 있으나 논쟁은 계속되고 있다. 물론 반증 자료도 많다.

둘째는, 지금 보이는 천재성이 과연 얼마나 오래갈 것이냐 하는 의견이다. 지적 천재는 감별하는 도구가 많이 연구되어 있다. 그러나 예술적 천재를 감별하는 도구란 지금까지 제대로 된 것이 없다. 우리나라에서는 아이가 놀랍게도 무언가를 잘하면 부모가 학원 같은 곳에 보내거나 전문가에게 데리고 가서 시연(試演)을 해 보인다. 그래서 "매우 뛰어나다"라는 등의 판정을 받는다. 예술적 천재성은 감별이 어렵다. 그 이유는 복잡한 요인이 끼여 있기 때문이다.

어릴 때 혼자서 TV 보고 리듬에 맞추어 춤을 잘 추었고, 변주(바리에이션)도 했다고 해서 그 아이가 어른이 되어서도 창의적으로 춤을 잘 출 것이라는 아무런 보장이 없다. 왜냐하면 뒤늦게 부모의 강요로 호된 연습을 통해서 청년기 후에 세계적인 명연주자, 화가, 춤꾼이 된 사람도 많기 때문이다.

어릴 때에는 별로 재능이란 것을 가지고 있다고 못 느꼈는데 15세 이후, 중학교 3학년쯤에서 관심을 갖게 되어 예술 활동을 시작해서 세계적인 음악가가 된 사람도 적지 않다. 그중에는 가야금 명인 황병기 교수도 있다.

인간 재능의 무한성

그러니까 예술의 천재성이란 쉽게 알아차릴 수 있는 것이 아님을 분명히 하고 싶다. 그 좋은 증거로 영국 ITV의 〈브리티시 갓 탤런트 (BGT)〉라는 프로그램에서 보여준 실례를 두 가지 들어볼 수 있다.

2007년, 이 프로그램에 40대 중반의 못생긴 얼굴을 한 휴대폰 외판원이 나와 푸치니의 오페라 〈투란도트〉의 아리아인 〈Nassum Dorma(공주는 잠 못 이루고)〉를 불러 심사위원들을 놀라게 하고 우승까지 한 사실이 있다. 폴 포트라는 이 남자는 음악대학을 다닌 적도 없고 전문 교육을 받은 사람도 아닌데 이런 전국적인 경연 프로그램에서 우승하고 앨범을 내서 수백만 장을 팔았다. 한국의 방송 〈스타킹〉에도 나왔다. 가끔 주말에 음악학원에 가서 노래 연습을 했을 뿐이라고 했다. 성악으로 앨범을 한 장 내려면 국내에서 음대를 나오고 이탈리아 등의 유명 음악학교에 유학한 뒤 국제적 콩쿠르에서 입상을 해야 하는데, 그런 과정 없이도 그는 단번에 음악계에 데뷔한 것이다.

또 다른 사례는 같은 프로그램에 출연한 47세의 "못생긴 무직의 노처녀"(인터넷에서 빌린 말)이다. 남자하고 한 번도 연애도 못 해보고 키스도 못 해본 미혼녀 수잔 보일이 이 무대에 나와서 〈I dream a dream〉을 불러서 우승했다. 이 사실을 어떻게 설명해야 할까? 이 사람은 개인 교수를 받은 일이 없고 방송이나 비디오를 통해서 스스로 학습한 성악가이다. 정규 교육을 받은 음악가들은 다 어디 갔나? 심사에 까다롭기로 유명한 사이먼 코웰스도 그녀의 우승 발표에 파안대소를 했다는 것이 아닌가? 〈I dream a dream〉의 가사를 보자.

> I dreamed a dream intimes gone by when hope was high
> And life worth living I dream that love would never die…

예술과 함께하는 심리학

나는 흘러 간 시간에 꿈을 꿨네 희망은 높았고
삶은 가치가 있었을 때 난 사랑이 절대 안 죽을 거라고 꿈꿨네…

　인간의 재능은 어릴 때 굳어버리면 다시는 못 펴는 것은 아니구나 하는 것을 알게 해주는 사건들이다. 인간의 가능성은 아무도 모른다. 이 두 사람은 모두 40대이고 평범한 사람들이다. 성악가들의 험하고 치열한 경쟁 세계에서 이렇게 데뷔해서 성공한다는 것이 용이한 일인가? 수잔은 데뷔 2년 만에 앨범 수입과 공연 등으로 한화로 약 340억 원을 벌어들였다. 혼자의 힘으로.

　아프리카의 남수단에서 선교와 교육 활동을 하다가 세상을 떠난 이태석 신부는 교육과 문화의 불모지인 아프리카의 청소년들로 브라스밴드를 조직해서 연습을 시켜 한국에까지 연주하러 온 기적 같은 사건을 만들었다. 가르치면 되는 것이다. 인간의 능력의 한계는 알 수가 없다. 이 사실은 아인슈타인이 잘 보여주었다. 그의 대뇌는 프린스턴대학에 보존되어 있는데, 과학자들이 다각도로 분석 연구해보니까 약 30% 정도밖에 쓰지 않은 것으로 밝혀졌다. 대뇌의 기능을 증명하는 뇌세포(신경원) 사이의 시냅스 연결 관계를 보면 알 수 있는데, 아직도 시냅스 연결이 안 되어 있는 세포들이 대부분이더라는 것이다. 보통 사람들은 그 사용도가 10% 정도라고 하니 뇌세포를 기준으로 본다면, 우리의 뇌는 아직도 새것이나 다름없다.

　좀 일찍이 피었다가 시드는 경우도 있고(속담에 "일찍 익는 열매는 빨리 떨어진다"고 한다), 뒷바라지를 못 해주어서 끝난 경우도 있을 수가 있고, 또 아이가 싫증을 내거나 건강상의 문제로 포기할 수도 있다. 즉 본인의 동기 유발의 엔진이 꺼져서 도중 하차하는 수도 있을 것이다.

　음악의 경우, 모차르트를 비롯해서 어릴 때에 천재성을 보인 사람은 많다. 모차르트는 자신의 재능은 전적으로 '신의 선물'이라고 말한 바 있다. 자기 스스로도 자신의 능력에 대해서 놀라워한 것이다. 그야말로 모차르트는 서양 고전음악 사상 최고의 천재임은 틀림이 없다.

미술의 천재란 없다

미술에서는 지금까지 교과서에 실릴 만큼 천재성을 타고난 사례가 아직 없다. 지금도 더러 방송 같은 곳에서 어린아이임에도 놀라운 그림 솜씨로 각광을 받는 아이들을 볼 수 있다. 이전에 나도 몇몇 아이들을 관찰하고 조언해준 일이 있었다. 그런데 그 후일담은 없다. 초등학교 4학년 어린이가 커다란 화랑을 빌려 전시까지 했지만 그 후에 그 아이가 어떻게 발전했다는 소식은 없다. 여러 가지 이유가 있겠지만 그게 그렇게 놀라운 사실이 아니었을 것이다.

천재의 중요한 기준은 "일생 동안 꾸준히 그 천재성을 보여주어야 한다"는 점이다. 어릴 때 빤짝하고 흐르는 별처럼 대개는 청년기에 들어서면 그 재능은 스러지게 된다. 15세 미만의 미술 천재는 없다. 미술의 천재는 그 이후에 나타나는 것이다. 이 점이 음악의 천재와 다르다. 그 이유는 미술에는 지적 성숙이 요구되기 때문이다. 피카소를 미술의 천재라고 하는데, 보통 말하는 천재는 아니다. 그는 열네 살에야 겨우 미술학교에 들어갔다가 적응하지 못하고 자퇴했다. 다시 17세에 왕립미술학교에서 공부하기 시작했다. 천재라는 말을 듣기에는 이미 늦은 나이였다. 열두 살 미만에 재능이 특출나게 드러나야 천재다. 그 이유는 감각기관의 발달과 관계가 있기 때문이다. 정신분석학적 이론을 빌린다면 특히 에렌츠바이크 교수가 주장하는 바이지만, 리비도(프로이트가 말하는 성적 본능이 발하는 에너지) 발달의 4기에 해당하는 잠재기는 대략 5,

6세에서 사춘기 사이인데, 초등학교 다닐 무렵에 해당한다. 성적 에너지가 잠재해버리고, 사랑의 대상에 대한 투자도 줄고, 극적 표현과 혼돈의 시기를 벗어난, 수치심과 불쾌감을 느끼는 정서가 나타난다고 해서 예술적으로는 불모의 시대로 본다. 그러니까 예술적 표현에 대한 갈망과 정열이 식는 시기라는 것이다. 더욱이 이 시기의 아이들의 그림을 보면 생동감이 떨어지고 설명적이 되고, 창의성도 떨어진다고 했다.

　그래서 미술의 천재성(천재가 아니라 천재적 재능)은 15, 16세 이후에 잘 나타난다는 설이 유력하다. 세계적 회화 대가도 성인이 되어서 그리기를 시작한 사람도 많다. 그 이유는 미술이란 장르가 가진 특별한 성격 때문이다. 미술은 음악에 비하면 간접적인 경험이다. 음악은 소리라는 매체에 직접 접하고 반응할 수 있다. 그런데 미술을 하려면 광선에 반사된 세상(대상), 그리고 상상으로 만들어지는 세상, 또는 환상적인 세상을 꿈꾸듯이 그려내되, 그 대상을 단순히 베끼는 것이 아니라 자기 나름대로 해석해서 표현해야 한다.

　그렇게 되려면 일정 수준의 지적 발달이 뒷받침되어야 한다. 그래서 사춘기 이후에야 미술적 재능이 눈을 뜨게 된다는 것이다. 피아제의 말을 빌리면, 지적으로는 '형식적 조작기' 이후여야 한다는 말이다. 이 말은 형식 논리적 사고 능력을 갖춘 후에야 천재로 확인된다는 뜻이다.

　아기가 엄마 배 속에 있을 때, 제일 먼저 발달하는 감각기관이 청각이다. 임신 5개월부터 배 속에서 소리를 듣는다. 그러나 태어나고도 며칠 동안 눈이 안 떠져서 보지 못하므로, 시각은 제일 늦게 발달하는 감각이다. 이것이 미술의 천재성과 관계가 있다.

　셋째로, 예술의 천재 혹은 영재는 창작을 할 수 있어야 하고, 작품이 창조적이어야 한다. 남의 것을 기막히게 잘 모방한다고 천재일 수 없다.

　넷째, 천재는 만들어질 수 있다. 기르는 방법을 연구해서 대처하면 된다. 이 이론은 일본의 바이올리니스트이며 음악교육자인 스즈키 진이치(鈴木鎭一) 선생이 현실로서 증명해주었다. 그는 자기 아이를 음치(音癡)라고 생각한 어머니들이 데려온 아이들에게 바이올린을 가르쳐서 세계의 40개의 유수한 교향악단의 바이올린 주자나 악장으로 키워냈다. 이것만 보아도 재능은 길러질 수 있다는 확신을 가질 수가 있다. 북한의 예술교육 방식이 이것과 상통한다. 죽기살기로 가르치고 배우면 천재도 태어난다. 평양의 '금강학원'이 좋은 예이다.

2. 재능이 있다고 다 성공하는가?

과학과 예술이 다른 점에 주목하라

예술 장르 사이도 예술로서 같은 점도 있고, 고유한 특성도 있다. 그러니 예술가라고 해도 스타일이 다 같은 것은 아니다. 이들 예술가들은 서로 잘 어울린다. 교류가 많은 편이다. 공감하는 세계가 겹치기 때문이다.

예술가로서의 공통점은 무엇일까? 가장 이해하기 쉬운 방법은 과학자와 비교해보는 것이다.

첫째로, 아무래도 예술은 따뜻하고 과학은 차다. 예술하는 사람들을 보면 잘 지껄이고, 잘 웃고, 떠든다, 유쾌하다, 그리고 언어 표현이나 몸짓 표현이 거칠기도 하고 섬세하기도 하다.

반면에 과학자들은 말이 별로 없다. 교수식당에서도 혼자 밥 먹고 나가는 사람이 많았다. 의과대학 교수들도 그런 편이었다. 과학은 원래 정확하고 엄밀해야 하고 논리가 서 있어야 한다. 증명되지 않는 지식은 함부로 말하지 않는다. 내가 대학에서 석박사 과정 학생들에게 논문 작성법을 20년 이상 가르쳤다. 논문 쓸 학생들에게 늘 "논문은 주어와 동사만 써라. 형용사나 부사는 배제해라"라고 강조했다. 그리고 "대체로" "일반적으로" "거반 다" "보통은" "대부분" 이런 표현은 쓰지 말라고 충고하곤 했다. 그 양적 표현은 삼가라고 가르쳤다. 그러다 보니 인문·사회학에서는 석사학위 논문도 100페이지 이상의 두께가 되는데 우리 심리학 쪽에서는 2, 30페이지만 되면 된다. 문제, 가설, 실험, 결과 제시, 논의, 결론, 참고문헌식으로 나가니까 아주 짧다.

둘째, 예술가들은 정서를 소중하게 여긴다. 처음으로 CD가 나왔을 때 우연히 컴퓨터가 연주한 모차르트의 〈피아노 소나타 제8번 가단조 K.310번〉과 〈제11번 가장조 K.311번〉을 들었다. 피아노 건반이 움직이는 장면까지 영상으로 나왔다. 눈 감고 들어도 모차르트 음악이겠구나 하고 알아들을 수 있는 곡인데, 건반을 두들겨 음표의 길이대로 정확한 시간을 지키면서 쳤다. 그런데 왜 감동이 없지? 재미가 없다. 역시 기계였다. 악센트, 크레센도, 디크레센도, 피아니시모 등을 잘 표현하지 못했다. 여기에는 감정이 드러나 있지 않았던 것이다. 음악의 연주에서 감정은 소리의 높낮이, 시간의 길이, 강약이 결정한다. 아무리 연주자가 감정을 표현한다고 오만상을 찌푸려도 이런 음악적 요소가 안 들어가면 감정 표현이 안 된다.

셋째로, 과학은 보편적인 법칙을 발견하는 것이 제일 중요하다. 그러나 예술은 개개인 작가의 개성, 독창성, 창의성에 무게를 둔다. 예술에는 법칙이란 것이 없다. 우리가 중·고등학교에서 미술 공부를 할 때에는 비례니, 원근법이니, 명암으로 입체 표현하기 등을 강조했다. 지금은 그렇게 안 가르친다. 표현주의적이 되었다. 그래서 자기만의 개성적인 감정과 사상, 지각한 세계를 그린다.

마지막으로, 과학은 궁극적으로 기술화해서 인간 생활에 편의를 제

13장 예술적 전체성

공해준다. 그러나 예술은 우리 생활에 아름다움과 즐거움을 만들어주는 것에 관심을 갖는다. 과학은 집단적으로 연구해야 하지만 예술은 개인플레이다. 그래서 예술가들은 개성이 강하다. 과학자들은 새로운 이론이나 다른 사람의 성공적인 실험 결과가 나오면 자기의 자리를 양보해야 한다.

과학과 예술의 공통점

그러나 과학과 예술에도 공통점이 있다. 창의성이다. 과학자나 예술가에게 새롭고 참신한 기술과 아름다움, 감동, 경탄, 편의, 쾌적성 등의 가치를 창조하려면 창의적인 감각과 능력과 태도가 필요하게 된다. 궁극적으로는 인류의 행복 증진이라는 가치를 실현하려면 창의성이 요구된다. 그렇게 하려면 사고의 자유와 유연성, 상상의 자유, 표현의 자유와 다양성이 필요하다. 그런 점에서 과학도에게는 예술(디자인)적 개념을, 예술학도에게 공학적 개념을 길러주어야 한다. 그 가장 좋은 본보기가 백남준이다. 그의 비디오 아트는 물리학과 전자공학적 기술에서 나온 것이다. 그는 도쿄대학교에서 예술사를 공부했지만 우수한 두뇌와 번득이는 창의성으로 전자공학적 기술을 미술에 접목해서 새로운 아트 양식을 만들지 않았는가?

재능이 크는 데 어떤 장애와 문제가 있는지를 설명해줄 좋은 자료가 있다. 앞장에서 이미 소개했지만 미국 시카고대학의 블룸 교수의 연구를 보면, 재능은 유전되는 것이 아니라는 반증이 된다.

예술 공부를 시키려면, 첫째로는 우선 관련된 감각기관의 성능이 좋아야 한다. 귀가 좋아야 하고, 눈이 좋아야 하고, 몸의 움직임이 유연하고 정교해야 한다. 상상력과 창의성이 뒤따라줘야 한다. 감각기관 사이의 협응력도 좋아야 한다. 눈과 귀와 손발이 척척 어울려 맞아떨어져야 한다. 이런 조건이 안 맞으면 연습하는 데 상당히 힘이 든다. 특히 음악과 무용이 그렇다.

두 번째는 건강해야 한다. 긴 시간, 긴 세월을 견딜 수 있는 건강이 있어야 한다.

셋째는 부모에게 뒷바라지를 해줄 수 있는 재력이 있거나, 후원자가 있어야 한다.

넷째는 가족의 심리적 지원이 꼭 필요하다.

다섯째는 강한 학습 동기가 있어야 한다. 끝까지 해보겠다는 의지와 열정이 있어야 한다. 대개는 여기서 중도 하차하는 경우가 많다.

여섯째, 과연 재능이 많은지 여러 전문가들로부터 감정을 받아볼 필요가 있다. 오히려 다른 활동에 어울리는 조건을 가지고 있을 수도 있기 때문이다.

14장

예술교육의 핵심 : 상상력과 창의성

1. 번스타인 부부의 메시지

21세기를 위한 메시지

2010년 5월 25일부터 28일까지 4일간 서울 코엑스에서 '2010 유네스코 제2회 세계 문화예술교육 대회'가 열렸다. 이 자리에서 기조연설을 맡은 미국 미시간주립대학의 로버트 번스타인과 부인 미셸 루트 번스타인은 공동 연설에서 이렇게 말했다.

"21세기는 창의적 상상력에 대한 새로운 관심을 요구한다는 명제부터 시작합시다. MIT의 미디어랩의 미첼 레스닉 교수는 '급변하는 오늘의 세계에서 발생하는 예기치 않은 문제 해결을 위해서는 끊임없이 창의적인 방법을 생각해내야 한다. 성공이란, 우리가 무엇을 얼마나 알고 있는가가 아니라, 얼마나 창의적으로 생각하고, 행동하는가에 따라 좌우된다.' 라고 했습니다. 지구 온난화, 기아, 빈곤, 체재적 불의, 근절 가능한 질병 등, 복합적이면서 바로잡기 힘든 문제를 해결하기 위해서는 경제, 정치, 문화적 분야에서 지식과 노하우를 '새롭게 조합할 수 있는 사상가와 행동가'가 필요합니다. 전통적 전문성, 전통적 훈련으로는 충분치 않습니다. '새로운 방식'으로 접근하는 해결사를 양성해야 합니다."

"이를 실현하기 위해서는 우리는 수준 높은 과학의 창조, 비즈니스 추구를 위한 예술의 역할에 역점을 둡니다. (…) 예술은 모든 문화에 걸쳐 창의적 실천의 중심에 있어왔고, 앞으로도 그럴 것입니다. (…) 우리는 상상력과 창성성을 위해 교육을 해야 하며, 이를 위한 핵심 열쇠는 바로 예술에 있습니다."

"예술과 공예는 과학과 테크놀로지 혁신의 토대입니다. 과학자는 새로운 예술을 발명하고, 예술가는 새로운 과학을 발견합니다. (…) 예술가와 과학자는 창의적 과정과 '생각을 위한 도구'에 정통하기 때문입니다."

제2의 백남준을 기다려본다

이 연설을 듣고 나니까 백남준 생각이 났다. 백남준은 도쿄대학 미술 사학과 출신이다. 그가 도쿄대학에 다닐 때 같은 하숙집에 물리학과 학생이 있었다고 한다. 그런데 하루는 그 친구가 말발굽 자석을 가져와서 구식 TV 수상기의 모니터 화면에 갖다 대니까 TV 화면의 영상이 찌그러지더라는 것이다. 자석의 움직임에 따라서 화면이 얼마든지 왜곡되는 것을 보고 무릎을 친 것이 비디오 아트가 탄생한 뒷이야기다. 그의 비디오 아트는 TV 영상을 왜곡시키는 기술에서 비롯된 것이다. 그러니까 테크놀로지(기술)의 발전과 미술의 결합으로 탄생한 것이다. 과학(물리학의 자력)은 예술(비디오 아트)을 발명했고, 예술(비디오 아트)은 영상을 새롭게 창조하는 여러 가지 매체(기술)들을 발견하게 됐다. 번스타인 박사의 말에 딱 들어맞는 현상이다.

상상력은 과학적 연구를 할 수 있는 능력에도 중요한 역할을 하지만 그 역량 개발을 도모하는 데에도 큰 역할을 한다. 최초의 노벨 화학상 수상자인 반트호프의 말이다. 예술교육이란 말을 옛날 학교에서는 '예체능 교육'이라고 묶어서 사용했다. 음악, 미술, 무용(무용은 아직도 독립 과목이 아니다.) 체육을 묶어서 사용한 것이다. 예체능 교육의 목표는 대체로 '이해, 기능, 태도, 감상' 등으로 되어 있다. 우선 지식을 공부하고, 태도를 기르고, 음악이나 미술은 감상 능력도 필요하다고 생각했던 것이다. 여기에는 창의성이라든가, 상상력이라든가, 문화에 대한 체험학습 같은 것은 들어 있지 않다. 사실은 기능 향상이나 지식을 주입하는 것보다 의무교육 단계에서는 상상력을 기르고, 창의성을 향상시키는 것이 더 중요한데도 말이다.

우리나라의 학교 예술교육은 제대로 안 되어 있고, 학교에서도 푸대접 받는 영역이다. 나는 '예능 교육'이라는 말 사용을 반대한다. 이유는 능(能)이란 기능을 의미하는데, 피아노 학원이나 미술 학원이 대체로 기능 교육에 중점을 두고 있으니, 기능은 학원에서 가르치면 되고, 학교에서는 학원에서 잘 못 가르치는 창의성 같은 것을 기르는 데 힘쓰는 것이 좋기 때문이다. 유럽이나 미국에서는 'art education'이라고 하지 'skill training'이라고 하지 않는다. 노래 조금 못 불러도, 그림 조금 못 그려도 창의성이나 상상력을 길러주면 다른 과목을 공부하는 데도 그 능력은 파급효과가 크고 영구적인 자산이 된다. 과학, 사회, 언어 공부에도 기초가 된다. 지금은 생각이 많이 바뀌었지만 현장은 그렇지가 않다.

2. 영국 왕립예술학교

영국 런던에 있는 왕립예술학교의 수업 체계를 보면 점에서 선으로, 선에서 면으로, 형태로, 입체로, 음영과 질감으로, 패턴과 색으로, 이렇게 발전적으로 가르친다. 그리기나 만들기의 기술보다는 시각적으로 생각하는 방식을 기른다. 즉 영어로는 visual thinking이라고 하는데, 언어를 매개로 생각하는 논리적 사고가 아니라, 눈으로 보면서 이미지를 가지고 생각하는 것을 말한다. 그림으로 이야기하는 방법은 생산적이고 확산적 사고를 위해서 중요하다. 정보를 아름답고 효과적인 방법으로 전달하는 방법, 세상 사람들과 소통하는 방법, 미학 등을 가르친다. 학생들의 아이디어로 다양하게 실험해보게 하고, 창의력과 예술적 감각을 길러주는 것을 중요하게 여기고 교육한다. 우리나라 학교의 예술교육과는 판이하게 다르다. 우리는 기능 위주 교육이지 않은가? 유네스코 대회의 주제에 잘 어울리는 교육을 하는 곳이 바로 영국 왕립예술학교이다.

유네스코의 이번 대회의 주제는 "21세기는 예술이 중심이다"였다. 부르키나파소의 와가두구대학의 장 피에르 강가네 교수는 일반 교육의 구성요소로서의 예술교육의 의미를 다음과 같이 정리했다. 요약하면 개인의 특성과 사상을 개발하는 데 일조한다는 것이다.

① 감성
② 감정
③ 타인에 대한 지각
④ 비교 능력
⑤ 세계관
⑥ 다원주의적 사상

⑦ 다양성의 인정

⑧ 세계를 표현함과 동시에 자기를 표현하는 수단의 제공

아프리카 대학의 교수도 예술교육의 의미를 이렇게 넓고 깊게 보고 있다. 우리의 현실에 대해 반성해야 할 것 같다.

21세기에 예술교육이 중요한 이유를 다섯 가지 정도 든다면 다음과 같다.

① 제4차 산업혁명(AI가 사람들의 삶을 주름잡는 시대)과 5G 시대(정보통신의 속도와 양에 있어서 전혀 새로운 시대로서 AI와 같이 간다.)의 도래에 대비해서(한국은 이미 시작함) 그 시대의 발전을 가능하게 하는 창의성을 뒷받침해줄 능력을 길러주는 분야

② 글로벌한 다양성을 인정하고, 각기 민족이나 국가 문화의 정체성을 확립하게 해준다

③ 갈등의 해소, 화해의 촉구, 치료, 사회 복귀를 용이하게 해주는 강력한 도구로서의 역할

④ 시민의 참여와 평생교육의 개념으로서의 예술교육—그리고 자기실현을 위한 교육

⑤ 유토피아적 세계 건설을 위한 교육 등

3. 레지오 아멜리아

예술교육에 대해서 한 가지 사례를 더 들겠다. 이탈리아 시골의 예술

학교 이야기다. 이탈리아 북부, 인구 17만여 명의 시골 도시 토리노에는 '레지오 아멜리아'라는 학교가 있다. 예술교육이라는 입장에서 보면 세계적으로 명성이 있는 학교인데, 덕성여대에 있던 양옥순 교수가 이학교의 교육방법을 공개적으로 소개할 목적으로 광화문 지하 전시장에서 전시를 한 적이 있다. 이 학교에서는 아이들이 자기주도적으로 연구하고 공부하며, 작품을 만들 때(주로 시각예술)에는 창의적인 것과 아닌 것을 상당히 까다롭게 따진다. 아이들에게 조립하는 것, 음식물을 이용하는 것(콩, 팥 등), 다른 사람 작품을 베끼는 것을 절대적으로 금지한다. 그리고 '독창적인 것'을 만들거나 거기에 미적 요소가 들어가도록 하는 것을 매우 강조한다.

이런 교육 탓으로 프랑스가 세계 패션 디자인의 선두주자처럼 보이지만, 파리의 패션회사 디자이너 중에는 이탈리아 출신이 굉장히 많다고 한다. 우리가 시중에서 보는 브랜드만 해도 구찌, 프라다, 발렌티노, 베네통, 베르사체, 막스 마라 등 이탈리아 브랜드가 아주 많다. 그 이유는 모두 어렸을 때의 환경 분위기와 교육 탓이라고 할 수 있다.

영화 제작자와 배우들 중에도 이탈리아 이민자가 많다. 1960~90년대까지만 해도 유명한 영화배우들 중에는 이탈리아 출신이 많았다. 소피아 로렌, 실바나 망가노, 레오나르도 디카프리오(이탈리아 이민자) 등, 마카로니 웨스턴의 창시자 세르지오 레오네 등 이탈리아계 감독도 많다. 엔니오 모리코네는 〈넬라 판타지아〉, 〈시네마 천국〉의 영화음악으로 팬들을 사로잡은 작곡가이다. 또 세계적인 만화 잡지로 *Heavy Metal*이란 것이 있는데, 거기서 일하는 작가들 이름을 보면 이탈리아계가 압도적으로 많다. 이탈리아의 창조적 예술교육이 강하다는 것을 느낄 수 있다. 특히 시각예술에서 그렇다.

교육 이외에 또 다른 이유가 있다. 이탈리아에서는 문 밖으로 한 발자국만 나가도 눈에 보이는 모든 것이 디자인 감각을 자극한다. 건축, 장식물, 조각, 분수, 성곽, 궁전, 도로, 작은 가게, 교회, 회화… 등등 거리 전체가 로마 시대부터 2000년 동안 디자인의 보고이다. 다른 유럽 국가와 다르다. 1990년대 말 파리에 갔을 때, 영화를 구경하려고 영화관을 찾았다. 영화관으로 들어가는데 무슨 공사를 하고 있어서 한참 돌아서 가야 했다. 알고 보니 로마 시대의 목욕탕을 발굴하고 있었던 것이다. 규모가 어마어마한 모양이었다.

로마는 영국과 북아프리카까지 지배했으니 그 세력 판도는 어마어마했다. 로마가 지배한 곳마다 야외극장과 신전이 세워졌다. 2000년 전의 야외극장의 음향효과는 굉장했다. 그 기술력과 조형의 아름다움은 후세에 좋은 학습 자료가 되었다.

보는 것이 배우는 것이다. 우리의 저장 정보의 98%는 시각 정보라고 매클루언이 주장했다. 보여주는 것만으로도 교육하는 것이다. 우리 한국인은 청각형이 되어서 "가만히 잘 들으라"고만 교육받았다. "잘 봐야 돼"를 배우지를 못했다. 관찰력이 떨어진다. 우리에게는 프리츠커상(건축의 노벨상)을 받을 만한 건축가가 없었나? 일본은 이미 8명이나 받았다. 우리가 시각 예술에 좀 약하다.

창의성을 키우려면, 누구 것을 베끼는 것은 안 된다. 창조가 모방에서 나온다고도 하고, 이 지구상에는 완전히 새로운 것이란 존재하지 않는다고도 한다. 성경에도 "태양 아래 새로운 것이란 없나니 하나도 없다"라고 읊은 시가 있다. 보라. 일본이 잘 나갈 때 일본을 떠올리게 하는 이미지는 '소니(sony)'였다. 소니가 만든 워크맨이라는 오디오 기기는 라디오와 녹음기를 합친 것이다. 처음 나온 모델을 내가 지금도 가지고 있는데 엄청 무겁다. 그러나 지금은 손가락만 한 세트로 귀에 꽂으면 음악 감상도 되고 녹음도 된다. 워크맨은 상품적인 가치는 있었지만 창의적인 제품은 아니었다. 일본은 모방 대국이다. 모방할 때에는 특히 사이즈를 줄이는 재간에서 뛰어났다. 다만 놀라운 것은 일본의 과학계는 좀 다르다. 노벨상을 받은 사람이 우리보다 한두 수 위이다. 잘못 짚으면 안 된다.

2019년 노벨 화학상을 일본인 연구원(요시노 아키라, 71세)이 받아서 일본은 이미 노벨상 수상자가 30명에 가까운 국가가 되었다. 그들의 파고드는 정신은 인정해야 한다. 그중 IPS 세포로 노벨 생리학상을 받은 교토대학의 야마나카 신야 교수는 "아무도 눈치채지 못한 문제가 그곳에 있음을 발견하는 데서 연구를 시작했다"라고 했다. 창의적인 정신이다. 진정한 창조는 "어디에 무엇이 있느냐?"가 아니라 "거기에 없는 것이 무엇이냐?"를 찾는 작업이다.

요시노 아키라는 일본의 배터리 제조회사 아사히 가세이의 연구원이다. 그는 이렇게 말했다. "창조하려면 쓸데없이 보이는 것을 많이 하라." 그는 교토대학 재학 시절 고고학 동아리에 참여한 일이 있었는데, 이 경험이 연구정신을 길러주었다. 그래서 "여러 가지 일에 호기심을 가져라."라고도 했다.

서울 미대를 나와 파리에 가서 국립미술학교를 다닌 한 화가가 귀국 전시회를 가졌는데, 통의동에 있는 '진(珍) 화랑'에서 그를 만나 질문을 했다. 그 학교에 들어가 보니 교육방침이 다른 학교와 어떻게 다르더냐고. 그랬더니 1년 동안 교수는 한 번도 수업에 참가하지 않고 숙제만 주더라는 것이다. 숙제는 매일 어느 미술관에 가서 누구의 그림을 보고 보고서를 내라는 것이었다고 한다. '나 괜히 그림 감상하러 여기까지 왔나?' 싶어서 의아해했는데, 교수의 주문은 그 작가의 "작품에 없는 것이 무엇인지를 발견하라"는 것이었다고 한다. 무엇이 있었느냐를 보는 것은 이해하는 과정이지만 무엇이 없느냐를 보는 것은 창조의 과정이다.

미술 문화의 대국 프랑스의 예술교육에 특별한 것이 있나 했더니 교육방법 자체가 기발한 것이다. 우리나라는 실기 시간에 교수가 학생 작품에 일일이 손을 대기도 한다. 그러니 창의적인 인재가 나오기 어렵다.

미래의 과학 · 경제 · 예술의 발전은 한 사람의 천재가 주도하는 것이 아니고, 요즘 말로는 컬래버레이션(collaboration), 즉 협업을 해야 한다. 특히 과학기술은 혼자서 안 된다. 너무 복잡해져서이다. 협업을 해야 한다. 그래야 속도나 파급효과에서 차이를 만들 수 있다. 예컨대 패션만 해도 혼자서 하는 것 같아도 절대로 그렇지 않다. 옷을 만들려면 스타일 스케치야 혼자서도 얼마든지 할 수 있으나 옷감을 만드는 과정은 그렇지 않다. 색채, 옷감의 디자인, 질감의 결정, 신축성, 세탁 시 줄어듦, 염색의 바람 등등을 결정하고 참고해야 하므로 소재 제조 전문가와 협업을 해야 한다. 옷을 만들면 선을 보여야 하니까 쇼를 해야 하는데, 쇼를 하려면 코디를 동원하고, 메이크업 전문가의 도움을 받아야 하고, 헤어 아티스트도 만나야 하고, 신발 전문가의 도움도 받아야 한다. 액세서리 전문가가 빠지면 안 된다. 그런 소수의 창조적 전문가 그룹이 세상을 새롭게 만들어가는 것이다. 그래서 이들을 'creative'라고 부른다.

구태의연한 예술교육에서 벗어나야 한다. 베끼기, 전형적인 것 만들기가 아니라, 개성적인 것, 독창적인 것, 삐딱한 것, 별난 것, 자기만의 것을 창조하도록 하는 것이 예술교육이 나아갈 방향이다. 무용 · 음악 · 건축 · 문학…… 다 그렇다.

1. 국내 자료

강준만, 『한류의 역사』, 서울 : 인물과사상사, 2020.

김군자, 『음악치료학』, 서울 : 도서출판 서윤, 2009.

김석동, 『김석동의 한민족 DNA를 찾아서』, 서울 : 김영사, 2018.

김재은, 『아이들에게 예술을』, 파주 : 교육과학사, 2014.

_____, 『예술이 어떻게 사람과 사회를 변화시키는가?』, 파주 : 교육과학사, 2014.

루돌프 아른하임, 『예술심리학』, 김재은 역, 서울 : 이화여자대학교 출판부, 1996.

미하이 칙센트미하이, 『몰입의 재발견』, 김우열 역, 서울 : 한국경제신문사, 2009.

사이먼 샤마, 『파워 오브 아트』, 김진실 역, 서울 : 아트북스, 2008.

수전 그린필드, 『브레인 스토리』, 정병선 역, 서울 : 지호, 2004.

안드레아 워트킨스, 『무용치료』, 임인선 역, 서울 : 도서출판 금광, 2001.

안톤 에렌츠바이크, 『예술 창조의 심리학』, 김재은 역, 서울 : 창지사, 2002.

유영수, 『일본인의 심리 상자』, 서울 : 한스미디어, 2016.

이상일, 『공연 예술의 품격과 한국춤의 흐름』, 파주 : 푸른사상사, 2018.

_____, 『춤의 세계와 드라마』, 서울 : 지식산업사, 2006.

이순례 『예술, 서구를 만들다』, 서울 : 인물과사상사, 2009.

이태호, 『미술, 세상을 바꾸다』, 고양 : 미술문화사, 2015.

장동선 · 줄리아 F. 크리스텐슨, 『뇌는 춤추고 싶다』, 염정용 역, 파주 : 아르테, 2018.

장원호 외, 『한류와 아시아 팝문화의 변동』, 서울 : 푸른길, 2014.

장현갑, 『마음 vs 뇌』, 서울 : 불광출판사, 2009.

전지영, 『트로트와 한국음악을 위한 변명』, 서울 : 북코리아, 2016.

필립 샌드블룸, 『창조성과 고통』, 박승숙 역, 서울 : 아트북스, 2003.

하르트무트 뵈메, 『문화학이란 무엇인가』, 손동현 · 이상엽 역, 서울 : 성균관대
    학교 출판부, 2004.

한동우, 『일본이야기』, 서울 : 지식과 감성, 2014.

E.H. 곰브리치, 『서양미술사』, 최민 역, 서울 : 열화당, 1994.

KT&G 상상마당 열린포럼, 『예술가로 살아가기』, 상상마당 , 2009.

2. 국외 자료

Babin, Piere, *Sigmund Freud, Un tragique à l'âge de la science*, Paris : Gallimard, 1990.

Campbell, Don, *The Mozart effect*, N. Y. : Aron Books, 1997.

Carter, Rita, *The Human brain book*, London : Penguin Book Comp, 2009.

Collin, Catherine and others, *The psychology book*, London : Dorling Kindersley,
    2012.

Dally, Tessa, *Art as therapy*, N.Y. : Tavistock, 2004.

De Botton, Allain and John Armstrong, *Art as Therapy*, London : Phaidon Press limit,
    2013.

Freud, Sigmund, *Das unbehagen in der Kultur*, London : Fischer Buchere, 1959.

_____, *Ma vie et la psychanalyse*, London : Imago Pub. Co., 1948.

Gardner, Howard, *The arts and human development*, Basic Books, 1994.

_____, *Art, mind, and brain*, Basic Books, 1982.

Gonick, Larry and Marle Wheelis, *The cartoon guide to genetics*, N. Y. : Harper Col-
    lins, 2007.

Johnson, Robert, *Ecstasy*, Sanfrancisco : Harper Collins, 1987.

Klein, Jean Pierre, *L'art-thérapie*, Paris : PUF, 2004.

Kreitler, Hans and Shulamith Kreitler, *Psychology of arts*, Durham NC : Duke Univer-
    sity Press, 1972.

예술과 함께하는 심리학

Lagache, Daniel, *La Psychanalyse*, Paris: PUF, 1977.

Leonard, George B., *Education and ecstasy*, N.Y.: Delacorte Press, 1988.

McFee, Graham, *Understanding dance*, N.Y.: Routledge, 1992.

Piaget, Jean, *La psychologie de l'enfant*, PUF, 1971.

Ross, Stephen David, *Art and its significance*, N.Y.: State Univ. Press, 1987.

Wadeson, Harriet, *Art Psychotherapy*, N.Y. : John Wiley and Sons Inc., 2010.

Wallon, Philippe, Anne Cambier, et Dominique Engelhart, *Le dessin de l'enfant*, PUF, 1990.

Westphal, Kurt, *Genie und Talent in der Musik*, Regensburg: Verlag BRD, 1977.

Wold, M & others, *Music and Art*, Dubugue, 1996

朝日新聞社,『韓國再發見』, 東京: 朝日新聞社, 1990.

北川隆三郎,『精神世界がわかる 事典』, 東京: 日本実業出版社, 1998.

立本康介,『フロイトの精神分析』, 東京: 日本文藝社, 2000.

安田一郎,『精神分析入門』, 東京: 光文社, 1969.

용어

예술과 함께하는 심리학

찾아보기

인명

예술과 함께하는 심리학

도서 및 작품

예술과 함께하는 심리학

찾아보기